Alice Walker

IM TEMPEL MEINES — HERZENS —

Roman

Aus dem Amerikanischen von
Cornelia Holfelder-von der Tann
und Karen Nölle-Fischer

Rowohlt

Die Originalausgabe erschien 1989 unter dem Titel
«The Temple of My Familiar» bei Harcourt, Brace, Jovanovich,
San Diego, New York, London

Karen Nölle-Fischer übersetzte die Seiten 1–232,
Cornelia Holfelder-von der Tann die Seiten 233–Ende

1. Auflage April 1990

Umschlaggestaltung Nina Rothfos
Satz Jung SatzCentrum, Lahnau
Gesetzt aus der Sabon (Linotron 202)
Druck und Bindung Clausen & Bosse, Leck
Printed in Germany
ISBN 3 498 07323 0

Für Robert, aus dem die Göttin strahlt

Wenn sie Lügen über mich verbreitet haben,
dann haben sie Lügen über alles verbreitet.
Lissie Lyles

— ERSTER —
TEIL

In der alten Heimat, in Südamerika, war Carlottas Großmutter Zedé Näherin gewesen, oder eigentlich eher eine Zauberin mit Nadel und Faden. Sie schuf Gewänder, vor allem Umhänge aus Federn. Mit diesen Umhängen schmückten sich bei traditionellen Dorffesten die Musiker, Tänzer und Priester, wie es schon unzählige Generationen lang Brauch war. Als kleines Kind wurde Carlottas Mutter, die ebenfalls Zedé hieß, losgeschickt, um die Pfauenfedern für die Ausgestaltung der Muster zu holen. Die kleine Zedé stand dann wartend dabei, wenn die dicke, schwitzende Frau, die die Pfauen züchtete, die großen Vögel mit ihren aschgrauen, zerkratzten Händen festhielt und die herrlichen Federn einzeln ausriß. Damals begann Zedé den klagenden Schrei der Pfauen zu verstehen. Anfangs hatte es sie verblüfft, daß ausgerechnet ein so zauberhaft schönes Geschöpf (wenngleich seine Füße zugegebenermaßen abstoßend waren) einen Laut ausstieß, der wie der Aufschrei einer gepeinigten Seele klang. Als nächstes pflegte sie dem Mann, der die Papageien und Kakadus hielt, einen Besuch abzustatten, und auch dort wiederholte sich das schmerzhafte Ausreißen von Federn. Zu guter Letzt ging sie zu der alten Frau, die sich auf in der Natur gesammelte Federn spezialisiert hatte. Diese Frau war ärmer als die anderen, aber ihr Gesicht strahlte mehr Frieden aus. Für diese alte Frau war jede Feder, die sie fand, ein Geschenk der Götter, und, eingearbeitet in den imposanten Kopfschmuck der Priester, schenkten ihre unvergleichlich schönen Federn den Zeremonien immer gerade jenes Quentchen Anmut, das sie erst richtig feierlich machte.

Die kleine Zedé ging jeden Morgen in einer sauberen marineblau-weißen Uniform zur Schule, und die beiden langen Zöpfe fielen ihr weich über den Rücken. Als sie auf die höhere Schule wechselte, trug sie ihr Haar schon kurz, bis knapp über die Ohren, und sie schüttelte ihren Haarschopf ungeduldig, wenn ihre Mutter über die schlechte Qualität der neuen Federn jammerte. Heutzutage, erklärte die Mutter, ließe man keine Feder mehr richtig wachsen. Sie würden allesamt schon ausgerissen, wenn sie noch ganz grün seien. Dadurch war ihren Kreationen die einstige Üppigkeit verlorengegangen.

Auf ihrem Hof standen zwei kleine Häuser, eins zum Schlafen, ein zweites – das Zedés Vater und ihre Brüder nie betraten – zum Kochen, und rundherum wuchsen Avocado- und Mangobäume und Kokospalmen. Von ihrem Vorgarten aus konnten sie den Fluß sehen, auf dem die winzigen Proas der Fischer vorüberglitten, wie getrocknete Vanilleschoten, sagte ihre Mutter immer.

Das Leben verlief so friedlich, daß Zedé gar nicht merkte, wie arm sie waren. Sie kam erst dahinter, als ihr Vater, ein Arbeiter auf der Bananenplantage, die sie von ihrem Haus aus sehen konnten, erkrankte. Der Zufall wollte es, daß gleichzeitig die traditionellen Dorffeste verboten wurden. Wer entschieden hatte, daß sie nunmehr verboten oder «ungesetzlich» waren, wie ihr Vater sagte, wußte Zedé nicht genau. Die Leidtragenden waren vor allem die Priester, die jetzt nichts mehr zu tun hatten. Die Tänzer und Musiker tanzten, machten Musik und betranken sich in den *cantinas,* aber die Priester wanderten geknickt und ziellos im Dorf umher, und plötzlich merkte man, was für alte, gebrechliche Männer sie waren.

Ihr Vater, ein kleiner, müder, braunhäutiger Mann mit ergrauendem schwarzem Haar, starb, während sie weit fort in der lärmenden Hauptstadt als Stipendiatin studierte. Ihre Mutter verdiente sich nun ihren Unterhalt, indem sie ihren wunderschönen Federputz an die unterkühlte kleine blonde *gringa* verkaufte, die eine Boutique im Erdgeschoß eines riesigen neuen Hotels führte, das in der Nähe ihres Dorfes scheinbar über Nacht aus dem Boden geschossen war. Manchmal verweilte ihre Mutter auf der Straße in der Nähe des Hotels und sah sich die *gringas* an, die ihre gefiederten Ohrringe, Anhänger und Schals – ja selbst Priester-Kopfschmuck – trugen und damit die schmale staubige Straße auf und ab stolzierten. Sie würdigten sie nie eines Blickes; ja, sie schienen sie nicht einmal wahrzunehmen. Ihr Federputz hatte nichts von seiner Pracht verloren, aber die Touristinnen nahmen sich damit schon seltsam aus.

In dem Jahr, als Zedé ihre Ausbildung zur Lehrerin abschloß, flackerten an der Universität immer wieder Unruhen auf. Gelegentlich sausten ihr auf dem Weg zum Unterricht Steine, Ziegel, Flaschen und allerlei andere Wurfgeschosse um die Ohren. Die Beteiligten nahm sie kaum wahr. Einige waren Bauern, andere Studenten wie sie. Wieder andere Polizisten. Zedé konnte eine Sache genauso unbeirrbar verfolgen wie ihre Mutter. Ebenso wie sich Zedé die Ältere auch bei veränderten Marktbedingungen – wenn andere den unbedarften Touristen gegen ihre Dollars längst undichte Töpfe und schäbige Webarbeiten andrehten – niemals davon abbringen ließ, Wertarbeit herzustellen, so stapfte auch Zedé in ihre Seminare und ignorierte alles, weswegen sie zu spät zum Unterricht hätte kommen können.

Auch die Drohung, daß die Hochschule geschlossen werden sollte, drang nicht zu ihr durch. Und doch – Unglaublich! dachte sie – war sie eines Morgens wie aus heiterem Himmel zu. Nicht einmal einen Aushang hatten sie gemacht. Die Türen waren einfach abgeschlossen. Sie saß zwei Tage lang auf den Stufen am Eingang zu ihren Unterrichtsräumen. Sie erfuhr, daß einige ihrer Kommilitonen verhaftet, andere gar erschossen worden waren.

Aber sie hatte ihre Lehrerausbildung fast abgeschlossen, und als man sie bat, eine Schule im Hügelland zu übernehmen, eine Schule ohne Wände mit Schülern ohne Uniformen, nahm sie das Angebot an. Sie unterrichtete die Grundfächer – Gesundheitserziehung, Lesen, Schreiben und Rechnen –, bis man sie sechs Monate später als Kommunistin verhaftete.

Über die Jahre, die sie im Gefängnis verbracht hatte, sprach sie nie mit Carlotta, wenngleich diese dort geboren war. Es war ein Gefängnis, das man nicht gleich als solches erkannte. Es sah aus wie ein beschlagnahmtes Indiodorf tief in der Provinz, und das war es auch. Die Indios hatte man «umgesiedelt», um anschließend auf ihrem fruchtbaren, wenn auch abgelegenen Land Papayas anzubauen. Um diese Bäume zu pflanzen, zu pflegen und für den Export abzuernten, brachte man die Gefangenen in das Dorf.

Wie ihre Mutter mit ihr geflohen war, wußte Carlotta nicht. Vielleicht hatte ihr Vater zum Wachpersonal gehört – einem Haufen ungebildeter Männer, die, wenn auch voller Mißgunst, doch fasziniert davon waren, daß eine junge, hübsche Frau wie Zedé lesen und schreiben konnte. Später, als Carlottas Mutter ihr die winzigen, schnittigen Boote beschrieb, die auf dem Fluß entlangglitten wie getrocknete Vanilleschoten, dachte sie, sie seien vielleicht in so einem geflohen. Vielleicht waren sie, von der US-Küstenwacht irrtümlich für Seetang gehalten, durch den Panamakanal getrieben und von dort aus nach Nordamerika und in die Bucht von San Francisco gelangt.

San Francisco war der Ort, an dem Carlottas eigene Erinnerungen einsetzten. Sie war ein dunkelhäutiges, ernstes Kind mit mandelförmigen Augen und glänzendem schwarzem Haar. Binnen weniger Jahre sprach sie ein akzentfreies Englisch, eine Sprache, die ihre Mutter, selbst aus Carlottas Mund, anfangs nur mit Mühe verstand. Jahre später sollte sie sie recht fließend beherrschen, aber mit einem so schweren Akzent, daß es immer noch nach Spanisch klang. Deshalb konnte Zedé nicht an den öffentlichen Schulen in Kalifornien unterrichten. Und hätte angesichts ihrer Schüchternheit auch Angst gehabt, es auszuprobieren.

Sie lebten in einer heruntergekommenen, kümmerlich beleuchteten Wohnung über einem von Thais geführten Gemüseladen in einem dichtbewohnten Stadtteil, wo der Bodensatz der Gesellschaft zu Hause war. Viele Menschen wohnten trotz der häufigen Regenfälle nicht in Häusern, sondern schliefen in Hauseingängen oder herrenlosen Autos. Ihre Mutter fand in einer Akkordnäherei um die Ecke Arbeit. In ihrem Leben gab es keinen Mann. Es gab nur sie beide. Ihre Mutter sorgte für Essen und Kleidung, Carlotta mußte kochen und saubermachen und natürlich in die Schule gehen.

Die Schule war eine Qual für sie, aber wie so viele schlimme Dinge in ihrem Leben verheimlichte sie ihrer Mutter auch das. Zedé mit ihrem gebeugten Rücken, die mit fünfunddreißig schon ein ängstliches Zucken im Gesicht hatte, war eine verhärmte kleine Frau, voller Angst vor Lärm und anderen Menschen, ja selbst vor Paraden. Wenn die Schwulen an Halloween kostümiert durch die Straßen tanzten, zog sie Carlotta von ihrem Sitzplatz am Fenster weg und ließ die Jalousien herunter. Aber da hatte Carlotta schon einen riesigen, gefiederten Kopfschmuck von der Sorte erblickt, wie sie ihre Mutter ein bißchen heimlichtuerisch nebenbei zu Hause anfertigte. Kopfschmuck aus Pfauen-, Fasanen-, Papageien- und Kakadufedern, beinahe zu farbenprächtig für die graue Nebelstadt. Einen solchen Kopfschmuck trug nun ein kleiner, blasser Mann mit einem Kristallzepter, der ansonsten recht spärlich bekleidet zu sein schien. Er trank ein Bier.

Dieser flüchtige Blick auf die Halloween-Parade kennzeichnete für Carlotta den Beginn der neuen Karriere ihrer Mutter. Tagsüber schneiderte sie in der Akkordnäherei Jeans, Hemden und Schlipse im Country & Western-Stil. Zu Hause lebten sie vornehmlich von Reis und Bohnen. Mit dem Geld, das ihre Mutter sich vom Munde absparte, kauften sie Federn in einem der großen Importgeschäfte. Später arbeitete Carlotta in einem dieser Läden, dem World Import, zunächst als Putzhilfe im Lager zwischen den verpackten Waren, die so billig, so bunt und hübsch waren und von weit her kamen, aus Ländern wie der

Heimat ihrer Mutter (für Carlotta war Südamerika keine *Heimat* mehr), danach als Auspackerin in den Verkaufsräumen und schließlich als Kassiererin.

Mittlerweile ging sie schon aufs College und konnte nur noch während der Sommerferien und nach dem Unterricht arbeiten. Viel später hörte sie einmal die Geschichte von dem Mann, der in einer Fabrik für landwirtschaftliche Geräte arbeitete und Tag für Tag mit einer Schubkarre die Wache am Tor passierte. Jeden Tag überprüften die argwöhnischen Wachleute, ob die Schubkarre leer sei. Sie war immer leer. Zwanzig Jahre später, als der Mann reich geworden war, verriet er ihnen, was er gestohlen hatte: Schubkarren. Mit Carlotta war es genauso; nur daß sie Federn mitgehen ließ, die sie stets in der Hand zu halten schien, als wollte sie gerade etwas abstauben. Hauptsächlich Pfauenfedern. Mit den Jahren wurden es viele, viele Bündel, denn ihre Mutter hatte herausgefunden, daß die Rockstars der sechziger Jahre auf Federn «abfuhren» und daß sie sich und Carlotta von einem einzigen prächtigen Pfauenumhang ein ganzes Jahr lang ernähren konnte.

Während ihres letzten Jahres auf dem College lieferte Carlotta eines dieser Capes bei einem Rockstar ab, der so berühmt war, daß sogar sie schon von ihm gehört hatte – ein schmächtiger, dunkelbrauner Mann mit Stirnband, der ihr, wie sie fand, irgendwie ähnlich sah. Auf sie wirkte er eher indianisch, nicht so sehr schwarz. Das lag vor allem daran, daß er sie wirklich wahrnahm, sie wirklich betrachtete, und zwar mit der ruhigen, unvoreingenommenen Konzentration eines Schamanen. Er war zwar bekifft, aber trotzdem … Sie hatte schon oft Umhänge, Schals, Kopfschmuck, Kleider, aus Perlen und Federn gearbeitete Stirnbänder, Sandalen und Jeans bei Rockstars und ihrem Gefolge abgeliefert; wenn diese Leute dann aufgeregt die von ihr gelieferten Sachen anprobierten, hatten sie nie Augen für sie. Fragten nie, wie der Zauber dieser Federkleider zustande kam. Fragten nie nach den zerstochenen Fingern ihrer Mutter, nach dem nervösen Zucken in ihrem Gesicht und ihren

Augen. Und Carlotta rechnete auch nicht damit. Sie hatten etwas Dämonisches an sich. Sie fand sie scheußlich, so bleich und ungehobelt und weichlich; ihr mißfielen die Drogen, die sie immer so achtlos herumliegen ließen. Mit Federn besetzte Pfeifen und Schüsselchen waren Dauerbrenner – Carlotta war sich nicht sicher, ob ihre Mutter wußte oder sich überhaupt dafür interessierte, wozu sie benutzt wurden. Carlotta lernte, schweigend und unauffällig «wie eine Indianerin» zu warten, bis der Kunde – die einzige Bezeichnung, die ihre Mutter für diese Menschen fand – aufhörte, sich im Spiegel zu bewundern und träge nach dem stets schwer zu findenden Scheckheft kramte. Sie versuchten oft, sie herunterzuhandeln. Zuweilen sprach sie mit ihnen das unverständliche Spanisch ihrer Mutter und tat, als könnte sie nicht verstehen, was sie von ihr wollten. Manchmal rundete ein besonders glücklicher Käufer, der sich anschickte, auf einen Ball oder eine Parade zu gehen, den Preis nach oben auf oder sagte ihr, daß sie hübsch sei.

Sie war nicht «hübsch». Eher vielleicht attraktiv. Ihre Augen waren sorgenvoll und wachsam, als treibe sie immer noch ängstlich im Vanilleschotenboot, ihr Gesicht verhärmt, ihr Mund so ernst, daß man ihn sich kaum lächelnd vorstellen konnte, bis sie lächelte. Und doch ging von ihr, wie ein Parfümduft, eine Art tropisches Fluidum aus. Wenn Männer sie sahen, kamen ihnen unwillkürlich Fernseh-Reklamespots mit verträumten Südseeinseln in den Sinn, aber wenn sie sie, was selten geschah, wirklich wahrnahmen, dann fielen ihnen näher gelegene Dürrelandschaften ein. Sie ließ sie an Regen denken.

Vielleicht war es ihr tiefschwarzes Haar, das aussah, als wäre es naß. Oder ihre langen, dichten Wimpern, auf denen schimmernd das Licht spielte. Selbst die Strähnen, die ihr unter dem Haaransatz an den Schläfen und an der Stirn ins Gesicht wuchsen, kräuselten sich in zarte Wellen, so wie es glattes Haar nach dem Duschen tut.

Der Rockstar Arveyda sah das alles. Er sah auch den Umhang. Er zog ihn über. Umflossen von einer schillernden Flut blinder Pfauenaugen, stolzierte er vor ihren wachsamen Blikken auf und ab. Und dann tat er, worauf bisher noch niemand gekommen war.

Er zog den Umhang aus, legte ihn ihr um die Schultern und drehte sie zum Spiegel hin.

«Aber eigentlich», sagte er, «ist er wie für dich geschaffen.»

Sie betrachtete sich und ihn im Spiegel. Seine tiefbraune Haut; seine Nase, die ihrer glich, seine Augen, die genauso waren wie ihre (aber verspielt und verschmitzt); sein krauses Lockenhaar. Seine wohlgeformten Lippen. Seine kleinen Hände. Seine sinnlichen, tiefsitzenden kantigen Hüften in den weichen, abgetragenen hautengen Jeans. Sogar seine Stiefel waren mit Federn besetzt. Und sie schaute sich selber an – beinahe sein Ebenbild. Hellere Haut, glatteres Haar, Vanilleschotenboot-Augen, aber...

«Sie meinen, es paßt zu meinem Typ», sagte sie und glaubte, mit Akzent gesprochen zu haben. Aber dem war nicht so. Es kam nur von ihrem Aussehen.

Er lachte. Umarmte sie.

«Zu unserem Typ.»

Für den Umhang zahlte er Zedé fünftausend Dollar, die Carlotta ihr überglücklich brachte. Es war die größte Summe, die Zedé je eingenommen hatte. Mit dem Geld, das wußte Carlotta, würden sie ein Auto kaufen.

Der nächste Umhang, den sie Arveyda in der Annahme brachte, er sei für seine Schwester, wie er es gesagt hatte, war für sie. Er trug sein Federkleid zwar manchmal auf der Bühne – weil es so großartig wirkte, wenn er es abwarf und die Fans dann vor Begeisterung durchdrehten –, aber die einzige Gelegenheit, bei der sie ihre Umhänge öffentlich tragen konnten, waren Paraden.

In ihren Zaubermänteln sahen sie aus wie zwei Paradiesvögel.

«Du bist, was du ißt», mahnte er sie. Auf sich gestellt, aß sie nichts als süßes Gebäck – Windbeutel mit Schokofüllung oder

Kekse – und den unvermeidlichen Reis mit Bohnen. Salat war ein Fremdwort für sie. Sie dachte, Obst schmecke ihr nicht.

«Jetzt bist du noch jung», sagte er, «und die Natur erhält dir dein gutes Aussehen. Aber eines Tages wird sie deine widerlichen Eßgewohnheiten satthaben, und dann läßt sie dich fallen. Und wie stehst du dann da?»

Carlotta dachte an ihre Mutter. Wie alt sie aussah. Wie schlaff ihre Haut wirkte; wie glanzlos ihr Haar. Ihre Backenzähne bröckelten.

Arveyda lag auf der Seite in seinem Bett, auf dem sich Seidenkissen türmten. Im Zimmer roch es kräftig nach Räucherstäbchen, und ein schwacher Duft von indischem Essen hing in der Luft. Das Zimmer lag in rauchigem Halbschatten, nur eine zur Hälfte hochgezogene Jalousie ließ Licht aus dem Park herein.

«Du bist reich», sagte sie. «Du kannst essen, was du willst.» Dann widersprach sie sich und sagte: «Die Ernährung – ich glaube nicht, daß die Ernährung was mit dem Aussehen zu tun hat. Das liegt doch alles an den Genen. Es gibt sogar sehr arme Leute –» sich selbst betrachtete sie nicht mehr als arm – «die bis ins hohe Alter ausgesprochen schön bleiben.»

«Die Armen sehen am besten aus, wenn sie alt sind», brummte Arveyda, «weil sie so lange durchgehalten haben. Trotz aller Risiken», fuhr er fort und streichelte ihr übers Gesicht und die feinen Härchen, die vor ihrem Ohr festklebten. «Klar», sagte er, «die Gene spielen dabei auch eine Rolle.» Er bewunderte seinen eigenen schlanken Körper im Spiegel an der Wand neben dem Bett. Er versuchte sich den Körper seines Vaters vorzustellen, den Körper, den er nie gesehen hatte. «Aber richtiges Essen ist mindestens genauso ausschlaggebend.»

Wenn sie ihn besuchte, bot er ihr frische Säfte an und Schalen voller Guanabas, Guaven und Papayas. Er konnte kiloweise Mangos essen. Freilich nur welche aus Mexiko. Die aus Haiti schmeckten ihm nicht. «Das Elend dort, weißt du.»

Sie wurde immer fitter, indem sie aß, was und wie er aß. Morgens nie etwas Schweres. Obst, immerzu Obst, sogar mitten in der Nacht.

Er sagte, der Verzehr von Windbeuteln und Fleisch mache Menschen zu Mördern.

Er joggte.

Wenn sie mit ihm durch den Golden Gate Park joggte, sah sie Gesichter, die ihrem glichen, und fragte sich, ob sie nicht vielleicht in der Gegend von San Francisco doch Stammesverwandte hatte. Allmählich lernte sie, andere «exotische» ethnische Gruppen zu unterscheiden. Aus irgendeinem Grund sagten ihr die Hmong am meisten zu; sie hatten in ihren Augen etwas besonders Ernstes und Urtümliches, wenn sie ihre winzigen Babies, angetan mit grellbunten Anzügen, die mit Spiegelchen, Glöckchen, Muscheln und Perlen übersät waren, auf dem Rücken trugen. Die wuscheligen Troddeln (wie wurden die wohl gemacht?) oben an ihren Mützen weckten in ihr den Wunsch, die Hand auszustrecken und sie zu berühren. Von ihrer Umgebung durch eine Sprache isoliert, die weit fremder war als die Zedés, kauften die Mütter mit ihren Babies seelenruhig in den kleinen Geschäften ein. Zeigten auf dieses oder jenes amerikanische Produkt. Taten einander murmelnd ihre Verblüffung kund. Hielten ihr Geld vertrauensvoll den Verkäufern entgegen, die ausnahmslos geduldig, respektvoll, neugierig waren. Das lag an ihrer Kultur, von deren hohem Entwicklungsstand die Babykleidung zeugte. In den beiden Amerikas hatte außer den Indianern (die man, wie sie erfuhr, «Indianer» nannte, weil einst ein italienischer Forschungsreisender bei ihrem Anblick gemeint hatte, sie lebten *in dios,* in Gott) kein Kulturvolk lange genug überlebt, um eine so ausgeprägte Alltagsästhetik zu entwickeln. Man schaute ein kleines Hmongkind an und war bekümmert, daß es ausgerechnet im Tenderloin-Viertel, in den farblosesten, heruntergekommensten Straßen der Stadt, gelandet war. Carlotta liebte auch die Frauen aus Samoa. Sie liebte die charakteristische Massigkeit ihrer Körper und ihre breiten Kiefer. Ihr gutmütiges Aussehen und ihren Gleichmut. Geborene Königinnen. Und balinesische Männer; die erkannte sie immer an dem Schrecken, der ihnen ins Gesicht geschrieben stand, wenn sie in der Stadt nichts als Glas und Beton um sich herum sahen. Das konnte sie überhaupt nicht begeistern.

«Bewegung ist für den Körper das, was das Denken für den Geist ist», keuchte Arveyda.

Ihr, die nie Sport trieb, aber durch die Botengänge für ihre Mutter ständig in Bewegung war, fiel das Laufen leicht. Sie atmete und lief und kam gar nicht darauf, daß es sich dabei um zwei getrennte Vorgänge handelte. Mühelos zog sie an ihm vorbei, die wohlgeformten Beine flogen. Später duschten sie bei ihm daheim und lagen in der Sonne auf seinem Bett.

Er stammte aus Terre Haute, Indiana, wo seine Mutter mit zwei anderen schwarzen Frauen ihre eigene Kirche gegründet hatte: die Kirche der Immerwährenden Anteilnahme. Seine Mutter, Katherine Degos, war einer der aufdringlichsten Menschen, die er kannte. Sie kannte keine Beschränkungen, weder körperliche noch geistige. Sie konnte sich nicht aus anderer Leute Angelegenheiten heraushalten; alles ging sie persönlich an. Die Kirche war eine gute Tarnung für diese Neigung sich einzumischen, die sie sonst in Schwierigkeiten gebracht hätte. Sie war immer in Schwung, der reinste Wirbelwind, und als Arveyda zum erstenmal den Ausdruck «tanzender Derwisch» hörte, fiel ihm unwillkürlich seine Mutter ein.

Aber dann, als er zehn war und sie schon unzählige Streitereien geschlichtet, unzählige Babies zur Welt gebracht und unzählige Menschen mit selbstgebackenem Kuchen und gebratenen Truthähnen beglückt hatte – weil das «Tätigsein» für andere ihre Art und Weise war, sich unentbehrlich zu machen –, hielt sie eines Tages plötzlich mitten im Herumwirbeln inne, setzte sich hin und tat drei Jahre lang nichts anderes als aus einem rückwärtigen Fenster in ihrem Haus zu gucken. Die Gemeinde löste sich auf. Die Frauen, deren Kinder sie zur Welt gebracht hatte, vergaßen, wie sie aussah. Die Hungrigen musterten empört ihren wohlgenährten Körper. Es kümmerte sie nicht. Sie fing an, mit Schminke herumzuspielen, sich das Gesicht anzumalen, sich die Haare zu färben und dic Nägel zu lackieren, als wolle sie aus ihrem Körper ein Kunstwerk machen. Und im Geiste schien sie große leere Weiten zu durchstreifen.

Sie versuchte nicht mehr, die Welt zu verbessern, und weigerte sich statt dessen, sie wahrzunehmen. Als Junge im Teenageralter hatte Arveyda keine starke Bindung zu ihr. Im Schulorchester war er gut, sonst überall miserabel. Sie schien das kaltzulassen. Alle in ihrem Wohnblock lobten seine Musik. Er sang und spielte Gitarre und Flöte. Sie lobte ihn nicht. Sie sah durch ihn hindurch. Eines Tages war das Bild seines Vaters, das sein Leben lang in einem Silberrahmen auf dem Nachttisch an seinem Bett gestanden hatte, verschwunden.

«Nichts, gar nichts kann die Liebe ersetzen.» So lautete die Inschrift, die sie sich für ihren Grabstein gewünscht hatte, aber eine ihrer Schwestern, seine Tante Frudier, der sie diese Anweisung hinterlassen hatte, fand das zu gewagt. Statt dessen wurde seine Mutter unter einem blaßgrauen Stein begraben, auf dem nur ihr Name stand und nicht einmal ihr Geburtsjahr. Doch für ihn blieb der Satz ein Schlüssel zu ihr, der vielleicht später einmal anzuwenden wäre, wenn er mehr wüßte. Wer war sie, diese Frau, seine Mutter? Er wußte es nicht.

Während er mit Carlotta auf seinem breiten Bett lag, den blauen Satinbettbezug glatt und kühl unter den Beinen, erzählte Arveyda ihr dies und das aus seinem Leben. Erzählte etwa von der Vaterfigur, die er in seinen Jugendjahren gefunden hatte, während seine Mutter mit leerem Blick aus dem Fenster starrte. Simon Isaac. Oder Onkel Isaac. Nicht daß er sich jemals getraut hätte, Mr. Isaac offen «Onkel» zu nennen; nur insgeheim. Er hatte begriffen, daß er niemanden, der kein Schwarzer war, mit «Onkel» anreden durfte.

Mr. Isaac war ein Gemüsehändler in der Nachbarschaft, wo Arveyda und seine Mutter wohnten. Groß und grobknochig, mit versonnenem Blick aus braunen Augen und einer Mähne von borstigen roten Haaren saß er im Eingang zu seinem Geschäft und spielte Geige.

Alle Kinder aus der Nachbarschaft drängten sich um ihn, und die Fünf- und Zehncentmünzen in ihren Fäusten, die sie in Süßigkeiten umsetzen wollten, waren vorübergehend vergessen. Er hielt sie mit seiner betörend lieblichen, unwirklichen Musik im Bann – keines der Kinder hatte je zuvor eine Geige gesehen. Niemand hörte verzauberter zu als Arveyda, dessen Finger sich ganz von selbst vortasteten, bis sie auf dem Fiedelkasten lagen. «Fiedel» war das Wort für Geige, das er von zu Hause kannte. Er schob sich immer näher heran, bis er die süßen Schwingungen, die beinahe orgastische Ausdehnung in seinem Unterleib, wohlig in seinem Innersten spüren konnte. Es schien nur naheliegend, daß er, als er endlich eine billige Gitarre und eine Flöte besaß, neben Mr. Isaacs Holzstuhl auf einer Coca-Cola-Kiste saß und spielte. Naheliegend auch, daß Mr. Isaac ihn mit jähen Begeisterungsblitzen aus seinen unversehens freundlichen Augen anspornte und daß er, indes sie immer müheloser zusammenspielten, Arveydas Gegenwart häufig zu vergessen schien und nur am Ende einer Melodie zu ihm – der braun und dünn auf der Cola-Kiste hockte – herüberschaute und ihm mit einem schiefen Lächeln seine dichten Locken zauste.

«Und was passierte dann?» fragte Carlotta, die sich vorstellte, daß der Gemüsehändler Isaac vor lauter Geigespielen nicht zum Arbeiten kam.

«Er war aus Palästina gekommen», sagte Arveyda. «Alle in seinem Dorf, die nicht tot oder zu schwer krank waren, kamen hierher, nach Amerika. Er hat mir oft davon erzählt, wie es auf der Überfahrt mit dem Schiff zuging. Wie überfüllt es war.

Wieviel Angst alle davor hatten, krank zu werden. Es hatte sich eine Seuche ausgebreitet, eine Art Pest. Und die Leute waren alle zusammengepfercht und stanken regelrecht vor Angst, sagte er. Und als sie auf Ellis Island landeten, genau am Tag ihrer Ankunft, entdeckte er an seinem linken Ohr einen Furunkel – einen dicken saftigen Furunkel, der wie ein Tennisball am Ohr saß, so waren seine Worte. Oder wie ein Spinnenkokon, wenn ihm der Sinn weniger nach Übertreiben stand. Er war sich sicher, daß es ihn erwischt hatte. Und sogleich kamen die Ärzte ‹in ihren weißen Kitteln› – die erwähnte er immer – an Bord, schnitten den Furunkel auf und taten sehr besorgt wegen der möglichen Ansteckungsgefahr. Er durfte zwei Wochen nicht vom Schiff, während ‹in der zuständigen Behörde› entschieden wurde, ob er umgehend wieder nach Palästina zurückzuschicken sei. Danach brachte man ihn in eine Quarantänebaracke, und dort ‹gammelte er höflich vor sich hin›, wie er sich gern ausdrückte. Sein Ohr fing an zu heilen, aber ansonsten fühlte er sich immer unwohler.»

«Ellis Island?» erkundigte Carlotta sich.

Arveyda erklärte, es sei das gleiche wie Angel Island, nur an der Ostküste.

Auf Angel Island, wo Einwanderer, vor allem aus Asien, festgehalten wurden, ehe man sie – manchmal erst nach Jahren – ins Land ließ, waren Carlotta und ihre Mutter, wie Zedé einst geheimnisvoll erwähnte, dank der Hilfe von reichen amerikanischen Freunden gar nicht erst gelandet.

«Dort, auf Ellis Island», fuhr Arveyda fort, «bekam Onkel Isaac seinen ersten einheimischen Farbigen zu Gesicht. Er führte einen Besen. Nicht, so erzählte er mir einmal, daß er vorher noch nie einen braunhäutigen Menschen gesehen hätte; die Araber in Palästina seien auch braun, aber bei ihnen schien die Bräune nicht bis unter die Haut zu gehen, während der Mann, dem er da zusah, wie er beim Kehren zu seinem kleinen Hüpfschritt Lieder vor sich hin summte, durch und durch, ja bis ins Mark farbig zu sein schien. Das war das erste, was ihm über

Schwarze aufging: daß sie die Weißen wahrscheinlich mit ihrem Hüpfschritt beim Kehren und ihrem beinahe lautlosen Singsang mindestens so auf die Palme brachten wie mit ihrer Hautfarbe. Er konnte sich kaum ein strahlenderes, saubereres braunes Wesen vorstellen und nicht verstehen, wie jemand etwas gegen dessen Farbe haben konnte. ‹Als würde man Kalbslederhandschuhe hassen›, sagte Onkel Isaac, ‹oder schicke Halbschuhe in Ochsenblutbraun! Oder Hershey-Schokolade!› Und dann mußte er immer lachen.

Wie sich herausstellte», sagte Arveyda, «war dieser Mann ein Musiker, der auf Ellis Island als Hausmeister arbeitete, um sich und seine Familie zu ernähren.

Bald waren alle anderen in der Baracke für gesund erklärt und fort, und sie blieben zu zweit übrig. Sie unterhielten sich mit Hilfe ihrer Hände und Augen, mittels seltsamer Laute und Hüpfern und Sprüngen über Musik. Der Farbige hieß Ulysses, und Isaac sah ihn nie wieder und hörte nie wieder von ihm, nachdem er Ellis Island verlassen hatte. Aber er vergaß nie, wie Ulysses ihm an seinem letzten Tag dort, gerade als er meinte, er müsse vor Einsamkeit und Langeweile verrückt werden, lange bevor man ihm offiziellerseits irgendeine Mitteilung machte, die Nachricht von seiner bevorstehenden Entlassung überbracht und ihm außerdem eine Zeitschrift geschenkt hatte. Es war ein Nachrichtenmagazin voller Bilder aus der Welt, die er nun bald betreten würde. Darin kam nicht ein einziges Gesicht vor, das wie Ulysses' aussah. Onkel Isaac erzählte, er habe alle Fotos daraufhin angesehen, und eine kalte Furcht habe ihn gepackt; was für eine Welt war das, in der sein Freund nicht vorkam, obwohl es ihn doch unübersehbar gab? Und dann hatte Ulysses aus der Tasche seines ausgebeulten braunen Kittels mit den durchgescheuerten Stellen an den Ellbogen einen knallroten Apfel geholt und ihn ihm geschenkt. Gleichsam als Händedruck und Umarmung. Und Mr. Isaac war unbefriedigt zurückgeblieben. Denn was konnte er *ihm* zum Geschenk machen, wenn es so undenkbar war, einen farbigen Menschen zu umarmen. Ulysses selbst hatte ihn ja gewarnt und gesagt, es sei praktisch gesetzwidrig. Er hatte doch noch nichts.»

Carlotta strich die Haare glatt, die sich über Arveydas Ohr ringelten. Sie küßte ihn auf die Augen. Für sie gab es keine solche Barriere, dachte sie glücklich. Niemals. Nie. Keine. Überhaupt keine. Ein Gefühl grenzenloser Freiheit überflutete sie, und sie kuschelte sich ganz in seine tröstliche Wärme. Der Glanz seiner Haut schien auch auf sie abzufärben. Sie bettete sich genüßlich in dieses Wohlgefühl, das ihr wie die Urkraft der Erde selbst vorkam. Wie bedauernswert dumm die Menschen doch waren, dachte sie, wenn sie nicht einmal die Klugheit aufbrachten, sich dem zuzuwenden, was ihnen nur guttun konnte.

«Es war ein Zauberapfel», sagte Arveyda und lächelte in ihr Haar. «Das war vor der Zeit der vergifteten, mit allem möglichen gespritzten Äpfel. Musiker hatten früher nur gesunde Dinge bei sich. Wirklich.» Er lachte. «Es hat sogar eine Zeit gegeben, als Musiker kein Marihuana rauchten. Nur Wein werden sie wohl immer schon getrunken haben.»

Carlotta lächelte ebenfalls.

«Es hat sogar eine Zeit gegeben –» Arveyda blinzelte ihr verschmitzt ins Gesicht hinunter – «und ich weiß, du wirst es mir nicht glauben, als Musik leise gespielt wurde, zum Zuhören. Nur tote Menschen brauchen laute Musik, weißt du. Ich nenne laute Rockmusik ‹Dracula-Musik›, weil man von der Bühne aus nur lauter tote, taube und seelenlose Zombies tolpatschig über den Tanzboden zucken sieht. Selbst Farbige sind heutzutage Zombies. Da können einem schon die Schamhaare zusammenschnurren.»

«Du wolltest mir was über Früchte erzählen», meinte Carlotta kichernd.

«Ganz recht», sagte Arveyda. «Also, Onkel Isaac biß in den Apfel und dachte über seine Zukunft nach. In Palästina hatte er mit seinem Vater, einem strenggläubigen, gottesfürchtigen Mann, Gartenobst und Gemüse verkauft. Er wollte es in Amerika im gleichen Beruf versuchen. Aus seinem Korb wurde ein

Karren, aus seinem Karren ein Kiosk, aus seinem Kiosk ein Geschäft. Er hatte Erfolg. Aber er war nicht glücklich, auch nicht, nachdem er seinen Jugendtraum wahrgemacht hatte, ‹auf der Universität› zu studieren und Geige spielen zu lernen. Ihm fehlten die Hitze und die Pfirsiche und die Araber. Denn in Palästina hatten Araber in seiner Umgebung gewohnt wie jetzt in Terre Haute die Farbigen. Viele der toten Freunde, die er zurückgelassen hatte, waren Araber.

Als er hörte, daß ein jüdischer Staat gegründet werden sollte, nahm er das als Vorwand zur Rückkehr. Aber eigentlich kehrte er heim zur Sonne, zu den Datteln, den Mandeln, den Apfelsinen, den Weintrauben, dem Klang der arabischen Sprache, von der ihm als Junge der Kopf geklungen hatte, auch wenn er nur die auf der Straße aufgeschnappten Sätze nachgesprochen hatte. Er wolle zurückgehen, um ihnen beim Aufbau zu helfen, verkündete er. Und eines Tages machte er seinen Laden zu und ging fort.»

Arveyda mußte an seine Mutter denken, als er Zedé zum erstenmal sah. Diese kleine, traurige, indianisch aussehende Frau, die, wie Carlotta ihm erzählt hatte, so stolz auf ihre hispanische Herkunft war.

Zedé saß in der Mitte eines in knalligen Farben eingerichteten Wohnzimmers mit himmelblauen, fransenbesetzten Sofas und Lampen, auf deren Füßen spanische Damen aus der Kolonialzeit in endlosen Reigen promenierten. Sie war damit beschäftigt, Pfauenfedern für Umhänge zusammenzuheften, und legte die abgebrochenen und beschädigten Federn für Einsätze in Schultertaschen beiseite. Trotz des gesenkten, streng beherrschten Blicks musterten ihn ihre Vogelaugen argwöhnisch. Er merkte, daß er sie verwirrte. Braune Haut, krause Haare, ein schöner Körper, ein offenes Lächeln. Sie sah ihn traurig an, als könnte sie sich von früher an ihn erinnern, und er hatte den Eindruck, daß sie ein bißchen schniefte, als wäre sie erkältet oder kurz vorm Weinen.

Als Carlotta ihn mit nach Hause genommen hatte, um ihn ihrer Mutter vorzustellen, hatte er nicht gewußt, was ihn erwartete. Zedés Haut war heller als Carlottas, und sie hatte ausgebleichtes, rotbraunes Haar mit einer krausen, matronenhaften Dauerwelle. Er war überrascht, wie jung sie noch war. Diese Frau, die noch selbst Schamanen und Priester gekannt und in einem Land gelebt hatte, in dem es seiner Vorstellung nach bis vor kurzem weder Fernsehen noch Kleinlaster gegeben hatte. Eine Frau, die als Kommunistin verhaftet worden war, Jahre im Gefängnis zugebracht hatte – mindestens drei, hatte Carlotta gemeint – und dann irgendwie ihren Weg nach Nordamerika gefunden hatte. Er beugte sich über ihre Hand und wollte sie küssen, doch Zedé zog sie schüchtern zurück und verbarg sie in ihrer Kitteltasche.

Sie war in trübsinniges Schwarz-Grün gekleidet, und ihre schrägen Augen funkelten unter einem Nest krauser, bis zur Leblosigkeit dauergewellter brauner Haare.

«Wie geht es Ihnen?» fragte sie im zaghaften Konversationston der Abendkurse an der San Francisco State University.

«Danke, ausgezeichnet. Und Ihnen?» antwortete er im gleichen Stil. Und weil ihre zierliche Gestalt und ihre Verlegenheit ihn rührten, sagte er noch: «Kann nicht klagen.»

Sie und Carlotta bewohnten jetzt, in ihrem neuen Wohlstand, eine geräumige, helle Wohnung in der Clement Street, einer Gegend mit vielen Restaurants. Aus einem davon hatte Zedé das Abendessen geholt, das sie schüchtern servierte, während Carlotta ihm die Wohnung zeigte.

Arveyda, der die Einsamkeit seit seinen Jugendjahren kannte, tat die tiefe Isolation dieser beiden Menschen weh. An den Wänden hingen kitschige Bilder von Sonnenuntergängen, von Bäumen und von glücklichen weißen Kindern, die hinter Luftballons herliefen, aber kein einziges von Menschen ihrer Hautfarbe, von Menschen, die Zedé oder Carlotta ähnlich sahen. Auf dem Nachttisch in Zedés Schlafzimmer stand ein alter Schnappschuß von ihr und Carlotta, aufgenommen kurz nach ihrer Ankunft in San Francisco. Zedés verhärmtes Gesicht, das sich sogar vor dem Fotografen zu fürchten schien, lag zum Teil im Schatten. Carlotta, mit kindlichem Mondgesicht, eine Perlenschnur um das winzige Handgelenk, beugte sich weit aus den Armen ihrer Mutter, als wolle sie dieses neue Land eifrig in die Arme schließen. In beiden Gesichtern las er die Strapazen von Unterdrückung, Enteignung und Kampf.

Er würde sie lange, sehr lange kennen, spürte er, als er sich zu einem schmackhaften vietnamesischen Essen niederließ, und fühlte sich, wie er so von einer zur anderen lächelte, wie ein richtiger Glückspilz.

Es ist, als wärst du losgegangen», schluchzte Carlottas Mutter nach jener ersten Begegnung, «und hättest deinen Vater mit nach Hause gebracht. *Ai, ai*», weinte sie und schlug sich mit der Handfläche an die Stirn, eine Schmerzensgeste, die Carlotta zwar noch nie gesehen hatte, aber am liebsten gleich nachgeahmt hätte.

«Er war ein Indio, dein Vater, und er hatte krauses Haar.»

Aber jetzt waren Carlotta und Arveyda schon drei Jahre verheiratet. Sie hatten zwei Kinder, die Carlottas Mutter vergötterte.

«Arveyda liebt dich», sagte Zedé. «Daran mußt du glauben. Aber er und ich, wir haben uns auch geliebt, von Anfang an.»

Arveyda war reich. Er hatte mehr Geld, dachte Carlotta bisweilen, als die Regierung in der Heimat ihrer Mutter. Einmal hatte er, um ihr zu beweisen, daß sie nie wieder Not leiden würde, Tausende und Abertausende Dollars von der Bank abgehoben und sie mit einem Ventilator im ganzen

Schlafzimmer umhergewirbelt. Dann hatten sie sich auf die Scheine gelegt wie auf Blätter im Wald und sich geliebt.

Jetzt weigerte sich Carlotta, sein Geld anzurühren. Sie hatte sich an der Universität mit Frauenliteratur befaßt. Das würde sie nun auch unterrichten. Arveyda und Zedé die Kinder wegzunehmen, war ihr einziges Mittel, ihnen so weh zu tun, wie sie selbst ihretwegen litt. Sie konnte noch nicht ahnen, was sie sich selbst damit antat.

Die Briefe der beiden von ihrer Reise durch Mexiko, Mittel- und Südamerika hatte sie erst viele Monate lang standhaft ungeöffnet gelassen, weil es ihr leichter fiel, sie sich tot vorzustellen. Andererseits waren sie ihre einzigen Angehörigen.

Eigentlich schrieb nur Zedé. Kurze, kummervolle, stark parfümierte Briefe, die in Carlotta heftige Erinnerungen an sie wachriefen.

«*Mija, mi corazón*», so fingen sie alle an, meine Tochter, mein Herz. Und Zedés Weinen war zwischen den Zeilen zu vernehmen. Aber die Briefe trudelten weiter ein, und im Lauf der Zeit spürte Carlotta, wenn sie über die getrockneten Tränen und die von ihnen hinterlassenen aufgewölbten kreisrunden Flecke hinweglas, bei ihrer Mutter eine immer größere Lebhaftigkeit, die sie früher nie wahrgenommen hatte.

Arveyda und Zedé durchreisten Länder von unglaublicher Üppigkeit. Nie hatte Zedé solche Flüsse gesehen, und diese Fische ... es gab eine Sorte, schrieb sie, die ihr ganzes Leben lang zusammenblieb; als sie einen solchen Fisch vom Boot aus angelten und ihn zum Essen zubereiteten, schwamm sein Partner in wilder Raserei immer um das Boot herum und folgte ihnen viele Kilometer weit ... und erst die Bäume, Früchte, Vögel, und der Himmel.

Carlotta stellte sich ihre Mutter vor, an der Reling eines Schiffes, entspannt an Arveyda gelehnt, die Sonnenstrahlen als weiße Lichter in ihrem nun wieder glatten schwarzen Haar.

«Das Essen, es schmeckt alles so gut. *Muy delicioso!*» schrieb sie. Und Carlotta mußte an die in Zwiebeln und Chili gedünsteten Krabben denken, die ihre Mutter so gern mochte, und daran, wie sie sich das einmal im Monat als Festmahl geleistet hatten, als ihre Mutter angefangen hatte, den Federputz zu verkaufen. Und sie stellte sich vor, daß sie jetzt nur noch aß, was ihr schmeckte, und dabei geschmeidig wurde und vielleicht ein bißchen mollig, so daß die Falten um ihre Augen und auf der Stirn sich auspolsterten, ihre Haut den fahlen Ton verlor und braun und elastisch wurde. Ihr ging auf, daß sie Zedé nie mit sich und der Welt im Frieden erlebt hatte. Immer hatte sie ängstlich, nervös und voller Panik den Anforderungen entgegengesehen, die das Leben an sie beide stellte.

Sie hatten nur einmal miteinander geschlafen, Arveyda und Zedé, ehe sie Carlotta davon erzählten.

Arveyda hatte die Kinder, wie so oft, übers Wochenende zu Zedé gebracht. Ihre braunen, warmen kleinen Körper verzauberten sie. Wenn sie sie, zappelnd und widerwillig oder verschlafen und zufrieden, in den Armen hielt, schienen ihre Sorgen wie weggeblasen. An jenem Tag hatten sie auf Zedés großem Bett gespielt, die Kinder in der Mitte, sie und Arveyda an den Rändern. Es war ein grauer, regnerischer Tag, und ihr Schlafzimmer war ganz in Rosa gehalten. Im Hintergrund spielte leise Musik von einem Mann namens Sydney Bechet, die ihr gefiel. Die Kinder dösten ein. Als Arveyda ihre schlaffen Körper hochhob, um sie ins andere Zimmer zu bringen, hatte sie, wie so oft und wie sie ebensooft zu verbergen suchte, eine tiefe Sehnsucht nach ihm empfunden. Aber er ist so jung, dachte sie. *El padre de mis nietos. El esposo de mi niñita.* Mein Schwiegersohn. An dieser Stelle kicherte sie, weil sie das Wort «Sohn» immer mit «Sonne» verwechselte.

Arveyda hatte das Baby im Arm, das in seinem friedlichen Schlaf ein pummeliges Ärmchen weit von sich streckte, und sah sie an. Sehnsucht war für ihn wie eine Musiknote, er erkannte sie sofort. Er wußte Bescheid.

Als er wiederkam, setzte er sich auf den Fußboden neben das

Bett. Seine Stimme zitterte. «Wir können nichts dagegen machen, oder?»

«Nein», sagte sie, und ihre Stimme bebte ebenfalls. Sie versuchte zu lachen. «Ich bin Großmutter. Das ist es.» Sie wollte sagen: «Das war's.»

«Ich liebe dich aber», sagte er. «Nicht wie eine Großmutter... vielleicht ein bißchen wie eine Mutter.» Sein Lächeln erheischte Verzeihung, doch sein Gesicht war noch immer abgewandt. «Nein», sagte er, «wie eine Frau, Zedé. Ich liebe Carlotta; keine Sorge. Aber dich liebe ich auch.»

Wie lang hatte sich das schon zwischen ihnen aufgestaut, fragte sie sich. Seit dem ersten Tag, seit ihrer ersten Begegnung. Sie hatte den Duft seiner Haare gerochen, als er sich über ihre Hand beugte. Den würzigen Duft der Blumen aus ihrem Dorf. Sie hatte ihre Hand zurückgezogen und sie erglühend vor ihm versteckt. Schließlich gehörte er Carlotta. Carlotta hatte ihn gefunden.

«Nichts können wir machen. Nein», sagte sie bestimmt. Aber in ihrem Herzen schwoll heiß ein glühender Lichtpunkt an, und zwischen ihren Beinen war sie plötzlich feucht.

Ihre Hand zitterte, als sie sein Haar berührte und sein Geruch – der Geruch von wohlbehalten schlafenden, satten Kindern – an ihre Nase drang. Sein Haar. Es hatte graue Sprenkel. Blitzte stellenweise rot und braun auf.

Feste Locken, rauh und weich zugleich. Vom Gefühl her wie rohe Seide. Die einzigen Haare auf der Welt, die so waren – *pelo negro*. Hier und da zupfend, ließ sie ihre Finger hindurchgleiten. Versuchte sich auf leichte, ergebene Berührungen zu beschränken. Versuchte *la madre* zu sein. Versuchte die gute Freundin zu sein. Ihr Unterleib zog sich so fest zusammen, daß sie fast aufgeschrien hätte.

Sie betete, Arveyda möge sich nicht umdrehen und sie anschauen. Er tat es doch. Seine Augen nur Zentimeter entfernt. Seine weißen Zähne, sein Schnurrbart und sein Bart. Seine braunen Augen, die so schmerzerfüllt wirkten. Sein süßer

Atem. Wie Kokosnuß. Sie lächelte, weil sie ausgerechnet auf Kokosnuß kam; was war sie doch für eine *campesina*! Er beugte sich vor, um den lächelnden Mund zu küssen. Sie wich zurück.

«Und du, Zedé?» fragte er. «Bin ich bloß der Schwiegersohn? Ich weiß, daß wir nie etwas daran ändern können ... aber wissen möchte ich es.»

«Ach, ich», sagte sie und entrang sich ein kleines Lachen, das ihrem heißen Herz, dem Druck in ihrem Leib und der Nässe zwischen ihren Schenkeln hohnsprach. Das Lachen, das so falsch war, so unfähig zu lügen, verwandelte sich in Schluchzen. Arveyda nahm ihr Gesicht in seine Hände. Es war jünger geworden, seit er sie kannte. Der Vogelblick schoß nicht mehr so unruhig umher, das Zucken war verschwunden. Nur die Trauer einer Frau, der keine Liebe vergönnt ist, war geblieben. Die würde er nun fortküssen.

Zedé hatte bis dahin nur zweimal in ihrem Leben mit einem Mann geschlafen. Bevor sie Arveyda kennenlernte, hatte sie nie über Erotik nachgedacht; sie hatte zuviel zu tun, und ihre Erinnerungen schmerzten zu sehr. Zwar kannte sie die körperliche Liebe, aber nur flüchtig. Manchmal schien ihre Tochter der einzige Beweis dafür, daß sie mit einem Mann geschlafen hatte. Jetzt war es, als hätte sie einen neuen Körper. Arveyda küßte ihn von Kopf bis Fuß, wie sie es sich von einem geliebten Menschen gewünscht hatte, als sie *embarazada,* schwanger, war. Unter seinen Lippen spürte sie, wie ihr welker Leib erblühte, und unter seiner Zunge erwachte ihr verdorrtes Geschlecht zum Leben. Der Flaum auf ihrem Körper sträubte sich. Der Druck, den sie zuerst in ihrem Unterleib und im Herzen gespürt hatte, schien sie nun ganz auszufüllen; sie spürte, wie sie sich ihm ganz hingab.

Später lag Zedé, erschöpft von den Orgasmen, die sie bis ins Mark erschüttert hatten, auf dem Bett und zeichnete immer wieder den Leberfleck auf Arveydas rechter Brust nach. Beide waren zugleich entspannt und außer sich vor Sorge.

«Das kommt nicht wieder vor», sagte sie. «Es geht nicht.»

Ihre Lippen zog es zu dem Leberfleck hin. Sie küßte ihn, ohne es zu merken.

«Nein», sagte Arveyda. «Es tut mir leid. Alles meine Schuld.» Sein Gesicht war in ihrem Haar vergraben. An ihrem Schenkel wurde er wieder hart. Sie wurde feucht.

«*Mamacita*. Papi.» Es war das größere Kind, Cedrico, das aufgewacht war und rief.

Monatelang gingen sie einander aus dem Weg. Aber sie liebte seine Musik und spielte ständig seine Platten, insofern mogelte sie. Sie war nie ohne ihn, obwohl er weit weg in anderen Städten und anderen Ländern auftrat. Sie lauschte der Musik, und manchmal weinte sie. Manchmal streckte sie sich weinend auf ihrem rosa Bett aus, die Hand zwischen ihren Beinen. Da war ein Stück auf seiner letzten Platte, das sie ganz besonders rührte. Sie wußte, daß er es in Gedanken an sie geschrieben hatte. Es kam ihr schon vom bloßen Zuhören.

Arveyda lebte in den Kostümen, die sie für ihn anfertigte, was ihm mit der Zeit den Spitznamen «Bird» eintrug oder, wie er zu übersetzen beliebte: «Charlie Parker der Dritte». In seinem Federumhang und seinen gefiederten Stiefeln ließ er seine Seele zu Zedé fliegen, während sein Körper, seine Gedanken und seine Aufmerksamkeit bei Carlotta blieben, die zu lieben er nie aufhörte. Wenn er aber anfing, darüber nachzudenken, dann war es Zedés Ebenbild, das er in Carlotta liebte. Wenn er Carlottas Gesicht musterte, suchte er nach Spuren von Zedé. Und küßte sie ehrfürchtig, wenn er welche fand.

Wie sagt man einer Frau, die man liebt, daß man sich auch in ihre Mutter verliebt hat? Zudem war es wahrscheinlich gesetzwidrig. Das Problem ließ Arveyda nicht mehr los; seine sanfte, einlullende Musik wurde gequält und schrill. Bei den Proben und sogar auf der Bühne bei Konzerten kam es vor, daß er seine Gitarre wie in Trance spielte.

Arveydas Musik war so schön, daß niemand danach fragte,

wie lange er spielte. Da stand er, die schlanken Beine in weichen Jeans, die braunen gefiederten Wildlederstiefel unter den Stroboskoplampen schimmernd, die schmale Brust einen Spaltbreit entblößt; das Gesicht, das Antlitz eines zutiefst vergeistigten Menschen, ernst hinter der Gitarre oder Flöte. Er war nicht ohne Grund reich und berühmt: Arveyda und seine Musik waren Medizin, und das teilte sich den Leuten mit, die ihn hörten oder sahen. Sie kamen in Scharen zu ihm, wie sie einst zu den Priestern geströmt sein mochten. Er enttäuschte sie nicht. Jedesmal wenn er spielte, geschah das voller Ernst, wie im Gebet. Selbst wenn es in dem Stück ums Vögeln ging – und weil er das so gern tat, war das in vielen Stücken der Fall –, handelte es von der Liebe des Universums, die uns durchströmt, wenn es sich im Einklang der Ekstase befindet. Das Publikum spürte das so genau, daß Witze darüber kursierten, wie viele Arveyda-Kinder wohl in der Nacht nach einem Vollmondkonzert gezeugt wurden.

Er spielte für seine tote Mutter und für den Vater, den er kaum gekannt hatte; die Sehnsucht nach den beiden drang als Jammern und Schluchzen aus der Gitarre. Es lag ein schwermütiger blauer Ton in der Musik, die er spielte, wenn er sie vermißte. Für Carlotta stand Gelb. Die junge, hoffnungsvolle Farbe der Einwanderer, die Farbe der Balance, die Farbe von Herbstlaub, die Farbe der Hälfte aller Blumen auf dem Planeten, die Farbe von Ausdauer und Optimismus. Grün war seine eigene Farbe, linderndes Grün, die beste Farbe für die Augen und das Herz. Und Zedé – Zedés Farben waren Pfirsich, Rosa oder Koralle. Die Mutterschoßfarben, die Frauenfarben. Wenn er für sie spielte, schloß er die Augen und streichelte sie und drang in ihren Körper ein, der in seiner Vorstellung durchscheinend war wie eine Muschel. Er entsann sich, wie sie sich geliebt hatten, und dachte an sich selbst als das Licht im Innern der durchscheinenden rosa Muschel. Er weinte oft beim Spielen.

Carlotta fand die Schönheit seiner neuen Kompositionen

überwältigend, so disharmonisch und klagend sie zuweilen auch waren. Sie saß im Publikum und schaute zu, wie er spielte, und obwohl sie mit ihm zusammenwohnte, war es, als wäre er ein Fremder, weit weg von ihr, von allem. Wenn es ihr geglückt war, Zedé in ein Konzert zu schleppen, drehte sie sich in ihrer Erregung über ein neues Motiv oft zu ihr um. Aber Zedé hielt stets den Kopf gesenkt. Carlotta vermochte später nie zu sagen, wann ihr die Augen aufgegangen waren.

Monatelang sahen sich Arveyda und Zedé kaum. Das wußte Carlotta. Arveyda war auf Reisen; oft fuhr Carlotta mit. Zedé blieb bei sich zu Hause und versorgte die Kinder. Wenn sie fort waren, rief Carlotta jeden Abend an, um sich nach ihnen zu erkundigen. Aß Cedrico gut? Machte Angelita ins Bett? Wurden sie und Arveyda vermißt? Zedé beantwortete ihre Fragen voller Schwung und Engagement. Ja, Cedrico vermißte sie, aber er war *«un niño muy grande»*. Gewiß, Angelita machte ins Bett, aber das brachte Glück (irgendein Aberglaube aus der alten Heimat, vermutete Carlotta, und Zedé gab nie eine Erklärung dafür), und beide aßen wie die Scheunendrescher. Und so weiter. Nach dem Bericht über ihre eigenen Unternehmungen an ihrem jeweiligen Aufenthaltsort und nachdem Zedé alles losgeworden war, was es an kleinen Neuigkeiten gab, trat betretenes Schweigen ein.

«Willst du gar nicht wissen, wie es Arveyda geht?» mußte Carlotta jedesmal fragen.

«Oh, doch, sehr gern», sagte ihre Mutter dann. Worauf Carlotta stets das Gefühl hatte, daß ihre Mutter nicht zuhörte. Sie konnte nicht ahnen, daß jedes Wort über Arveyda sich wie ein Stachel in ihr Fleisch bohrte.

Abend für Abend erstattete sie Arveyda Bericht über die Kinder. Niemals fragte er nach Zedé. «Willst du gar nichts über meine Mutter wissen?» hatte sie einmal böse gesagt, voller Ärger, weil er das Opfer so gar nicht achtete, das ihre Mutter brachte, indem sie die Kinder hütete.

«Aber klar, sicher doch», hatte er zerstreut gemurmelt und dann gedankenverloren und verdrossen zur Tür geschaut.

Zuerst hielt sie es für Haß. Aber wie konnten sie einander hassen? Ihre beiden besten Freunde, die sich, wie sie meinte, auf den ersten Blick geliebt hatten.

Als sie nach langen Wochen der Abwesenheit die Kinder abholten, machte sich Arveyda nicht einmal die Mühe, sich bei Zedé zu bedanken. Er würdigte sie kaum eines Blickes. Zedé wirkte für einen so dunkelhäutigen Menschen ungemein blaß.

Eines Abends beim Essen in einem Restaurant sagte Carlotta dann plötzlich etwas. Sie hatten während der ganzen Mahlzeit stocksteif dagesessen.

«Womit habe ich diese Folter verdient, die ihr zwei mir angedeihen laßt?» fragte sie und hoffte, daß es witzig klang.

«Wovon redest du?» sagte ihre Mutter schnell.

Carlotta sah Arveyda an.

«Ihr redet nie miteinander, guckt euch nicht einmal mehr an. Das ist die Hölle für mich. Was ist los? Kommt schon, schaut euch wenigstens an.»

Sie meinte, Panik in den Augen ihrer Mutter zu erkennen. Zedé hob den Kopf und sah Arveyda an. Aber Arveyda murmelte eine Entschuldigung, erhob sich stirnrunzelnd vom Tisch und ging.

Sie schaute zu, wie sie sich quälten, bis sie selbst ganz erschöpft war, und eines Tages entlockte sie dann ihrer erschrekkend jung aussehenden, verletzlichen, unerfahrenen, angstvollen und aschfahlen Mutter die ganze Geschichte.

Als sie einen lustlosen Arveyda zur Rede stellte, der mittlerweile zu teilnahmslos war, um auch nur an die Komposition neuer Stücke zu denken und, wie Carlotta argwöhnte, vor allem nach Drogen Ausschau hielt, sagte er nur: «Die Griechen wüßten wahrscheinlich, wie man damit umgeht. Ich nicht. Unsere Sünde ist es, daß wir uns lieben, Zedé und ich.»

«Aber sie ist meine Mutter», zischte sie.

«Was du nicht sagst», entgegnete er.

«Sie ist älter als du!»

«Ach nee!» sagte er spöttisch.

«Aber sie ist Großmutter», sagte Carlotta.

«Und außerdem Künstlerin», sagte Arveyda.

«Wie kannst du sie lieben?» rief sie.

«Liebst du sie nicht?» fragte er.

Sie hätten alle drei mit der Sache fertig werden können, meinte sie, wenn Arveyda und ihre Mutter nicht miteinander geschlafen hätten. Aber als sie ihn fragte, war er offen gewesen.

«Wir haben es einmal getan», sagte er. «Wir haben nicht die Absicht, es wieder zu tun.» Er hielt inne. «Dich um Verständnis und Vergebung zu bitten, kommt mir so kitschig und abgedroschen vor.»

Aber was war mit ihrer Würde?

Zedé kam, schlang ihre Arme um Carlottas Beine und preßte das Gesicht an ihre Knie. Ihre Tränen flossen so reichlich, daß sie Carlottas Rock durchnäßten.

«Ich gehe jetzt mit Männern aus. Bald, ich verspreche es dir, werde ich jemanden heiraten, den ich liebe. Wir werden fortgehen. Nach Mexiko vielleicht. Ich werde zusehen, daß ich dir nicht mehr in die Quere komme.»

Das brach Carlotta das Herz. Sie fühlte, wie die Tränen es anschwellen ließen, bis es einen Sprung bekam. Was weiß man schon vom Leben? dachte sie. Die Szene mit ihrer Mutter hatte ihr jede Gewißheit genommen. Sie hatte wieder einmal, wie als kleines Kind, das Gefühl, gar nichts zu wissen. Wenn der Stuhl, auf dem sie saß, sich plötzlich in ein Kanu verwandelt hätte und auf Zedés Tränenstrom aus dem Fenster geschwommen wäre, hätte sie das nicht weiter erstaunt.

WAS AN SUWELOS GESICHT auffiel, waren seine eigenartigen Augenbrauen. Sie bildeten extreme Bögen über seinen forschen schwarzen Augen, und da sie frühzeitig grau wurden, verliehen sie ihm oft ein eulenhaftes Aussehen. So auch jetzt, als er auf dem Weg nach Baltimore im Zug am Fenster saß und seinen großen, ein wenig übergewichtigen Körper krümmte, um das letzte Nachmittagslicht über die Schulter auf sein Buch fallen zu lassen. Er zupfte geistesabwesend an seiner vollen, wohlgeformten Unterlippe, während er versuchte, den neuen Roman einer früheren Bekannten zu lesen.

«Er preßte Jackies Kopf nach hinten und rammte sein... in ihre wartende... Eine halbe Stunde später war er auf ihr und ließ sie vor Genuß aufstöhnen, während er seine Pferde zu einem himmlischen Endspurt antrieb.»

Ungeduldig blätterte er weiter und versuchte mehr über Jakkie zu erfahren, irgend etwas über die weitere Entwicklung dieser wenig verlockenden Beziehung, aber er fand nichts. An anderen Stellen des Romans sah man, wie sie sich anzog, mit Freundinnen schwatzte und ausging, um Lebensmittel einzukaufen. Obwohl sie diejenige war, auf die sich das Geschehen im Buch konzentrierte, war es ihr nicht einmal vergönnt, ein zweites Mal geliebt zu werden, wahrscheinlich sehr zu ihrer Erleichterung, dachte Suwelo, während er die unerquickliche Szene überflog, in der ein Schulmädchen von dem dreimal so alten Helden verführt wurde, wobei Drogen eine erhebliche Rolle spielten.

Seine Männergeneration hatte den Frauen und sich selbst gegenüber versagt, sann er, während er seine Hornbrille abnahm und über den Rücken seiner großen und ziemlich glänzenden Nase strich. Trotz allem Aktivismus und allen politischen Entwicklungen der sechziger Jahre, trotz ihrer Erkenntnisse über den alles durchdringenden Charakter der Unterdrückung gehörten Frauen für die meisten Männer immer noch vorzugsweise ins Haus, hatten Frauen sich, wo immer sie waren, passiv hinzugeben.

Er legte das Buch beiseite; dann nahm er es wieder in die Hand, weil er sich jetzt doch fragte, worum es darin eigentlich ging. Es handelte von einem Raubüberfall, vom Verfahren gegen den Angeklagten, den Helden des Romans, von seiner Verurteilung und Hinrichtung (weil alle Zeugen des Verbrechens umgebracht worden waren) und von der verspäteten Erkenntnis, daß der Hingerichtete unschuldig war.

Aber ganz unschuldig war er nicht, dachte Suwelo. Er hatte Jackie vergewaltigt, auch wenn, wie Suwelo jetzt sah, auf der letzten Seite ein paar Zeilen von dem Helden an die trauernde Jackie standen, in denen er sie daran erinnerte, wieviel Spaß sie zusammen gehabt hätten und wie glücklich er sei, daß sie «seine Frau» gewesen sei.

Suwelo gähnte. Und lächelte dann gequält bei dem Gedanken an seine eigenen fehlgeschlagenen Versuche, Fanny oder Carlotta zu «seiner Frau» zu machen.

Sein Großonkel Rafe war schon eingeäschert worden, als Suwelo im Haus eintraf. Doch er kam rechtzeitig zu der kurzen, stillen Trauerfeier, in der Rafe als ein Mann gewürdigt wurde, der sich immer bescheiden für die Gemeinschaft eingesetzt hatte, ein Mann des Friedens. Als Suwelo sich in dem kleinen Zimmer umguckte, war er erstaunt, hauptsächlich Frauen zu sehen, rund ein Dutzend alte, gebeugte, blasse und gepuderte Frauen, und nur ein paar Männer in den für alte Farbige typischen moosgrünen und schnupftabakfarbenen Anzügen. Sie stützten sich auf ihre Spazierstöcke und schienen sich zu fragen, ob sie wohl als nächste dran wären.

Die Asche seines Großonkels wurde ihm in einem pseudoantiken Apothekengefäß überreicht, das ihm bekannt vorkam; er meinte, das Original vielleicht in einem Museum gesehen zu haben. Als die Freunde gegangen waren, blieb Suwelo allein in dem Haus zurück, das Onkel Rafe ihm vererbt hatte. Es war ein kleines Reihenhaus, wie es viele gab in Baltimore, in einer Straße, die in den letzten paar Jahren ohne Rücksicht auf Verluste aufgemotzt worden war. Das Haus seines Onkels war von außen auf fein renoviert worden, vermutlich um die neuen Yuppie-Nachbarn zu beruhigen, aber drinnen sah es noch genauso aus wie früher in Suwelos Jugend. Hohe Räume, dunkle, getäfelte Stuben voll tanzender Stäubchen, schwere alte Möbel, ein riesiger, zerkratzter Eßzimmertisch mit Löwenfüßen. Es gab einen Speiseaufzug, der noch funktionierte und den sein Onkel lange Jahre benutzt hatte, um damit Kohlen aus dem Keller hochzuholen.

Suwelo durchwanderte das blitzsaubere Haus mit den weißen Sesselschonern und den gestärkten Spitzendeckchen, die im weichen Licht der antiken Kronleuchter leuchteten, und ihm wurde klar, daß es gar nicht so klein war. Er fing an, die Treppen hochzusteigen und die drei Stockwerke zu inspizieren. Das Geländer war erst kürzlich eingeölt worden; es glänzte unter seiner Hand. Überall hingen Bilder mit Gesichtern, die so lebendig waren, daß sie ihn gefangennahmen wie das interessante Gesicht eines Fremden, dem man auf der Straße begegnet. Er erkannte weitere Verwandte: seinen Großvater, seine anderen Großonkel, seine Tanten. Da war seine Cousine Rena. Ihr Mann Mose. Seine Mutter, die mit verzagter Leichenbittermiene in einer Gartenschaukel saß, neben der sein Vater stand. Sein Vater selbst. Er hatte im Zweiten Weltkrieg einen Arm verloren. Auf dem Foto, mit hochgestecktem Ärmel und keck schräg aufgesetzter Mütze, war er darauf noch stolz. Aber nicht mehr lange. Suwelo seufzte tief und müde, als er die Widmung las: «Für Onk, liebe Grüße, Louis und Marcia». Und seufzend wandte er sich von seinem großspurigen Vater, von der hilflosen Gefangenenmiene seiner Mutter ab und ging weiter die Treppe hinauf. Er konnte und wollte nicht an sie denken, er wollte glücklich sein. Es war auf seltsame Weise angenehm, ein Haus zu besitzen, auch wenn er vorhatte, es sofort zu verkaufen. Das Geld, das Onkel Rafe ihm außerdem vererbt hatte, würde ungefähr ein Jahr lang reichen, zusammen mit dem Erlös aus dem Haus und der freien Zeit, die er sich damit erkaufen konnte, lange genug, um mit sich ins reine zu kommen.

Angesichts von so viel Platz, der in einem Haus, das so still und leblos war, noch üppiger wirkte, war Suwelo belustigt, als er entdeckte, daß Onkel Rafe sich das kleinste Zimmer von allen als Schlafzimmer ausgesucht hatte. Es war ein Mittelding zwischen einem Schlafzimmer und einem Wandschrank, gegenüber vom eigentlichen Schlafzimmer, das viermal so groß war, und das Einzelbett seines Onkels füllte es fast ganz aus. Auch dieses Zimmer war aufgeräumt und gnadenlos geputzt worden. Wenngleich es ärmlich und kahl wirkte, herrschte eine fast klinische Sauberkeit darin. Das billige Holzbett war auf Hochglanz poliert. Die Fenster blitzten, und die Rollos hingen schnurgerade. Die Gummiunterlage lag gewaschen und zusammengefaltet am Fuß des Bettes, wie von einer Krankenschwester – oder einem Gefreiten in der Armee – ausgerichtet.

Er nahm an, daß es wohl die Krankenschwester gewesen war, die alles aufgeräumt hatte. Er war sich nicht sicher. Neben dem Bett seines Onkels lagen mehrere saubere Stapel *National Geographic.* Es lagen Zeitungen da, eine Ausgabe der Zeitschrift *Life,* eine *Ebony* und mehrere Ausgaben von *Jet,* die sein Onkel, wie Suwelo sich entsann, besonders gern gelesen hatte. Außerdem lag da – er stockte, hob es hoch und schlug es auf – ein zerlesenes Buch, *Der Menschen Hörigkeit.* Das nahm er mit, während er das restliche Haus durchstreifte.

Schließlich machte er es sich im großen Schlafzimmer gemütlich. Und wie er am Seitenfenster stand und in die Gärten hinunterschaute, fiel sein Blick auf eine schwarze Frau – noch jünger, gepflegt, Mitte Dreißig vielleicht –, die in ihrem Garten Unkraut jätete. Während er zuguckte, kam ein sehr gut aussehender Asiat lächelnd heraus und umarmte sie. Sekunden später kamen zwei Kinder im Schulalter hinzugelaufen. Anscheinend fiel eine lustige Bemerkung, denn sie lachten alle, und der sechs oder sieben Jahre alte Junge fing an, die Abfälle, die seine Mutter ihm zeigte, zu Haufen zusammenzutragen und wegzuschaffen.

Auf der anderen Seite feierte ein weißes Paar mit Freunden. Es mußte wohl irgendwo da in der Gruppe sein, die er sah. Es waren ungefähr ein Dutzend Leute, und sie redeten, hörten Musik und langten bei den Getränken kräftig zu. Sie waren sehr laut, aber das Ganze hatte nichts Bedrohliches an sich.

Die Gärten zu beiden Seiten des Hauses – er betrachtete es noch nicht als sein eigenes – wirkten wie sorgfältig neu angelegt, mit höher gesetzten Beeten für Gemüse und Blumen, damit sie zu den frisch umgebauten Häusern paßten. Der Garten seines Onkels war anders. Da gab es nur den Hof, sehr bescheiden, eben, mit einer dünnen, sauber gemähten Rasenschicht und einer Eiche, die sich über alle drei Gärten ausbreitete. Unter diesem Baum stand ein häßlicher nachgemachter Bauernschober aus Blech, den sein Onkel als Werkzeugschuppen benutzt haben mußte.

Das Zimmer, in dem er sich befand, hatte eine hohe Decke, drei große Fenster zur Straße hin, einen Kamin, wuchtige Eichenmöbel mit einer eigentümlichen Ausstrahlung (es war, als ob mehrere große dunkle Menschen im Zimmer wohnten) und ein riesiges Bett, das ihm so verlockend vorkam wie bisher nichts auf seiner Reise. Erschöpft ließ er sich darauf nieder, bewunderte das Holz, die elegante altmodische Schnitzerei, die hohen Beine. Das Bett einer Königin oder eines Königs. Die Wäsche, die leichte Decke und das Federbett waren pieksauber, elfenbeinfarben, und die Tagesdecke war ein uralter handgearbeiteter Spitzenüberwurf, so zart, daß Suwelo einen Augenblick zögerte, ehe er ihn zurückschlug. Die Kissenhüllen waren mit Spitzen eingefaßt.

Er hatte vorgehabt, eine Woche zu bleiben, gerade lange genug, um das Haus zum Verkauf anzubieten, die Angelegenheiten seines Onkels zu regeln und das Geld, das er zu bekommen hatte, entgegenzunehmen. Ehe er sich versah, waren zwei

Wochen vergangen. Jeden Abend telefonierte er mit Fanny. Jeden Abend hörte sich ihre Stimme gleich an: kühl, distanziert, ohne jede Anteilnahme. Er fragte, ob sie gut schlief, weil er wußte, daß sie schon lange unter Alpträumen litt. Irgend etwas über Prince Charles, der sie angrinste, aber mit Afro-Zähnen. Suwelo erkundigte sich, ob sie genug aß. Auf jede Frage murmelte sie lediglich: «Ja, ja, natürlich», in diesem abwesenden Ton, der ihm an ihr so auf die Nerven ging. In den Nächten, in denen er nicht schlafen konnte, machte er sich daran, das Haus seines Onkels weiter aufzuräumen. Als erstes durchforstete er das ganze alte Zeug im Keller. Da gab es kistenweise alte Klamotten; darunter sogar Perlenknöpfe und ein Hochzeitskleid – alt, verschimmelt, von Motten zerfressen. Viele Kisten und Kartons mit Zeitschriften und Büchern. Hunderte von Romanen, aber auch Bücher über den richtigen Sprachgebrauch, Botanik und Segeln. In der dritten Woche war er soweit, daß er einen Lastwagen mieten und sich auf den Weg zur Müllkippe machen konnte.

Langsam arbeitete er sich nach oben vor. In der Küche fand er wenig, was wegzuschmeißen war. Das überraschte ihn nicht; von seinem ersten Tag im Haus an hatten ihn, wie wohl auch schon seinen Onkel, zwei kleine alte Damen, die schon bei der Feier nach der Einäscherung dagewesen waren, mit Essen versorgt. Mochten sie noch so alt und langsam in ihren Bewegungen sein, von ihren beachtlichen Kochkünsten hatten sie nichts verlernt. Suwelo hatte noch nie in seinem Leben so gut gegessen: drei große Mahlzeiten am Tag, pünktlich wie der Sonnenaufgang an die Tür gebracht. Sie blieben nicht zum Plaudern. Es klingelte an der Tür, und wenn er öffnete, sah er nur zwei alte Damen, die sich aufeinander stützten und sich gegenseitig führten, schon wieder an der Straße oder auf dem Weg zu einem Auto. Manchmal drehten sie sich um und winkten. Ein paarmal war er schnell genug auf der Veranda, um «Hallo» sagen zu können.

Abends verspeiste er, vor dem betagten Fernseher sitzend,

sein saftiges Hähnchen in Soße oder geschmorten Fisch, und zum erstenmal seit seiner Kindheit fühlte er sich von Engeln beschützt, materiell abgesichert, seelisch stabil. Er war beinahe glücklich.

In Onkel Rafes Haus hatte Suwelo immer den Eindruck, daß seine Gedanken stillstanden. Sein Leben war unterbrochen, zumindest das Leben, das er mit Fanny aufzubauen geglaubt hatte, und er hing in der Luft. Manchmal fühlte er sich buchstäblich so, als würden seine Füße den Boden gar nicht berühren. Das war eine Erleichterung. Und auch etwas, dachte er manchmal, das man sich mit Geld, mit genug Geld, um sich eine Zeitlang ohne Sorgen über Wasser zu halten, erlauben konnte. Noch einer der vielen Vorteile der Reichen, allerdings nur, wenn sie schlau genug waren, sich aus dieser trägen Gelassenheit nicht mit Nachdenken über ihr Geld aufzuscheuchen.

Seins hatte Suwelo sich inzwischen gesichert. Er holte häufig sein Sparbuch hervor, um sich zu beweisen, daß er wirklich so viel besaß: 26 867,03 $. Das war die Summe, die ihm zur Verfügung stand. Dazu ein altes, neuerdings wieder wertvolles Stadthaus in tadellosem Zustand. Ein Haus, das ihn zusehends mehr faszinierte. Das kam nicht nur von den Zimmerdecken, die so hoch waren, daß Vögel durch die offenen Fenster hereinflatterten und ein paar Minuten blieben, ehe sie wieder hinausflogen, oder von den bequemen alten Sitzmöbeln, in die er so tief versank, daß er kaum noch zu sehen war. Es kam nicht etwa von den köstlichen Gerichten, die sich immerfort einfanden. Es kam vielmehr – er hatte gründlich darüber nachgedacht – vom großen Schlafzimmer. Es war das Bett.

Ausgestreckt auf der weichen Daunenfläche, den Rüschenüberwurf um die Schultern gelegt, mit dem Rücken an die raschelnden Spitzenkissen gelehnt, die Augen müde vom Kohlenfeuer im Kamin und vom Glas Dry Sack, das er sich allabendlich genehmigte, überkam Suwelo ein Gefühl der Behaglichkeit, das ihn ganz benommen machte. Hätte ihn jemand so sehen können, mit seinen starr auf das Feuer gerichteten eulenhaften Augen, dem entspannten Mund, dem schlaffen Körper, so hätte er ihn wohl für weggetreten gehalten, so als hätte ihm jemand kräftig eins über den Schädel gezogen und er läge nun lang ausgestreckt da, um sich zu erholen.

In diesem trägen Zustand begann ihm aufzufallen, wieviel sein Onkel Rafe gekritzelt hatte. Auf Schutzumschläge, als Randbemerkungen in Bücher, auf Notizblöcke, ja sogar auf einige Etiketten seiner Arzneifläschchen. Suwelo, der ihn nicht mehr gesehen hatte, seitdem er selbst vor fast zwanzig Jahren aufs College gekommen war, stellte sich ihn als taperigen, vor sich hin murmelnden Tattergreis vor, als Junggesellen, der vom Geschehen in der Welt las, seinen Platz darin jedoch allmählich aufgeben mußte und sich unterhielt, indem er seine kleinen Notizen verfaßte.

«Taugt nichts. Künstlich. Abgedroschen. Könnte ich selber besser.» So eine gekritzelte Notiz auf einem Buch von Ernest Hemingway. «Aufgeblasener Macker», stand ergänzend hinten auf dem Umschlag.

«Präsident bekloppt. Begreifen die denn gar nichts? Wählen einen Verrückten. Was kommt dabei raus? Wahnsinn.» Das auf einer alten Zeitung mit einem Bild von Eisenhower auf der ersten Seite, vergilbt, entzweigerissen.

«Zwischen Baum und Borke. Farbige Wähler. Zwei Parteien, aber ein und derselbe Laden. Ein weißer.» Auf dem Titelblatt von *Life*.

Zuerst fand Suwelo diese kleinen Botschaften seines Onkels bloß lustig. Obwohl er selbst langsam in die besten Jahre kam, waren alte Leute für ihn, wie für viele relativ junge Menschen, nie ganz real, sondern eher so etwas wie Karikaturen.

«Heute rief Lissie an. Sie weinte. Ein paar weiße Idioten haben sie beleidigt. Der Bus war überfüllt mit Weißen, die von einem Spiel nach Hause fuhren. Sie haben sie gezwungen, auszusteigen und zu Fuß weiterzugehen. Sie hatte sich in Schale geworfen, ganz in weiße Spitze. Ist schmutzig geworden.» Das war komischerweise auf einen Schuhkarton im Wandschrank im großen Schlafzimmer gekrakelt. Ein Schuhkarton, der dann wahrhaftig ein Paar weiße, altmodische Pumps enthielt. Größe sechsunddreißig. Stark verschmutzt.

«Lissie wird noch mal mein Tod sein. Muß stark bleiben. Verflucht.» Abwegigerweise fand sich dies auf einer benutzten Leinenserviette, die in die Tasche einer alten schwarzen Ausgehhose gestopft war.

«Muß Lissie unbedingt sagen, daß sie sich keine Sorgen um ...» Dies war unvollständig geblieben, als wäre sein Onkel unterbrochen worden, als er die Notiz auf die Rückseite eines Briefumschlags kritzelte.

Wer aber war Lissie?

Er fing beinahe unbewußt wieder an, die Bilder an den Wänden zu mustern. Da waren Bilder von Onkel Rafe als sehr jungem Mann, gleich nachdem er von der Insel herübergekommen war. Sie mußten am Tag seiner Anstellung als Schlafwagenschaffner bei der Baltimore Limited aufgenommen sein, der Bahn, die zwischen Baltimore und New York verkehrte und von der Onkel Rafe sprach wie von einem Familienmitglied. Er lächelte breit und unbeschwert unter seiner blau-roten Schaffnermütze. Er hatte zu gern davon erzählt, wieviel sie «fraß» und wie sie war, wenn sie «richtig in Fahrt kam». Wie sie «dahinraste». Wie keine andere Bahn ihr «das Wasser reichen» konnte. (Was hieß das, hatte er sich gefragt, jemandem «das Wasser reichen», und dann auch noch einem Zug. Wie war der Ausdruck in die Sprache gelangt?) Suwelos Aufmerksamkeit war immer abgeschweift, auch dann noch, wenn Onkel Rafe sich, von der Lebhaftigkeit seiner Erinnerungen angeregt, regelrecht ereiferte. Dann strahlten seine ziemlich düsteren dunkelbraunen Augen, und einmal hatte er etwas von einem lächerlichen Trinkgeld erzählt, das er von einem weißen Millionärsgeizkragen bekommen hatte, und dabei mit zurückgeworfenem Kopf und weitgeöffnetem Mund, in dem krumme, aber sehr weiße und kräftige Zähne zum Vorschein kamen, so schallend gelacht, daß die Adern an den Schläfen hervortraten.

Fünfzig Jahre lang war er Schlafwagenschaffner gewesen. Hatte hauptsächlich die Koffer weißer Leute getragen. Manchmal, zur «Erholung» während der Arbeit, hatte er sich von hinten an eine hübsche «Braunhaut mit einer 1a Figur» herangeschlichen, die auf dem Weg zum verrußten Negerwagen war, und darauf bestanden, ihr Gepäck zu tragen. Das waren die Momente, die seine Arbeit erträglich machten, und er lernte es, sich solche kurzen Begegnungen – kleine Freudenmomente für ihn – zu ermöglichen, während der Zug über die Schienen ratterte. Besonders gut kam er mit kleinen Kindern zurecht (die fast augenblicklich «Onkel» zu ihm sagten) und mit ihren Tieren. Junge, alleinreisende Mütter vergötterten ihn. Er war hilfsbereit, bescheiden, schnell und blieb sich seiner gesellschaftlichen Stellung stets bewußt – was sie leicht an seinem Verhalten ablesen konnten –, weil er, wie so viele farbige Männer, perfekt die Kunst beherrschte, mit Weißen und für Weiße die intimsten Dinge zu tun, ohne sich auch nur einmal den Anschein zu geben, als sähe er sie an. Das war eine nicht zu überschätzende Fähigkeit.

Am Ende seiner Strecke drückten ihm seine neuen «Freunde» fünf oder zehn Cent und manchmal eine Vierteldollarmünze in die Hand. Ab und zu gab es sogar einen halben Dollar. Er hatte gelacht, während er Suwelo und den anderen um ihn (und die riesigen Berge köstlicher Speisen, die in Onkel Rafes Haus stets bereitstanden) versammelten Verwandten davon erzählte, wie er das vornehme Essen, das ihm selber nicht recht schmecken wollte, aus dem Fenster an Landstreicher verteilte, und wie er sich während der Depression eine Zeitlang eine kleine «Wampe» zugelegt hatte, in der er genug Prosciutto und Roastbeef unterbringen konnte, um die vaterlose Familie am anderen Ende der Straße zu ernähren.

«Nigger klauen nun mal. Jawoll!» hatte er gesagt und wie ein Verrückter gelacht.

Suwelo fragte sich, wie sein Onkel wohl auf seine weißen Vorgesetzten gewirkt hatte. Wie eine große, rundliche, aber niemals dicke Erscheinung; ein Wesen, dessen Augen so ausdruckslos waren wie die Glasaugen eines Stofftieres. (Suwelo fand, daß sein eigener forscher, aber eigentümlich undurchschaubarer Blick dem seines Onkels ähnelte.) Ein großer brauner Bär von einem Mann, der sich über Weiße beugte und sie bediente, fünfzig Jahre lang. Den Duft ihrer Haare immer im Gesicht, auf der ganzen Fahrt von Baltimore nach New York fast nur auf ihre kleinen Nöte und Wünsche bedacht, auf das Signal «Schaffner!» oder «Boy!» hin stets beflissen oder zumindest besorgt zur Stelle. Was für ein Alptraum, dachte Suwelo, ein höllischer Alptraum. Und wie seltsam rührend, daß Onkel Rafe in seinem Haus – der Höhle eines eingefleischten Junggesellen, wie Suwelo zumindest angenommen hatte – so begeistert seine Freunde und Verwandten zum Essen, zum Wein und zum Tanzen (er war bis ins hohe Alter ein hervorragender Tänzer gewesen) empfing und dann stundenlang dasaß und von seiner Zeit bei der Eisenbahn erzählte und nicht bloß selber lachen mußte, sondern auch alle andern zum Lachen brachte.

Und sein Lachen! Das einem so tief ging, daß es die Innenseite der Fußsohlen kitzelte. So lachte heute niemand mehr. Nichts schien mehr komisch genug zu sein. Wenn das Gelächter seines Onkels und seiner Gäste verklungen war, wirkten sie leichter, beschwingter; selbst in ihren Bewegungen schien mehr Anmut zu liegen. Es war, als ob sie sich beim Lachen buchstäblich ausschütteten und als würde alles, was lächerlich und unerträglich war, in den richtigen Blickwinkel rücken.

Wie er sich wünschte, daß er jetzt so über den Schlamassel lachen könnte, den er aus seinem Leben mit Fanny gemacht hatte. Und über die Feigheit, die er in seiner Beziehung zu Carlotta an den Tag gelegt hatte. Fanny lachte wahnsinnig gern und stellte dabei die unwiderstehliche Lücke zwischen ihren Schneidezähnen zur Schau, als lebte sie noch in Afrika, wo das ein besonderes Schönheitsmerkmal war; eine Lücke, in der er sich manchmal die Zunge einklemmte. Aber er konnte sich nicht vorstellen, mitlachen zu dürfen, nicht jetzt. Eher säße er an der Stelle des weißen Geizkragens, des Ausbeuters; oder an der Stelle der Kinder und ihrer dankbaren Mütter, die ihn trotzdem nie wirklich ansahen. In seiner Phantasie lachten Fanny und Carlotta zusammen – über ihn.

Eines Morgens klingelte ein uralter Mann. Suwelo erkannte ihn als einen der beiden, die bei der Einäscherungsfeier für seinen Onkel Rafe dabeigewesen waren. Er stand in Arbeitshemd, alten Hosen und Stiefeln da und machte einen tatterigen Eindruck. Nachdem sie ein Minimum an Höflichkeiten ausgetauscht hatten – «Schöner Tag heute. Wird noch warm werden. Wie geht's?» –, verkündete er, er sei gekommen, um «den Hof zu mähen».

Ohne ein Wort führte ihn Suwelo durch das Haus und zur Hintertür hinaus. Als sie im Hof waren, sah er zu, wie der alte Kerl den Schuppen aufschloß und einen Rasenmäher herausholte, der genauso alt war wie alles andere im Haus. Er schob ihn über den winzigen Rasen hin und her und schnipste mit großer Würde und Gelassenheit die zarten Grashalme ab. Suwelo war beeindruckt.

«Ich heiße Suwelo», sagte er, als der alte Mann fertig war, den Rasenmäher weggestellt, das Gras zusammengeharkt und die Geräte wieder in den Schuppen gebracht hatte. Suwelo stand neben ihm, während er seine Hände unter den Wasserstrahl des Hahns draußen hielt und ein großes vergilbtes Taschentuch benutzte, um sich den Schweiß vom Gesicht zu wischen.

«Ich weiß, wer du bist», sagte der alte Mann. «Ich habe deinen Vater und deine Mutter gekannt. Und dich als Jungen, bevor du einen anderen Namen angenommen hast. ‹Louis Jr.› warst du früher bei uns. Oder ‹Klein Louis›.» Er seufzte. «An mich wirst du dich kaum erinnern. Jenkins ist mein Name. Harold D., für Davenport. Kurz Hal.» Er lächelte. «Die Kinder sagen ‹Mr. Hal› zu mir. Sehr erfreut.» Er streckte eine feuchte Hand aus, Suwelo ergriff sie und staunte darüber, wie weich und zart sie war – die Hand eines Mannes, der höchstens zwei bis drei Stunden im Monat arbeitete.

Suwelo bot Mr. Hal eine Tasse Kaffee an, und er nahm dankend an. Mr. Hal saß bequem am Küchentisch, als ob sein Platz ihm wohlvertraut wäre. Ja, als er sein Gewicht verlagerte und spürte, daß die Stuhlbeine leicht wackelten, knurrte er wie einer, dem ein Möbelstück seit vielen Jahren auf die Nerven geht.

«Ist's recht, wenn ich einen andern nehme?» fragte er und erhob sich bereits von dem betreffenden Stuhl. «Den da...»

«Haben Sie meinen Onkel lange gekannt?» fragte Suwelo.

«So ziemlich sein ganzes Leben. Wir sind zusammen aufgewachsen da unten auf der Insel. Stammen beide aus Familien, die Möbeltischler waren. Sind zusammen in den Ersten Weltkrieg gezogen, den Großen Krieg. Heirateten dann...» Da stockte er. Betrachtete seinen Schuh.

Er war ein eher schmächtiger Mann mit länglichem Kopf. Sein Haar hatte jenen seltsamen Grauton, der den Eindruck vermittelt, weißes Haar würde wieder schwarz, und war kurz geschnitten. Sein Schnurrbart bildete eine lange glatte Bürste über seiner Oberlippe. Seine Haut war gebräunt und von jener Weichheit, die alten Leuten und Babies gemeinsam ist. Er hatte ungewöhnlich große und, wie Suwelo fand, feine Augen. Mit fein meinte er, daß sie große Langmut verrieten, das in langen Jahren erworbene Wissen, wann man zu reden und wann man zu schweigen hatte. Wie die Augen vieler alter Menschen hatten sie einen bläulichen Schimmer, und die dunklen Pupillen waren weit geöffnet.

«Ich bin dabei, die Sachen meines Onkels durchzusehen», sagte Suwelo.

«Da hast du 'ne ganze Menge zu tun», sagte Mr. Hal. «Er konnte nie was wegschmeißen. Jedes kleinste Stück, das er in die Finger kriegte, hat er aufbewahrt.»

Er sagte das nüchtern und in einem Ton, der ausdrückte: «Ich beneide dich nicht drum.»

«Ach, mir macht es Spaß», sagte Suwelo. «Ich habe das Gefühl, daß ich ihn zum erstenmal richtig kennenlerne. Obwohl ich wünschte, daß auf den ganzen Bildern hier Namen stünden. Die Gesichter sind so ausdrucksvoll. Sie sehen alle aus, als wollten sie etwas sagen, aber wenn ich ihre Namen nicht weiß, kann ich sie anscheinend nicht hören.»

«Die meisten Frauen stellen Lissie dar», sagte Mr. Hal. «Männer sind verschiedene da. Dein Vater. Vetter, Onkel, der Opa. Vielleicht noch 'ne Tante oder 'ne andre weibliche Verwandte, aber sonst wüßt ich keine.»

«Es sind doch aber viele Frauen«, sagte Suwelo.

«Lissie ist viele Frauen.»

«Ich bin froh, daß Sie sie erwähnen», sagte Suwelo. «Ihr Name taucht hier ziemlich oft auf.»

Mr. Hal betrachtete Suwelo prüfend, seine großen Augen schienen ihn gründlich von Kopf bis Fuß zu taxieren. Suwelo fühlte sich von dem Blick ringsum abgetastet und streng beurteilt.

«Du kennst sie doch, oder?»

«Nein, ich glaube nicht», sagte Suwelo.

«Sie ist eine von denen, die dir manchmal das Essen bringen.»

«Ach», sagte er enttäuscht. Er dachte an die alten Frauen, die sich aufeinander stützten oder sich umdrehten und winkten, wenn sie in ihren Wagen stiegen. Er ließ sich sehr gern von ihnen bekochen und war wirklich ziemlich erstaunt, daß sie ihn so gut verpflegten, aber er fand, daß sie zu alt waren, um noch Auto zu fahren.

«Sie war nicht immer alt», sagte Mr. Hal. «Wir alle nicht.»

Suwelo wurde mit einem Schlag klar, daß er in seinem wirklichen Leben, dem Leben in Kalifornien weit weg vom behaglichen Reihenhaus seines Onkels in Baltimore, nie alte Leute um sich hatte. Er wußte nicht, daß eine der Fähigkeiten, die sie mit dem Alter erwarben, die Kunst des Gedankenlesens war. Denn während er verlegen dasaß, wurde ihm bewußt, daß Mr. Hal in ihm las. So leicht und selbstverständlich, wie er selbst in einem Buch lesen würde.

«Bist verheiratet?» fragte Mr. Hal.

«Ich war's», sagte Suwelo.

Mr. Hal wartete.

«Ich habe Mist gebaut. Zur Zeit weiß ich nicht, wie es mit uns weitergeht. Ich laß mich treiben.»

«Sie ist bestimmt hübsch», sagte Mr. Hal.

Das klang in Suwelos Ohren falsch. Und unwürdig. Mr. Hal war zu alt, um hübsches Aussehen wirklich als Kriterium zu nehmen. Selbst er war ja schon darüber hinaus. War denn Fanny überhaupt hübsch? «Hübsch heißt heute auch nicht mehr das, was es mal geheißen hat», sagte Suwelo. «Hat es wahrscheinlich nie.»

«Nimm's nicht so schwer», sagte Mr. Hal lachend.

Suwelo lachte mit.

«Frauen», sagte Mr. Hal gutgelaunt. «*Mit* ihnen kann man nicht leben, und ... du weißt schon, wie's weitergeht, das sehe ich dir an.» Sie musterten einander und brachen erneut in Gelächter aus.

Suwelo brachte Mr. Hal zu einem klapprigen Laster. Mr. Hal lehnte sich auf das Steuer, als wolle er seinen Brustkorb ausruhen, während er betete, daß der Laster ansprang. Als der nach langem Stöhnen und Husten losknatterte, drehte er sich zu Suwelo um.

«Wenn Lissie das nächste Mal kommt, frag sie nach ihrer Geschichte.»

All diese Greise in Kraftfahrzeugen, dachte Suwelo gerade und fragte sich, wie es wohl um ihre Unfallrate stand. Eben ließ Mr. Hal den Motor aufheulen wie ein schwerhöriger junger Lümmel.

«War sie eine Freundin?» fragte Suwelo über den Lärm hinweg.

«Viel mehr», sagte Mr. Hal im Davonfahren. «Lissie war unsere Frau.»

Suwelo ging wieder hinein und blieb vor dem ersten Bild stehen, zu dem er kam. Eine sehr junge, willensstark wirkende Frau, barfuß in einem langen Kleid, starrte ihm hochmütig entgegen. Sie stand vor fünf neuen, wunderschön altmodischen Holzstühlen. Der Boden, auf dem sie stand, war sandig, und er bemerkte, daß ihr Kleid am Saum geflickt war. Auf einem der Stühle stand ein unvollendeter Korb, dem die geschälten Ruten, die aus dem Geflecht ragten, das Aussehen einer großen Spinne verliehen, die dabei war, die Rückenlehne hochzuklettern.

Die Stühle waren außergewöhnlich: hoch, aus hellem, glänzendem Holz, mit Sitzflächen aus Binsen und reichgeschnitzten Rückenlehnen. Solche Stühle waren ihm noch nie untergekommen.

Er sah sich die Bilder im Treppenhaus und den Wohnstuben alle noch einmal an. Die junge Frau mit den Stühlen war die einzige, die er nicht kannte. Er ging noch ein paarmal zurück und konnte jedesmal seine Tanten und Cousinen erkennen, aber nicht die junge Frau. Da erst bemerkte er die hellen ovalen und eckigen Flecken, wo einst Bilder an den Wänden gehangen hatten. Irgendwer hatte sie abgenommen.

Ich und Lissie, wir waren schon zusammen, als sie noch in langen Kleidern steckte und ich in kurzen Hosen», sagte Mr. Hal ein paar Tage später zu Suwelo, als sie bei einem Kaffee am Küchentisch saßen. «Daß wir uns gern hatten, das muß beinah schon angefangen haben, als wir noch in den Windeln steckten. Du weißt ja, oder vielleicht wißt ihr jungen Leute das auch gar nich mehr, damals auf dem Lande lebte man auf 'ne Art in den Tag hinein, die 'ne ganze Menge für sich hatte. Es gab da nich bloß weiße Folterknechte, die einen Tag und Nacht heimsuchten. Natürlich waren die eine Plage; ich bin bloß allmählich soweit, daß ich glaube, die können nichts dafür, und man wünscht sich irgendwie, daß mal jemand richtig untersucht, woher so was rührt. Aber darauf kommen die nicht, jedenfalls nicht mehr zu meiner Lebzeit. Vielleicht in der nächsten. Sie schlugen einen zwar, aber als Kind, wenn sie dich geschlagen und dabei nicht umgebracht hatten und auch keinen deiner Angehörigen oder Freunde, waren sie danach vergessen. Halleluja! Du hast nicht mehr an sie gedacht, bis sie dir das nächste Mal Kummer machten. Die Weißen sind wirklich die furchterregendsten Menschen, die man sich vorstellen kann, und ich mach keinen Hehl daraus, daß ich Angst vor ihnen hab. Die nehmen sich einfach, was sie haben wollen, und das spürt man gleich, wenn man ihnen begegnet. Und deshalb hab ich mich immer bemüht, ein Leben zu führen, wo ich ihnen aus dem Weg gehen konnte.

Aber das Land ist groß und wunderschön, und die Inseln in der Bucht vor Charleston sind was ganz Besonderes. Und abends nach der Arbeit auf den Feldern haben wir uns manchmal besucht – unsere Familien, weißt du –, und dann saßen wir draußen auf der Veranda. Jedenfalls die Erwachsenen. Die saßen da, kauten Tabak oder rauchten und führten diese langen, einsilbigen Gespräche. Manchmal verging eine ganze Stunde, und sie hatten kaum was gesagt und doch über alles in der Welt geredet, vom höchsten Himmel bis zur tiefsten Hölle.

Tja, Lissie und ich waren schon Spielkameraden, bevor wir uns selber so recht kannten, schon als Wickelkinder. Das Haus von ihrer Mama und ihrem Papa lag am Strand, aber für uns war es damals noch kein «Strand»; es war einfach ihr Hinterhof, und man konnte auf der kleinen morschen Veranda sitzen und zugucken, wie die Sonne in der Bucht versank. Das war ein wunderschöner Anblick. Manchmal waren wir alle da draußen und guckten: Kinder, Erwachsene, der Hund, die Katzen, ja sogar die Ziegen. Saßen oder standen einfach alle schweigend da und guckten in den Sonnenuntergang... Obwohl vielleicht nich die Katzen – jedenfalls nich dicht bei uns – weil ich aus irgendeinem Grund eine Mordsangst vor Katzen hatte und immer noch hab. Das machte Lissie traurig, weil die sie nämlich gern hatte. Und obwohl ich mich kaum an uns als Babies erinnere, glaub ich das noch zu wissen – Lissie erinnert sich genau, sagt sie –, und ich stell mir gern vor, wie wir zwei drallen braunen Kinder mit unseren Teufelsdreck-Säckchen um den Hals zusammen mit den Tieren den Sonnenuntergang genossen und uns gegenseitig abgeschleckt haben müssen.

Alle mußten darüber lachen, daß wir wie die Kletten zusammenhingen. Sowie wir laufen konnten, tapsten wir zusammen los, stopften uns alles, was auf dem Weg lag, in den Mund und knabberten uns gegenseitig mit unseren Milchzähnen an der Nase herum. Aber dann wurde sie ein kleines Mädchen, und ich wurde ein kleiner Junge, und ein paar Jahre lang gingen wir ziemlich getrennte Wege. Bis Miss Beaumont hinter ihrem Haus eine kleine Schule für Kinder wie unsereinen aufmachte und Lissie und ich gleich wieder ein Herz und eine Seele waren. Es war nich mal richtige Liebe, sondern eher so was wie das, was die jungen Leute heute empfinden, wenn sie zusammen losziehen, um gegen den Atomkrieg zu kämpfen; so was wie innere Verbundenheit. Wir fühlten uns einfach zueinander hingezogen, weil das Leben so am sichersten und besten schien. Lissie spürte das, und ich spürte das auch. Und alle sahen es, sogar Miss Beaumont und jedermann in der kleinen Schule. Hal und Lissie, Lissie und Hal, sagten sie immerzu.

Sie war kein Engel. Eher ein ausgesprochenes Biest. Alles mußte nach ihrer Nase gehen. Bloß bei mir manchmal nich. Ich konnte sie oft dazu bringen, sich von ihrer guten Seite zu zeigen. Manchmal klaute sie kleineren Kindern das Essen und verfütterte ein paar Bissen an mich, und wir standen dann da und kauten und guckten zu, wie das kleine Kind heulte, dem sie's abgenommen hatte. Lissie kriegte öfter die Rute als irgendwer sonst in der Schule. Sie war die geborene Anführerin. Schon als kleines Ding nahm sie kein Blatt vor den Mund. Andere Mädchen litten darunter, daß die Jungs sie herumschubsten. Lissie nicht. Sie herrschte über die Jungs wie über die

Mädchen und prügelte sich beim geringsten Anlaß. Schlug um sich wie der Teufel persönlich. Sie hatte große weiße Zähne, und wenn sie in Wut geriet, biß sie einfach zu. Einem Jungen, der sie verhauen wollte, hat sie mal beinah das Ohr abgebissen, und seither herrschte sie wie eine Königin. Wenn sie sprach, teilte sich das Wasser.

Ich hatte ein bißchen Angst vor ihr, um ehrlich zu sein. Weil sie so gar keine Skrupel kannte. Sie erzählte Lügengeschichten über andere, nur um sich drüber zu amüsieren, wenn sie Ärger kriegten. Sie konnte wirklich gemein sein. Einmal hätte Mr. Beaumont fast die Schule dichtgemacht, weil Lissie in seiner Hörweite tönte: ‹Henry Aiken› – das war ein großer grober Klotz, der aussah wie ein hinters Pult geklemmtes Pferd – ‹sieht aus, als ob er was unter Miss Beaumonts Schreibtisch verloren hat.› Es stimmte zwar, daß er immer auf Miss Beaumonts Knöchel schielte, aber er war harmlos, und Miss Beaumonts Verhalten war über jeden Zweifel erhaben. Da war in der Schule der Teufel los. Alle machten sich über Miss Beaumont und Henry lustig. Schließlich stand Mr. Beaumont wie ein Esel da, weil Miss Beaumont ihn zu allem Überfluß eine Zeitlang verließ, aus dem Ort wegging und beinah ihre Stelle als Lehrerin aufgegeben hätte. Mr. Beaumont mußte schließlich zum Haus ihrer Mama laufen und sie anflehen, doch zu ihm zurückzukommen. Lissie, meine liebe kleine Lissie fand das alles nur zum Lachen.

Für ihren Geschmack war nie genug los, drum neigte sie dazu, anderer Leute Leben als eine Art Spiel zu betrachten. Sie war ständig dabei, die Figuren herumzuschieben. Aber zu mir war sie gut. Sie beschützte mich. Denn ich hatte eine komische Eigenschaft: im Gegensatz zu den anderen Jungs konnt ich mich nich prügeln. Ich konnt es einfach nicht. Es kam mir so billig und mies vor. Ich lief dann lieber weg. Und weißt du, das Weglaufen reizt die Leute bloß noch mehr. Ich dachte immer, es müßte doch andere Wege geben, Streit zu schlichten. Aber auf unserer Insel schien niemand je von so was gehört zu haben. Die Erwachsenen beredeten die Sache manchmal, aber kaum war Samstagabend, da setzte es auch bei ihnen Hiebe. Also nahm Lissie mich unter ihre Fittiche. Da stand sie dann – plattfüßig und barfuß, weil wir alle keine Schuhe für die Schule hatten, nur die, die wir sonntags zur Kirche anzogen –, streckte ihre knochige Brust raus und bleckte ihre großen weißen Zähne, und sie konnte Schläge austeilen wie die größten und fiesesten Jungs, selbst dann noch, wenn ihr Gegner doppelt so groß war wie sie. Das scherte sie gar nich. Sie ließ sich nie die geringste Angst anmerken. Im Gegenteil, wenn Lissie anfing zusammenzurechnen, wie viele Arme und Beine sie abhacken und in wie viele Wunden sie Sand reiben wollte, dann wurde ihre Stimme ganz kühl und gelangweilt, und ihre Augen schienen knapp über ihren Gegner hinweg in die Ferne zu starren. Richtig unheimlich war das. Sie war so winzig. So schwarz. Sie war die geballte Kraft selbst, wenn du verstehst, was ich damit sagen will. Als ob jeder Körperteil, egal wo du sie anpacktest, sich gleich gegen dich zur Wehr setzen würde, weil – na ja, ihr gelangweilter Blick sagte, daß sie deine Sorte schon kannte und nun wirklich gehofft hatte, an dem Nachmittag was Interessanteres zu tun zu haben, als den Boden mit deinem elenden Arsch aufzuwischen. Woher kam sie? Diese konzentrierte Energie? Als sie mir davon erzählte, war ich nich überrascht.»

GENAUSO HATTE CARLOTTA sie sich vorgestellt. Eng nebeneinander an der Reling eines Schiffes. Eigentlich war es kein richtiges Schiff, sondern nur Arveydas olivgrüne Segelyacht mit den gelb-schwarzen Segeln, die er mit der gleichen hingebungsvollen Meisterschaft steuerte, mit der er Flöte spielte. Auf diesem kleinen Boot querte er die Wasser der Welt, wenn ihm zu Lande die Dinge über den Kopf wuchsen. Die Stille auf dem Boot hatte etwas Tröstliches, und wenn ihm das

Segeln zuviel wurde, warf er die Maschine an, die kräftig dröhnte wie eine große, hartnäckige Fliege, oder er ließ das Boot einfach im Wind treiben, wohin es wollte.

Sie segelten Richtung Süden.

Unter dem weiten Himmel, wo sich das türkise Wasser vor der Küste ihrer Heimat in ihren traurigen Augen spiegelte und sie zum Leuchten brachte, wurde Zedé zu einer anderen Frau. Verschwunden war das zögernde Englisch, das Schüchternheit, leidenschaftliche Erregung oder Angst anzeigte. Obwohl ihre Stimme oft versagte, wenn sie beim neuerlichen Durchleben alter Erfahrungen die Schmerzenstränen unterdrückte, sprach sie mit einer Beredsamkeit, die Arveyda verwunderte. Er hielt sie umschlungen, während sie erzählte, nicht wie ein Liebhaber, sondern als ein Gegenüber, dessen aufmerksames Zuhören ihr vielleicht endlich wieder Zugang zu ihrer Welt verschaffen würde.

«Von den Sitten in meiner Heimat kannst du dir keinen Begriff machen», sagte sie, «schon gar nicht davon, wie es zuging, als ich klein war. Natürlich war alles im Wandel, aber trotzdem lebten die alten Bräuche noch überall fort. Weißt du, unsere Mütter brachten uns, als wir Señoritas wurden, nicht nur alles über die Liebe und das Kinderkriegen bei, sondern lehrten uns gleichzeitig auch die Geschichte unseres Volkes.

Ich werde es nie vergessen: es gab da einen gigantischen Wasserfall», fuhr Zedé fort, «ähnlich wie der, den ich von Bildern aus Jamaika kenne. Das war ein magischer Ort. Wir badeten dort, wenn wir unsere Tage hatten, ganze Scharen von Mädchen mit ihren Müttern. Das fand immer bei Vollmond statt. Es war warm, auch das Wasser, aber es war auch erfrischend auf der Haut und in unseren langen Haaren. Es gab in der alten Zeit keine, die keine langen Haare hatte. Das war einfach so! Basta! Es dachte auch niemand groß darüber nach. Man konnte sie lang herunterhängend tragen oder als Knoten auf dem Kopf oder mit Bindfäden oder Blumenstengeln zurückgebunden, ganz nach Belieben. Ja, und manche Frauen machten sich hübsche Stirnbänder aus Perlen, die so schön glatt durch die Finger glitten wie eine Leguanhaut. Ja!

Jedenfalls versammelten wir uns alle bei Ixtaphtaphahex, der Göttin, denn so muß man ihren Namen übersetzen, und unsere Mütter machten das Essen, und die jungen Mädchen kletterten am Rand des Wasserfalles hinauf und hinunter, um Feuerholz zu sammeln. Nach dem Essen und dem Baden setzten wir uns im Kreis an das Feuer, und wenn eine sich tätowieren wollte, dann half ihr die Mutter, indem sie die Farbe einmassierte, während eine andere Mutter Geschichten aus ferner Vergangenheit erzählte.

So erfuhr ich zum erstenmal etwas über die Priester. Die Priester in unserem Dorf kannten keine Freude. Mit ihren sauertöpfischen Mienen wirkten sie, als ob sie immerzu litten und als ob ihnen etwas abhanden gekommen wäre, das ihnen nun zusetzte. Natürlich waren sie, wenn schon nicht geachtet, so doch gefürchtet, und die Furcht dürfte wohl kaum von der Achtung zu unterscheiden gewesen sein. Ist das nicht meistens so? Denn wo immer sie hingingen, verbeugten sich die Leute vor ihnen; sie arbeiteten, um sie mit ihrem täglich Brot zu versorgen; sie bauten ihnen ihre Häuser. Und doch verrichteten die Leute ihre guten Taten freudlos. Und nur, wenn die Priester bei Feierlichkeiten die Prozessionen anführten, das Dorf segneten und die Ernte und die Tiere – nur dann hatten sie etwas von ihnen. Und das lag an ihren Trachten! Die stellten Frauen wie meine Mutter her, die manchmal das ganze Jahr an den gefiederten, perlen- und muschelbesetzten Gewändern der Priester arbeiteten. Und jedesmal, wenn die Priester an der Volksmenge vorüberschritten, waren ihre Gewänder prächtiger als im vorangegangenen Jahr. Manchmal, sage ich dir, blendeten sie einen richtig, und das Herz ging einem über von der bloßen Vorstellung, daß es soviel Schönheit überhaupt gab und daß man so etwas Schönes selbst herstellen konnte. Kaum zu glauben, daß etwas so Hinreißendes von Menschenhand kommen konnte, und erst recht nicht von diesen armen, gebeugten kleinen Frauen wie meiner Mutter, die auf dem Lehmfußboden ihrer Hütte saßen.

Für ihre Arbeit hatte meine Mutter abseits noch eine eigene Hütte mit Lehmwänden und einem Grasdach. Dort hielt sie sich manchmal tagelang auf. Wir konnten sie aus dem Haupthaus beobachten, lernten aber früh, daß wir sie nicht stören durften, wenn sie ihre heilige Arbeit verrichtete und die Gewänder für die Priester nähte. Ich versteckte mich oft im Taraba-Gebüsch, das neben den großen Mangobäumen wuchs, und sah ihr bei der Arbeit zu. An manchen Tagen tat sie gar nichts. Meine Mutter rauchte Pfeife, weißt du, eine kleine Tonpfeife mit einem federbesetzten Stiel, und sie saß mit dem Rükken an die Hütte gelehnt da und rauchte und starrte in die Ferne, als würde sie den vielen tausend Hektar Bananen ihren Segen erteilen. Von Zeit zu Zeit, ja, da murmelte sie vor sich hin, ziemlich laut, und dann dachte ich, sie hätte mich in meinem Versteck entdeckt. Aber nein, selbst wenn ich in solchen Augenblicken direkt vor ihrer Nase herumspaziert wäre, glaube ich nicht, daß sie mich gesehen hätte.

Irgendwann klopfte sie dann ihre Pfeife aus – sie hatte ein Glockenspiel mit sehr leisen, lieblichen Glocken, das neben der Tür hing, und daran klopfte sie ihre Pfeife aus und lauschte dem süßen, hellen Klang. Und wenn sie mit dem Klang zufrieden war, dann nickte sie einmal und machte sich an die Arbeit.

Sie nähte Umhänge und Kopfschmuck von großer Schönheit, und das tat sie wie von Zauberhand. Meine Mutter hatte keine Blinzelfältchen um die Augen wie ich, weil sie nur selten auf ihre Arbeit schaute. Ihre Finger schienen genau zu wissen, was zu tun war, und auf ihrem Gesicht stand weiterhin der verträumte Ausdruck. Nur ihr Rücken war vom langen Bücken leicht gekrümmt.

Wenn sie lange an einer Arbeit zu tun hatte, erwachte sie zwischendurch aus diesem entrückten Zustand. Dann kehrte sie ins Haupthaus zurück und kochte, putzte und schimpfte wie eine richtige Mutter. Und wir waren immer froh, sie wiederzuhaben, obwohl sie nie weiter als ein paar Schritte über den Hof fort gewesen war. Vor allem mein Vater war glücklich, daß er seine Frau wiederhatte. Aber er hörte auch gern, daß die Arbeit gut lief, weil meine Mutter ihn dann anlächelte. Wenn sie nicht gut vorankam, duldete sie ihn als Last und Eindringling, und alle an ihn gerichteten Worte – die ohnehin eher knapp ausfielen – waren schroff. Sprach er sie an, wenn sie im Geiste bei der Arbeit war, zog sie ein Gesicht, als hätte sie Bauchschmerzen.

Sie war eine, die sich nicht zur Eile antreiben ließ. Das mag banal erscheinen, ist aber eigentlich eine ganz erstaunliche Eigenschaft, aus alter Zeit überliefert. Sie ließ sich durch nichts davon abbringen, im immer gleichen Tempo weiterzuarbeiten. Die Tages- und Nachtzeit schätzte sie an der Luftfeuchtigkeit ab, und sie erledigte, was zu tun war, als würde sie ewig leben und als läge die Ewigkeit noch sehr weit fort. So eine *mujer* war meine Mama. Wenn du mich ansiehst, kannst du sie sehen, aber der Draht zum ‹Ewigen› ist mir abhanden gekommen; deshalb bin ich manchmal in Eile.

Die Geschichte der Priester ist nun allerdings traurig, und ich glaube nicht, daß die Männer wußten, wie genau die Frauen sie kannten. Leider wurden sogar in meinem armseligen Dorf die Frauen für minderwertig erachtet und von den Geheimnissen ausgeschlossen, die die Männer meinten hüten zu müssen. Doch wir wußten Bescheid! Über alles! Und wir hatten schon immer unsere eigenen Geheimnisse.

Unsere Mütter lehrten uns, daß es früher, vor langer, langer Zeit, als sie ihre Großmütter waren – denn wir *sind* unsere Großmütter, verstehst du, nur mit anderen, neuen Beigaben – und ihre Großmütter alt waren, nur Priesterinnen gegeben hatte. Ja! Das behaupteten sie. Eigentlich sahen sie sich anfangs gar nicht als Priesterinnen; erst die Männer machten sie dazu. Aber dann vergaßen die Männer, daß sie selbst die Frauen in diesen Stand erhoben hatten. Also, es war so: am Anfang, ungefähr zu der Zeit, als der Tukan geschaffen wurde, da war auch die Frau schon da, und weil Veränderung der Lauf der Welt ist, brachte sie ein Wesen hervor, das etwas anders aussah als sie selbst. Das machte ihr angst. Trotzdem behielt sie den kleinen *hombre* eine ganze Weile bei sich, bis in ihm das Verlangen keimte zu entdecken, ob es anderswo mehr von seiner Sorte gab. Er ging fort, und siehe da, es gab andere wie ihn, und bei denen ließ er sich nieder. Diese ersten Männer waren einander so neu, daß sie sich jahrhundertelang bloß anstierten! Sie waren so froh, sich gefunden zu haben. Das bedeutete aber, daß sie keinerlei Bewußtsein für ihr eigenes Aussehen entwikkelten, nur für das eine baumelnde Merkmal ihrer Männlichkeit, die langgezogene Klitoris. Von Kleidung hatten sie keinen Begriff.

Die Frau war längst vollkommen mit sich vertraut. Während der Mann immer noch in seine relativ neue Erscheinung verliebt war, hatte sie schon begonnen, sich schönzumachen. Eigentlich schuf sie bereits ausgeklügelte Modekreationen! Ja! Du kannst ruhig lachen, und mir ist klar, daß das jetzt komisch klingt. Trotzdem! Freilich war das Interesse der Frau an der Mode noch vollkommen unbewußt. Sie spielte eher mit sich, weißt du. Und stellte dabei für sich und andere Frauen ihre natürliche Schönheit heraus. Brüste zum Beispiel, bis hier! Sie hatte einen weichen braunen Bauch und kräftige braune Beine. Ihre Haare, die bis auf den Po gingen und schimmerten wie Vogelschwingen, empfand sie als nichts Besonderes. Sie waren ihr langweilig. Darum fing sie an, mit ihrem Aussehen zu spielen. Dazu nahm sie Federn, Muscheln, Steine, Blumen. Sie benutzte Blätter, Borke, bunten Sand. Sie nahm Lehm. Vogelkrallen! Tagelang beugten sie und ihre Schwestern sich über den Rand der spiegelnden Wasserbecken im Dschungel und probierten dies und das aus. Die übrige Zeit verbrachten sie damit, Nahrung zu sammeln. Ab und zu nahmen sie einen Mann bei sich auf und spielten mit ihm, vor allem sexuelle Spiele, bis sie seiner müde wurden; dann verstießen sie ihn.

Diese verlassenen Männer aber fanden sich mit der Zeit zusammen und bestätigten einander ihre Erfahrungen mit den so seltsam mit Federn und Farben geschmückten Frauen. Und sie teilten sich anderen Männern mit, die diese Erfahrungen noch nicht gemacht hatten. Eines Tages erzählte ein Mann von einer Geburt bei den Frauen. Damit war der Anstoß gegeben. Sogleich entstand in ihrer Vorstellung eine *mujer muy grande,* mehr als himmelsgroß, die irgendwie die Erde hervorgebracht hatte. Eine Göttin. Und wenn das Wesen, das die Erde erschaffen hatte, eine große Frau, eine Göttin war, dann mußten die Frauen ihre Priesterinnen sein und übernatürliche Kräfte besitzen.

Was man mit dem Verstand nicht begreift, verehrt oder fürchtet man. Ich meine hier den männlichen Verstand. Die Männer traten den Frauen zugleich voller Furcht und Ehrfurcht entgegen. Sie hielten Abstand, spionierten sie aber aus, wann immer sie konnten. Der elegante Putz der Frauen erschien ihnen als Beweis ihrer Übernatürlichkeit. Den Männern, denen die jahrhundertelange Erfahrung der Frauen im Anziehen und Schmücken fehlte, gelangen nur ganz ungeschickte Imitationen. Die Frauen lachten sie aus. Und entschieden sich damit für die wohl fatalste Reaktion auf ernsthaftes Bemühen, die man sich denken kann! So sammelten die Männer, die geschicktere Jäger waren – wenn auch nur, weil die Frauen herausfanden, daß sie sich recht gut fleischlos ernähren konnten –, als Zeichen ihrer Ehrerbietung zunächst allerlei, von dem sie wußten, daß es den Frauen gefiel oder leicht ans Herz gelegt werden konnte – Federn, Knochen, Rinde zum Färben, Tierzähne und Klauen –, um es ihnen, die dann darin herumstocherten wie Hausfrauen beim Ausverkauf, auf Knien darzubringen.

Es dauerte lange, ehe die Frauen anfingen, diese Geschenke zu fordern, ebenso wie es lange dauerte, bis die Männer mitbekamen, daß einige der Kinder, die die Frauen zur Welt brachten, ihnen wie aus dem Gesicht geschnitten waren. Merkwürdigerweise fanden die Männer keinen Gefallen an den Kindern. Alle Kinder schienen sie nervös zu machen, sogar die männlichen, die man ihnen jeweils übergab oder die von selbst zu ihnen gelaufen kamen und die sie gewissermaßen großzogen. Jahrhundertelang kreiste die männliche Gemeinschaft um die weibliche als ihr Zentrum, und die Frauen nahmen kaum Notiz von ihr, es sei denn, um ihre Geschenke abgewogen und abgezählt einzufordern.

So verging eine lange Zeit, in der viele Großmütter lebten und starben. Man verbeugte sich vor ihnen, sie wurden gefürchtet, angebetet, verwöhnt. Und dann gab es eines Tages einen Aufstand. Die Männer hatten es satt, die Frauen zu verehren. Ihnen war mittlerweile etwas Wichtiges klargeworden über die Frauen und ihre Fähigkeit, Leben hervorzubringen. Es war das von der Frau lange Zeit sorgsam gehütete Geheimnis, daß das von ihr hervorgebrachte Leben aus einem Loch in ihrem Unterleib kam! Und zwar nicht, wie man vermutet hatte, aus dem, das auch der Mann hatte (und natürlich hatte dieses für die merkwürdigsten Experimente herhalten müssen!), sondern aus einem anderen. Fortan glaubte man, jeder mit einem solchen Loch im Unterleib wäre in der Lage, daraus Leben hervorzubringen.

Und hier nimmt die Geschichte eine traurige Wendung. Denn die Frauen hatten, obschon sie sich leicht langweilten, eine Menge Spaß am Leben. Wenn sie sich hübsch machten, kicherten sie. Wenn sie sich in den stillen Spiegeln der Teiche im Dschungel betrachteten, lachten sie. Sie kannten kaum Schmerz, außer bei Geburtswehen, und über die kamen sie schnell hinweg. Sie starben auch ziemlich jung, entweder durch Attacken wilder Tiere, oder weil ihre natürliche Lebensspanne kurz war; deshalb kannten sie die quälenden Schmerzen des Altwerdens nicht. Kurz, in dieser Zeit der Rebellion beschlossen die Männer, sie selbst könnten und würden von nun an Priester sein. Sie würden *sich* zu denjenigen machen, durch die Leben entstand! Sie begannen, an sich herumzuoperieren, schnitten sich ihre Männlichkeit ab, warfen sie weg und mühten sich ab, ein Loch zu basteln, aus dem das Leben kommen könnte.

Sie starben wie die Fliegen. Das ist der Grund für die Trauer, die auch heute noch in Familien einkehrt, wenn der Sohn sich entschließt, Priester zu werden. Es erklärt auch, warum das Zölibat entstand, warum man auf eigene Kinder verzichtete. Denn um in der alten Zeit Priester zu werden, mußte man sogar auf seine Genitalien verzichten!

Und weißt du, *chico mio*», sagte Zedé und streichelte Arveyda die Stirn. «Genauso war es noch, als ich ein Kind war. Nein, nicht die ganzen Genitalien, weil sie aus dem Tod so vieler Männer – der diese allerdings um so heiliger machte – allmählich gelernt hatten. Aber die Hoden schnitten sie noch ab. Vergessen war das Loch, aus dem das Leben kommt. Vergessen, daß es ihnen darum gegangen war. Es tat zu weh, daran zu denken und dieses Loch zu schneiden, und außerdem funktionierte es nicht. Sie zerbrachen beinahe an der Erfolglosigkeit ihrer Versuche. Behalten hatten sie nur, daß sie sich den Frauen angleichen mußten, und wenn sie sich in einem bestimmten Alter kastrierten – in der Pubertät, falls sie den Beschluß faßten, Priester zu werden, oder dazu berufen wurden –, dann konnten sie mit Frauenstimmen sprechen.

Aber ach, die Schmerzen! Die Operationen, die nur selten richtig ausgeführt wurden. Die Hitze, die Fliegen und der Schweiß! Der Haß auf die Frauen, die nur beim Gebären Schmerzen litten und vielleicht einmal im Monat ein paar Krämpfe hatten. Und immer weiter Leben hervorbrachten, sich schönmachten und das alles gar nicht wichtig nahmen.»

LISSIE HEISST: ‹die sich an alles erinnert›», sagte Miss Lissie zu Suwelo, und ihre schwarzen Augen unter den faltigen Lidern leuchteten so klar und ruhig wie die eines Falken, «aber ich bin mittlerweile alt, und meine Gehirnzellen – Gehirnzellen sind wie Batterien, weißt du – sterben ab, zu Millionen. Von meinen früheren Leben in Ägypten und Atlantis weiß ich nichts mehr, ich sage das nur, weil alle von diesen Orten sprechen, vor allem Leute, die es nötig haben, sich in diesem Leben aufzuwerten. Um ehrlich zu sein, ich habe mich nie an diese Kulturen erinnern können, und wenn die Pyramiden nicht wären und all die Beweise für untergegangene uralte Zivilisationen, die neuerdings ans Licht kommen, dann würde ich bezweifeln, daß es sie je gegeben hat. Da mein Verstand gelernt hat, daß sie existiert haben, muß ich annehmen, daß die Gehirnzellen, die ich bräuchte, um mich an sie zu erinnern, nach so vielen abertausend Jahren verkümmert sind. Aber ich erinnere mich ohnehin nicht mit dem Verstand selbst, sondern mit dem Gedächtnis, das davon getrennt und doch irgendwie darin enthalten ist. Ich fühle mich, als wäre mein Gehirn mit Erinnerungen aufgeladen. Wie gesagt, wie eine Batterie.»

Miss Lissies zartgeformter Kopf war mit einem Kranz silberweißer Rasta-Locken bedeckt, und Suwelo war fasziniert von dem Heiligenschein, den sie um ihr dunkelbraunes Gesicht bildeten, so daß es selbst in Onkel Rafes dunklem Haus noch strahlte wie von der Sonne geküßt. Die Locken standen in alle Richtungen vom Kopf ab, fielen ihr aber weich wie ein hell leuchtendes Vlies über die Schultern und den aufrechten Rükken. Als er sie zum erstenmal gesehen hatte, unter den alten Frauen in Onkel Rafes Wohnzimmer, hatte sie wie die anderen eine Kopfbedeckung getragen. Nie hätte er bei so einem alten Menschen derart wildes, üppiges, herrliches Haar vermutet. Es verlieh ihr das eigentümliche Aussehen eines Fabelwesens aus uralter Zeit, das auch aus tiefem Schlaf noch jederzeit aufschnellen kann.

Er hatte das unerklärliche Gefühl, sie sei seine wahre Großmutter, und seine leibliche Großmutter, die sich das weiße Haar blond färbte, um dadurch eine entfernte Ähnlichkeit mit Patricia Nixon zu unterstreichen, sei eine Schwindlerin. Er hatte Miss Lissies Rasta-Locken verwirrt angestarrt, seitdem sie angefangen hatte zu erzählen, und jetzt fragte er sich gerade, wie viele es wohl sein mochten.

«Genau hundertdreizehn», kam ihre Antwort, als hätte er seinen Gedanken laut ausgesprochen. Dann fuhr sie mit ihrer Geschichte fort.

«Ich bin also nicht mit der grauen Vorzeit von frühester Kindheit an auf du und du, sondern nur mit der jüngeren Vergangenheit, nur mit den letzten paar tausend Jahren. Ich war immer eine schwarze Frau. Das sage ich hoffentlich ohne jeden ungebührlichen Stolz, weil ich weiß, es war reines Glück. Und Glück nenne ich es, weil andere so schwere Kämpfe durchzustehen haben, wenn sie versuchen herauszufinden, wer sie sind und was sie tun sollen, weil es ihnen nämlich wegen der verschiedenen Stimmen, die von allen Seiten auf sie einstürmen, so schwer fällt. Ich habe in diesem Leben eine Freundin, die mich in dieser Beziehung an mich selbst erinnert. Sie war ebenfalls immer, in allen Leben, eine schwarze Frau. Das drückt sich in jedem Wort von ihr aus, man hört, daß ihr Wesen seit Urzeiten einheitlich ist. Und wenn sie versucht, etwas, das ihr nicht von Urzeiten her vertraut ist, Ausdruck zu verleihen, hört man das sofort an ihrer Stimme. Sie scheint dann, obwohl die Worte prägnant, präzise und gewählt bleiben, einem fast körperlosen Wesen zu gehören. Wenn sie aber frei ist, aus ihrem eigentlichen Wesen heraus zu sprechen, bekommt das Gesagte scharfe Ecken und Kanten, und ihr zuzuhören ist wie eine Wanderung mit Steinen in den Schuhen. Und man hat den Eindruck, als wäre sie, sollte sie einen beurteilen, sehr streng. Und doch wohnt unter dem Panzer ihrer Stimme und ihrer Haut eine sanfte Frau. Aber wie viele Jahre hat es gebraucht, diese Sanftheit wachsen zu lassen!

Ich war niemals ein sanftes Wesen. Vielleicht in den Leben, an die ich mich nicht erinnere, aber in allen, an die ich mich entsinne, war ich eine Kämpferin, eine, die für Ärger sorgte. Eine, die von andern immer schnell gelangweilt war und sich beleidigt fühlte, wenn diese anderen sich bemühten, ihre kläglichen Standpunkte zu vertreten. Denn wie du weißt erinnern sich die meisten Leute nicht mehr an ihre früheren Leben, und auch wenn sie noch so alt werden, rührt sich in ihrem Gedächtnis nichts. Sie glauben ernstlich, ihr Gehirn sei bei ihrer Geburt ein unbeschriebenes Blatt gewesen. Das habe ich tatsächlich schon gehört! Daß kleine Kinder keine Erinnerungen haben; daß ihnen jedes Wissen und jede Erfahrung fehlen, ja, daß da gleichsam noch gar niemand ist. Alles Blödsinn. Natürlich erscheinen den kleinen Kindern ihre Erinnerungen als Träume, die sie selbst nicht deuten können, weil sie nicht mehr in den Zusammenhängen leben und weil sie als Babies unfähig sind, überhaupt eine Sprache zu sprechen, geschweige denn die Sprachen, die sie früher beherrschten. Von allen Lebensphasen ist die Babyzeit die jämmerlichste und verwirrendste. Da liegt man da, ohne einen Menschen, den man kennt, umgeben von Riesen, deren Existenz man sich niemals hätte träumen lassen. Die pusten einen mit ihrem ekelhaften Atem an, cremen einem die Haut mit Gott weiß was für komischen Mixturen ein, geben einem Dinge zu essen, die in einem früheren Leben vielleicht tabu waren. Entsetzlich! Und während man daliegt und sich umschaut, kratzt man gerade genug Verstand zusammen, um zu begreifen, daß man hier im nächsten Klassenzimmer angekommen ist und die Leute da der neue Unterrichtsstoff sind und daß man sich schon wieder ans Lernen machen muß. Ach, was für ein Greuel! Das ist der wahre Grund, warum Babies so viel schlafen. Stell dir vor, wo und unter was für Umständen viele geboren werden. Sie schlafen, um den Schock und das unausweichliche Gefühl vollkommener Hilflosigkeit zu mildern.

Meine Eltern mochte ich gar nicht. Meine Mutter war ziemlich ungeschickt und offensichtlich ungebildet; sie schien nicht nur eine Sprache zu sprechen, die mir noch vollkommen unbekannt war, sondern eine neu erfundene Sprache. Sie sagte Dinge wie ‹Toffeln›, ‹Fusel› und ‹Zuckernuckel›. Sie schien in Trance zu leben, und wenn ich weinte, reagierte sie mit einer Geistesabwesenheit, die mir den Atem verschlug. Ich lag meistens auf dem Bett und sah zu, wie sie in ihrem schlampigen Morgenmantel mit schleppenden, beinahe schlurfenden Schritten im Haus auf und ab schlich, immer wieder von der Veranda vorne vorm Haus bis nach hinten in die Küche und zurück. Sie nahm Schnupftabak. Ab und zu schleppte sie sich an das Verandageländer und spuckte ins Unkraut. Ich wußte, daß ich in keinem meiner Leben einen dümmeren Menschen gesehen hatte.

Und dazu noch mein Vater. Wo meine Mutter bloß ungeschickt war – sie hatte die Gewohnheit, mich so zu wickeln, daß sie mir mit der alten, schmutzigen Windel immer an den Kopf kam –, war mein Vater hoffnungslos. Er verkörperte alle Klischees vom unbeholfenen Vater zugleich. Er sprach die gleiche komische Sprache wie meine Mutter – nein, er nuschelte sie –, und ich sollte Jahre brauchen, bis ich sie beherrschte, während ich in anderen Leben in der Lage war, neue Sprachen binnen weniger Minuten zu verstehen, auch wenn es einige Monate dauerte, bis ich mich darin ausdrücken konnte. Jahrelang konnte ich buchstäblich kein Wort herausbringen, und in meiner Verzweiflung über diese Sprache schlug ich häufig um mich.

Schlimmer war freilich, daß ich ausgerechnet diese Leute überhaupt nicht kannte. Ich hatte sie nie kennengelernt! Sie waren mir vollkommen fremd. Ich erkannte ihren Geruch nicht; ich erkannte ihre Bewegungen, ihre Tagesrhythmen nicht, die sie so wichtig nahmen; ich erkannte, wie schon gesagt, ihre Sprache nicht. Weiß Gott, nicht einmal das, was sie aßen, kam mir bekannt vor! Bei diesen Leuten kamen nur Maisbrot, Limabohnen und ab und zu mal gekochter Kohl auf den Tisch. Und das in Zeiten des Überflusses. Sonst lebten sie von Fett, Sorghumsirup und heißen Brötchen.

In jenen ersten Wochen und Monaten schlief ich so viel wie möglich. Und selbst als größeres Kind schlief ich tagsüber noch oft ein. Das war sogar mit ein Grund, warum man sich schließlich darum bemühte, die Ernährung der Kinder auf der Insel zu verbessern. Ich schlief immer in Miss Beaumonts Unterricht ein, und eines Tages fiel das der Schulschwester auf, die gerade ihre Visite machte. Daraufhin untersuchten sie auch die anderen Kinder und stellten fest, daß wir allesamt unter einem Mangel an Vitamin C, D und A litten. Wir bekamen nie Obst, aßen nie Blattgemüse, tranken nie Milch. Diese Dinge waren zwar reichlich vorhanden, weißt du, aber man verkaufte alles, jedes letzte bißchen, auf das Festland, und zwar schon seit der Sklavenzeit. Damals in der Zeit der Sklaverei wurden die Leute ausgepeitscht, wenn sie von der Milch naschten oder Gemüse stibitzten oder Obst aßen; logisch, daß man sie fast fünfzig Jahre später beinahe zwingen mußte, so was zu essen. Und Fisch mochten sie gar nicht! Wie oft habe ich gehört, daß meine Mutter sich beschwerte, von frischem Obst bekäme sie Blähungen, von Milch Nesselausschlag, und daß wohl nur Weiße ‹Kaninchenfutter› – ihre Bezeichnung für rohes Blattgemüse – essen würden. Meine Mutter und die anderen Frauen auf der Insel brauchten etliche Anstöße, ehe sie wieder dazu übergingen, kleine Küchengärten anzulegen. Früher hatte es an jedem Haus einen gegeben, und alle hatten auch Schweine und Hühner gehalten, aber auf die eine oder andere Weise waren ihre Tiere und ihr Saatgut abhanden gekommen, vielleicht bei einer der großen Überschwemmungen, die mitunter auf die Stürme folgten. Wunderschöne Stürme, wenn ich das mal dazusagen darf. Bloß leider tödlich. Dann konnten sie sich jahrelang keine neue Saat oder Tiere leisten, und die Sache wurde noch dadurch erschwert, daß sie auf einer Insel lebten. Für jede Kleinigkeit mußten sie in ihren kleinen, nicht gerade seetüchtigen Booten aufs Festland hinüber, und eine Fahrt dauerte ungefähr zehn Stunden. Der Plantagenaufseher riß ihnen alle Gemüsesorten heraus, die auch in den Plantagen angepflanzt wurden. Zur Strafe konnte man sein Haus verlieren, denn die Häuser gehörten einem nicht.

Aber es gab da eine kleine Frau – eine Weiße mit einer schwarzen Helferin –, die fing an, auf dem Festland empörte

Reden über den schlechten Gesundheitszustand der Inselkinder zu schwingen, und es dauerte nicht lange, bis ganze Bootsladungen mit Weißen ankamen, um uns unter die Lupe zu nehmen. Es war das erste Mal, daß ich so viele sah! Sie unterschieden sich in Größe und Wuchs, waren aber alle kerngesund, weil sie ihr ganzes Leben lang *unsere* Nahrungsmittel gegessen hatten. Das verstand ich damals natürlich nicht: daß ihre Zähne gesund waren, weil meine vergammelten; daß sie sich Brillen leisten konnten, während mein Freund Eddie nur bis zu seiner Nasenspitze sehen konnte und nie lesen lernen würde; daß sie... na, du bist schon im Bilde. Sie schienen allesamt irgendwie vom wirklichen Leben abgeschnitten. Es war, als stünden wir auf verschiedenen Seiten einer Glasscheibe und könnten keinen Einfluß darauf nehmen, was auf ihrer Seite, der Seite des Unbekannten, passierte, während sie ihrerseits bei uns alles mögliche bewirken konnten. Für mich schien das daran zu liegen, daß wir auf der Seite standen, wo das Leben war. Denn trotz unserer Erniedrigung lachten wir. Für uns war so vieles komisch! Sie konnten nicht freiheraus lachen. Ihre Gesichter waren wie Fäuste. Wenn sie einen unwillkürlich berührten, wurden sie unsicher und schauten sich um, um zu sehen, was die andern Weißen machten. Wir dagegen drängten uns zusammen, bohrten mit den nackten Zehen im Sand und sahen sie an, als ob sie Tiere im Zoo wären. Nur ein kleiner, dicker und zerzauster Mann war gekommen, um mit oder ohne uns das Leben zu genießen. Er ging schnurstracks an den Strand vor der Schule und zog sich fast ganz aus, ohne uns auch nur anzusehen. Er holte ein Glas mit flüssiger Seife hervor und fing an, Seifenblasen zu machen. Schon bald waren wir alle da vorn bei ihm, liefen den Seifenblasen nach und schauten zu, wie sie in die Bucht hinausschwebten.

Es wurde damals viel Aufhebens um den Lebertran gemacht, den wir bekommen sollten, weil jemandem aufgefallen war, daß meine Schläfrigkeit noch das geringste Übel war. Viele Kinder hatten Beine wie Brezeln. Es gab bei uns auf der Insel so viele Leute mit krummen Beinen, daß die mit geraden Beinen dagegen schon wie Mißgeburten wirkten. Dafür brauchten wir den Lebertran, als Vorbeugung gegen die sogenannte ‹englische Krankheit›. Die Sache hatte auch ihre komische Seite, weil mittlerweile O-Beine bei Frauen auf der Insel als sexy galten, und man hörte tatsächlich Männer murren, Frauen mit geraden Beinen würden ‹sie nicht im mindesten verlocken›. Meine Mutter hatte tatsächlich die Stirn, mir zu sagen, ich bräuchte das Zeug nicht zu nehmen, wenn ich nicht wollte. Aber ich erinnerte mich noch aus vergangenen Jahrhunderten an kranke und mißgebildete Kinder und war empört, daß sich so wenig geändert hatte. Ich verlangte immerhin, daß man uns den Lebertran mit Orangensaft gab. Als man die Eltern gefragt hatte, ob die Kinder ihn unverdünnt oder mit Orangensaft einnehmen sollten, hatten sie nämlich gleich eine moralische Frage daraus zu machen versucht. Ihre Kinder seien nicht verweichlicht, bei Gott und seiner Großmutter! Ihre Kinder schluckten alles, was man ihnen verabreichte, ‹wie ein Mann›! So ein Quatsch! Da konnte man schon an der göttlichen Vorsehung zweifeln.

Na, ich war kein Mann. War nie einer gewesen. Und ich sagte, wenn ich keinen Orangensaft bekäme, könnten sie mir mit ihrem Lebertran gestohlen bleiben. Und wenn *ich* keinen Lebertran nähme, würde sich die ganze Schule weigern. Alle wußten, daß das die reine Wahrheit war. Außerdem schmeckte Lebertran pur beschissen.

Für Menschen ist kaum etwas verwirrender als das Gesundwerden. Das ist eins der großen Mysterien. Und wenn ich an meine liebe Mutter denke, als sie langsam klarer im Kopf wurde – denn auch sie hatte sich allmählich dazu überreden lassen, einen Küchengarten anzulegen, ein paar Hühner zum Eierlegen anzuschaffen und ihren geliebten dickflüssigen, übersüßten Kaffee aufzugeben –, dann muß ich jetzt noch lachen, wo sie schon längst kalt ist! Sie fing zum erstenmal seit ihrer Kindheit an, sich an ihre Träume zu erinnern. Und am ersten Morgen nach so vielen toten Tagen und einer lebendigen Nacht benahm sie sich, als hätte sie ein Gespenst gesehen. Wochenlang konnte sie nur über ihre Träume reden. Über die Leute und Ereignisse, die darin vorkamen, die phantastischen Landschaften, die sie gesehen hatte – sie hat nie verstanden, daß diese Landschaften *ihr* gehörten –, die Häuser, in denen sie zu Besuch war und die ihr ‹so dermaßen vertraut› waren, die Dinge, die sie gegessen hatte. In ihren Träumen aß sie immerzu. Milch, Obst und Gemüse! Und alles, was sie im Traum aß, versuchte sie hinterher zu besorgen. Sie vergrößerte ihren Garten, schaffte mehr Vieh an und verkaufte, was sie nicht selbst brauchte, an die Nachbarn; sie kaufte sich ein eigenes kleines Boot. Und ab ging es zum Festland mit ihrem Beutel voll Fünf- und Zehncentmünzen. Im Geiste verbeugte sie sich vor jeder Apfelsine, und Bananen machten sie ganz wild.

Ihre Sprache war immer noch wunderlich, aber nicht mehr so unverständlich, weil sie mehr Eigenes einfließen ließ. Sie hörte auf zu schlurfen. Sie überwand ihre Sucht nach Schnupftabak. Ich fing an, sie in einem ganz neuen Licht zu sehen, und ging nicht mehr so gereizt und verächtlich mit ihr um. Von da an wurden wir mehr als nur Mutter und Tochter. Wir wurden Freundinnen.»

HAL. JA, HAL. Gott sei gedankt für Hal. Er war der einzige Mensch, den ich von früher zu kennen meinte. Er erzählt gern Geschichten von uns als Babies, wie wir uns vollgesabbert haben, und was für Anstrengungen es uns kostete, bis wir loskrabbeln konnten. Das ist so wahr wie Gottes Wort! Als ich Hal zum erstenmal berührte, als meine kleinen drallen Finger eine Handvoll von seinem runden Gesicht zu fassen bekamen, floß ich sofort davon (meine Spucke, versteht sich). Hier war endlich etwas oder jemand Vertrautes. Gewiß, es gibt Leute, die meinen, ihr Ehemann oder ihre Frau sei einst ihre Großmutter gewesen. So was kann ich für mich nicht behaupten. Ich weiß nicht, wer Hal war, und es ist mir in all den Jahren auch weder gelungen, mich daran zu erinnern, noch auf andere Weise darauf zu kommen. Ich kann nur sagen, daß er mir vertraut war, daß ich mich mit ihm wohl fühlte und, wichtiger noch, daß wir buchstäblich ein Herz und eine Seele waren. Und ihm ging es genau wie mir. Ich habe nicht viele Erinnerungen an dieses Leben, in denen Hal keine große Rolle spielt. Ich mußte ihn jeden Tag sehen. Wenn er fort war – zum Beispiel damals, als er zum Militär ging –, wäre ich am liebsten gestorben.

Niemand von uns kann alles verwirklichen, was in ihm steckt. Jedenfalls nicht in der Mehrzahl seiner Leben. Nimm Hal als Beispiel. Er war Künstler, Maler. Das einzige, was er wirklich gut konnte, war malen, auf alles, was ihm unter die Finger kam. Schon von Kindesbeinen an. Er suchte sich einen kleinen Stock, saß dann im Sand, buddelte und malte und war froh wie ein Frosch im Paletot. Doch sein Vater konnte das nicht leiden, und ich habe oft gesehen, wie er ihm den Stock wegnahm und das Bild zertrampelte – dabei war Hal noch ein Kleinkind! Sein Vater hätte selbst gern gemalt, hätte vielleicht auch wirklich Talent dazu gehabt, aber mit Bildern kann man kein Geld verdienen, muß er sich wohl gedacht haben, und vielleicht hatte sein Vater ihn auch schon früh gebrochen und ihm verboten, sich damit abzugeben. Davor, noch in der Zeit der Sklaverei, hätte der Plantagenaufseher das getan. Aber es war so grausam! Als müßte man zusehen, wie jemand gezwungen wird, sich eigenhändig zu blenden. Und so furchtbar unlogisch. Mr. Jenkins, Hals Vater, war ein sehr fähiger Möbeltischler und baute hauptsächlich Stühle. Er schnitzte die schönsten Muster hinein. Vom Verkauf dieser Stühle konnten er und seine Familie besser leben als wir anderen. Und schön war es, diese hohen, auf Hochglanz polierten Stühle immer einen zur Zeit auf dem kleinen Boot aufs Meer hinausschwimmen zu sehen! Trotzdem waren ihm die künstlerischen Neigungen seines Sohnes zuwider. Warum? Hal tappte zeitlebens im dunkeln.

Indem sein Vater Hals inneren Drang zur Kunst zerstörte, den Willen, Schönes zu schaffen und Dinge festzuhalten und zu bezeugen, die begeisterte Bejahung des Lebenstriebes, der ja oft nicht mehr verlangt, als wahrgenommen zu werden, zerbrach er etwas in ihm. Hal war zum Beispiel nicht in der Lage, sich zu verteidigen; er befand sich keiner Verteidigung für wert. Er hat nie gelernt, sich zu schlagen. Und weißt du, was das Erstaunlichste war: seine Augen wurden schlecht! Aber ich hab ihn immer unter meine Fittiche genommen; ich wußte, er mußte daran erinnert werden, daß es in Ordnung war, hinzusehen. Und sobald wir ein ungestörtes Eckchen fanden, zwang ich ihn zu malen. Hätte ich das nicht getan, wäre er innerhalb eines Jahres blind wie ein Maulwurf gewesen. Sein Vater drohte, ihn aus der Schule zu nehmen, wenn er malte. So kam es, daß ich jahrelang als hervorragende Zeichnerin galt. Es waren alles Hals Arbeiten – gedämpft und verhalten, als ob sein Vater ihm beim Malen drohend über die Schulter geschaut hätte, aber dennoch ausdrucksvoll, unverfälscht und rein. Und ich bin stolz darauf, daß ich mich noch an fast jedes seiner Bilder entsinne. Er malte weiter bis zu dem Tag, an dem er zum Militär mußte. Danach eine ganze Weile nichts mehr. Und wie man sich denken kann, war Hal in der Zeit ein regelrechter Piesepampel. Aber wenigstens entließen sie ihn wegen seiner schlechten Augen bald aus dem Militärdienst, obwohl sie andere Farbige mit beinahe ebenso schlimmen Gebrechen dabehielten. Ich war heilfroh, ihn wieder malend um mich zu haben, denn ein begabter Künstler wie Hal kann die Erinnerungen malen, an denen du selbst vielleicht schon zweifelst. Er hat das unzählige Male getan.

Ich habe mich mal mit einem afrikanischen Gelehrten unterhalten, einem Mann aus einer dieser berühmten Elite-Universitäten. Er war ausgesprochen mager und schwarz und etabliert und trug so eine kleine afrikanische Kappe, die wie ein amerikanisches Soldatenkäppi aussieht, nur bunter, und er war eigentlich ganz in Ordnung, glaube ich, hatte aber leblose Augen, und mich fröstelte fast, während er mit mir redete. Mir kam er vor wie ein gebildeter, glattzüngiger Zombie, und seine abgehackten Bewegungen paßten in das Bild. Na, jedenfalls fing er davon an, was für ein Klischeedenken dahintersteckte, wenn Schwarze hierzulande immerzu behaupteten, ihre jeweiligen Vorfahren seien von einem Onkel der Familie in die Sklaverei verkauft worden. Er lachte leise in sich hinein, als er das sagte, und lehnte sich in seinem Sessel zurück. Ich entgegnete nichts, weil er längst beschlossen hatte, daß man die Wahrheit, wenn sie ein paarmal laut geworden ist, als unglaubwürdig abtun kann. Und ich habe oft genug gelebt, um zu sehen, wie häufig das so geht. Manche Leute meinen tatsächlich, man könnte die Wahrheit totreden. Ich bin nämlich selbst von meinem Onkel verkauft worden. Es war oft der Onkel, der die Frauen und ihre Kinder verkaufte, und warum das so war, ist leicht genug zu verstehen. Die Begründung dafür ist in der afrikanischen Familienstruktur zu suchen.

In einem meiner Leben starb mein Vater an einem Herzschlag, als ich zwei Jahre alt war. Er war hochbetagt, und ich war das letzte Kind seiner jüngsten Frau; selbst wenn er weitergelebt hätte, wäre er wie ein Fossil aus einem anderen Jahrhundert gewesen. Das Gesetz bestimmte, daß meine Mutter und ihre Kinder an seinen Bruder übergingen, und der war noch älter als mein Vater – ein strenggläubiger Muslim, der den ganzen Tag mit Baden und Beten zubrachte. Er hatte bereits so viele Frauen, Kinder und Sklaven, daß er nicht mehr wußte, was er mit ihnen anfangen sollte. Eine seiner ganz jungen Frauen, fast noch ein Kind, stachelte ihn an, uns zu verkaufen, und das tat er. Sie wollte sich ein paar von den Kinkerlitzchen kaufen, mit denen der weiße Mann Afrika förmlich überschwemmte. Spiegel zum Beispiel! Nie hast du so viele aus dem Nichts auftauchen und so schnell wieder verschwinden sehen.

Stoffe in schreienden Farben, knallige Blechzuber und Dinge ohne offenkundigen Nutzen – Kinkerlitzchen eben, wie Porzellanfigürchen, die tanzende Damen mit ihren eleganten Herren darstellten.

Es geschah, als die Trockenzeit schon recht weit fortgeschritten war, denn es war sehr heiß; muß wohl November oder Dezember gewesen sein. Meine Mutter hatte mich ins Okrafeld geschickt, um die Schoten zu holen, die man zur Gewinnung von Saatgut hatte ausreifen lassen, und ich summte vor mich hin und schlug mit einem Stock auf das Unkraut am staubigen Wegesrand ein. Ich war damals ungefähr dreizehn. Wir lebten in einer einzelnstehenden, ärmlichen kleinen Hütte außer Sichtweite vom Hof meines Onkels. Am Rande des Okrafeldes hockten vier riesige Männer, und mir schwante Böses. Ich machte kehrt und wollte wieder nach Hause laufen. Aber sie fingen mich ein und fesselten mich, und einer von ihnen warf mich wie einen Sack Korn über seine Schulter. Dann setzten sie ihren Weg zur Hütte fort und ergriffen meine beiden Schwestern, meinen Bruder und meine Mutter.

Meine Mutter jammerte und bettelte und flehte um Gnade, weil sie über Sklavenhändler Bescheid wußte, aber diese Schweinehunde hörten gar nicht hin. Sie waren wie der scheintote afrikanische Professor, von dem ich dir gerade erzählt habe. Ja, vielleicht war er damals einer von ihnen. Na, sie trugen und schleppten uns in den Hof meines Onkels, und er kam heraus. Meine Mutter versuchte, sich vor ihm zu Boden zu werfen, wie es damals Landessitte war, aber man hatte sie so gefesselt, daß sie nur zur Seite umfallen konnte. Dicker Staub legte sich auf ihre eine Gesichtshälfte, und sie schlug sich beide Knie auf. Heute weiß ich, daß ihr niemals Liebe widerfahren ist, weil niemand außer ihren Kindern sie wirklich wahrnahm, und die liebten sie auch. Sie hatte vier Kinder und war erst Mitte Zwanzig. Eine kräftige, ziemlich stämmige, rötlichschwarze Frau mit großen düsteren Augen. Sie verstand sich besonders gut auf das Weben, und obwohl wir arm waren, verarbeitete sie das bißchen Baumwolle, das wir von der Ernte behalten durften, die wir für unseren Onkel anpflanzten, in die Tücher, die wir um die Taille trugen – wunderschöne karierte Stoffe, mit Naturfarben kräftig bunt gefärbt. Sie hatte das Färben und Weben von ihrer Mutter gelernt, die es wiederum von ihrer Mutter hatte und so weiter.

Mein Onkel ließ uns diese Tücher abnehmen, denn sie waren in den typischen Stammesmustern gewebt – unsere Farben waren Gelb, Rot und Weiß –, und gab uns statt dessen welche aus ungebleichter Baumwolle. Unterdessen hatte man mich mit meinen Schwestern und meinem Bruder gefesselt vor meinem Onkel aufgestellt. Wir machten keine Anstalten, uns vor ihm zu verbeugen. Wir weinten nicht wie unsere Mutter. Wir haßten den Mann. Die Wahrheit dürfte sein, daß wir unter Schock standen. Ich weiß noch, daß die Männer meinen Onkel mit ein paar gelochten Silbermünzen entlohnten, und er nahm vier der kleinsten Münzen und drückte sie uns in die Hand. Wir waren schon mehrere Meilen gelaufen, ehe mir bewußt wurde, daß ich meine noch in der Hand hatte. Es war arabisches Geld, die Schrift und alles.

Wir mußten fast fünfzehn Tage ohne Halt marschieren, so kam es uns zumindest vor, bis wir bei dem großen steinernen Fort an der Küste eintrafen. Erst dort bekamen wir die weißen Männer zu Gesicht. Sie standen in einer langen Reihe vor dem Fort Posten, und wir waren nur eine kleine Schar unter vielen, die zur gleichen Zeit auf das Fort zuströmten. Schließlich kamen zwei weiße Männer, um uns in Augenschein zu nehmen. Sie inspizierten unsere Ohren, unser Geschlecht – du machst dir keine Vorstellung davon, wie gründlich sie vorgingen und wie jämmerlich die Frauen protestierten –, unsere Zähne und unsere Augen. Sie ließen uns auf und ab springen, um festzustellen, wie kräftig unsere Beine waren. Uns bluteten die Füße. Meine Mutter war in eine Art schlafwandlerischen Zustand versunken, und sie machte alles, was ihr befohlen wurde, wie im Traum. Wir Kinder taten es ihr nach, obwohl wir hellwach waren, so wach, daß wir es alle vier schafften, unsere Silbermünzen in unseren dichten Haarschöpfen zu verstecken, bevor man uns durchsuchte.

Die Weißen, die widerlicher aussahen als alles, was wir uns bis dahin ausgemalt hatten, und rochen, als ob ihr Schweiß reiner Essig wäre, bezahlten die Männer, die uns gebracht hatten, und die machten auf der Stelle kehrt und marschierten im Eiltempo wieder dahin zurück, wo wir hergekommen waren. Ich wäre am liebsten hinter ihnen her, um sie umzubringen, aber die weißen Männer hatten ein paar andere Schwarze gerufen, die sich im Fort auszukennen schienen, und die brachten uns in einen Kerker, der wie ein Keller unter dem Fort lag. Dort drängten sich schon viele verzagte und verängstigte Menschen. Als sie sahen, wie meine Mutter und ihre Kinder durch die Tür geschoben wurden, wandten sich viele der Männer verschämt ab und machten traurige Gesichter. Es waren Männer, die man ihres Glaubens wegen in die Sklaverei verkauft hatte, weil die Mohammedaner ihn nicht duldeten. Sie verehrten, der uralten Tradition gemäß, noch die Mutter, und eine Mutter in die Sklaverei verkauft zu sehen – was keinen Mohammedaner juckte, solange sie nicht zu seinem Glauben übergetreten war – bedeutete für diese Männer eine schreckliche Qual.

Erst im Lauf der vielen Jahrhunderte, in denen der Sklavenhandel in Afrika blühte, ging diese Religion endgültig zugrunde, obwohl sie schon seit Hunderten von Jahren bedroht gewesen war. Schon in frühester Zeit hatte es Angriffe gegen die Frauentempel in den heiligen Hainen gegeben, Frauen und Kinder wurden an den Haaren herausgeschleppt und unter Zwang in Stämme mit Männerherrschaft verheiratet. Wer dem entging, wurde entweder hingerichtet oder an einen Stamm verkauft, der eine andere Sprache sprach. Die Männer hatten beschlossen, fortan die Schöpfer zu sein, und sie gingen systematisch daran, die Frau zu entthronen. Frauen und Kinder zu verkaufen, für die man keine Verantwortung mehr tragen wollte, oder auch Menschen, die geistig behindert waren oder einen irgendwie beleidigt hatten, war nun gang und gäbe. Ebenso wie später unter den Mohammedanern die Vorstellung, daß ein Mann viele Frauen besitzen durfte, ähnlich wie Vieh oder Jagdhunde.

Diese Mutteranbeter waren die Afrikaner, die sich am wenigsten anhaben ließen, denn sie waren der Göttin treu ergeben und tarnten ihren Glauben wie Chamäleons (wieviel haben wir doch im Lauf der Zeit von den Eidechsen gelernt!); schließlich haben sie aber auch die kleingekriegt. Deshalb wird der schlimmste Fluch gegen Afrika, die Mutter und die Göttin – *motherfucker* – auch heute noch in der englischen Sprache benutzt! In der alten Zeit wäre so etwas undenkbar gewesen, und ein Mensch, der diesen Fluch aussprach, hätte augenblicklich seine Zunge eingebüßt. Unsere neuen Herren besaßen ein einmaliges Geschick darin, uns – mit heimtückischen Methoden, die sie selbst beschämten und erniedrigten; hätten sie bloß den Verstand gehabt, es zu merken – gegen alles einzunehmen, was wir einst geliebt hatten.

Zu essen gab es ein wenig Hirsebrei, den wir zweimal am Tag mit den Händen aus einem langen Holztrog draußen vor dem Kerker schöpften. In den zehn Minuten, die wir zum Essen brauchten, konnten wir den Himmel sehen. Frühmorgens vor Tagesanbruch wurden wir hinausgelassen, um uns zu entleeren. Verstopfung war schon immer mein Problem gewesen; die Angst und die Sorge verschlossen mir den Darm. Viele litten aber auch unter Durchfall, und eine ganze Reihe von uns wurden krank und starben, während wir warteten – worauf, wußte keiner. Später sollte mir klarwerden, daß die Männer, die uns zum Weiterverkauf erstanden hatten, schon im voraus einrechneten, daß viele von uns wohl sterben würden, und deshalb gleich mehr einfingen, als sie brauchten.

Nach einer Woche in dem Kerker erkrankte meine Mutter. Keiner von uns hatte genügend Platz, um sich lang auszustrekken, aber einer der Mutteranbeter erkämpfte sich eine kleine freie Fläche an der Wand, damit meine Mutter ihren Kopf dahin drehen konnte, um nach Luft zu schnappen. Und wenn die Schmerzen sie übermannten, konnte sie sich auf die Knie fallen lassen. Sie hatte Brechdurchfall, die Krankheit, die man wohl am allerwenigsten verbergen kann. Am meisten schämte sie sich aber, weil ihre Kinder hilflos und verlegen mit ansehen mußten, wie sie so schmutzig vor Fremden dastand. Nie hat es eine reinlichere und schamhaftere Frau gegeben als meine Mutter. Sie badete mindestens einmal am Tag, und ihre Tücher waren stets blitzsauber. Ich erinnere mich noch gut daran, wie frisch das Öl in ihrem Haar immer duftete! Sie konnte an sich selbst und um sich herum keinen Schmutz ertragen.

Am siebten Tag nahm sie ihren ganzen Willen zusammen und zwang ihren Tod herbei. Die weißen Männer schickten ein paar Scheusale zu uns herein, und die schleppten sie an den Fersen hinaus – einer von ihnen hielt sich dabei einen Lappen vor die Nase –, warfen ihren Leib auf einen Karren und schoben ihn davon. Ich beneidete sie. Ich tat mir leid. Ich wußte nicht, wie ich einen Fremden oder vielleicht gar meine Geschwister bitten konnte, mir das Leben zu nehmen.

Deshalb erfüllt mich der Gedanke an Afrika mit Bitterkeit, und wer wollte mir das Recht dazu streitig machen?

Ich weiß das nicht vom Hörensagen. Ich war selbst dabei.

Du glaubst nicht, daß ich dabei war? Dann tust du mir leid.

In den sechziger Jahren gab ich mich eine Zeitlang als Griot aus. Ich tat so, als hätte ich auf Reisen durch Afrika die Geschichten aus der Diaspora direkt von den alten Geschichtensammlern und Erzählern erfahren. Ich brauchte gar nicht erst auf Reisen zu gehen. Mir reichte das, was ich in Erinnerung behalten hatte, vielen Dank. Einen meiner Vorträge über die Atlantiküberfahrt in einem Sklavenschiff besuchte einmal eine kleine weiße Professorin. Sie war eine dieser Afrika-Liebhaberinnen, die sich so schützend vor Afrika stellen, daß sie behaupten, man habe Idi Amin alles nur angehängt. Sie stand auf und sagte: ‹Es wäre mir lieb, wenn Sie sich bemühen würden, nicht so über Ihre Eindrücke von Afrika zu reden, als wären sie dabeigewesen. Damit behaupten Sie mehr, als Sie je wissen können, und außerdem ist es verwirrend.› Na ja, ich entschuldigte mich. Es war mir einfach rausgerutscht. Ich kannte ja wirklich alles, wovon ich redete, aus eigener Erfahrung, aber mir war klar, daß ich in einer sachlichen Darstellung vorgeben mußte, lediglich durch Erzählungen davon zu wissen. Manche Leute begreifen nicht, daß es in der Natur des Auges liegt, zu sehen, und in der Natur des Gedächtnisses, sich zu erinnern. Oder ich sollte lieber sagen, daß es der Natur entsprach, bis der Mensch anfing, Dinge niederzuschreiben. Die Professorin fuhr fort, sie könne sich überhaupt nicht vorstellen, wie es auf einem Sklavenschiff zugegangen sein mußte. Die Enge, der Schmutz, das vollkommene Ausgeliefertsein an die Verrückten, die das Schiff steuerten, das Fehlen jeglicher Kontrolle und Mitbestimmung.

Bringt dich das zum Lachen? Nein?

So mußte ich denn in jenem Leben zuschauen, wie man uns allen die Haare abrasierte. Ein paar Tage, bevor wir eingeschifft wurden, mußten wir uns draußen vor dem Fort in den Sand knien, und sie machten sich daran, erst große Büschel aus unserem Haar herauszuschneiden und uns anschließend die Köpfe zu rasieren. Wie du weißt, haben Afrikaner Haare im Überfluß, und einige von uns hatten Locken, die ihnen von Kindesbeinen an fast bis an die Knie reichten. Die mußten sie jetzt unter lautem Heulen und Zähneklappern lassen. Und dann wurden das Haupthaar und bei den Männern die Bärte mit einer trockenen und ohne Zweifel stumpfen Klinge abrasiert. Die schwarzen Männer, die diese Arbeit auf Geheiß ihrer weißen Herren verrichteten, gingen die abgeschnittenen Lokken sorgfältig durch. In den Haaren fanden sie allerlei kleine Kostbarkeiten versteckt, Erinnerungen an zu Hause: goldene Perlen, Silbernadeln, Voodoo-Amulette. In meinen Haaren und denen meiner Geschwister entdeckte man die Silbermünzen. Diese Gegenstände sackten die Schweinehunde ein, die uns festhielten, wobei sie jedesmal zufrieden grunzten. Ab und zu sieht man dieselben Gestalten in den Straßen unserer Großstädte: es sind die jungen Burschen, die Drogen verkaufen oder die Kleineren terrorisieren, indem sie ihnen das bißchen Geld abknöpfen, das man ihnen in die Taschen steckt, damit sie sich mittags etwas zu essen kaufen können. Sie sind nie von uns gegangen, diese Gestalten; man kann sie jederzeit finden.

Während des Haareschneidens entdeckte ich zu meiner Überraschung nicht weit vom Fort eine recht große Ansiedlung mit vielen kleinen Hütten. Während der drei Stunden, die damit vergingen, daß man uns die Haare schnitt, uns mit einer übelriechenden Flüssigkeit übergoß und uns den Mund – zum Schutz gegen Skorbut – mit Essig ausspülte, hatte ich reichlich Zeit, mir anzusehen, wie verschieden die Hautfarben der dort lebenden Frauen aller Altersstufen waren, bei vielen gelblich oder hellbraun und bei einigen fast weiß; vor den Hütten spielten ähnlich buntgemischte Kinder. Das war für mich, die ich nie Menschen in so vielen Schattierungen gesehen hatte, ein erstaunlicher Anblick, und ich war zu jung, um zu erkennen, worum es sich bei dieser Einrichtung handelte und offensichtlich seit Generationen gehandelt hatte: das Bordell des Forts. Das sollte ich später von einer der hellhäutigen jungen Frauen erfahren, die mit ihrem kleinen Sohn auf unser Schiff verkauft worden war. Ihr weißer Herr, der selbst merkte, wie fett, schweinisch und abstoßend er war, hatte sich der lange verdrängten Erkenntnis nicht mehr entziehen können, daß eine so schöne Frau ihn unmöglich lieben konnte, selbst wenn sie seine Sklavin war. Als er eines Abends zu tief ins Glas geschaut hatte, hatte er sie und seinen Sohn bei einem Kartenspiel verloren, das er, wie er glaubte, seinen afrikanischen Handlangern erst beibringen mußte.

Nach dem Absäbeln unserer Mähnen – zum Teil hatten wir sie so buschig getragen, daß man unwillkürlich an Bäume dachte – wurden wir mit heißen Eisen gebrandmarkt, geschmiedet nach den Wünschen der Leute, die uns in Amerika unbesehen gekauft hatten. Mir brannte man ein C ein, für

Croesus, was in diesem Fall kein Personenname war, sondern der Name eines Landgutes, und zwar, wie sich herausstellen sollte, eines ziemlich armseligen. An diesen Brandmalen erkannte man uns, und wenn eine von uns starb, sah man sich das Mal an und strich sie aus dem Verzeichnis, in das wir alle eingetragen waren.

Wenn sie das Eisen auf die Haut am Gesäß oder am Oberarm preßten, tat das sehr weh. Die Schwellung und der brennende Schmerz hielten sich tagelang. Zwar betupften die Sklavenhalter uns die Wunden mit etwas Essig und Palmenöl, aber nichts wirkte so lindernd wie die Milch aus der Brust einer stillenden Mutter, eine Medizin, die allen Afrikanern vertraut war, und obwohl die meisten nicht mehr an die Muttergöttin glaubten, war man dankbar für dieses letzte Zeichen ihrer Macht. Zum Glück gab es unter uns stillende Mütter, die allerdings keine Babies mehr hatten. Babies wurden auf Sklavenschiffen nicht geduldet, auch keine Mütter, deren Schwangerschaft zu weit gediehen war. Die Häscher der Mütter zerschmetterten die Wickelkinder zum Teil einfach auf dem Erdboden, ließen einige am Wegesrand sterben, verkauften andere oder überließen sie in seltenen Fällen einem Stamm zur Adoption, der nichts vom Sklavenhandel wissen wollte – sich also weigerte, Menschen zu verkaufen oder zu kaufen – und dem kleine Kinder, die ja noch untrennbar mit dem Quell allen Lebens verbunden waren, besonders heilig waren. Von diesen Menschen hörte ich ebenfalls auf dem Sklavenschiff, denn ein Mitglied eines solchen Stammes war auf dem Rückweg vom Markt, wo er Salz verkauft hatte, von einem weißen Sklavenhändler und seinen schwarzen Spießgesellen gefangengenommen worden. Sie blieben taub für seinen Protest, daß Salzmacher gemäß einem Sondergesetz nicht gefangen werden durften. Der Sklavenhändler entgegnete wahrscheinlich bloß: Hier herrscht die Sklaverei, da gelten für Nigger keine Sonderregelungen.

Die Brüste der stillenden Mütter retteten viele der ganz jungen unter uns, denn sie durften die Milch trinken. Ohne sie wären viele Kinder an ihrer Angst und ihrem Schock zugrunde gegangen. Auch uns anderen wurden die Barmherzigkeit und die unerschöpfliche Güte dieser jungen Mütter zuteil, die nach Kräften für uns sorgten, indem sie einen Tropfen hier und einen Tropfen dort auf unsere eiternden Wunden träufelten. Als Kind erzählte ich Hal diese Geschichte, weil er der einzige war, von dem ich wußte, er würde mich nicht dafür auslachen, daß ich mich daran zu erinnern meinte. Und ehe ich mich versah, hatte er Stifte geholt und die Szene gemalt. Er malte ein Frauengesicht, als hätte er es selbst gesehen. Es war ein Anblick, wie man ihn nicht oft zu Gesicht bekommt, und ich werde nie vergessen, was für Gefühle er in mir auslöste; die kleinen und gar nicht mehr so kleinen Jungen und Mädchen preßten sich eng an die Seiten und Bäuche der trauernden jungen Frauen, die sie in der Enge des stinkenden Kerkers im Stehen nährten, in jener Hölle des weißen Mannes, die man ihn in unserem Land bauen ließ und manchmal sogar zu bauen ermunterte. Und obwohl ich schon groß war, gab es in einer Phase tiefster Verzweiflung, in der mich die Trauer über den Tod meiner Mutter und die Angst vor der bevorstehenden Reise ins Unbekannte überwältigte, auch für mich Milch. In der letzten Zeit vor dem Verlassen des Kontinents und in der ersten Zeit an Bord des Schiffes zog ich mich regelrecht in die frühe Kindheit zurück und lutschte sogar wieder am Daumen. Als ich an Bord zum erstenmal von Angehörigen der Schiffsmannschaft mißbraucht wurde, lag ich in Ketten und nuckelte am Daumen. Bei meiner zweiten Vergewaltigung ketteten sie mich so an, daß meine Arme und Beine gespreizt waren und mein Daumen außer Reichweite. Ich konnte mich nicht einmal trösten. Aber im Laderaum des Schiffes, irgendwo in der furchtbaren Dunkelheit, wußte ich die Mütter, die mich gestillt hatten, und manchmal verwandelte sich ihr verzweifeltes Stöhnen in meiner Phantasie in tröstliche Lieder für mich und ihre eigenen verlorenen Kinder.

An dem Morgen, als wir absegelten, führten sie uns an den Strand und schleppten uns dort in kleinen Dreierketten durch das Salzwasser, um uns die Haut zu reinigen. Dann schleiften sie uns auf das Schiff. An der Planke, die auf Deck führte, entriß man uns auch noch das letzte Fitzelchen Kleidung, den Baumwollfetzen um unsere Lenden, und trieb uns kahlgeschoren, gebrandmarkt und so nackt, wie wir zur Welt gekommen waren, auf das Schiff. Ich kämpfte darum, dieses letzte kleine Zeichen von Anstand zu behalten, doch ein weißer Mann versetzte mir, fast ohne hinzusehen – und weil er blaue Augen hatte, bildete ich mir ein, er müsse blind sein –, einen Schlag an den Kopf, und ich taumelte mit den anderen auf das Schiff.

Davon, wie man die Sklaven zusammenpferchte, hast du gelesen, und leider war es so, wie du gelesen hast, und noch schlimmer. Wir lagen für die zweimonatige Reise dichtgepackt wie die Sardinen. Selbst die sollte man nicht so zusammenzwängen, und wenn ich da mitzureden hätte, käme das auch nie wieder vor. Mit dem Kopf lagen wir schon beim nächsten auf dem Schoß, und eine lange Kette verband unsere Füße so, daß wir uns nicht von der Schiffswand rühren konnten. Es gab keine Möglichkeit, sich zu bewegen, ohne jeweils einen der vier Nachbarn zu stören. Ein fast tägliches Ritual bestand deshalb darin, daß wir uns Fingernägel und Fußnägel schnitten, weil man sich, wie du dir vorstellen kannst, gegenseitig häufig kratzte, wenn man vergeblich versuchte, sich ein wenig Platz zu verschaffen.

Die Überlebenden waren denen dankbar, die aus dem Leben schieden, und viele, gerade unter den Kindern, starben schon bald nach dem Verlassen des afrikanischen Kontinents. Nicht genug zu essen, Luft- und Bewegungsmangel – nie vorher hatten wir ohne Licht und Luft sein müssen! –, das alles tat seine Wirkung; aber viele von uns erlagen ihrem Zorn. Auch an mir zehrte die Wut, aber ich war zu hilflos, um auch nur meinen Nachbarn zu kratzen. Mein Herz litt unter den Strapazen. Es schmerzte in meiner Brust wie eine Wunde! Ich war froh, als die Sklavenaufseher uns aus unerfindlichen Gründen auf die andere Seite des Laderaums verlegten und ich mich auf die rechte Seite betten konnte, wodurch der Druck auf mein Herz ein wenig nachließ.

Sechs unsäglich schreckliche Wochen lang ertrugen wir die entsetzlichsten Dinge – Ratten, den Kopf eines Toten auf dem Schoß, der mit seinen fauligen Wunden entsetzlich stank, die Schreie der Männer und Frauen, die zum Vergnügen der Teufel, die sich als Schiffsmannschaft ausgaben, vergewaltigt wurden, die schmerzlichen Regelblutungen der Frauen und das Blut, das sich über einen ergoß, die Fehlgeburten, das flehentliche Geschrei um Gnade von allen Seiten, nicht bloß von jenen, denen die Ruhr oder die Platzangst zu schaffen machte –, und dann, nach dieser Ewigkeit, holte man uns eines Tages an Deck, und wir durften länger oben bleiben als die gewohnte halbe Stunde Auslauf täglich, die sie nutzten, um unten den Laderaum zu schrubben, wobei stets einige Frauen und Männer geradewegs über Bord ins Meer gesprungen waren. Nun wurden wir plötzlich ermuntert, uns auf unsere Kultur zu besinnen – worunter die Weißen sich nur Singen und Tanzen vorstellen konnten – und sie vorzuführen. Auf einmal waren Trommeln da. Plötzlich gab es eine Spitalkabine für die Kranken. Man übergoß uns kübelweise mit Salzwasser. Unsere kahlen Köpfe wurden mit Schuhwichse geschwärzt, wenn sich graue Haare darauf zeigten. Männer und Frauen wurden mit allen möglichen Kleidungsstücken ausgestattet, die in den Schiffskammern entbehrlich waren. Da gab es dann große, breitschultrige Männer, die bloß ein viel zu kleines Piratenhemd mit Krausen trugen oder einen Stoffhut, den sie sich an einem Bindfaden vor das Geschlecht gebunden hatten. Oder man sah junge Mädchen, die nur ein Taschentuch anhatten. Mir wurde ein ausgeblichener Lappen zugeteilt, der wie ein altes Stück Segeltuch aussah, und ich band ihn mir dankbar um, während ich den düsteren Frohsinn derer beobachtete, die man so plötzlich auf dem sonnenbeschienenen, aber kalten Deck ‹freigelassen› hatte. Man befahl uns zu tanzen, damit wir warm wurden, und klatschte uns zur Ermunterung mit der Peitsche auf die Füße.

Binnen weniger Tage kam Land in Sicht. Wir jungen Frauen an Bord waren durch Notzucht geschwängert und zu jung, um zu wissen oder zu ahnen, daß wir dem Herrn des Schiffes damit einen zusätzlichen Obolus einbrachten. Viele seiner Söhne und Töchter – denn er war wie die Männer seiner Mannschaft ein Schänder – kamen mit uns in die amerikanische Sklaverei, lange bevor wir sie zur Welt brachten. Den Sklavenhändlern war das egal. Die dunkle Hautfarbe ließ ihnen ihren eigenen Samen unsichtbar erscheinen. Und sehen wollten sie bloß überall die Farbe des Goldes, es sei denn auf der Haut ihrer Kinder. Wir mußten mit dieser bitteren Saat leben und trugen – wie ungerecht gegenüber den Kindern – schwer an unserem Haß auf ihre Frucht.

Ich wurde an einen Pflanzer verkauft, meine Geschwister an andere. Wir sahen und hörten nie wieder etwas voneinander. Ich gebar acht Monate nach Verlassen des Schiffes ein grotesk aussehendes, grauäugiges Mädchen. Die junge Herrin der Croesus-Plantage wünschte, daß es als Sklavin und Spielkameradin des Kindes aufwachsen sollte, das sie selbst erwartete. Das verschaffte uns eine schrankgroße Kammer unter der hinteren Veranda. Als mein Kind zwei Jahre alt war, lief ich vom Haus fort und in den Wald, wo ich gleich darauf in eine Falle tappte, die der Herr, wie er behaupten sollte, zum Bärenfang aufgestellt hatte. Sie zertrümmerte mir das linke Bein. Der Herr sparte sich die Prügel, die mir zukamen – für das Weglaufen, aber auch für meine Dummheit: niemand, erklärte er, könne so dumm sein, in eine so große, auffällige Falle zu tappen, obwohl ich bisher noch nie etwas so Scheußliches gesehen oder gehört hatte –, so lange auf, bis ich wieder kräftig genug war, sie auszuhalten. Er wartete fast einen Monat; er war betrunken, und sein Zorn darüber, daß er immer noch arm war, obwohl er so sehnlich vom Reichtum träumte, stachelte ihn an. Es machte mir schon genug zu schaffen, daß ich einen Teil meines Körpers, nämlich einen Fuß und ein Bein, und obendrein noch mein Kind verloren hatte – man hatte es einer anderen Frau zur Erziehung übergeben –, das mir wider alle Natur ans Herz gewachsen war, und eine herzlose Tracht Prügel konnte meinen Zustand nur noch verschlimmern. Unter den Schlägen gab mein geschwächter Körper seinen Geist auf – mit anderen Worten, ich starb.»

Sie nannten ihn Jesús», flüsterte Zedé und umklammerte Arveydas Hand, obwohl sie ihm weiter den Rücken zuwandte, «und sie hätten seinen richtigen Namen auch nicht aussprechen können, wenn er ihnen gesagt hätte, wie er hieß, was er nicht tat, denn er war ein Sklave wie wir anderen auch. Nur daß der Ort, an dem wir eingesperrt waren, sein Heimatdorf war. Sie nannten ihn auch den *indio loco,* weil alle andern aus seinem Stamm entflohen waren und nur er nicht weglaufen konnte. Er lief immer nur ein kleines Stück weg und versteckte sich im Dschungel, in dem er sich ebenso gut auskannte wie die Tiere. Er war schon immer dort gewesen, weißt du. Es gab keine Zeit in seinem Leben, die er nicht dort auf diesem Fleckchen Erde zugebracht hatte. Er versteckte sich also und schlich dann zurück, um mitten in der Nacht im Dorf umherzuwandern. Er rührte nie etwas an, nicht einmal Lebensmittel, und das war allen rätselhaft, uns und unseren Bewachern gleichermaßen.

Was unsere Fronherren nie erfuhren und ohnedies nicht begriffen hätten, war, daß er zurückkam, weil er der Hüter der heiligen Steine des Dorfes war. Dabei handelte es sich um drei einfache, unscheinbare Steine, die immer in einem bestimmten Bereich des Dorfzentrums liegen mußten. Wenn man von niemandem erfuhr, daß sie etwas Besonderes waren, konnte man sie unmöglich erkennen. So unauffällig lagen sie da auf dem Boden. Doch kaum hatte Jesús sie mir einmal gezeigt und mir die heilige Anordnung ∴ gedeutet, die den Zeichen an Atombunkern glich, sprangen mir die Steine regelrecht in die Augen, und ich konnte nur schwer an mich halten, wenn jemand sie herumstieß oder einfach darauf trat. Hatten die Soldaten in ihrer dumpfen Langeweile mit ihnen Fußball gespielt oder eine arme Seele, die Prügel bezog, sie mit Blut befleckt oder jemand sie mit einem Essensrest besudelt – ja! Dann war in jedem Fall der nächste Besuch von Jesús fällig. Er mußte Leib und Leben aufs Spiel setzen, um die Steine wieder richtig auszurichten, das Blut abzuwaschen, die Flecken abzuwischen und so weiter. Als ich ihn besser kannte, wußte ich, daß er nie darauf gekommen wäre, seine Haut zu retten, wenn er dadurch seine Pflicht den drei kleinen Steinen gegenüber verletzt hätte. Ungefähr so groß wie Taubeneier waren sie und vom gleichen Braunton. Wie ein Hund, der sich unwiderstehlich zu der Stelle hingezogen fühlt, an der ein Knochen vergraben ist, kam Jesús immer wieder zu den Steinen zurück. Sie zu hüten war sein Leben, und das schon jahrtausendelang! Er glaubte von ganzem Herzen, sein Volk, die Krapokechuan, würde sich in alle Winde zerstreuen und nie wieder eine Heimat finden, wenn die Steine verlorengingen. Denn wo die Steine waren, war auch ihr Zuhause. Und nirgendwo anders. So etwas können *norte-americanos* nicht begreifen, das weiß ich wohl.

Schließlich nahmen sie ihn gefangen. Wie leid uns das tat! Denn obwohl die meisten von uns sich ihres indianischen Blutanteils schämten, war Jesús für uns wie ein Schutzgeist, ein Engel, und was wir von ihm zu sehen bekamen, wenn er zu nächtlicher Stunde durch das Dorf schlich, überzeugte uns, daß er eine gute Seele war. Er war so jung! Mit einem Haarschopf, der bis an die Taille reichte. Er trug nur ein Tuch um die Lenden und wunderschöne rote Papageienfedern in den Ohren.

Unsere Sklavenhalter verstanden seine Sprache nicht, und als sie ihn schlugen, schwieg er. Sie zwangen ihn, zusammen mit uns anderen zu arbeiten, den Wald zu roden. Die Männer arbeiteten mit Macheten, Spitzhacken und Sägen, um Bäume und Kletterpflanzen zu fällen und zu entwurzeln, und die Frauen vollendeten das Massaker an der Natur mit Hacken und Rechen. Das war unsere Arbeit, tagein, tagaus, vom Hahnenschrei bei Sonnenaufgang bis zum Dunkelwerden. Die Wachen zwangen die Frauen, mit ihnen zu schlafen, und schon bald hatte jeder Bewacher sich unter den Sklavinnen seine ‹Lieblingsfrau› ausgesucht. Derjenige, der mich ausgesucht hatte, nahm mich nicht mit Gewalt, sondern wartete ab. Er war ein Mann, der gefühllos und erbarmungslos zuschlagen, brandschatzen und töten konnte und sich dennoch erfolgreich an den Glauben klammerte, jemand würde mit ihm schlafen, ohne daß er Gewalt anwenden mußte. Es war für ihn eine Frage des Stolzes. Daß er mich erwählt hatte, merkte ich nur an der Art, wie er mich ansah, und daran, daß die anderen Männer mich in Ruhe ließen. Und oft hörte ich ihre Sklavenfrauen schreien oder Gebete in die Nacht hinaus schluchzen.

Ich hatte nicht vor, Jesús zu lieben. Aber er war so anders als sie! In mir wohnt tief und nimmermüde die Liebe zum Priester, aber zum *wahren* Priester, der wacht und behütet. Der vor allem mehr ist als sein Gewand. Für mich ist so ein guter Geist der Inbegriff des Erotischen. *Aiieee!* Jesús war ein solcher Priester, und stets kam es mir vor, als fielen die Bäume vor ihm nieder, um sich segnen zu lassen, denn für ihn war das Bäumefällen offensichtlich eine solche Folter, als müßte er selbst sterben. Sie weinten sich die Seele aus dem Leib, Jesús und seine Bäume. Er hatte sie sein Leben lang gekannt. Und in allen Leben davor.

Wie bei uns, *querido,* wußte ich nicht, wie mir geschah, oder was ich dagegen tun sollte. Seine Blicke waren beredt. Mein Schoß zuckte. Lach nicht! Auch wenn ich mich unbeholfen ausdrücke, genauso war's! Wir stellten fest, daß ich ein paar Brocken seiner fremdartigen Sprache konnte. Das Wort für Wasser, *ataras*; das Wort für Holz, *xotmea*; das Wort für Liebe, *oooo.* Das Wort für Liebe: allen Ernstes vier lange ‹o›! Sie konnten uns nicht pausenlos im Auge behalten. Eine Stunde lang, eine Stunde, die ihnen entging und die ihnen niemals gehören wird, liebte ich ihn. Er liebte mich. Wir liebten uns. Sie hatten ihm die Füße gefesselt, er konnte die Beine nicht spreizen. Ich kroch in seine Hütte, streichelte und küßte ihn lange und schweigend und nahm ihn dann in den Mund. Als ich mich auf ihn legte, weinte er, und ich weinte auch, und er nahm eine meiner Brüste in den Mund, und sein feuchtes Haar lag wie warmer Nebel auf meinem Gesicht. *Ai*, die Leidenschaft werden sie uns nie nehmen können!

Das zweite und letzte Mal war wie das erste, bloß noch inniger. Ich empfing Carlotta und spürte es sofort. Der Samen schoß dorthin, wo alles so weit war, und ich schlief schon, als ich von Jesús herunterrollte. Wir lagen zusammen in tiefem Schlaf, als sie uns fanden. Er, der Bewacher, der mich dazu ausersehen hatte, freiwillig mit ihm zu schlafen, machte sich sogleich daran, Jesús die Haare abzuschneiden. Er nahm sich Zeit und ging kalt und methodisch vor, als hätte er es schon längst vorgehabt. Er nahm dazu eine scharf gewetzte Machete, und als das lange, dichte, feste schwarze Haar auf seinen staubigen Stiefeln lag, befreite er sich stampfend davon, als wollte er das Verlangen selbst zertreten.

Mich berührte er nicht, nicht einmal, um mich zu schlagen. In jener Nacht kamen die anderen Männer, die Wachen, einer nach dem andern in die kleine Hütte im Wald, in die sie mich geschleppt hatten. Während das mit mir geschah, brachten sie Jesús um. In der Morgendämmerung, als ich blutend dalag, brachten sie seine Leiche und warfen ihn zu mir herein. Dann nagelten sie die Tür zu, die einzige Öffnung ins Freie. Man hatte Jesús die Kehle durchgeschnitten. Außerdem hatten sie ihm das Geschlecht abgehackt. Man hatte ihm jede erdenkliche Gewalt angetan. Ich konnte ihn noch nicht einmal mit einem Fetzen Tuch zudecken. Ich war nackt.

Tage und Nächte vergingen. Die Fliegen kamen zu Hunderten. Die Ratten. Der Geruch. Ich trommelte gegen die Tür, bis mir das Blut über die mit Fliegen übersäten Hände lief. Ich schrie. Draußen waren nur die Geräusche des Dschungels zu hören. Wenn ich einschlief, hatte ich schlimme Alpträume von dem Körper des Mannes, den ich geliebt hatte. Er war so stumm. Jetzt verfluchte ich ihn, weil er mein Tod war.

Und dann war da eines Nachts draußen vor der Tür ein Geräusch – leise, fast unhörbar. Die Tür ging langsam auf, und die trauernden, barbarisch aussehenden Männer von Jesús' Stamm drängten in die kleine Hütte. Sie hüllten seinen Körper in eine große Decke und wandten sich dann zu mir, die ich nackt, zitternd und sterbend auf dem Lehmboden lag. Da sah ich, daß sie auch für mich eine Decke hatten.

Ich wäre bei ihnen geblieben, wenn ich gekonnt hätte. Sie verstanden wie niemand sonst, wie gebrochen ich war. Ich konnte niemandem mehr trauen, würde nie wieder nach der Liebe Ausschau halten können, sondern warten müssen, bis man sie mir entgegenbrachte. Aber die Indios waren immer auf der Flucht und die Soldaten immer hinter ihnen her. Nach Carlottas Geburt gaben sie mir zu verstehen, daß ich fort mußte, um Jesús' willen. Sie brachten mich in ein Haus, wo Indianer so lebten, wie der Gringo es zuläßt. Sie waren alle eifrig damit beschäftigt, Kinkerlitzchen für die Dollars der Touristen herzustellen, von denen der weiße Mann, der sie kontrollierte und vor den Soldaten ‹beschützte›, dann den größten Teil kassierte. Sie hielten mich und mein Kind versteckt. Ich lernte Töpfern und stellte ihre leuchtendgrüne Keramik her. Da ich Spanisch sprach, half ich den Frauen, ihre Waren in einem nicht allzu weit entfernten Ort feilzubieten, auf Straßen voller wohlhabender Nachkommen der spanischen Eroberer und *americanos* mit ausdruckslosen Augen. Ich verdiente gerade genug, um mich zu ernähren. Meine Freunde erzählten mir von einer von *gringos* geführten Schule, in der ich vielleicht als Haussklavin arbeiten könnte. Das war der Anfang meiner Flucht nach Nordamerika.

Mein Abschied von Jesús' Stamm war etwas, das kein Mensch auf der Welt je erleben oder begreifen wird. Ich bin mir selbst nicht sicher, ob ich seine Bedeutung verstehe. Ich weiß nur, daß sie mir die letzten Symbole ihres Daseins auf der Welt übergaben – Federn des roten afrikanischen Papageis, den ihnen vor so vielen hundert Jahren die Männer mit den krausen Haaren aus einem Erdteil gebracht hatten, den sie Zuma oder Sonne nannten; und für Carlotta schenkten sie mir die drei taubeneigroßen Steine.»

IN DER ESCUELA DE JUNGLA sollte ich dann begreifen, daß die *norte americanos muy dementes* sind. Dort gab es viele Morgen Grasland und Bäume und so schöne Blumen und Früchte, wie du sie in deinem Leben noch nicht gesehen hast! Ein kleines Paradies, so schien es, und ich war sicher, daß ich mit *mi cariñito* dort glücklicher sein würde. Das Haupthaus hatte rote Pfannen auf dem Dach und lange weiße Zimmer mit vielen bis an die Decke reichenden Farnen und unvorstellbar tiefen, weichen Sofas und Sesseln. So schöne Formen und Farben. Der Fußboden war bis auf die Veranda hinaus mit riesigen quadratischen Fliesen von der Farbe trüber Sonnenuntergänge gekachelt, und die sollte ich sehr genau kennenlernen, weil es meine Aufgabe war, sie täglich zu putzen. In dieser Hacienda, in den geräumigen Zimmern im Obergeschoß, wohnten die Gringos, wenn sie ihre Kinder in die Schule brachten. Wenn sie abfuhren, glaubten sie, ihre Kinder würden in einem dieser Zimmer bleiben – groß, luftig, voller Grünpflanzen und dunklen alten polierten Möbeln, mit einem Papagei im Käfig am Fenster. Aber dem war nicht so. Ein ganzes Stück hinter der Hacienda auf einer Lichtung in einem Bambushain lag *el barrio de los alumnos*. Dort lebten sie in Hütten wie die ärmsten *campesinos,* und die meiste Zeit standen sie unter Drogen und waren eingesperrt.

Ein paar von ihnen waren verrückt und stammten aus Familien, die sich deshalb so schämten, daß sie es nicht einmal über sich brachten, sie irgendwo in *Norte America* in eine Klapsmühle zu stecken. Manche waren behindert oder zurückgeblieben, mißgebildet oder blind. Diese kriegten nur die ärmsten der indianischen Diener jemals zu Gesicht. Aber dann gab es auch solche, die in *Norte America* politische Extremisten gewesen waren. Denn die ‹Schüler› waren allesamt erwachsen; habe ich dir das schon erzählt? Und manche schon an die Vierzig. Das waren todunglückliche *radicales* – ein Wort, das ich häufig von der *gringa* hörte, die mir bei der Flucht half –, die glaubten, daß ihre Eltern nichts richtig machten. Manchmal, so erzählte mir diese *gringa*, hatte sie sich geweigert, angezogen oder gekämmt oder mit Schuhen bei ihren Eltern zu den Mahlzeiten zu erscheinen! Sie war sehr reich, weißt du. Dieses Verhalten bekümmerte ihre Eltern zutiefst. Und sie fanden keine Möglichkeit, drüber hinwegzusehen.

Als ich diese *gringa* kennenlernte, war sie sehr schmutzig, barfuß und in Lumpen gekleidet. Sie war dabei, das Zimmer von einem auszufegen, den man nur den Behinderten nannte, ein behaarter Gringoklotz aus dem koreanisch-amerikanischen Krieg, der widerlich stank. Sie war sehr froh, ein spanisches Wort zu hören, weil sie fast nur Kontakt zu Indios hatte und der Behinderte so mit Drogen vollgestopft war, daß er die Sprache verloren hatte. Sie putzte das Zimmer des Behinderten, weil die *india embarazada* unter einem Baum in der Nähe saß und Wehen hatte. Sie war *muy immensa,* arm, zerlumpt und barfuß, und der Vater ihrer Kinder war fort in einem Krieg, den sie nicht verstand.

Ich fragte die *gringa* nach ihrem Namen, und sie sah mich lange an, ehe sie ihn mir sagte. Ihre Pupillen standen groß in ihrem schmutzigen Gesicht, und sie schien im Geiste viele Seiten in einem Buch durchzublättern, ehe sie das Symbol fand, das ihr sagte, wer sie war. «Mary Ann», sagte sie. *«Me llamo Zedé»,* sagte ich. Sie lachte. Sie war sehr high.

Ich lachte mit. Ich hatte so lange nicht gelacht.

Laß mich nachdenken, ich war zwei Jahre da. Und Carlotta erwies sich mir als große Hilfe. Jeder, den wir kennenlernten, wunderte sich, weil sie nie weinte. Ich will damit nicht sagen, daß sie nie Tränen vergoß; nein, sie weinte nur so, daß niemand sie hören konnte. Ihr Weinen war so still wie ein Lächeln. Die Besitzerin der Hacienda hatte es gern, wenn sie, bis auf ihre Armbändchen nackt, auf dem Kachelboden umherkrabbelte, während ich ihn scheuerte und anschließend bohnerte. Sie wußten nicht, daß ich lesen und schreiben konnte, und versuchten sich mit mir immer in einer Sprache zu unterhalten, die sie für Indianisch hielten, oder in dem für Dienstboten und Sklaven vorbehaltenen Spanisch. Sie riefen mich Consuelo. Kurz, Connie. Tu dies, Connie. Tu das, Connie. Und wie ich wirklich hieß, habe ich ihnen auch nie gesagt. Ich gab meinen Namen mit Chiquita an. Wie die Banane, sagte die Schulleiterin lachend zu ihrem Mann. Wie die Banane! Aber wenn Gäste da waren, nannte sie mich Consuelo, weil sie sich das gerne sagen hörte.

Mary Ann hatte sich in Nordamerika mit schwarzen Extremisten angefreundet, aber die waren arm. Egal, was sie – ‹die reiche Ziege› – tat, es wurde von ihnen belächelt. Als einer von diesen *negros radicales* ins Gefängnis kam, versuchte seine Freundin, sie umzubringen. Kam einfach eines Tages zur Tür hereinspaziert und fing an, auf sie einzustechen. Nach dieser Attacke, der sie Narben am Hals, an den Armen und am Brustkorb verdankte, zog Mary Ann aus ihrer kleinen Wohnung in der Nähe des schwarzen Gettos von San Francisco aus und zog sich nach Fox Hollow Farm zurück, auf den Besitz ihrer Eltern in New Jersey. Dort fing sie an, laut darüber nachzudenken, wie sie ihre Eltern, von denen sie nun abhängig war, beiseite schaffen könnte, und, wie sie es ausdrückte, kistenweise Drogen zu konsumieren. Traurig sahen die Eltern zu, wie sie vor die Hunde ging. Die Eltern taugten auch nicht viel – sie hatten zuviel Geld, um jemals gute Menschen gewesen zu sein –, aber sie liebten Mary Ann. Mary Ann beschrieb sie als Menschen, die höchstpersönlich sechs Flüsse und zwölf Seen auf dem Gewissen hatten, weil sie eine tödliche Substanz herstellten, die ihnen ständig davonfloß. Auf ihre eigene Weise freuten sich die Eltern, daß sie sich weigerte zu lernen, wie man lügt und betrügt, stiehlt und tödliche Substanzen herstellt. Auch ohne das zu tun, würde sie knapp eine Milliarde Dollar erben, verdient mit dem von ihnen hergestellten Dreck. Und sie wollten, daß sie zumindest zurechnungsfähig war und kein vernarbtes, drogensüchtiges, verkommenes Subjekt, das Morde plante und unter ihren blonden Locken, die ihr wie Schafwolle ums Gesicht hingen, Selbstgespräche führte. Das Glück wollte es, daß ihnen jemand auf einem Fest, das sie in ihrem Anwesen für die *Republicanos* gaben, von *La Escuela de Jungla* erzählte. Ihnen erschien das wie die Erfüllung ihrer Träume, zumal alle ihre Bekannten, bei denen sie sich umhörten, anscheinend noch nie davon gehört hatten. So flogen sie unverzüglich ab, Mary Ann gut gefesselt zwischen sich, und schon drei Tage später bewohnten sie gemeinsam ein schönes großes Zimmer mit wuchtigen dunklen Möbeln und einem roten Papagei in einem Käfig. Ihre Eltern verschwanden. Das schöne Zimmer verschwand. Selbst ihre Kleidung verschwand. Die Drogen verschwanden nicht. Sie vermehrten sich.

Während meiner Zeit dort sah ich, daß Briefe von ihren Eltern auf dem großen Schreibtisch der *gringos* einstaubten. Ich war sehr überrascht, als ich in einem der Briefe sah, daß ihr Vater sich Mühe gab, hier und da ein spanisches Wort einzuflechten. Zumindest nannte er Mary Ann ‹*mi hija*›. Ich selbst schrieb ihnen einen Brief, in dem ich ihnen vom Schicksal ihrer Tochter berichtete. Das tat ich teils, weil Mary Ann mir ans Herz gewachsen war, aber auch, um den *gringos* eins auszuwischen und mich vor mir selbst zu behaupten. Um mir zu beweisen, daß ich noch lesen und schreiben konnte. Daß ich wußte, welche Macht im Lesen und Schreiben lag. Daß ich keine dumme indianische Haussklavin war; daß ich nicht Consuelo war. Es war mir ein echtes Vergnügen, meine eigene Handschrift zu sehen, die Handschrift einer Frau mit Hochschulbildung, und der weiße Umschlag gab mir ein Gefühl von Würde. Binnen eines Monats flogen ihre Eltern per Hubschrauber ein und nahmen ihre Tochter mit sich nach Hause. Ich war froh, sie befreit zu sehen. Wie gesagt, sie war mir ans Herz gewachsen, obwohl sie soviel Blödsinn redete; sie war damals schon völlig wirr im Kopf. Sie war von Natur aus ein lieber Mensch, und sie hatte einfach keine Ahnung, wie man sich als reiche Frau in dieser Welt zu verhalten hatte, wo großer Reichtum und große Verbrechen so dicht beieinander liegen. Die *gringos* schöpften keinen Verdacht, daß ich ihre Eltern alarmiert hatte, und waren weiter lieb zu Carlotta, während sie mich behandelten wie ein Stück Holz, das atmet und ißt. Sie kassierten eine Menge Geld von Leuten wie Mary Anns Eltern. Von Zeit zu Zeit starben auch die kleinen *alumnos-prisoneros* an Einsamkeit und der schlechten Ernährung, an der schrecklichen Langeweile und dem Schmutz, doch die Briefe mit den Wechseln für ihre Pflege trudelten weiter ein. Das machte mich traurig, aber ich schrieb nie wieder einen Brief.

Eines Nachts träumte ich, daß ich aus diesem Dasein errettet und in einem Boot abgeholt werden würde. Aber *La Escuela* lag in den Bergen, weitab vom Ozean, von dem ich zwar gehört, den ich aber nie gesehen hatte, und außerdem kannte ich ja nur die kleinen Boote, von denen meine Mutter früher gesagt hatte, sie sähen wie getrocknete Vanilleschoten aus. Aber eines Tages, als ich eine der Hütten im Schülerquartier saubermachte, hörte ich meinen Namen. Meinen richtigen Namen. Ich sah auf, und es war Mary Ann! Sie trug ein schwarzes Hemd, das irgendwie an der Hose befestigt war, und sehr hübsche rosa Schnürstiefel. Solche Schuhe hätte ich mir nie vorstellen können! Sie hatte zwei Männer mit Gewehren dabei und strahlte die Lebendigkeit ihres früheren Lebens aus, die alte Kampfbereitschaft! Ihre seltsam blaßblauen Augen, vor denen die Indianer sich bekreuzigten, funkelten. Sie umarmte mich und befahl mir, schnell Carlotta zu holen. Das tat ich, ohne auch nur einen Augenblick zu zögern. Auf dem Weg kamen wir an den Kadavern der Hunde vorbei. Sie hatten ihnen die Kehle durchgeschnitten, so wie sie den Stacheldrahtzaun aufgeschnitten hatten. Das machte mich traurig, weil ich die Hunde gern gehabt hatte. Sie waren meine einzigen Freunde dort gewesen und hatten mich nie angebellt. Über den Stacheldraht aber freute ich mich. ‹Es ist wie im Fernsehen!› kicherte Mary Ann immer wieder. Ich hatte noch nie ferngesehen; ich wußte nicht, was sie meinte. Jetzt weiß ich, wie recht sie hatte. Und trotzdem veränderte ihr Unternehmen, auch wenn es für sie Fernsehen war, mein und *mijas* ganzes weiteres Leben.

In einer Art riesengroßem Haus auf Rädern – wohl so einem Touristenvehikel – fuhren wir bis an den Strand und parkten unter Bäumen. Genau bei Sonnenuntergang kam ein wunderschönes Boot aus glänzendem Holz mit blitzenden Messingbeschlägen und weißen Segeln, ein Boot, das auf dem Wasser leise zu singen schien, in Sichtweite. Unsere beiden Pistolenhelden zogen ein kleines Boot aus dem Unterholz, und so gelangten wir zu der Yacht, die Mary Ann gehörte und *Recuerdo* hieß.

Leider gab es ausgerechnet am Tag, bevor wir landen sollten, einen schweren Sturm vor der nordkalifornischen Küste. Der Mast brach, das Boot kenterte, unsere Retter ertranken! Die Küstenwacht sah uns untergehen und kam gerade rechtzeitig, um mich und Carlotta zu retten. Eine andere Yacht war zu Beginn unserer Havarie in der Nähe gewesen, dann aber merkwürdigerweise verschwunden.

Auf dem Boot hatte ich Mary Ann gefragt, wie sie den Mut zu ihrer Rettungsaktion gefunden hatte, und sie erklärte mir, sie habe während der Zeit, als sie sich von den Drogen frei machte, die ihr jahrelang als Krücke gedient hatten, eine Art religiöse Bekehrung erlebt. Sie wurde ausgelöst von einem Satz, an den sie sich aus der Sonntagsschule erinnerte, etwas, das Christus gesagt haben sollte. Etwas über ‹die Geringsten›. Sie hatte sich nicht einmal die Mühe gemacht, die Stelle zu suchen, sagte sie. In ihrem Kopf flüsterte es ‹die Geringsten, die Geringsten›, bis sie in Trance geriet wie von einem Mantra und plötzlich wir – Carlotta und ich – vor ihrem inneren Auge auftauchten! Da hatte sie angefangen, davon zu träumen, uns wiederzusehen, unter glücklicheren Umständen, auf einem schönen Boot. Sie merkte, daß ihre politischen Ideen nicht falsch gewesen waren, denn als Radikale hatte sie versucht, sich auf die Seite ‹der Geringsten› zu stellen, aber sie hatte versucht, Leuten zu helfen, die sie nicht kannte, bei denen nichts auf Gegenseitigkeit beruhte; sie hatte versucht, das Leid von Leuten zu lindern, die weder zu sehen noch zu glauben vermochten, daß auch sie litt. Mich liebte sie, weil ich das erkannt hatte, sagte sie. Es stimmte, daß mir das aufgefallen war, aber wichtiger war mir das Gefühl gewesen, daß ich mich mit dem Befreiungsschlag für sie zugleich selbst von Chiquita, Connie und Consuelo befreit hatte.

Ach ja, das Leiden der Reichen wird von den wenigsten erkannt. Als Mary Anns Eltern kamen, fiel mir nur auf, daß sie sich bei der Hand hielten. Sie fragten mich nach der Überfahrt aus, nach dem Sturm; sie fragten, ob Mary Ann mir glücklich vorgekommen sei. Ich erzählte ihnen, sie sei untergegangen wie eine Sternschnuppe. Sie überzeugten die Einwanderungsbehörde, daß Carlotta und ich eine Aufenthaltserlaubnis für die USA bekommen mußten. Sie baten mich, Carlotta und mich fotografieren zu dürfen, und schickten uns später einen Abzug. Sie verschwanden. Seitdem habe ich nichts mehr von ihnen gehört. Manchmal stelle ich mir vor, daß sie steinalt auf einem Floß aus ihrem ganzen Geld sitzen, auf einem toten Fluß dahintreiben und nach einem Landeplatz suchen. Aber nein, diese *personas ricas* haben sich allesamt in die Lüfte gerettet. Da draußen, in ihrem sogenannten ‹Weltraum›, hoffen sie eine Heimat finden zu können.

Ich war heilfroh, daß ich einige Zeit auf dem Boot damit verbracht hatte, eine kleine Tasche für die Federohrringe und die Steine von Jesús zu nähen. Die trug ich um den Hals, und sie ging nicht verloren. *Graçias a Dios!*»

Wenn du mich fragst, Suwelo, ob ich in meinen vielen Leben jemals Frieden erfahren habe, werde ich ganz verwirrt», sagte Miss Lissie. «Ist es die Möglichkeit, daß ich in aberhundert Leben keinen Frieden erlebt habe? So will es scheinen. Leben für Leben habe ich Unterdrückung erfahren: durch Eltern, Geschwister, Verwandte, Regierungen, Länder und Kontinente. Nicht zuletzt auch durch meinen eigenen Körper und meinen eigenen Geist. Einen Teil eines jeden Lebens habe ich damit verbracht, die mir dadurch zugefügten Wunden zu pflegen. Ich muß wohl eingestehen, daß es in meiner Erinnerung nur Momente – höchstens Tage – des Friedens gibt. Die einzige Ausnahme sind die Zeiten, die ich als Schamanin oder Priesterin durchlebte, wobei ich lange Monate in einer Art Trance verbrachte. Aber wie du wahrscheinlich weißt, sind solche gesegneten Zeiten gewissermaßen ein Erholungsurlaub vom Leben, und schon das erste Kindergeschrei oder Hundegebell kann ein rüdes Erwachen bedeuten.

Aber etwas ist da doch, in der Traumwelt meiner Erinnerung. Ich sehe es nicht mehr so genau vor mir wie die anderen Dinge, von denen ich dir erzählt habe. Aber wie der Verstand, so besitzt auch das Gedächtnis die Fähigkeit zu träumen, und genauso wie das Erinnerungsvermögen auf einer tieferen Bewußtseinsebene existiert als das Denken, so ist die Traumwelt der Erinnerung auf einer noch tieferen Ebene angesiedelt. Ich will dir von dem Traum erzählen, auf den sich meine Erinnerung stützt und mein Verstand auch. Wenn ich darüber nachdenke, wird mir klar, daß wenigstens dieses Fundament friedlich war.

In dieser Traumerinnerung sind wir Menschen alle sehr klein, nicht nur die Kinder, die geradezu winzig sind. Und die Kinder leben mit den Müttern und den Tanten zusammen; unsere Väter und Onkel sind in der Nähe, und wir besuchen uns gegenseitig, aber wir wohnen bei den Frauen. Wir befinden uns in einem Wald, der, soviel wir wissen, die ganze Erde bedeckt. Es gibt keine Vorstellung von Endlichkeit, in keinerlei Hinsicht. Die Bäume damals waren wie Kathedralen, und abends wurde jeder einzelne zu einem großen Wohnhaus. Tagsüber spielten wir unter den Bäumen wie Stadtkinder heutzutage auf den Straßen. Unsere Tanten und Mütter gingen auf Nahrungssuche, nahmen uns manchmal mit und ließen uns auch manchmal in der Obhut der großen Bäume zurück. Wenn du jeden Ast, jede Höhlung und jedes Loch im Baum kennst, gibt es nichts, was mehr Sicherheit bieten könnte; du kannst dich flink vor jedem Verfolger verstecken. Außerdem teilten wir uns den Baum mit anderen Lebewesen, die je nach Veranlagung laut oder auf leisen Sohlen – wie die Python zum Beispiel – auf uns aufpaßten. Weißt du, unsere Tanten und Mütter waren oft müde, wenn sie den ganzen Tag über Nahrung gesammelt hatten – zumeist Wurzeln und Früchte –, und gelegentlich auch schlecht gelaunt. Dann konnten sie uns Kinder nicht ausstehen und schickten uns zu den Bäumen unserer Vettern. Wie die Väter lebten unsere Vettern auf anderen Bäumen als wir, und es machte Spaß, sie zu besuchen.

Unsere Vettern waren groß – so groß, wie wir klein waren – und schwarz und behaart, mit großen Zähnen, platten schwarzen Gesichtern und durchdringenden klugen und sanften Augen. Uns kamen sie sonderbar vor, weil sie in Familien zusammenlebten; das heißt, die Väter und Onkel lebten bei den Müttern und Tanten, und alle kümmerten sich gemeinsam um die Kinder und spielten mit ihnen. Uns liebten sie auch. Sie schnatterten vor Freude, wenn wir uns anschlichen. Wir schlichen, weil es bei ihnen so friedlich zuging und es in den Bäumen so still war, daß laute Geräusche sie aufschreckten und ihnen angst machten. Dagegen waren wir richtige Schreihälse. Der einzige Vergleich, der mir dafür in diesem Leben einfällt, wäre die Erfahrung, als Kind in den Sommerferien zu den Großeltern in die Südstaaten geschickt zu werden. Oma und Opa sind vielleicht schon alt und gebrechlich, still, abgeklärt und vollkommen lärmentwöhnt. Sie wissen, daß ein Besuch der Enkelkinder sie ganz kaputtmacht, trotzdem geben sie dir jeden

Tag von neuem zu verstehen, wie sehr sie sich freuen, daß du da bist. Mit unseren Vettern war es genauso. Und ich liebte ihre kleinen Babies mit den unbehaarten bleichen Gesichtern, die sich immer an irgendeinem Rücken festklammerten. Es war zu schön, einen kleinen Vetter vorn unter dem Kinn auf dem Arm zu halten, und die Eltern waren von dieser befremdlichen Methode ganz entzückt! Wir hatten doch kein Fell, an dem sich die kleinen Finger festhalten konnten. Von diesen Vettern lernte ich, kleine Kinder liebzuhaben und mich darauf zu freuen, erwachsen zu werden und selbst Kinder zu kriegen.

Rund um ihre Bäume war man wunderbar sicher. Die Väter und Onkel waren riesig und sahen gefährlich aus, wenn sie gereizt waren. Sie konnten ohrenbetäubend laut brüllen. Die Mütter und Tanten konnten wütend die Zähne fletschen und jeden Hals durchbeißen. Ich übte damals, meine Zähne so zu fletschen und so zuzubeißen wie sie. Meine Nachahmungsversuche amüsierten sie sehr. Sie waren aber nur bedrohlich, wenn irgendwer ungebeten in ihr Revier eindrang. Wir – auch unsere Mütter und Tanten, Väter und Onkel – waren stets willkommen, und wenn es etwas gab, wovor wir Angst hatten, versammelten wir uns bei den Bäumen unserer Vettern. Sie hatten lange, scharfe Krallen an Händen und Füßen, starke Arme und kräftige Zähne und konnten ziemlich große Tiere mit einem Schlag zerfleischen. Sie beschützten uns und schienen daran noch großen Spaß zu haben. Wenn sie einen Angreifer vernichtet hatten, schnatterten sie fröhlich und patschten sich gegenseitig auf den Rücken.

Sie fanden auch Gefallen daran, uns Kinder zu füttern. Sie machten alles wie im Spiel. Ich ging gern mit ihnen auf Nahrungssuche, weil die Vettern sich nur von Pflanzen ernährten, anders als unsere Väter und Mütter, die Fleischesser waren und deshalb ständig kleine Tiere erlegten. Unterwegs versteckten sie Wurzeln, die sie längst ausgegraben hatten, bloß damit wir mit unseren ungeschickten und hoffnungslos schwachen Händen sie finden konnten.

Meine Mutter, Guta Ru, war oft böse auf mich; folglich verbrachte ich viel Zeit bei den Vettern. Die Tage waren lang und randvoll, wobei schon die Nahrungssuche und die gegenseitige Körperpflege viele Stunden in Anspruch nahmen. Aber was für Abenteuer erwarteten einen auf der Suche nach einer Mahlzeit; wie viele faszinierende andere Verwandte bekam man außer den Vettern zu sehen. Und ihre Art der Körperpflege war für mich die befriedigendste sinnliche Erfahrung überhaupt – ob nun in der Traumerinnerung oder anderswo. Weil ich keine Körperbehaarung hatte – was mich unendlich bekümmerte! –, widmete man sich mir nur sehr kurz, während sie sich manchmal fast den ganzen Tag lang putzten. Die großen weißen Zähne klickten wunderbar kühl über meinen heißen kleinen Körper. Die rauhe Zunge, die leckend nach Läusen suchte, tat mir wohl. Wenigstens hatte ich Haare auf dem Kopf, und da in Hülle und Fülle. Daran konnten sie sich ein bis zwei Stunden aufhalten, und ich war restlos zufrieden unter ihren Zähnen und Zungen.

Sie versuchten in einem fort, mich anzuziehen. Mit Blättern, dem Fell toter Tiere, mit Moos oder Baumrinde. Es war komisch. Aber durch ihre Experimente lernte ich, mich anzuziehen und es gern zu tun; ich lernte, vorn und hinten an mir je ein paar Flicken aus Leoparden- oder Pantherfell zu befestigen, und das gefiel ihnen, obwohl ich merkte, daß sie meinen Aufzug für eine Art Kostüm hielten. Gänzlich unverständlich schien ihnen ein Einzeldasein zu sein; sie lebten ganz für die Familie, dann für die Sippe, die Waldgemeinschaft und so weiter. Wenn ich mir weh tat und weinte, weinten sie mit, als ob mein Schmerz sich magisch auf ihre Körper übertrüge.

Als ich ins Paarungsalter kam, vereinigte ich mich mit einem meiner Spielkameraden, einem Jungen, den ich mein Leben lang gekannt und geliebt hatte. Als ich nach unserer Vereinigung schwanger wurde, erwartete man von ihm der Sitte gemäß, daß er wieder zu den Männern zog. Er weigerte sich. Und ich weigerte mich auch. Wir wollten zu gern immer mit unseren Sprößlingen zusammensein, wie wir das in den Bäumen unserer Vettern gesehen hatten. Na ja, du kennst ja die Erwachsenen. Sie haben sich in den letzten Jahrmillionen nicht verändert; sie wollten es nicht dulden. Die Frauen beschwerten sich, er sei nur im Weg und werde wahrscheinlich den bei uns allen gleichen monatlichen Zyklus durcheinanderbringen; die Männer bestanden darauf, daß sie ihn für ihre Zeremonien und die Jagd bräuchten. Sie bestraften uns, indem sie uns streng voneinander trennten. Wir hielten es so lange aus, wie wir konnten. Aber als das Kind geboren war, liefen wir fort zu den Vettern, die in den meisten Fragen eine entschieden progressivere Einstellung vertraten als unsere Eltern. Bei ihnen waren wir glücklich. Sie empfanden es als natürlich, daß wir zusammenleben wollten. Sie bauten extra ein Bett aus Moos, auf dem wir schlafen durften.

Mir ist klar, daß wir ihnen durch unsere geringe Größe wie ewige Kinder und unsere Babies wie winzige Püppchen vorkamen. Wir waren so klein, daß wir ihre Kinder schon nicht mehr tragen konnten, wenn sie eine Woche alt waren. Mich und meinen Mann konnten die Vettern indessen beide auf den Arm nehmen oder an einem behaarten Rücken festgeklammert tragen.

Sie kannten keine Gewalt, das heißt, sie wandten niemals als erste Gewalt an. Sie nahmen Rücksicht. Ich schaute sie oft an und fragte mich, wie wir, die wir so klein, so nackt, so streitsüchtig waren, uns von ihnen hatten abspalten können.

In der Traumerinnerung erscheinen plötzlich Tage und Nächte des Schreckens und die Gesichter von Vätern und Onkeln, die aussahen wie wir, aber viel größer waren. Sie hatten Stöcke mit scharfen Spitzen bei sich, die schleuderten sie auf unsere Vettern und trafen sie in die Brust. Zu unserem Entsetzen zogen sie unseren Vettern das Fell ab und kochten und aßen zuweilen ihre Körper. Uns kleine Verwandte scheuchten sie fort wie Fliegen, und wir kletterten so schnell wir konnten schreiend und heulend in die Baumwipfel.

Mit der Zeit und nach vielen Angriffen wurden unsere Vettern und wir – die kleinen Menschen, als die wir uns inzwischen selbst erkannten – in die entlegensten Winkel des Waldes vertrieben. Wir lernten, den scharfen spitzen Stock zu schnitzen und seine Spitze zu vergiften. Wir lernten, uns Blasrohre und Steinschleudern herzustellen. Das Vertrauen zwischen uns schwand. Man nahm uns nicht mehr als hilflos und niedlich wahr, und einige von uns konnten sich gar nicht genug darüber freuen, daß wir endlich Mittel und Wege gefunden hatten, unseren riesigen Vettern angst zu machen.

Doch mein Mann und ich vergaßen nie, was wir von den Vettern gelernt hatten. Wir erzogen unsere Kinder nach Möglichkeit in ihrem Sinne; und wir blieben bis zum Tod vereint, wie die Vettern. Diese Lebensweise bürgerte sich nach und nach bei allen Völkern des Waldes ein, zumindest über einen sehr langen Zeitraum, bis die Idee des Eigentums – die daraus entstand, daß der Wald nunmehr stückweise diesem oder jenem Stamm gehörte – in den menschlichen Beziehungen eine Rolle zu spielen begann. Da geschah es auch, daß die Männer, weil sie zumindest während der Zeiten, in denen die Frauen vom Kinderkriegen geschwächt waren, als die Stärkeren dastanden, auf den Gedanken kamen, sie müßten die Frauen und die Kinder zu ihrem Eigentum machen. Ähnliches hatte sich schon einmal ereignet; unsere Eltern hatten es zwar vergessen, aber ihr System der Trennung zwischen Männern und Frauen stammte aus einer früheren Zeit, als Frauen und Männer versucht hatten zusammenzuleben – und es ist interessant zu beobachten, daß Mütter und Väter heute wieder dazu übergehen, einander nur besuchsweise zu sehen, und nicht länger zusammenleben wollen. Nur so kann Freiheit aussehen, solange der Mann noch das Verlangen verspürt, über Frauen und Kinder zu herrschen oder ständig seine Kompetenz unter Beweis zu stellen. Als der Mann sah, daß er eine Frau und deren Kinder besitzen konnte, wurde er gierig und wollte so viele wie möglich haben. Zur Zeit gibt es einen populären afrikanischen Sänger, der siebenundzwanzig Frauen hat. Idi Amin hat so viele, daß es nicht auffällt, wenn ein paar fehlen, die er, wenn man den Gerüchten glauben darf, umgebracht hat.

Mein Leben bei den Vettern ist meine einzige Traumerinnerung an Frieden. In einem meiner schlimmsten Leben, lange Zeit danach, durfte ich durch irgendein Versehen noch einmal einen Mann heiraten, den ich mir selbst aussuchte, weil ich ihn liebte. Auch damals lebte ich eine Zeitlang in Frieden, und die Welt war wunderschön stimmig. Doch weil ich anscheinend ohne Jungfernhäutchen geboren war und wir deswegen nach der Hochzeitsnacht – in der ich seine Liebe leidenschaftlich, oder, wie er später behauptete, schamlos erwidert hatte – keine Blutflecken vorzuweisen hatten, prangerte er mich vor dem ganzen Dorf an, und meine Eltern setzten mich auf die Straße. Ich wurde eine Prostituierte der niedrigsten Sorte und bediente die Männer des Dorfes, darunter auch den Mann, den ich geliebt hatte, bis ich im Alter von achtzehn an einer Infektion erkrankte und an Unterkühlung starb.»

Wozu sind die Menschen überhaupt nütze, dachte Suwelo verdrossen, während er eines Nachmittags auf Miss Lissie wartete. Ihre Geschichte über die Verwandten im Tierreich hatte ihn bewegt, und sein Bewußtsein für seine eigenen nichtmenschlichen «Angehörigen» auf der Welt wuchs mit jedem Tag.

Die Bienen gaben Honig, freilich nicht wirklich – er wurde ihnen genommen. Was, fragte er sich jetzt, hatten die Bienen eigentlich zu essen; sie machten doch ihren Honig nicht für die Menschen. Nein, die Blumen schenkten den Bienen und den Menschen den Honig, die Blumen waren immer freigebig. Sie schenkten Schönheit, Fröhlichkeit, Blütenstaub und Samen. Ihnen war es gleich, wer sie sah, wem sie gaben. Und an seinen Füßen, das merkte Suwelo jetzt voll Entrüstung, trug er Mokassins aus Leder. Was für ein Euphemismus: «Leder». Eine leere Worthülse. Nirgends enthielt sie die Wahrheit darüber, was Leder war. Die Haut eines Lebewesens. Und seine Hornbrille. Er nahm sie ab, hielt sie auf Armeslänge und blinzelte sie kurzsichtig an. Aber das Gestell war aus Kunsthorn. Wahrscheinlich Plastik. Das bedrückte ihn nur noch mehr, denn ihm war klar, daß man erst künstlichen Ersatz herstellte, wenn vom Echten nicht mehr genug da war. Wahrscheinlich gab es keine Schildkröten mehr, die man noch umbringen konnte. Und Plastik? Das war reichlich und billig zu haben. Aber selbst das mußte irgendwo herkommen. Woraus stellte man Plastik her? Was mußte dafür sein Leben lassen? Er wußte, daß es ein Produkt auf Erdölbasis war, und deshalb stellte er sich vor, daß Plastik direkt aus dem Lebenssaft des Planeten gewonnen wurde. Wenn alles Öl abgepumpt war, würde der Planet wohl bebend zusammenschrumpfen wie eine ausgequetschte Apfelsine.

Er war froh, als er Miss Lissies Klopfen vernahm. Es war wie immer, fest und bestimmt. Als er die Tür aufmachte, munterten ihn die lebhaften, ironischen Augen sogleich auf, weil sie in dem alten, wunderschön geschnittenen Gesicht zu sagen schienen: Na, was mag die Welt mir noch zu bieten haben? Ihr leuchtendes Haar hatte sie mit einem Wollschal in der Farbe kalifornischen Mohns bedeckt, Fannys Lieblingsblume. Schon allein deshalb mußte Suwelo lächeln. Sie trug einen Kamelhaarmantel und hohe schwarze Schnürstiefel. Sie schnappte nach Luft, weil sie einen großen Pappkarton die Stufen heraufgeschleppt hatte. Suwelo trat ihr schnell entgegen und nahm ihn ihr ab.

Sie trat in die Diele und legte Schal und Mantel ab, hängte sie an die Garderobe und warf einen prüfenden Blick in den trüben Spiegel unter der Lampe. Sie hatte ein weiches gelbes Kleid an, das direkt über ihrem Herzen ein großer plastischer schwarzer Pfotenabdruck zierte, vielleicht auch eine Blume, dachte Suwelo bei näherem Hinsehen. Wenige Minuten später saßen sie in der vorderen Stube und tranken den Tee, den Suwelo gekocht hatte, während er auf ihre Ankunft wartete. Dabei kramten sie den großen Karton durch.

«Als dein Onkel starb», sagte Miss Lissie, «wußte ich nicht genau, wer das Haus übernehmen würde. Ich wollte nicht, daß diese Bilder irgend jemandem zufielen. Sie sind etwas Besonderes, und ich wollte sie nur jemandem mit dem richtigen Verständnis überlassen.»

Suwelo freute sich, daß Miss Lissie ihn so einschätzte. Überall an den Wänden waren leere, helle Flecken, wo die Fotografien gehangen hatten. Suwelo war oft vor ihnen stehengeblieben und hatte versucht sich vorzustellen, wie die Bilder ausgesehen haben mochten. Nun holte Miss Lissie eins nach dem andern heraus, wickelte sie aus und legte sie mit der Bildseite nach unten auf die Eichenbank neben dem Sofa. Als sie damit fertig war, zerknüllte sie sorgfältig die Zeitungspapier-Verpackung und legte sie in den Karton. Dann nahm sie ein Tuch aus ihrer schwarzen Lederhandtasche und fing an, das Glas jedes einzelnen Bilderrahmens zu polieren. Dann erst legte sie die Bilder in einer Reihe auf die Bank, lehnte sich zurück und forderte Suwelo auf, sie sich anzusehen.

Ehe der sich aber die Bilder ansah, studierte er das alte Gesicht neben sich sehr genau und versuchte, darin das junge Mädchen zu finden, das barfuß, mit geflickten Kleidern und zu Zöpfen geflochtenen Haaren vor den kunstvoll gedrechselten Stühlen stand. Er suchte die niedliche Nase, den weichen Mund, die runden Wangen. Vielleicht war es da. Es war schwer zu sagen. Dann konnte er sich dem Anblick der rohen, schönen Eichen- und Kiefernholzrahmen nicht länger entziehen und begann die Fotografien anzuschauen. Es waren dreizehn. Miss Lissie hatte erklärt, sie besäße schon einen Abzug von dem einen Bild, das noch im Haus hing, und habe es deshalb damals, als sie den Rest abgehängt habe, nicht mitgenommen.

Suwelo mußte an Mr. Hals Bemerkung denken: «Lissie ist

viele Frauen», und erwartete nun lauter Bilder von einer Frau, die sich verkleidete, um immer wieder anders auszusehen. Das stimmte insofern, als der Stuhl – einer von denen aus dem dagelassenen Bild – immer derselbe war und nur die Kleidung jeweils wechselte. Er sah allerdings dreizehn Bilder von dreizehn vollkommen verschiedenen Frauen. Eine erschien ihm groß, eine andere sehr klein, eine hellhäutig mit hellen Augen, eine dunkel mit Augen wie Obsidian. Eine hatte Haare bis an die Taille, eine andere kaum so viel, daß ihr Kopf bedeckt war. Eine wirkte durchtrainiert und blühend gesund, eine andere wie ein Krüppel, der kaum laufen konnte.

Er suchte sich zwei Bilder aus und hielt sie hoch. Auf dem einen starrte eine kleine, fast weiße Jazz-Age-Schönheit unerschrocken in die Kamera, mit aufgeworfenen Lippen und einem verwegenen Ausdruck in den offenbar grünen Augen, und mitten auf der Stirn prangte eine Schmalzlocke aus ziemlich hellem Haar wie ein auf den Kopf gestelltes Fragezeichen. Auf dem zweiten blickte eine langes, schlaksiges junges Mädchen mit der traurigen Anmut einer Hausbediensteten und ehemaligen Feldarbeiterin aus verzagten Augen auf eine Kamera und einen Fotografen, zu dem sie kein Vertrauen hatte. Sie trug eine weiße Hausmädchentracht, ihr spärliches Haar war gnadenlos geglättet und unter einem spitzen weißen Häubchen festgesteckt. Zwischen diesen beiden Frauen gab es nicht die geringste Ähnlichkeit. Und das galt tatsächlich für alle dreizehn Frauen. Auch mit der eleganten großmütterlichen Frau an Suwelos Seite hatten sie nichts gemein.

«Ich brannte mit dem Fotografen durch, einem Farbigen aus Charleston, der dieses Bild hier aufgenommen hat», sagte Miss Lissie und zeigte auf das Jazz-Age-Bild. «Er war verheiratet. Als ich das spitzbekam, lief ich ihm weg. Damals war ich schwanger. So», sagte sie, auf das mit der Hausmädchentracht zeigend, «sah ich aus, als er mich wiederfand. Ich war, mit Unterbrechungen, fast dreißig Jahre lang sein Modell. Auch dann noch, als das Feuer, das einst zwischen uns brannte, längst erloschen war. Wir waren voneinander fasziniert. Er hatte in der ganzen Zeit seiner Arbeit als Fotograf noch nie jemanden wie mich fotografiert, der nicht öfter als einmal dieselbe Person darzustellen vermochte, und ich hatte in meinem Leben vor ihm noch niemanden gefunden, der erkannte, wie viele Frauen in mir steckten. Oh, manche Leute, selbst meine Mama und mein Papa bekamen schon mit, daß ich, wie sie sich ausdrückten, ‹keine bestimmte Form nich› zu haben schien, aber für sie sah ich mir von einem Tag auf den anderen noch ähnlich genug, daß das nicht ins Gewicht fiel. Aber Henry Laytrum fing an, mich ein- bis zweimal im Jahr abzulichten, und das Ergebnis siehst du hier; es hat noch mehr Bilder gegeben, aber in diesen fallen die Unterschiede am meisten ins Auge.

Ja», sagte sie, als beantworte sie Suwelos Frage, «das bin ich beides. All diese», fuhr sie mit einer ausladenden Armbewegung fort, «all diese Frauen bin ich. Henry Laytrum mit seiner alten Kastenkamera und seinem Stuhl von Hals Vater – den er zerlegt überallhin mitnehmen konnte – war in der Lage, die Frauen aufs Bild zu bannen, die ich in vielen meiner früheren Leben gewesen war. Das war ein einmaliges Geschenk, auch wenn ich ihm, weil er in bezug auf seine Ehe so unehrlich zu mir war – er hatte mir nichts gesagt, bis wir zusammen weggelaufen waren –, nie das Geheimnis seiner durch mich ausgelösten Verwirrung und Faszination verraten habe. Auch mir machte es zunächst angst, mich als so viele verschiedene Menschen zu sehen! Und ich begriff erst nach vielen Jahren, in denen ich geduldig meine Erinnerungen durchforstete, daß ich nicht bin wie die meisten anderen. Ich brachte Jahre damit zu, meine Wut und meine Verwirrung an allen auszulassen! Aber am Ende dämmerte mir, daß meine Erinnerung und die Fotografien sich gegenseitig aufs genaueste ergänzten. Ich war all diese Menschen gewesen, und sie lebten in meinem Innern noch irgendwo fort. Wenn Henry Laytrum seine Kamera auf mich richtete, kamen jeweils verschiedene hervor. Mit der Zeit lernte ich, voller Freude darauf zu warten, welches Ich zum

Vorschein kommen würde. Henry Laytrum entwickelte die Bilder, raste zu mir nach Hause, breitete sie auf der Veranda aus und stellte uns einander vor. ‹Miss Lissie›, verbeugte er sich vor mir und dem neuesten Bild, ‹sag guten Tag!›, und das tat ich dann. Es war ein Riesenspaß. Die in meiner Erinnerung lebenden Ichs, die ich für immer verloren geglaubt hatte, waren noch da! Man konnte sie im Bild festhalten. Manchmal war ich vor Begeisterung ganz aus dem Häuschen.

Draußen in der weiten Welt herrschte Krieg. Zwischen den Weißen, die hier in Amerika versuchten, die Herrschaft über alle an sich zu reißen, und den Weißen, die von Europa aus die ganze Welt beherrschen wollten. Dann kam die Wirtschaftskrise. Man hatte den Eindruck, sobald man sich nur umdrehte, hörte man von Farbigen, die aufgeknüpft worden waren oder denen man sonst etwas Abscheuliches angetan hatte. Aber in meinem Leben spielte sich diese Sache ab. Und weil ich eine Farbige war, würde nie jemand davon erfahren. Das freute mich irgendwie, denn ich bin eine Frau, die ihre Ichs gern in Frieden genießt.»

Suwelo schüttelte den Kopf. Er wußte nicht, ob er ihr Glauben schenken sollte oder nicht. Und er dachte darüber nach, daß dies eine andere Geschichte war, als wenn man an Dinge wie Halleys Kometen glaubte. Oder doch nicht?

«Erinnerst du dich noch daran, wie ich meinen Fuß und ein Bein verlor, nachdem ich in eine Bärenfalle geraten war?»

«Oh», sagte Suwelo, und seine Augen wanderten sofort zu dem Bild des kleinen, tiefschwarzen Krüppels mit dem traurigen Blick. Die Verletzung – den verlorenen Fuß und das Bein – brauchte man gar nicht zu sehen. Es reichte das aschfahle Gesicht, aus dem anscheinend alle Lebensgeister gewichen waren, und man wußte Bescheid.

«Und so», sagte Miss Lissie, die aus Suwelos traurigem Gesicht sein tiefes Mitleid mit einem ihrer Ichs ablas, «so sah ich aus, als ich bei meinen Vettern zu Besuch war und mit ihnen von Ast zu Ast turnte.» Sie reichte Suwelo das fröhlichste der

Bilder, auf dem sie winzig und gedrungen wirkte, mit einer Wespentaille, wolligen Korkenzieherlocken und Augen, die strahlend lachten. Ein breites Grinsen entblößte spielerisch die kräftigen weißen Zähne – einer Pygmäe.

DESHALB GLAUBTE MAN ALSO, Afrikaner seien Menschenfresser gewesen, sann Suwelo, als er daran dachte, was Miss Lissie ihm bei ihrem vorletzten Besuch von den Vettern erzählt hatte. Irgend jemand war nämlich Jahrtausende nach der Zeit, von der sie gesprochen hatte, auf die angenagten Schädel und Knochen dieser unseligen Verwandten gestoßen. Andererseits waren diese Vettern in Miss Lissies Augen offenkundig Menschen, und zwar humanere als die in ihrem eigenen Zweig der Familie. Er betrachtete ausgiebig das Bild von Miss Lissie vor Tausenden von Jahren; er stellte sich vor, wie ihr Partner die Aufnahme machte und sie zusammen lachten, während sie ihm Grimassen schnitt. Er stellte sich vor, wie ihre Kinder unter den kirchturmhohen Bäumen umherkrabbelten; Bäume so hoch wie Kathedralen, hatte sie gesagt. Er stellte sich vor, wie die großen behaarten Vettern in den Ästen schaukelten, während ihre und Miss Lissies Jungen sich an ihrem Rükken festklammerten. Er dachte an die großen dunklen Gesichter und die kleinen blasseren.

Er war in Gedanken noch dort, als er Mr. Hals Laster hörte und bald darauf sein sanftes, vorsichtiges Klopfen an der Tür. Suwelo ließ ihn ein, half ihm aus dem Mantel, und weil er wußte, wie gern Mr. Hal einen guten Kaffee trank, beeilte er sich, ihm einen zu kochen.

Suwelo war nun schon gut zwei Monate in Onkel Rafes Haus. Er hatte Fanny und Kalifornien nicht vergessen, und draußen auf dem winzigen Rasen stand ein Schild mit der Aufschrift «Zu verkaufen», aber zuweilen vergingen Tage, ohne daß er an Fanny dachte. Oder wenn doch, dann war er traurig, weil sie das, was ihm widerfuhr, nicht miterleben konnte. Fanny liebte alte Menschen und war viel vertrauter mit ihnen als er. Er wurde in ihrer Gegenwart leicht verlegen, als argwöhne er, daß sie die Ungeduld spürten, die ihn häufig erfaßte. Aber die hatte zunächst einmal gar nichts mit ihnen zu tun; was ihm auf die Nerven ging, war die Klemme, in der Alt und Jung heutzutage steckten (wobei er zumeist vergaß, daß er selbst langsam in die Jahre kam): daß man nämlich nie genug Zeit hatte zu reden, sich wirklich zu unterhalten oder zuzuhören. Angenommen, es ergab sich die seltene Gelegenheit, bei einem Fest bei Freunden etwa, daß man plötzlich neben einer steinalten Anthropologin saß, die ganz nebenbei bemerkte: «Also, als ich in den dreißiger Jahren in Afghanistan war... bla, bla, bla.» Was tat man dann? Eigentlich würde man sie gern am Kragen packen und mit zu sich nach Hause schleppen, sie in einen großen gemütlichen Sessel pflanzen und sich eine Woche zu ihren Füßen niederlassen (oder auch seinen, je nachdem), während sie erzählte. Auf dem Fest wäre es dagegen schon das höchste der Gefühle, wenn sie eine humorige Anekdote über das Reisen zu Kamel und das Fehlen von Straßen zum besten gab. Es war zum Verrücktwerden.

Fanny widmete sich eher als er dem einen oder anderen tiefsinnigen Gespräch mit einem ungewöhnlichen alten Menschen, auch wenn es den ganzen Abend dauerte und die beiden sich gehörig anstrengen mußten, um sich über den Lärm der anderen Gäste hinweg zu verständigen.

Suwelo fand großen Gefallen an dem, was da mit ihm vorging, und er war seinem Onkel Rafe dankbar, daß er ihm die Zeit geschenkt hatte, sein Haus und seine Freunde kennenzulernen. Von ihrem Leben hätte er ohne seine finanzielle Unterstützung nie etwas erfahren. Er dachte daran, wie er zum erstenmal richtig darauf gewartet hatte, daß Miss Lissie und ihre Freundin Miss Rose ihm das Mittagessen brachten, und sie dann gebeten hatte, doch bitte hereinzukommen. Miss Rose hatte eilig abgelehnt und gesagt, sie habe Enkelkinder, die zu

Hause auf sie warteten, aber Miss Lissie war seiner Einladung gefolgt, als hätte sie längst darauf gewartet, und hatte dann, wie er fand, fast wie eine Königin im Hausflur gestanden, als wartete sie darauf, daß er einen früheren Gast verabschiede. Sie sahen einander lange an. An jenem Tag fiel ihm zuerst ihre Würde auf, ihre aufrechte Haltung. Dann ihre Zurückhaltung, die sehr förmliche Art, wie sie «Wie geht es Ihnen?» sagte und dann nichts mehr, während er neben ihr stand und wartete, daß sie den ersten Schritt ins Wohnzimmer machte, wo sie schon unzählige Male gesessen haben mußte. Doch sie rührte sich nicht. Sie wirkte recht stattlich für eine Frau, die nicht sehr groß war. Da erst wurde auch er sich der Gäste in seinem Wohnzimmer bewußt.

«Tut mir leid. Verzeihung», sagte er eilig, trat schnell ins Wohnzimmer und schaltete den Fernseher aus.

«Ich habe mich daran gewöhnt, ihn anzuschalten, um nicht so allein zu sein», sagte er entschuldigend. Und dann dachte er, sie sieht sich wahrscheinlich auch die Familienserien an, deshalb fuhr er fort: «Ich werde meinen Tanten und Cousinen jeden Tag ähnlicher; die gucken immer die Seifenopern.»

«Die was?» fragte Miss Lissie.

«Ach, Sie wissen schon, die Serien im Fernsehen», sagte Suwelo, weil er dachte, sie kenne die neumodische Bezeichnung vielleicht nicht. Schließlich war sie ja wirklich sehr alt. «Welche schauen Sie sich denn an?»

«Ich sehe nie fern», sagte sie, setzte sich in einen Sessel neben den Apparat und zog gleichzeitig den blauen Fransenschal, der schon bei Suwelos Ankunft auf dem Gerät gelegen hatte, vor den Bildschirm.

Dafür ist er also da, dachte Suwelo, denn er hatte sich den blauen Schal, einen großen, lebhaft gemusterten mexikanischen Überwurf, angesehen und ihn als ziemlich merkwürdiges Zierdeckchen empfunden.

Heute saß Mr. Hal in dem gleichen Sessel wie sonst Miss Lissie, gleich neben dem Fernseher, und wie Miss Lissie machte auch er sich ausgiebig an dem Schal zu schaffen. Suwelo sah viel seltener fern, seitdem Miss Lissie und Mr. Hal mit ihm redeten, oder, wie er manchmal insgeheim dachte, ganz ähnlich wie der Fernseher etwas ausstrahlten. Er hatte sich angewöhnt, ihn immer zuzudecken, wenn er ausgeschaltet war. Mr. Hal begnügte sich damit, den Schal an einer Ecke glattzuziehen und die Kante zurechtzuzupfen. War das kleine Ritual abgeschlossen, eine Geste, die unbewußt dazu zu dienen schien, eine falsche und belanglose Sichtweise vollkommen auszuschließen, lehnte sich Mr. Hal zurück, um seine Geschichte da wiederaufzunehmen, wo er letztes Mal aufgehört hatte. Denn wenn Miss Lissie oder er mit Suwelo redeten, führten sie keine Gespräche mit ihm. Richtig besehen, taten sie ihm etwas kund. Suwelo nahm es dankbar entgegen.

«Du ahnst nich, oder vielleicht doch», sagte Mr. Hal mit einem Gesichtsausdruck, aus dem tiefe Zufriedenheit sprach, «was für ein wunderschönes Gefühl es ist zu wissen, daß jemand dich liebt und daß daran nicht zu rütteln ist. Du kannst gut sein, du kannst der reinste Teufel sein, und dieser Jemand liebt dich trotzdem. Du kannst schwach sein oder stark. Du kannst allwissend sein oder ein Trottel. Wenn du drüber nachdenkst, stehst du vor so 'ner Liebe wie vor einem Rätsel, und du kannst dein ganzes Leben damit zubringen, daraus schlau zu werden. Wenn du vor Eitelkeit nich weißt, wohin, wirst du immer das Gefühl haben, daß der andere an dir was liebt, was du selbst geleistet hast. Vielleicht ist es auch dein Geld oder dein Auto. Aber da ist noch was... wie deine Liebe zu einem bestimmten Ort. Du liebst ihn einfach, fertig. Und mit ein bißchen Glück kriegst du ihn zu sehen, während du auf dieser Erde lebst. Und dann spürst du, daß der Ort von deiner Liebe ‹weiß›. So war und ist die Liebe zwischen Lissie und mir.»

Mr. Hal setzte sich bequemer in seinem Sessel zurecht, trank schlürfend einen großen Schluck von seinem Kaffee, genauso wie Onkel Rafe und alle anderen alten Männer in den Südstaaten, die Suwelo je gekannt hatte, und fuhr fort.

«Die Weißen wollten uns Burschen, auch deinen Onkel Rafe, für die Armee, wir sollten im Großen Krieg kämpfen, behaupteten sie jedenfalls. In Wirklichkeit sollten wir den weißen Männern dienen. Ich malte damals nichts Vernünftiges – hab ich dir erzählt, daß ich hauptsächlich Wandfarbe benutzte? –, Lissie gab mir aus irgendeinem Grund keinen Antrieb, und ich konnte kaum die Hand vor Augen sehen. Aber ich war schwarz und tauglich, und die Weißen konnten mich als Kanonenfutter in ihrem Krieg gebrauchen. Ich war nie weiter als eine Meile von der Küste der Insel weggewesen. Und die wollten, daß wir gegen Leute kämpften, von denen keiner von uns je was gehört hatte, und weiß waren sie auch. Na, nich mal kämpfen, bloß unseren eigenen weißen Herren dienen sozusagen, während *die* kämpften.

Jedenfalls hieß das, ich mußte weg von der Insel, von meiner Familie und von Lissie. Ich wußte nich, wie ich das aushalten sollte. Lissie wußte es auch nich, aber Lissie konnte nicht allein gegen die Armee des weißen Mannes antreten, obwohl ich keinen Zweifel hab, daß sie es versucht hätt. Sie hatte sowieso einen Haß auf die Weißen und meinte, aus tausend Jahren Umgang mit ihnen sei ihr nicht eine einzige gute Erinnerung geblieben. Aber weißt du, nach allem zu urteilen, was Lissie mir erzählte, hatte sie kaum einen Menschen in wirklich guter Erinnerung. Meistens war sie eigentlich bloß wütend, weil ich weg mußte. Und in ihrer Wut kam sie auf den Gedanken, wir sollten heiraten. Ich traute mich nich, nein zu sagen. Außerdem heirateten ja alle, und aus meiner heutigen Warte kann ich dir gefahrlos sagen, daß wir keine Ahnung hatten, nich den leisesten Schimmer, was eine Ehe war. Zudem liebte ich Lissie – wann hatte ich sie nicht geliebt? –, und sie liebte mich manchmal so sehr, daß sie mich beinahe damit erdrückte.

Damals nannten die Leute von der Insel das die Zeit der ‹großen Flut›. Sie meinten damit die große Heiratsflut. Wie die meisten wurden wir auf der vorderen Veranda getraut, im Haus von Lissies Familie, mit Blick über die Bucht. Es war ein schöner Frühlingstag, und mich juckte es, ihn zu malen. Ich werd nie vergessen, daß wir bei der Trauung eine Priesterin dabeihatten. Es gab auf der Insel zwar zwei vom Heiligen Geist beseelte Priester, aber wir waren viel zu weltfremd, um zu wissen, daß der Heilige Geist sich nicht an Frauen wendet. Und außerdem hatten wir Lissie, die alle herausfordernd fixierte und sagte, sie entsinne sich genau, daß *zuerst* die Frauen Priesterinnen gewesen waren und erst später die Männer ihnen diese Berufung weggenommen hatten. Na ja, niemand wollte sich mit Lissie wegen irgendwas anlegen, das keinem wichtig war. Wir hatten also zwei vom Heiligen Geist beseelte Leute da, eine Frau *und* einen Mann. Uns kam das richtig vor. Erst als ich beim Militär war und sah, daß alle, aber auch alle Pfarrer, Priester und Kaplane, wo immer wir hinkamen – und wir kamen bis nach Frankreich –, Männer waren, dachte ich über Lissies Worte nach und darüber, wie empört sie dabei ausgesehen hatte. Natürlich war Lissie zu anderen Zeiten selber Medizinfrau, Hexe und Priesterin verschiedener Glaubensrichtungen gewesen. Sie wußte also, wovon sie redete. Sie war so *wütend*. Das wütendste Wesen, das mir in meinem ganzen langen Leben untergekommen ist. Weil sie nämlich sah, wie die Leute im Krieg gegen die Dummheit Schlacht um Schlacht verloren, und bereits absehen konnte, was am Ende dabei rauskommen würde, denn sie hatte das alles schon mal erlebt.

Deshalb weiß ich eigentlich nich, wieso sie drauf kam, daß Heiraten das richtige für uns war. Aber ich machte mit und hoffte das Beste. Hier war eine Frau, die mich liebte, die ich liebte und die mich malen ließ – sie machte sich nichts daraus, 'nen ganzen Vormittag lang Wandfarbe mit Wasser anzurühren, die ich dann in einer Stunde aufbrauchte, und sie war ungeheuer findig im Aufspüren von Pappe und verwendbaren Brettern, weil ich alles und jedes zum Malen nahm. Und sie ermunterte mich, ach, das ist gar kein Ausdruck, eher müßte man sagen, sie *zwang* mich zum Malen, und ich konnte nicht von ihr lassen. Sie dagegen, ich glaube, sie wollte andern Leuten klarmachen, was uns verband – uns selbst war es ja sonnenklar –, und du weißt ja, wie das ist: einen privaten Bund zu einem öffentlichen machen, das ist, wie wenn man versucht, Wasser in Wein zu verwandeln, wenn einem eigentlich Wasser besser schmeckt als Wein, und überhaupt, man ist nich Jesus.

Aber was wußten wir schon? Da lagen wir abends nach der Hochzeit zusammen im Bett. Ich war todmüde, und am nächsten Morgen sollte ich los. Lissie war noch müder als ich, weil sie schon frühmorgens mit dem Boot zum Angeln gewesen war; das war nämlich unser Hochzeitsessen, gebratener Fisch. Aber irgendwie dachten wir, wir müßten jetzt ran an den Speck, wie man so sagt. Es gab ein, zwei ziemlich fummelige Minuten, in denen nichts weiter passierte, dachte ich jedenfalls. Wir weinten und küßten uns unzählige Male und erzählten einander flüsternd von all unseren Schwächen, Hoffnungen und Geheimnissen, und dann kuschelten wir uns wie kleine Kinder aneinander – vermutlich nuckelt Lissie noch heute am Daumen – und dämmerten ein. Am nächsten Morgen fuhr ich ab.

Ich konnte nun wirklich nich gut gucken, nich mal gut genug, daß ich 'nen anständigen Stalljungen abgegeben hätte, und wurde schon ziemlich bald wieder nach Hause verfrachtet. Lissie und ihre Mutter hatten auf der Insel einen Teil ihrer vorderen Veranda in einen kleinen Laden verwandelt. Sie verkauften Gemüse aus ihrem Garten und Sachen – Petroleum, Streichhölzer, Blaubleiche, Backpulver –, die ihre Mutter im Boot vom Festland herüberholte. Frischen Fisch gab es auch. Daran erinnere ich mich, weil in Lissies Kammer, als ich da wieder einzog, immer alles nach Fisch roch.

Lissie war schwanger und hatte einen Heißhunger auf Zitronen und Salz. Jedesmal wenn man hinguckte, hatte sie eine halbe, mit Salz bestreute Zitrone im Mund stecken. Sie war gesund und kräftig, denn sie fuhr immer in Mutters Boot zum Fischen. Bald war ich genauso gesund und kräftig, weil ich auch mit Angeln und Krebsefangen anfing und meine Sache gut machte. Und auf Lissies Drängen malte ich auch wieder, weil meine Augen von der Sonne und der feuchten Meeresluft in der Bucht zu heilen begannen. Die kleinen Bilder, die ich malte, hängte Lissie im Laden auf, und manchmal verliebten sich Leute von der Insel in ein Bild und ließen es sich zurücklegen, aber auch Weiße vom Festland, die reinschauten, um was Kaltes zu trinken, kauften welche. Ich verkaufte sie für einen Dollar das Stück, ab und zu auch für weniger; kaum genug, um davon neue Farbe zu kaufen. Trotzdem machte es mich glücklich zu wissen, daß jemand außer mir und Lissie Gefallen an meiner Arbeit fand.

Wir hatten inzwischen beide ein bißchen dazugelernt, und stark war unsere Liebe immer, drum ließen wir uns einfach freien Lauf. Schwanger war sie schon, darum brauchten wir uns keine Sorgen machen, und na ja, wir waren also die ganze Zeit bloß am Vögeln. Entschuldige bitte den Ausdruck. Ich glaube, damals war Lissie glücklich. Ich weiß, daß ich glücklich war. Wie gern hab ich sie angeschaut, wenn sie hin und her flitzte. Sie war wie ein Blatt, das mit dem Wind vom Baum fliegt, immer in Bewegung, schnell wie das Licht. Und gewieft. In Null Komma nix hatte sie uns aus dem Haus ihrer Mutter und in einem eigenen Häuschen untergebracht. Und da, in unseren eigenen vier Wänden, erreichte unsere Leidenschaft einen Höhepunkt und blieb dann weiter auf einer Art Hochebene. Diese Art Liebe, mit dem – wie nennt ihr das heutzutage? –, dem Sex, hat nichts mit dem zu tun, was man im Fernsehen zu sehen kriegt oder im Kino. Wenn man sie erlebt, kommt sie einem gar nicht so besonders vor. Tut einfach nur gut. Wie was Leckeres zu essen. Oder wie schlafen. Wir vögelten und schliefen und aßen Fisch, und ich malte, und sie machte ihre Arbeit, und die Sonne schien, oder es gab Regen, und der Fang war gut, oder die Fische waren alle in einen andern Teil der Bucht gezogen. Alles ging nahtlos ineinander über. Ein richtiges Gewebe. So daß mich manchmal ein Stück Brot, das mir das Wasser im Mund zusammenlaufen ließ, auf die Idee brachte, Lissie zu vögeln. Oder mich von ihr bumsen zu lassen; das konnte sie weiß Gott. Wir brauchten nur auf dem Boot in der Sonne kühles Wasser trinken, und schon sanken wir auf die Knie. Lissie lachte in einem fort. Über ihre Schwerfälligkeit, ihre schweren Brüste, an denen ich so gern nuckelte, über ihren knackigen Hintern, ihren Bauch, der wie eine Melone über meinem Kopf aufragte, wenn ich ... ihr kleines Muschikätzchen leckte. Oder wie wir damals sagten, beim ‹Zungentrillern›. Sie im Boot so zu nehmen, war zu schön. Bei Windstille – und manchmal war die Bucht glatt wie ein Spiegel – ließen wir Fische Fische sein, dann richtete sie sich dann groß und nackt im Boot auf, hielt das Gleichgewicht und spreizte die Beine gerade weit genug. *Ah*.

Wenn wir uns liebten, dachten wir an nichts und niemand. Ich jedenfalls nich. Wenn ich ein Glas Wasser trank, dachte ich ja auch nich an ein andres Glas Wasser und versuchte so zu tun, als würde ich gleichzeitig daraus trinken. Diese Art, seine Liebe ganz und gar dem Menschen zu widmen, mit dem man zusammen ist, scheint mindestens der Hälfte der Menschen heutzutage völlig abhanden gekommen zu sein. In meinen Augen ist das eine Schande.

Aber irgendwann war es dann doch vorbei, Suwelo. Mit dieser Art Leben war es aus, weil unsere Tochter Lulu geboren wurde. Und es war nicht ihre Schuld. Vielleicht hatte niemand dran schuld. Ich versuch mir einzureden, daß sie irgendwann vorbei sein mußte, diese Zeit, die kühles Wasser für meinen Durst war und gutes Brot für meinen Hunger. Die Zeit, als Lissie und ich wirklich in Gefahr waren, uns ineinander und an uns selbst zu verlieren. Denn mit Lissie zusammen wäre es mir gleich gewesen, wenn wir beide auf immer und ewig von der Welt verschwunden wären.

Ich weiß noch, daß einmal ein Fotograf, der erste, den wir je auf der Insel zu sehen kriegten, herüberkam, um meinem Vater einen Stuhl abzukaufen. Als er Lissie sah, fragte er, ob er sie neben dem Stuhl stehend fotografieren durfte. Wir waren hingerissen von der Vorstellung, daß man Bilder mit einer Kamera machen konnte. Wir hatten zwar schon davon gehört, aber noch nie einen lebendigen Bildermacher gesehen, und dann war es obendrein noch ein Farbiger! Wir trippelten auf Zehenspitzen um seinen Dreifuß rum und klopften ein paarmal an den großen schwarzen Kasten, mit dem der Mann, wie er sagte, die Aufnahmen machte, aber im Grunde unseres Herzens konnte er uns damit gestohlen bleiben; die neue Wissenschaft vom Bildermachen war prima, aber wir hatten Besseres zu tun, wie zum Beispiel im Bett bleiben. Ich bin ziemlich sicher, daß wir von Kopf bis Fuß nach Liebe rochen. Dieser Geruch, den manche Paare ausströmen oder früher ausströmten. Heute überdecken sie ja alles mit Parfüm. Aber Lissie roch damals durchdringend, und ich hätte mir nichts Schöneres denken können. Bloß nich, wenn andere Männer es merkten und anfingen, an ihr herumzuschnüffeln. Wie dieser Fotofritze. ‹Bist verheiratet?› fragte er sie. Da steh ich, da stehen mein Daddy und meine Ma, da steht Lissie mit ihrem schwangeren Bauch, der so dick ist, daß sie nur immer einen Fuß auf einmal sehen kann. Und dieser Hund fragt: ‹Bist verheiratet?›

Lulu wurde an einem Abend geboren, der so still war, daß wir den Eindruck hatten, die ganze Welt hielte die Luft an. Lissie und ich freuten uns beide auf die Geburt. Wir hatten eine kleine Wiege neben unserem Bett zurechtgemacht und alles. Weder sie noch ich ahnten, daß sich da eine Katastrophe anbahnte, die unser Liebesleben kaputtmachen und in der Zeit zwischen der ersten Wehe und dem Abstoßen der Nachgeburt aus mir einen anderen Mann machen würde. Doch was hätten wir schon tun können, selbst wenn wir's gewußt hätten? Die Frage hab ich mir schon so oft gestellt. Das Schicksal hatte uns in den Klauen.

Damals gingen schwangere Frauen wie Lissie nich zum Arzt, bloß weil sie schwanger waren. Das wär so gewesen, als wollte man ins Krankenhaus gehen, bloß weil einem der Busen zu wachsen anfing. Das Kinderkriegen war für die Frauen was

Natürliches, und eine gute Frau, also eine kluge, hatte immer eine Oma, die ihr helfen konnte. Lissie hatte sogar zwei. Ihre Mutter Eula – Eula May – und die Frau, die Lissie am allerähnlichsten war, ihre Großmutter Dorcy – Dorcy Hogshead. Dorcy war ein Satansbraten. Die streitsüchtigste, giftigste alte Hexe, die je das Licht der Welt erblickt hat. Als Hebamme freilich ein wahres Wunder. Ihre Verwandten behaupteten immer, Lissie käme nach ihr und wär deshalb so gehässig. Sie glaubten Lissie nämlich ihre Erinnerungen nicht. Ich dagegen hab nie verstanden, wieso sie nicht dran glaubten. Lissie erinnerte sich nämlich an Geschichten, von denen keiner je gehört hatte, an Sachen, die ihr keiner erzählt haben konnte; Sachen, die sie nicht aus Büchern hatte, weil sie in ihren Büchern gar nicht zu finden waren. Blieben noch Träume. Ihre Angehörigen behaupteten also, daß sie träumte, statt sich zu erinnern, und daß sie alles, was sie nicht träumte, von Granny Dorcy hätte.

Granny Dorcy hatte also die ganze Zeit über ein Auge auf Lissie gehabt. Sie war auch so eine, die sich an alles mögliche erinnerte, und wie bei Lissie gab ihr das eine ganze Menge Kraft. Aber ihr fehlte Lissies Selbstvertrauen, drum gab sie sich damit zufrieden, daß sie es verstand, ihre eigenen Träume und die von andern zu deuten. In Wahrheit setzte sie die Vergangenheit so nach Mustern zusammen, daß man sie in der Gegenwart verstehen konnte. Vermutlich war ihr diese Gabe ziemlich unheimlich. Das geht vielen so. Sie war eine alte Frau, die aussah, als könnte sie noch die Kanonenboote gesehen haben, die beim Ausbruch des Bürgerkrieges an der Insel vorbeifuhren, um die ersten Schüsse auf Fort Sumter abzufeuern, und das hatte sie tatsächlich. Sie sah Sojourner Truth ziemlich ähnlich – du kennst doch bestimmt das Bild, auf dem sie mit ihrer Haube und ihrem langen Kleid, mit ihrem Schal und ihrer weißen Tonpfeife zu sehen ist. Granny rauchte auch Pfeife, und die Leute erzählten, daß sie ab und zu Rauch auf ihre Neugeborenen blies, um sie zum Niesen zu bringen und damit ihre Lebensgeister zu wecken. So böse sie in den Augen der Leute war, ich weiß doch, daß sie immer sagte, sie hätte nie auch nur ein einziges der kleinen Wesen geschlagen, die sie zur Welt gebracht hatte, und du weißt ja, daß es damals wie heute selbstverständlich war, Neugeborenen einen Klaps zu geben. Granny Dorcy hielt das für barbarisch.

Sie wohnte auf der entgegengesetzten Seite der Insel; manchmal ritt sie auf einem Maulesel herüber, um nach Lissie zu schauen, und manchmal fuhr Lissies Mutter mit dem Boot hin, um sie abzuholen. Eula während Lissies Schwangerschaft dabeizuhaben war auch gut, denn sie hatte sich zu einer wahren Fanatikerin in Sachen Ernährung entwickelt und achtete ständig darauf, was Lissie sich in den Mund steckte. Als sie selbst schwanger war, hatte Eula größtenteils von Schweinenacken, Sirup und weißem Kreidekalk gelebt, den die schwangeren Frauen aus einer Grube oben in den Hügeln kratzten, aber davon ließ sie Lissie nur ab und zu einen Fingerhut voll essen, weil sie den Heißhunger darauf als ein Zeichen dafür bewertete, daß Lissie eigentlich rote Bete brauchte, und die kochte sie ihr oft. Außerdem sei in der Kreide viel Eisen enthalten, das der Körper ohnehin nicht verarbeiten könne, und wenn man zuviel davon esse, führe das zu Verstopfung und zur Schwächung der Adern in den Beinen, sagte sie. Diese beiden Frauen schienen also gegen Ende von Lissies Schwangerschaft ständig um uns herum zu sein.

Doch eines Tages, ungefähr eine Woche vor dem Geburtstermin, den sie sich ausgerechnet hatten, fuhren die beiden Alten mit dem Boot zum Angeln hinaus. Ich glaub, es war die Zeit für Quakfisch; Dorcys Lieblingssorte. Kaum daß sie weg waren, kam Lissies erste Wehe, und ich lief zum Strand und versuchte, sie zurückzuwinken. Sie dachten, ich winkte zum Abschied, winkten fröhlich zurück und ruderten dem Horizont zu. Ich wußte, sie würden in höchstens zwei bis drei Stunden wieder dasein, deshalb machte ich mir keine Gedanken; Lissie war auch nich weiter besorgt. Aber was glaubst du, was geschah?

Da draußen waren Eula May und ihre Mutter uneins darüber, auf welcher Seite vom Boot sie die Angel auswerfen sollten. Der Streit wurde immer hitziger, andere, längst vergessen geglaubte Streitigkeiten kamen wieder hoch, und schließlich setzte es zwischen Mutter und Tochter beinah Schläge. Dorcys Wutausbrüche waren gefürchtet; sie kannte kein Maß. Irgendwann holte sie also mit dem Ruder aus, und Eula entriß es ihr und schleuderte es ins Wasser. Da nahm Dorcy das andere Ruder und schmiß es ebenfalls über Bord. Was sagst du dazu? Ich bin bloß froh, daß Lissie und ich in dem Augenblick nichts davon wußten. Da saßen sie nun, kein Fisch, kein Wind, und beide schmollten wutentbrannt mit verschränkten Armen und vorgeschobenen Lippen in einem Boot vor sich hin, das keinen Mucks tat und sich den ganzen Tag nich mehr von der Stelle rühren sollte.

Zu Hause fing Lissie langsam an, sich Sorgen zu machen. Nich so sehr um sich selbst wie um ihre Mutter und ihre Großmutter. Nach ungefähr drei Stunden sagte sie, der Schleimpfropfen sei abgegangen und die Fruchtblase geplatzt. Da ging mir zum erstenmal auf, daß ich die Entbindung übernehmen mußte, wenn sich die beiden Frauen mit ihrer Rückkehr nich beeilten. Lach ruhig, wenn dir danach zumute ist, aber obwohl Lissie deutlich hochschwanger war und ich sah, daß sie schon vor Schmerzen schwitzte und das Baby in ihrem Bauch strampelte, war es mir vollkommen schleierhaft, wie sie zu einem Kind kommen sollte; es schien einfach weit hergeholt. Ich weiß nich, was ich damals im Kopf hatte. Einem Jungen erzählte keiner was vom Kinderkriegen. Das gab es einfach nich. Und wenn eine Frau auf der Insel ein Kind zur Welt brachte, wurde der Mann aus dem Haus geschickt. Meistens lungerte er dann bei uns im Laden am Kanonenofen herum. Bis irgendwann eins seiner älteren Kinder ihn holen kam, worauf er mit ängstlichem und verlegenem Gesicht heimzockelte. Ich glaube, irgendwo im tiefsten Innern dachte ich immer noch, daß die gute Fee die Kinder brachte – jedenfalls hab ich gebetet, es möge so sein –, und gleichzeitig fing ich an, mich zu fragen, was ich machen sollte, falls es nur ein Gerücht war und die gute Fee sich für nich zuständig erklärte. Bei Licht besehen hatte ich nich den blassesten Schimmer, wie so eine Fee überhaupt aussah.

Lissie war im Zimmer auf und ab gegangen, aber schon bald wurden die Schmerzen so schlimm, daß sie sich hinlegen mußte, und außerdem tröpfelte eine Art wäßriger Schleim aus ihr raus. Ich half ihr, sich auf die Gummiunterlage mit einem Laken drüber zu legen, und ich hielt ihre Hand und überschüttete sie mit Küssen bei jedem Wimmern, weil es mir einfach das Herz zerriß. Dann sagte sie mir: ‹Du mußt das Kind zur Welt bringen, Hal. Es ist ein Mädchen› – das wußte sie, weil der Bauch immer tief gesessen hatte –, ‹und damit du Bescheid weißt, falls mir was passiert, ich will, daß du ihr den Namen Lulu gibst.›

Lissie hatte einst Lulu geheißen, als sie im nördlichen Afrika in einem Harem lebte, bevor sich die Wüste dorthin ausgebreitet hatte. Damals sagte man noch nicht Harem dazu, sondern benutzte ein anderes Wort, das ich nich mehr weiß. ‹Kleines Schloß›, glaub ich. Aber es war wirklich der Ururahn aller Harems, von denen wir heute hören oder lesen. Lissie meinte, Lulu erinnere sie an die grünen Hügel und die saftigen Weiden, auf denen sie damals ihre Zelte aus Tierhäuten aufgestellt hätten. Und daran, wie glücklich sie im Harem gewesen sei, weil der Herr und Meister alt und kränklich war und Hunderte von Frauen hatte, so viele, daß er vom bloßen Hinsehen müde wurde, vom Anfassen ganz zu schweigen. Und Lissie (Lulu) hatte dort zwei Geliebte gehabt. Die eine war eine Haremsfrau namens Fadpa, der andere ein Eunuch mit Namen Habisu, der die Aufgabe hatte, die Frauen am Weglaufen zu hindern. Sie saßen oft zusammen und planten ihre gemeinsame Flucht, aber Habisu fürchtete sich davor, die Sicherheit des Harems zu verlassen; ihm schmeckten die Leckereien, die ihm die Frauen abgaben, und ihm gefielen die bunten Kleider, die er anziehen durfte. Er stammte aus einer armen Familie, und er fand es keinen üblen Tausch, seine Eier für eine so angenehme Unterkunft und gute Verpflegung herzugeben. Ich weiß nun nich, ob das wirklich der Wahrheit entsprach oder ob Lissie den armen Habisu damit verleumdet hat. Sie lachte immer so und schockierte mich mit ihren Geschichten über ihr Leben als Lulu. Wenn sie mir etwa von Fadpa erzählte, mich dabei ansah und merkte, daß ich irgendwas nicht ganz mitkriegte, dann lachte sie sich einfach kaputt. Sie war eine phantastische Tänzerin – sie sagt, sie hätte aus Langeweile damit angefangen – und gab ihre Kunst an die jungen Frauen weiter, die man verschleppt oder gekauft und in den Harem gebracht hatte. Sie gab regelrecht feste Tanzstunden. Und den Eunuchen habe sie beigebracht, was für einen Liebesdienst man Frauen allein mit Händen und Zunge erweisen könne, und die hätten sie dafür wirklich liebgewonnen, sagte sie. Natürlich machten sich einige von ihnen nichts aus Frauen. Sie saßen nur rum, unterhielten sich über Kleider und Essen und stopften sich die Bäuche voll. Zu ihrem Geburtstag buken sie ihr Kuchen mit ihrer Leibspeise: Datteln. Sie und Fadpa lebten damals mit den anderen Frauen und den Eunuchen vollkommen abgeschnitten vom Rest der Gesellschaft und der ganzen übrigen Welt. Mit den Jahren wurden sie hingebungsvoll fromm.

Schließlich konnten sie sogar Wunder bewirken. Lissie sagt, als Lulu habe sie begriffen, daß Wunder unmittelbar auf Konzentration zurückzuführen seien. Das größte Wunder aber war, daß Fadpa und sie im recht reifen Alter von sechsundneunzig und hundertdrei Jahren ihre Freiheit aus dem Harem erlangten, und zwar dank der Urenkelin ihres ehemaligen Herrn. Achtzig Jahre lang hatten sie darum gebetet und sich darauf konzentriert. Diese Frau hatte man weit fort von zu Hause auf die Schule geschickt, wo sie als Mann durchging, und bei ihrer Rückkehr hatte sie entsetzt die Frauen entdeckt, die hinter dem Palast ihres Großvaters eingesperrt waren. Der war zu dem Zeitpunkt längst tot und hatte einige der jüngsten und schönsten Haremsdamen mit ins Grab genommen. Seine finsteren Söhne hatten sie seelenruhig eine nach der andern auf den zischenden und brutzelnden Leib ihres Vaters in die Flammen gestoßen. Die Frauen kratzten und schrien natürlich und krallten sich an den Knöcheln der Söhne fest, aber das war, wie man so sagt, ein Fehlgriff.

Lulu und Fadpa verlebten noch ein paar gute Jahre, obwohl sie so faltig waren wie Rosinen; sie ließen sich als Wahrsagerinnen nieder und lebten in Freiheit und Zufriedenheit bis zu ihrem Tod – dem sie freudig entgegensahen, weil, wie sie feststellten, sobald sie die Sicherheit des Harems verlassen hatten, in der Männerwelt ständig Krieg herrschte. Sie konnten den Lärm und das Chaos der schier endlosen Schlachten nich ertragen. Sie sehnten sich nach der Ruhe und dem Frieden im Harem, nach den Stunden, als gekocht, gegessen und getanzt wurde oder man den jüngeren Frauen beim Tanzen zuschaute. Und wenn Männer sich von ihnen wahrsagen ließen, gähnten Lulu und Fadpa nur. Denn im Leben jedes einzelnen Mannes sahen sie Krieg voraus, eine Zukunft voller Kämpfe. Das war sonnenklar, denn ihre Handteller waren blutrot. Statt dessen verhießen sie ihnen jedoch lieber einen Raum mit hundert hübschen Frauen drin, zu dem nur sie selbst den Schlüssel besaßen und wo sie zumindest einen halben Abend lang die Art Frieden finden würden, die sich Männer am meisten wünschen. Das gefiel den Männern. Fügten sie ihren Prophezeiungen dann noch Berge von Datteln, Feigen, Silber und Gold hinzu, war das Glück der Männer vollkommen. Die beiden machten es sich zur Gewohnheit, je nach Laune ein paar Kamele, Ziegen und Frauen anderer Männer dazuzugeben. So erlangten sie einige Berühmtheit.

Mir war der Name Lulu sehr recht. Es war zwar eher ein Klang als ein Name, aber na und? Als unsere Lulu geboren war, sah ich gleich, daß keiner je umhinkönnen würde, bei ihrem Anblick an Grün zu denken. Gold, Honig und Bernstein, wie sattgelbe Stiefmütterchen, das waren ihre Farben. Sie war der Frühling in Person.

Jetzt stand mir die schwerste Aufgabe bevor. Es war sehr heiß. Lissie lief der Schweiß eimerweise runter. Ich hatte reichlich kochendes Wasser auf dem Herd. Zumindest soweit kannte ich mich mit der Vorbereitung aus. Dann fing Lissie richtig an zu stöhnen. Es war entsetzlich. Zaghaft und in wachsender Panik riskierte ich einen Blick nach unten zwischen ihre Beine. Ich rechnete damit, die Schädeldecke des Kindes zu sehen. Vielleicht. Denn irgendwas schien da unten ja vorzugehen. Und Lissie stöhnte so. Aber nein. Es sah eher wie eine Backe aus. Die Wange eines kleinen Gesichts oder eine kleine Pobacke. Ich sah noch mal hin. Ein Zucken ging durch Lissies Bauch, als ob das Baby sich herumwälzte. Jetzt sah es eher wie eine Schulter aus. Ich sah ein drittes Mal hin. Ein Knie? Oder war es eine Hüfte? Ich sage dir, ich kam mir vor wie Prissie in *Vom Winde verweht*.

Lissies Unterleib hatte sich so weit gedehnt, daß es mir ein Rätsel war, wieso er nich einfach riß. Und während ich dastand und zuguckte, sah ich, daß genau das gleich passieren würde. Gleichzeitig ging ihr Stöhnen in Geschrei über. Das war mir zuviel. Meine erste Eingebung war, zur Tür rauszulaufen und Schluß zu machen. Ich wurd nich mit dem Gedanken fertig, daß *ich* an diesen Schmerzen schuld war, daß meine Liebe dieses Elend verursacht hatte. Das war nich mehr Lissie, verstehst du? Das war nich mal wie ein Tier. Sie hatte völlig den Verstand und die Beherrschung verloren. Sie hatte solche Schmerzen, daß sie mir nich mal mehr sagen konnte, was ich tun sollte. Das Baby steckte offensichtlich fest, weil es versuchte, seitwärts rauszukommen. Und Lissie war so komisch aschfahl geworden, wie ich es noch nie gesehen hatte.

Alle naselang lief ich auf die Veranda und suchte die Bucht nach Eula und der dämlichen Granny Dorcy ab, aber sie waren nirgends in Sicht. Außerdem wurde es jetzt schnell dunkel. Ich sah zum Hügel hinauf, ob vielleicht Kunden auf dem Weg zum Laden waren. Keine Menschenseele. Keiner außer mir, Lissie und der kleinen Lulu.

Ich betete um Kraft, und ich betete für meine Frau und mein Kind. Dann wusch ich mir richtig gründlich die Hände und fettete sie mit Vaseline ein, fettete Lissie mit Vaseline ein und alles, was ich von dem Baby zu fassen kriegen konnte, ebenfalls. Damit hab ich Lissie mal zum Lachen gebracht; indem ich sagte, daß Vaseline das einzige wär, was ich und ihre Mutter gemeinsam hätten: ihre Mutter nähme sie fürs Gesicht und behauptete, das sei das Geheimnis ihrer jungen Haut, und ich nähme sie für Lissies Hintern. Jedenfalls fing ich an, Lulu sanft herumzuschieben und sie ganz allmählich zu drehen. Und ich begann mit ihr zu reden, ihr zu sagen, sie solle jetzt herauskommen, es wär alles für sie bereit; wir wüßten, was für Strapazen wir ihr zumuteten, meinten es aber nicht bös mit ihr. Ich weiß nich, was ich alles gesagt habe; aber Lissies Schmerzen brachten mich fast um. Ich haßte mich selbst und die Menschheit. Und ich fing an, Gott alles mögliche hoch und heilig zu versprechen. Nach geraumer Zeit erkannte ich einen Kinderarm oder besser das Schultergelenk. Irgendwie bekam ich ihn zu packen, der Arm war nicht dicker als ein Daumen, und ich zog dran und erzählte Lulu dabei unermüdlich, wie gut sie es hier draußen haben würde, und endlich hatte ich ihn draußen. O Gott, was nun, dachte ich. Und Lissie wurde ohnmächtig. Sie kam zwar wieder zu sich, war aber völlig hinüber, und aus ihren Augen konnte ich all die Schmerzen ablesen, die sie bei vielen hundert Geburten durchgestanden hatte. Ich schwor, daß es ihr nie wieder so ergehen würde, und mein Verlangen nach ihr und jeder anderen Frau erlosch. Ich wurde zum Eunuchen. Ich wußte einfach, daß ich es nie wieder fertigbringen würde, mit einer Frau zu schlafen.

Und dann stieß Lissie eine Art Gelächter aus und meinte: ‹Ich dachte, irgend jemand sollte mir Bescheid sagen, wann ich pressen soll.› Das hatte sie die ganze Zeit über nich getan, wir hatten es einfach vergessen – und wie Eula und Dorcy uns später aufklärten, war es genau richtig gewesen, *nicht* zu pressen. Mir war die Sache mit dem Pressen vollkommen entfallen, wenn ich je davon gewußt hatte. Ich packte die gute Lulu bei der Hand – was sich anfühlte, als ob ich einem wieseligen kleinen Kaninchen die Hand schüttelte –, langte mit meiner anderen Hand so tief in Lissies Inneres, daß ich Lulus Achselhöhle und Unterkiefer zu fassen bekam, und sagte dann: ‹Also schön, dann preß jetzt.› Und sie preßte, als wäre sie kurz vorm Orgasmus, und schien es auch auf ganz ähnliche Art zu genießen. Das versetzte mir einen weiteren höllischen Schock. Und dann war Lulu geboren. Sie schniefte und nieste, ohne daß jemand ihr einen Klaps gab oder ihr Rauch ins Gesicht blies. Und eine Minute lang war ich völlig verwirrt und fühlte mich ausgeschlossen. Ich legte Lulu auf Lissies Bauch. Lissie wischte sie mit einem Lappen ab, und ich machte mich auf die Suche nach einem Messer, um die Nabelschnur durchzuschneiden. Und als ich endlich eins gefunden hatte – es lag im kochenden Wasser auf dem Herd und war zu heiß zum Anfassen –, hatte Lissie die Nabelschnur schon mit den Zähnen durchgebissen.

‹Gott, sie ist wie Gummi›, sagte sie, zog eine Grimasse und spuckte in den Lappen. Und ich betrachtete sie, wie sie jetzt aufrecht mit dem nackten Kind an ihrem nackten Körper dasaß, und dachte insgeheim: Wie primitiv sie doch ist.

Als die Nachgeburt kam – ein blutiger Klumpen, der ein bißchen nach Leber aussah und mir noch mal gehörig auf den Magen schlug –, wickelte sie sie in Zeitungspapier und gab sie mir. Ich sollte sie als Glücksbringer an einer Hausecke verbuddeln, damit wir ein ganzes Haus voller Babies bekämen. Aber als Lissie nicht hinsah, warf ich sie schnell ins Feuer. Sie wollte nich brennen. Sie erstickte die Flammen.»

LISSIE HAT NOCH vier Kinder gekriegt», sagte Mr. Hal und starrte in den letzten Rest seines längst kalt gewordenen Kaffees, «aber drei von ihnen starben schon als Kleinkinder. Ich hab sie alle zur Welt gebracht, obwohl keins von mir war.

Eins war ein kleiner Junge, das Kind von dem Fotografen, den ich erwähnt hab. Er starb, als er noch keine zwei war. Eins war von irgendeinem anderen Liebhaber, und die letzten beiden waren von deinem Onkel Rafe. Zu Anfang waren sie gesund und munter, aber nur einer von Rafes Söhnen hielt bis ins Erwachsenenalter durch – dein Onkel Cornelius, und der kam um, als er bei der Marine im Dienst war. Nur Lulu war vom Augenblick ihrer Geburt an immer kerngesund. Ich war der einzige, der Lissie bei der Entbindung helfen durfte, und auch der einzige, der den Kindern ein Vater sein durfte. Ich wollte ja auch mit ihr zusammensein. Mit der Zeit half ich ihr sogar richtig gern dabei, ihre Kinder zur Welt zu bringen, und die Kinder selbst liebte ich auch. Wir kamen sozusagen zu einem Einvernehmen. Aber auf dem Weg dahin durchschritten wir beide ein Meer von Schmerzen.

Einen Monat nach Lulus Geburt ließ Lissie mir keine Ruhe mehr. ‹Was ist los›, fragte sie. ‹Liebst du mich nicht mehr?› (Ich nehme an, du hast längst gemerkt, daß Lissie und ich je nach Laune wie in der alten Zeit oder wie ihr jungen Leute von heute reden können.) Mir kam es vor, als liebte ich sie mehr denn je zuvor. Viel zu sehr, um sie je wieder so leiden zu lassen. ‹Ach, selbst Vögeln tut manchmal weh›, sagte sie, als ich ihr erzählte, wie mir zumute war, ‹aber wenn es so richtig schön wird, kommt man schnell drüber hinweg.› ‹Was?› fragte ich entgeistert. Nie im Leben wär ich darauf gekommen, daß es ihr je weh getan hatte; obwohl ich schon sagen muß, daß ich mich mitunter fragte, wieso es den Frauen nicht generell weh tat. Manche sind so klein, und ihre Männer so riesig. ‹Sieh mal›, sagte sie, ‹wir haben Lulu, wir haben dieses entzückende kleine Mädchen, das genauso aussieht wie Fadpa. Ich danke Gott für jeden Schmerz!› Währenddessen rieb sie sich an mir und legte ihre Hände an Stellen, wo ich früher gleich angesprungen war. Jetzt rührte sich nichts. Na, sie kannte sich ja gut genug mit Eunuchen aus und wußte, was die alles können, drum war ihr klar, daß ich sie noch befriedigen könnte, wenn ich bloß Lust dazu hätte – dumm war nur, daß ich sie nich begehrte. Es war, als ob alles zwischen Mann und Frau, was auch nur im entferntesten damit zu tun hat, neues Leben zu schaffen, mich vor Angst vollkommen erschlaffen ließ. Ich wollte sie nich mal nackt sehen. Ich wollte mich selbst nich sehen. Ich schämte mich. Wie andere Männer ihre Frauen damit fertigmachen konnten, daß sie ihnen ein Kind nach dem anderen anhängten, war mir ein Rätsel. Lissie sah das anders. Sie wollte vögeln und mehr Kinder haben, und je öfter ich nein sagte, desto mehr geriet sie außer sich.

Schließlich ist sie eines Tages mit dem Bildermacher aus Charleston auf und davon und hat mich mit Lulu sitzenlassen. Kurz bevor ihr Baby Jack geboren wurde, war sie wieder da. Ich sagte keinem ein Wort. Alle wußten, daß es nich mein Kind war. Ich holte weder Eula noch diese Nervensäge Granny Dorcy. Ich setzte Wasser auf und schaffte Vaseline ran. Bei Jack ging es schnell, er kam einfach aus Lissie herausgeschlüpft. Ich hatte von Dorcy mittlerweile das eine oder andere mitgekriegt. Lissie mußte sich hinhocken, sich an den Gitterstäben von Lulus Kinderbett festhalten, und ich fing das Baby auf, als es herauskam. Aber sie war krank, die gute Lissie. Geschwächt von der Schinderei im Haushalt irgendeiner weißen Frau, vom schlechten Essen und weil sie ein Kind von einem Mann kriegte, den sie am liebsten umgebracht hätt. Er war nämlich verheiratet. Hatte schon einen Haufen Kinder, der Hund. Aber Lissie war mich leid und auf ihn scharf gewesen. Und letztendlich, weißt du, machten ihre Versuche, sich an mir zu rächen, weil ich die Lust an ihr verloren hatte, sie noch kränker, als sie ohnehin schon war.

Sie kam wieder in unser Bett, samt Jack. Weil die kleine Lulu ihr Bettchen nicht hergeben wollte. Wir setzten unser altes Leben fort, so gut wir konnten – mit Fischefangen und dem Verkauf von Gemüse und Krimskrams im Laden. Ab und zu half ich meinem Vater beim Möbelbauen. Er war griesgrämig, man kam nur schwer mit ihm aus, aber ich liebte ihn, und ich wußte, daß er mich liebte; solange ich das Malen ließ, konnte er mich gut leiden. Ich glaub, von Lissie hielt er nich viel, aber ihr war das egal. Bei Leuten, die sie nicht mochten und die ihm nicht paßten, riß sie immer ganz schön den Mund auf, nur um ihnen eins auszuwischen. Sie lud ihn gern zu Fisch oder Kuchen ein, nur um dann genüßlich zuzugucken, wie er stammelte, wenn er sich bedankte. Zu manchen Leuten war sie ein richtiger Teufel. Während mein Vater stammelte, pflegte sie ihn mit großen Augen unschuldig anzusehen und zu lachen. Lissie versuchte, auch in der Werkstatt auszuhelfen, aber mein Vater behauptete, Frauen seien nur im Weg. Also ließ sie es sein, nähte statt dessen, paßte auf die Kinder auf und ging draußen in der Bucht fischen. Die Kinder waren süß und glücklich, aber in unserm Haus ging es traurig zu. Wir schleppten uns nur noch mechanisch durch den Alltag; obwohl wir uns hingebungsvoll liebten, wußten wir, daß wir was ganz Wertvolles verloren hatten. Die Traurigkeit war fast nich auszuhalten. Manchmal verkroch sich Lissie niedergeschmettert in meinen Armen oder ich mich in ihren, und dann lagen wir einfach beieinander, schauten auf die Bucht raus, erinnerten uns an früher und weinten.

Dein Onkel Rafe war mein bester Freund. Er war zum Militär gegangen und arbeitete seit seiner Entlassung für den alten Witwer, einen Franzosen, dem dieses Haus hier gehörte. Es gelang ihm, das Haus zu kaufen, als der alte Herr starb, und er redete mir immer gut zu, ich solle doch zu ihm ziehen. Das war, bevor er die Stelle bei der Eisenbahn bekam, und er arbeitete in einem Schlachthaus. Eine schreckliche Arbeit für jemand wie deinen Onkel, weißt du, er war so sensibel und sanftmütig. Aber er war groß und stark und schaffte es irgendwie, das ein paar Jahre lang durchzuhalten. Er hatte nich vor, das Haus aufs Spiel zu setzen – das einzige, worauf er bisher im Leben so richtig Wert gelegt hatte. Außerdem wurde die Wirtschaftskrise immer schlimmer. Auf der Insel gab es so gut wie gar kein Bargeld mehr. Die Zeiten waren schwer. Viele Kinder wurden krank, weil es nichts Vernünftiges zu essen gab. Wir verloren den kleinen Jack durch eine Erkältung, die ein gesünderes Baby einfach abgeschüttelt hätte. Ich wachte mit dem Kleinen die Nächte durch. Er sah genauso aus wie seine Mutter. Es fiel uns furchtbar schwer, ihn gehen zu lassen. Ich dachte, Lissie würd mitsterben, so sehr liebte sie ihn. Als er tot war, verließen wir unser kleines Haus und die Insel – da war es zu traurig, um dazubleiben –, aber nur für kurze Zeit, dachten wir. Wir kamen auf Rafes Einladung zurück und fuhren zu ihm. Lissie, Lulu und ich bewohnten die obere Etage, und ich fand Arbeit als fliegender Händler. Ich verkaufte Fisch und Krebse und Austern. Im Sommer Pfirsiche und Melonen. In den reichen weißen Vierteln von Baltimore, wo die Zeiten nie ganz schlecht zu werden schienen. In Wirklichkeit bedeuten schlechte Zeiten für die Leute mit richtig Geld ja bloß, daß sie alles billiger einkaufen können und daß es ihnen dadurch noch besser geht als sonst.

Als Rafe von dem vielen Sterben schon ganz krank war und es nicht mehr aushielt, daß ihm ständig Blut unter den Fingernägeln klebte, bekam er endlich die Stelle als Schlafwagenschaffner. Es war wirklich höchste Zeit. Lissie nahm Näharbeit an und ging bei Familien saubermachen, und all unsere Löhne zusammengenommen, kamen wir zurecht. Damals war das hier eine weiße Wohngegend, wie heute ja auch allmählich wieder, aber in unserm Block gab es zwei Häuser, in denen Leute wohnten, die aussahen wie Spanier und wohl Gangster waren. Eins dieser Häuser lag genau gegenüber, und das andere war nebenan. Die Männer unterhielten sich so freundlich mit uns, daß wir uns nicht vor ihnen fürchteten, obwohl sie die Gewohnheit hatten, sich in Hemdsärmeln auf die Treppe vor ihre Haustür zu setzen und dort die Knarren aus ihrer reichhaltigen Sammlung auseinanderzubauen, zu putzen und wieder zusammenzusetzen. Ich glaube, ihre Gegenwart hielt die wirklich weißen Leute davon ab, uns zu vertreiben. Sie hatten Krach geschlagen, als der alte Franzose starb und seine Nichte zuließ, daß Rafe das Haus kaufte. Die Nichte lebte ohnehin in

Frankreich, und sie mochte Rafe. Mochte ihn sehr, wenn du weißt, was ich damit meine. Was scherte die der ‹verrückte amerikanische Rassismus›, und der Akzent, mit dem sie das sagte, sorgte dafür, daß es klang wie die lächerlichste Sache der Welt. Außerdem war Rafe gewillt, für das Haus mehr zu bezahlen als alle weißen Kaufinteressenten.

Es bestand kein Zweifel, daß die Nachbarn das Haus für ‹Nigger› zu schön fanden. Wir wohnten allerdings *wirklich* illegal dort. Ich glaub nich, daß Schwarze damals schon in dem Stadtteil wohnen durften. Aber wir benahmen uns so unauffällig, daß sie uns kaum zu Gesicht kriegten. Wir hielten uns nie auf dem Rasen vor dem Haus auf, setzten uns nie auf die Treppe; wir nahmen sie gar nich erst als Teil des Hauses zur Kenntnis. Hinter dem Haus lag eine Gasse, und wir nahmen immer den Hintereingang. Doch bald wurde ein andres Haus an hellhäutige Schwarze verkauft, und dann noch eins. Die mochten uns auch nicht – wir waren ihnen zu dunkelhäutig –, aber sie konnten uns den Buckel runterrutschen. Allmählich fühlten wir uns ein bißchen wohler. Wir hielten das Haus blitzsauber, den Rasen kurzgeschoren und die Hecken geschnitten. In den ersten Jahren hatten wir uns nur nachts am Rasen und an der Hecke zu schaffen gemacht. Es war schöner als jedes Haus, das wir uns hätten erträumen können.

Lissie mochte Rafe sehr, und er mochte sie und Lulu auch. Ich hielt große Stücke auf Rafe, und ich glaube, ihm ging es mit mir genauso. Ich weiß noch, wie ich ihm alles über Lissie und mich erzählte. Ich war weder verlegen, noch hatte ich Angst, daß er mich mißverstehen könnte. Wir hatten ihn neugierig gemacht, weil wir in seinem Haus in getrennten Zimmern schliefen. Sie schlief im hinteren Schlafzimmer mit Blick auf den Garten, und ich in dem Zimmer zur Straße hin, mit dem Kind. Mit Lulu, meine ich.

Die ganze Leidenschaft, die ich für ihre Mutter empfunden hatte, übertrug ich nun auf Lulu. Sie wickelte mich schon als kleines Kind um den Finger. Ich liebte sie abgöttisch. Lissie war eine gute Mutter, aber zurückhaltend. Sie schien das Kind kaum an sich ranzulassen. War immer irgendwo in anderen Jahrhunderten unterwegs. Sie traf sich auch wieder mit dem Fotografen, nicht um mit ihm zu schlafen – davon hatte sie die Nase voll –, sondern um ihm Modell zu stehen. Er konnte es nicht fassen, wie unterschiedlich sie von Bild zu Bild aussah. Mitunter sagte er, er könne einfach nicht glauben, auf dem Foto, das er gemacht hatte, tatsächlich Lissie zu sehen, und um ihn zu bestrafen, verriet sie ihm dann nichts. Aber er war so mit sich beschäftigt, daß er auch nichts gehört oder geglaubt hätte, wenn sie sich ihm anvertraut hätte. Bei jedem Bild fieberte sie dem Ergebnis entgegen, und nach und nach verstand ich, es war Gott mit Hilfe der Fotografie gelungen, Lissie zu zeigen, daß sie mit ihrem Gefühl, so viele Frauen zu sein, richtig lag. Zu erfahren, daß sie nich verrückt war, nahm ihr eine große Last von der Seele.

Das Leben ist anders, wenn man einen guten Freund hat. Ich kenne viele Leute ohne gute, enge Freunde. Vor allem andere Männer. Aus irgendeinem Grund schließen Männer oft keine dauerhaften Freundschaften. Das ist wirklich tragisch, finde ich, denn wenn man als Mann keinen Mann zum Freund hat, kann man sich selbst nie richtig wahrnehmen. Weil das, was wir für uns selbst halten, immer auch zum Teil durch andere geformt wird, zumal durch so einen engen Freund, der uns in vielem gleicht. Die Freundschaft zwischen mir und Rafe war was ganz Besonderes. Ich war der Häusliche, der verheiratete Mann und Vater, der Maler. Der Ruhige. Brauchte Lissie, damit sie mich an der Hand nahm. Er war schon ganz anders gebaut als ich: größer und breiter, auch dunkelhäutiger. Ich hab ihn mein Leben lang bewundert. Er war ein typischer Junggeselle! Er hielt es nie länger als ein paar Wochen mit einer Frau aus. Paar Abende hintereinander legte er sich mächtig ins Zeug – kam aber immer nach Hause, um die Nacht in seinem eigenen Bett zu beschließen –, und dann kam irgendwann der Tag, an dem ich ihn fragte, ob und wann er ausginge, und er sagte, heut nicht. ‹Nee, mein Junge.› Dann lachte er, und ich war insgeheim froh, weil das hieß, daß er bei uns zu Hause bleiben würde. Lissie würde was besonders Leckeres zu essen machen; ich würde dafür sorgen, daß ein warmes Feuer brannte. Und nach dem Abendessen setzten Lissie, Rafe, Lulu und ich uns dann ins Wohnzimmer und verbrachten einen gemütlichen Abend mit Kartenspielen und Plattenhören. Dein Onkel hatte nämlich immer die neuesten Schallplatten, weil er zu allem Überfluß auch noch ein wunderbarer Tänzer war.

Manchmal mußte er, glaub ich, sein gebrochenes Herz über das jüngst verlorene Liebesglück ein bißchen pflegen und mochte sich noch nicht wieder mit uns amüsieren; dann zog er sich in sein Zimmer zurück – damals hatte er das große Schlafzimmer – und las im Bett Groschenromane. Rafe liebte Morgenmäntel und Hausschuhe, und ich erinnere mich noch an einen schicken blau-weißen Kimono aus Seide, der, wie er sagte, aus Japan war. Er war elegant! Er schmierte sich Pomade ins Haar und stutzte sich nicht nur den Schnurrbart, sondern auch die Augenbrauen, und er rauchte Nelkenzigaretten. Nein, er war nich schwul, nur vornehm! Er hatte ein Victrola-Grammophon in seinem Schlafzimmer und Bilder von einigen seiner Freundinnen auf dem Kaminsims. An solchen Abenden legte er sich dann irgendeine melancholische Musik auf, die so richtig zu Herzen ging, und rauchte und las und trank den lieben langen Abend. Bis zum nächsten Morgen war er von der betreffenden Liebe kuriert, und wenn er seinen freien Tag hatte, hatte er Lust, mit Lulu zu spielen.

Nach ihrer Mama und mir hatte Lulu ihren Onkel Rafe am liebsten. Manchmal kam es mir so vor, als liebte sie ihn sogar mehr als uns. Wann immer sie ihn sah, war er gut rasiert und wie aus dem Ei gepellt, denn sie durfte nich in seine Zimmer. Wir waren alle drei sehr darauf bedacht, ihm sein Privatleben zu erhalten. Oft wußten wir nicht, ob er zu Hause war – aus seiner Etage drang dann kein Laut. Doch bald fing Lulu an, laut mit den Füßen schlurfend an seiner Schlafzimmertür vorbeizugehen, um hinterher zu sagen, sie habe ihren Onkel Rafe gurgeln gehört.

Wir hätten umziehen können, aber bei Rafe wohnten wir gut und wie in einer großen Familie. In einem Haus, in dem zwei Männer sich um sie kümmerten, erholte sich Lissie schnell von der Schwäche, die sie nach Baby Jacks Tod befallen hatte. Mit ihren Kräften kehrte auch ihr Schneid zurück, und sie nahm ein bißchen zu. Ich sah, daß sie jetzt als Frau in einer Weise erblühte, die einem den Atem verschlagen konnte. *Reife.* Durch ihre Trauer bekamen die Augen eine größere Tiefe; ihr Mund beschrieb beim Lächeln einen Bogen, in dem die Zeitlosigkeit des Schmerzes noch andeutungsweise mitschwang. Aus ihrer ganzen Miene schien mir mehr Demut zu sprechen, und deshalb berührte ich sie unwillkürlich häufiger, strich ihr das Haar zurück oder die Augenbrauen glatt. Aber am liebenswertesten war jetzt ihre Stimme. Wenn sie sprach, mußte man an Wasser denken, so weich und sanft war ihr Klang, aber mitunter hörte man auch die Stromschnellen. Sie lachte auch häufiger, ein wissendes Lachen. In ihrer Stimme und ihrem Lachen lag etwas, das mich unendlich rührte: das Einverständnis mit ihrem Geschick und ... Dankbarkeit.

Lissie hatte mir verziehen, weil sie verstanden hatte. Sie liebte mich noch, aber sie hatte losgelassen. Und sie war dankbar dafür, daß sie am Leben war, dankbar für das, was ihr geblieben war. Zum Beispiel ich und Lulu und Rafe.

Sie verlegte sich darauf, Lulu zu bemuttern, so gut sie es in Anbetracht der ganzen Ablenkungen konnte. Lulu war der geborene Wildfang und hielt Lissie ziemlich in Atem. Um mich kümmerte sie sich wie eh und je. Sie ermunterte mich weiter zum Malen und fand in der Innenstadt von Baltimore ein Geschäft, das bereit war, meine Arbeiten an Touristen zu verkaufen. Ich verwendete jetzt keine Wandfarbe mehr, sondern Wasser- und Ölfarben, das war für mich der Himmel auf Erden. Außerdem brachte sie mich dazu, Abendkurse in Englisch und Botanik zu besuchen, die an der neuen Oberschule für Farbige angeboten wurden. Der Englischunterricht erleichterte es mir, mich mit Leuten zu unterhalten, die ja nicht immer das Englisch von der Insel verstanden, und die Botanikkurse halfen mir, die Pflanzen, die ich malte, besser hinzukriegen.

Jahre später rätselten einige unserer Freunde, was wohl geschehen sein mochte. Ihnen war die Ähnlichkeit zwischen unserem Sohn Anatole – der nach diesem alten Franzosen benannt war – und Rafe aufgefallen. Sie bemitleideten mich. Sie haben bestimmt geglaubt, Lissie und Rafe hätten hinter meinem Rücken eine Liebschaft gehabt. Aber dem war nich so.

Es war viele Jahre her, daß ich zum letztenmal mit Lissie geschlafen hatte, so lange, daß ich gar nicht mehr drüber nachdachte und mich kaum erinnerte, daß es mal möglich gewesen war. Wir waren immer noch gern zusammen. Wir gingen zusammen einkaufen oder brachten Lulu zur Schule. Wir umarmten uns oder gingen Hand in Hand, aber das hatten wir ja immer getan. Wir waren wieder da, wo wir als Kinder angefangen hatten, und zwar lange bevor Lissie richtig auf deinen Onkel Rafe aufmerksam wurde. Als Mann, weißt du.

Wenn ich zurückschaue, ist mir klar, daß es eigentlich so kommen mußte. Lissie und Rafe waren auffallende Erscheinungen. Wenn wir uns zu dritt zum Ausgehen herausputzten, machte sogar die kleine Lulu beim Anblick der beiden *oooh!* Sie hatten Flair. Beide waren auf schöne Kleidung versessen, und Lissie war gern auf jedem Ball eine andere Frau. Sie liebte so was wie Pailletten, glitzerndes Flitterzeug und Schals mit Troddeln und Fransen. Rafe hing sehr an seinen weißen Seidenhemden, seinen Lackslippern und seinem Mantel mit Fellkragen. Er gehörte zu der Sorte Neger, die beim Ausgehen Kalbslederhandschuhe *und* einen Spazierstock mit silbernem Knauf mitnehmen. Er sah sich gern als Draufgänger, und solange es ihm gelang, seine Abenteuer vor ungefähr zwei Uhr morgens hinter sich zu bringen, wenn er nämlich unbedingt gemütlich zu Hause im Bett liegen wollte, war er auch einer.

Er und Lissie ergänzten einander perfekt.»

HEUTE NACHT TRÄUMTE ICH, ich hätte dir meinen Tempel gezeigt», sagte Miss Lissie. «Ich weiß nicht, wo er stand, aber es war ein einfaches quadratisches Gebäude mit nur einem Raum, den Lehmziegelbauten im Südwesten verwandt, mit auf Deckenhöhe aus der Mauer ragenden Balken und tiefen Fensterhöhlen. Er war in einem satten dunklen Korallenton gestrichen und oben herum mit unzähligen türkisen und tiefblauen Mustern verziert, die indianischen Symbolen für Regen und Sturm glichen. Er war wunderschön, obwohl er so klein war, und ich entsann mich, wie ich in einem langen weißen Baumwollgewand zu den Zeremonien ging. Damals war ich groß und imposant, mit dichtem, zu einem Knoten aufgestecktem schwarzem Haar. Auch an die Pyramiden in Mexiko erinnerte mich mein Tempel, obwohl ich ganz sicher bin, daß er nicht aus Stein, sondern aus bemaltem Lehm war.

Jedenfalls lebte dort mein Seelentier – heutzutage würde man wohl leider ‹Haustier› dazu sagen –, ein kleines, unglaublich schönes Geschöpf, teils Vogel, denn es war gefiedert, teils Fisch, denn es konnte schwimmen und hatte einen Fischkörper, und teils Reptil, denn es huschte flink wie ein Gecko umher, während ich mit dir redete. Es bewegte sich anmutig und geschickt und sah übermütig und verschmitzt drein. Es war *lebendig*! Du, Suwelo, warst in jenem Leben übrigens offenbar ein weißer Mann, sehr höflich, sehr begütert und dem Anschein nach sehr an unserer Lebensweise interessiert.

Mein kleines Seelentier, nicht größer als meine Hand, flitzte und wieselte auf dem Platz vor dem Tempel umher, wo wir saßen. Es war überwiegend blau, aber mit Rot und Grün darin und voller goldener und kirschroter Tupfer. Lila war auch darin. Ja. Es hatte einen Vogelkopf. Habe ich dir das schon erzählt?

Indem es so umherflitzte, lenkte es uns beim Reden so ab, daß ich es aufhob und ein Stück wegtrug und unter eine durchsichtige Glasschüssel auf den Boden setzte. Doch kaum hatte ich mich wieder zu dir gesetzt, hörte ich ein Geräusch wie von einem gedämpften Schuß. Ich ging zur Schüssel zurück, und siehe da, das Tier war ausgebrochen. Die Schüssel hatte oben ein kleines Loch. Ich sah mich um und fand eine zweite Schüssel, eine schwere weiße, sehr glatt mit dicken Wänden. Mein Seelentier lag still und blickte neugierig zu mir auf. Es ruhte sich von der Anstrengung aus und gab sich keine Mühe wegzulaufen, als ich ihm die weiße Schüssel überstülpte. Ich saß noch nicht ganz, da hörte ich wieder einen Knall. Als ich hinging, raste mein Tier wütend im Schnee herum. Es war plötzlich eiskalt geworden. Mein Seelentier aber war so schön wie eh und je. Wie oder gar weshalb ich darauf kam, das zu tun, was ich dann tat, ist mir ein Rätsel, aber ich glaube, es war eine Kurzschlußhandlung aus gekränktem Stolz. Denn ich hatte mittlerweile begriffen, daß mein Seelentierchen nach Freiheit strebte und daß ich im Begriff war, unseren Bund zu zerstören. Jedenfalls wollte ich nicht klein beigeben – denn plötzlich umstanden uns Dutzende von deinen Leuten, Weiße, und schauten sich diesen Wettstreit an – und sperrte mein wunderschönes Seelentierchen unter einem Blechzuber ein. Ich verschwendete kaum einen Gedanken an die Kälte oder den Schnee und dachte nicht einmal darüber nach, wie grausam die Qual des kleinen Wesens sein müßte. Diesmal würde es bestimmt nicht ausbrechen können. Ich ging wieder dorthin zurück, wo wir saßen, du und ich, und versuchte, unser Gespräch über Tempel, über meinen Tempel, wiederaufzunehmen. Die Sonne ging gerade unter und tauchte den kleinen Bau mit seinem leuchtend korallenfarbenen Anstrich in goldenes Licht. Es war ein herrlicher Anblick. Ich war so glücklich, daß er mein war, und dachte an den tiefen Frieden, der sich wie Schlaf über mich senkte, wenn ich durch seine Pforten trat.

Alsbald vernahmen wir ein Grollen, wie von einem Vulkan, unter unseren Sitzen. Als ob Kraft von überall her in Strömen angesaugt würde und an einer Stelle unter dem Schnee zusammenflösse. Uns alle, dich, mich und die mit ihren hohen Absätzen und Pelzmänteln so merkwürdig gekleideten Weißen zog es zu dem bebenden Waschzuber hin, der nun auf den untersten Stufen eines monumentalen weißen Steingebäudes in einer anderen Stadt und in einem anderen Jahrhundert zu stehen schien. Wir konnten nicht glauben, daß ein kleines Wesen, kaum größer als eine Hand, mit seinem zarten vogelartigen Kopf in der Lage wäre, das Blech zu durchdringen. Wir sahen staunend zu, wie das kleine Seelentier mit einem mächtigen Rauschen, als käme es vom tiefsten Meeresgrund, den Boden des Zubers durchstieß und an die Luft gelangte. Im Vorübersausen sah es mich mitleidig an. Dann breitete es seine Schwingen aus, die es noch nie benutzt hatte, und flog davon. Und ich blieb zurück, allein mit dir und deinesgleichen, auf den Stufen eines kalten Steingebäudes von der Farbe billiger falscher Zähne, in einer Welt, die mit meiner wenig gemein hatte, in einem Jahrhundert, das ich nie verstehen würde. Es sei denn, ich besann mich auf mein wunderschönes kleines Seelentierchen, das mir so fröhlich und treu beigestanden hatte und dem ich aus Stolz und Gedankenlosigkcit untreu geworden war.»

ÜBERALL WAREN FLIEGEN.» Das erzählte Arveyda Carlotta über den Ort ihrer Geburt.

«Und was denkst du?» fragte er.

Sie wußte nicht, was sie denken sollte. Arveyda war wieder da, aber ihre Mutter nicht. Sie bemühte sich, nicht an Zedé zu denken.

«Sie drehten da einen Film! Ausgerechnet in *Guatuzocan*!» sagte er.

Carlotta hatte den Namen noch nie gehört.

«Er handelt von einer alten indianischen Göttin», fuhr er fort, «einer großen Blonden, wie Bo Derek, die sich in einen weißen Völkerkundler aus der Gegenwart verliebt, der durch einen Höhleneingang in die prähistorische Epoche stolpert, in der sie lebt. Der Film war sehr witzig, wenn man einmal begriffen hatte, daß man sich am ehesten dagegen zur Wehr setzen konnte, indem man darüber lachte.

Deine Mutter traf dort eine ihrer alten Freundinnen wieder, eine Frau, die aussah, als ob sie hundert Jahre alt wäre, obwohl sie nicht älter war als Zedé, und die beiden saßen fast den ganzen Tag unter einem Baum und sahen bei den Dreharbeiten zu. Ihre Freundin, Hidae, eine sehr dunkelhäutige Frau mit vielen Falten, hatte eine Statistenrolle und stellte einen der dummen prähistorischen Indianer dar, aus deren Mitte die gewitzte blonde ‹Indianergöttin›, offenbar ein Albino, entsprungen war. Sie lachten sich schief über das Kostüm der Göttin, einen Taubenfeder-Bikini, wie man sie an die Touristen verkaufte. Ferner Nagellack und blutroter Lippenstift. Dazu mußte sie einen kolossalen Kopfschmuck tragen, und in diesem Putz saßen Flöhe. Die Göttin kratzte sich am Kopf, wedelte die Fliegen fort und ging vor Schwüle und Langeweile fast ein. Sie wurde von den Mortadellabroten fahl und blaß und schaute, ohne einen Finger zu rühren, zu, wie der weiße Völkerkundler die gesammelten Schätze ihres Volkes davonschleppte, weil ... sie ihn liebte!

Aber der Film sorgte für Arbeit. Für Zedé, meine ich, für ihre Freundin und für die andern aus dem Dorf. Weil Zedé Englisch konnte, wurde sie für das Produktionsteam angeheuert. Sie übersetzte. Aus dem Gefängnis von einst, das du und deine Mutter kannten, war tatsächlich ein Dorf geworden. Oder besser wieder ein Dorf geworden, denn es war ja schon früher ein Dorf gewesen und hatte dem Volk deines Vaters, *los indios*, gehört. Wie in Australien, wo aus einer Schar von Strafgefangenen allmählich eine Nation heranwuchs, war aus den Wachen und Sklaven, die man in Guatuzocan angesiedelt hatte, um Papayas zu ziehen, eine Dorfgemeinschaft geworden.

Nur Hidae und sechs andere waren von den Sklaven, die deine Mutter gekannt hatte, übriggeblieben. Der Rest war am schlechten Essen, der harten Arbeit, der Hitze und den Tropenkrankheiten sowie am Schreckensregime der Wachen zugrunde gegangen. Die meisten Frauen, die ihren Sklavenhaltern Kinder geboren hatten, waren tot, die Sklavenhalter aber nicht. Sie vergewaltigten jeden neuen Schwung Sklavinnen und suchten sich unter ihnen neue Lieblingsfrauen, während sie die alten, geschundenen, die in ihnen kein Verlangen mehr weckten, verstießen. All diese Frauen bekamen Kinder. Das versetzte die Wachen in die merkwürdige Lage, Herren über ihre eigenen Sprößlinge und die von ihresgleichen zu sein. Und während sie sich in ihrer Herrschaft über so viele hilflose Menschen früher einig gewesen waren, entstanden nun Haß und Abscheu. Denn siehst du, jeder Sklavenhalter zeugte unweigerlich einen Lieblingssohn und konnte dann nicht mit ansehen, daß dieser Sohn sich vor einer anderen Autoritätsperson beugte oder gar von ihr mißhandeln ließ. Dazu kamen die unvermeidlichen Vergewaltigungen seiner Töchter durch die Kameraden, die darauf gedrillt waren, sich nicht um ihre Ähnlichkeit mit ihm zu scheren. Die entging ihm schließlich selbst bisweilen. Es war die Hölle.

Die Papayaplantagen brachten gute Erträge, und das Geld aus dem Verkauf der Ernte floß in die Taschen der Plantagenbesitzer aus Europa und Nordamerika; die Arbeit blieb hart, obwohl sie nicht mehr so unerträglich war wie das Dschungelroden und das Bäumepflanzen. Zuerst rätselten wir, warum die Filmgesellschaft ausgerechnet inmitten einer riesigen, modernen, schnurgerade ausgerichteten Papayaplantage einen Film über das Indianerleben vor der Ankunft der Gringos drehte. Aber als Zedé den Regisseur fragte, erklärte er ihr, er drehe einen progressiven Film über die Indianer, ohne die üblichen Klischees, ein ganz ungewöhnliches Unterfangen für einen Amerikaner; die Plantage zeige, daß die Indianer keineswegs faul, sondern schon vor Urzeiten fleißig gewesen seien. ‹Da habt ihr's!› sagte deine Mutter, als sie mir und den runzligen Indianern Bericht erstattete. Und wir lachten alle.

Die Sklavenaufseher und ihre Gefangenen waren also zu einer Art Familie geworden, und die im Dorf geborenen Kinder wuchsen in einer Grauzone heran, in der sie sich halb für Sklaven und halb für frei hielten. Sie verstanden weder die Verachtung ihrer Väter für ihre Mütter noch die tiefe Furcht ihrer Väter vor den Frauen, die doch so hilflos waren; sie begriffen auch nicht, warum ihre Mütter die Väter – die ihre Vergewaltigungszüge ins Frauenlager immer häufiger als liebevollen Besuch kaschierten, als ihre unehelichen Kinder heranwuchsen – so abgrundtief haßten. Die frühesten, unbewußten Erinnerungen dieser Kinder blieben die unterdrückten Schreie ihrer Mütter und Geräusche, die daher zu rühren schienen, daß die nackte Wirbelsäule ihrer Mutter über den Boden schleifte.»

«Es ist gleichgültig, ob du mich liebst oder nicht», sagte Arveyda. «Vielleicht verdiene ich nicht einmal, dich oder meine Kinder sehen zu dürfen. Aber laß mich dir wenigstens das Geschenk machen, daß du durch mich deine Mutter kennenlernst – das könntest du, glaube ich, ohne mich nicht haben, weil sie dir die Geschichte nicht selbst erzählen würde. Sie schämt sich zu sehr. Damit möchte ich dir das schenken, was ich selbst am liebsten hätte, aber, da meine Mutter tot ist, von niemandem mehr bekommen kann.»

Carlotta spürte, wie sie die Männer haßte; ihr Verschwinden, ihre Abwesenheit, und dann ihre Selbstgefälligkeit bei der Rückkehr. Sie dachte an den dämlichen Angel Clare und sah sich als Tess. Sie dachte an Tea Cake und sah sich als Janie. Sie war überzeugt, daß Helga Crane eine dumme Gans war. Sie kam zu dem Schluß, daß der einzige Mann im Leben und in der Literatur, der ihre Bewunderung verdiente, Leonard Woolf war. Allerdings hatte sie mit ihrem Literaturkurs noch nicht angefangen, *Ein Dorf im Dschungel* zu lesen. Vielleicht sollte sie sich nicht zu früh freuen.

Arveyda hatte ihr irgendwo draußen unter Bäumen von Zedé erzählen wollen. Draußen an der frischen Luft. Wenn man den ganzen Himmel sieht, kann keine Nachricht vernichtend sein, selbst dann nicht, wenn sie von jemandem kommt, der einen verachtet. Aber Carlotta saß mit verschränkten Armen in ihrem billig möblierten Wohnzimmer und hatte die schlanken Beine fest übereinandergeschlagen. Sie hörte ihn nicht. Sie konnte sich keinen Reim auf seine Worte machen. Es war, als wären sie beide betrunken. Außerdem lief ein lustiger Roadrunner-Trickfilm, und die Kinder klatschten in die Hände und lachten.

Unter diesen Umständen mochte Arveyda nicht weiterreden. Er sah seine Kinder an, die auf dem Fußboden lagen und ihn ignorierten. Er konnte es ihnen nicht verdenken. Wer war er denn überhaupt, dieser Mann, der sie verlassen hatte? Außerdem schien es ihnen wichtig zu sein, ob es dem Roadrunner nach so vielen grausigen Anschlägen auf sein Leben gelingen würde, dahin zu kommen, wo er hinwollte.

Als der Zeichentrickfilm zu Ende war, setzte sich Arveyda über das empörte Protestgeheul der Kinder hinweg und schaltete den Fernseher aus. Sorgsam klappte er die Holztüren der Fernsehtruhe zu und setzte sich mit seiner Gitarre, die er hinter der Wohnungstür hervorholte, wo er sie abgestellt hatte, davor auf einen harten Küchenstuhl. Er stimmte das Instrument, während seine Kinder sich mit wütenden Blicken und unter vorgetäuschtem Gegähne zu ihrer Mutter auf das Sofa kauerten. Sie sahen ihn an wie einen Eindringling. Er zupfte an den Saiten seiner Gitarre. Ihr alter Name war Selume, die Rune, die in alten afrikanischen Weissagungen für Jugend stand. Er hatte das Gefühl, sich nach seinen langen Reisen einen neuen Namen ausdenken zu müssen.

Ihm kam eine Idee.

«Hast du die drei kleinen Steine von deiner Mutter noch?» fragte er Carlotta.

Sie antwortete nicht gleich. Sie war in Gedanken zu sehr mit ihrem Haß auf ihn beschäftigt. Doch dann gab sie sich Mühe, sich auf die drei kleinen Steine von Zedé zu besinnen und sich daran zu erinnern, wo sie waren.

«Holst du sie?» Irgendwie hegte er keinen Zweifel, daß sie sich einfinden würden.

Vielleicht besteht ihr Kern aus Brillanten und Rubinen, dachte Carlotta und ärgerte sich zugleich über ihre Fügsamkeit, als sie aus dem Zimmer ging.

In ihren Schubladen herrschte Ordnung, wie immer. Es machte ihr keine Schwierigkeiten, die drei kleinen Steine zu finden. Sie bewahrte sie aufgereiht hinten in ihrer Wäscheschublade auf. Sie holte sie heraus und ging wieder ins Wohnzimmer.

Arveyda streckte die Hand aus, und sie ließ die Steine hineinfallen.

Er beugte sich über seine Gitarre und legte die Steine auf den Fußboden, nicht in einer Reihe, sondern in Pyramidenform.

«So müssen sie liegen, wie das Zeichen für einen Atombunker», sagte er. «Sie sind ein Geschenk deines Vaters und seines Volkes an dich.»

Das klang ziemlich nichtssagend, um nicht zu sagen, hirnrissig. Carlottas Gedanken schweiften ab. Sie fragte sich, wie es kam, daß sie die Steine nicht verloren hatte; sie hatte sie nie in dem Beutel aufbewahrt, den Zedé dafür genäht hatte. Irgendwie mußte sie die unscheinbaren kleinen Steine als ihren Schatz betrachtet haben. Als Kind hatte sie sie gut sichtbar oben auf ihrer Kommode aufbewahrt. «Die sind *muy especial*», hatte Zedé gesagt und sie allabendlich liebevoll berührt, wenn sie in Carlottas Zimmer kam, um ihr gute Nacht zu sagen. «Diese Steine haben eine Bedeutung für dich.» Aber sie hatte ihr nie erzählt, worin diese Bedeutung bestand.

In Arveyda gingen erstaunliche Dinge vor, als er über den Steinen saß und anfing, die Saiten anzuschlagen. Ihm wurde endlich, endlich bewußt, woher es kam, daß er sich so leicht verliebte, sogar in die Mutter seiner eigenen Frau. Schuld waren seine Musik und sein Künstlertum. Künstler waren, das begriff er nun, nichts anderes als Sendboten. Ihnen fiel die Aufgabe zu, die Welt zu vereinigen. Eine überwältigende Aufgabe, aber er fühlte sich ihr gewachsen, wenigstens was sein eigenes

Leben betraf. Er mußte darauf vertrauen, daß der Schmerz, den er sich und andern zufügte – und der in dem, was er zu erzählen hatte, so schlecht verborgen war –, nicht Zerstörung, sondern Verwandlung bringen würde.

Er fing ganz leise an, seiner Frau und seinen Kindern etwas vorzusingen. Ein Lied von einem Land, das sich am liebsten in ein grünes Kleid hüllte; einem Land voller Flüsse und Boote, bei denen man aus der Ferne an getrocknete Vanilleschoten denken mußte. Er sang von dem Volk, das vor langer Zeit in dieses Land gekommen war, aus einem anderen Land, das Sonne hieß. Er sang davon, wie es den Strom entdeckt hatte, der durch den Ozean fließt – und auch von jenem wußte, der durch den Himmel fließt, aber keine Möglichkeit fand, ihn zu befahren –, und wie es auf die Menschen getroffen war, die schon dort lebten. Einige Angehörige der beiden Völker taten sich zusammen und liefen davon, um ihre gemeinsamen Anschauungen über die Welt zu teilen. Fast nebenbei errichteten sie große Zivilisationen, wobei große Zivilisationen von ihrer wahren Größe wohl nie etwas merken oder viel Aufhebens davon machen; mit der Zeit verfielen die Zivilisationen wieder, und die Menschen zerstreuten sich in alle Richtungen und lebten wie kleine Leute überall. Sie jagten und fischten, sie beteten und liebten sich und brachten Kinder zur Welt. Arveyda sang von den roten Papageienfedern in ihren Ohren – denn den Papagei hatten sie mitgebracht; er war ihr Schutztier, Symbol ihres Wesens – und von den langen krausen Haaren, die ihren Köpfen als Kissen dienten. Er sang von der Ankunft der Männer, die ihnen die Freiheit raubten, und vom grausamen Geschick der so Versklavten. Er sang von zwei Menschen, die einen Augenblick der Liebe erlebt hatten, und von einem, der auf entsetzliche Weise umgekommen war und nichts hinterlassen konnte außer seinem Samen, aus dem ein Kind wuchs. Er sang von einem Paar roter Papageienfederohrringe und drei unscheinbaren Steinen. Er sang von der Verwirrung und der Angst der Mutter, von den Wunden, die sie dem Kind nie zeigen konnte, weil sie immer noch so schmerzten. Die Liebe zum wilden Vater des Kindes saß ihr wie ein bitterer Klumpen im Hals.

Die Kinder waren längst eingeschlafen, als Arveyda zu dem kam, worauf Carlotta begierig wartete. Arveyda sang leise davon, wie sehr die Mutter, immer noch weit weg, das Kind liebte und vermißte. Wie traurig sie darüber war, es verletzt zu haben. Wie sie betete, das Kind möge ihr vergeben und eines Tages bereit sein, sie wiederzusehen. Er sang davon, wie sehr der Mutter die Enkel fehlten. Er sang von der Gefahr, in der die Mutter jetzt in ihrer alten Heimat schwebte, weil sie sich unter dem Deckmantel ihrer Arbeit bei der Gringo-Filmcrew auf die Suche nach ihrer eigenen Mutter gemacht hatte, die sie nicht mehr gesehen hatte, seit vor vielen, vielen Jahren die Soldaten in ihre armselige kleine *escuela de los indios* gekommen waren und sie verschleppt hatten. Das war der einzige Grund, warum sie ihre *hija* in diesem Augenblick nicht in den Armen hielt, wenn ihre *hija* das denn nur zuließe. Er sang von Zedés Mut und davon, daß sie zu stolz war, ihr Kind mit dieser unerträglichen Geschichte zu belasten. Er sang von ihrer großen Bescheidenheit. Er sang, bis Zedé ihrer Tochter klein und zaghaft wie ein Schemen vor Augen stand.

Carlotta hatte sich nicht träumen lassen, daß es möglich war, ihr das betäubte Herz noch einmal zu brechen, oder daß ein Herz sich beim Zerbrechen öffnen konnte.

Arveyda war wieder da. Ja. Er sang wie nie zuvor. Carlotta wußte, daß er von jetzt an weder Federn noch Umhang brauchen würde.

Unter ihrem durchdringenden, tränenfeuchten Blick schloß Arveyda die Augen. Er wußte, daß er um ihrer beider Leben sang. Als wahrer Künstler, dem Gott sich zeigt, wußte er, daß er nicht wagte, an der Kraft seines Liedes zu zweifeln.

Ekstase ist: unberührter Wald und Geruch nach frischem Brot. Suwelo strengte sich an, die warme, volltönende Musik durch die eisige Wand aus Fannys Worten hindurch über das Telefon zu hören. Die spielt sie also immer noch, dachte er überrascht. Die alte Platte von Arveyda. Sie mußte nach ihrem Auszug eine neue gekauft haben; die alte, die sie zusammen erstanden hatten, bestand nur noch aus einem einzigen langen Kratzer. Sie hatte sie so lange gespielt, bis sie völlig abgenutzt war. Und er erinnerte sich, wie sie die Plattenhülle, auf der unter einem großen Sequoiabaum nur ein Brotlaib lag, an die Brust gepreßt und sich verzückt zu jeder Note gewiegt hatte. Die Lieblichkeit der Musik hatte sie manchmal zu Tränen gerührt. Und er hatte ihr zugeschaut, wie sie taumelte, tanzte und weinte. Musik war für sie erhebender als alles andere in ihrem Leben, dachte er. Sie bedeutete reine Ekstase für sie.

Und einmal, als Arveyda zu einem Gastkonzert in die Stadt kommen sollte, hatte er für sie beide Karten gekauft. Endlich würden sie ihn sehen. Zuerst hatte Fanny sich auch sehr darauf gefreut, und er hatte sich über die täppische Aufregung amüsiert, die sie beim Anziehen verriet. Ihre schönsten Sachen. Lauter Schattierungen von Lavendel, tiefem Indigoblau und Enzian. Wie schön sie ist, hatte er gedacht.

«Du wirst ihn ja vielleicht sehen», hatte Suwelo sie gehänselt. «Er wird auf der Bühne stehen, und die Karten, die ich gekauft habe, sollten uns gute Plätze sichern. Aber für ihn bist du höchstens ein Stecknadelkopf im Publikum.»

Sie hatte gelacht und sich mit einem selbstgemischten Parfüm benetzt, das erstaunlich nach frischem Wasser duftete.

Aber dann, als sie die Wohnung verließen und auf den Flur hinaustreten wollten, blieb sie stehen, und nichts, was er sagte, konnte sie dazu bewegen weiterzugehen. Als er ihren Arm nahm, war sie wie festgewurzelt. Als er sie spielerisch mitziehen wollte, klammerte sie sich so fest an den Türrahmen, daß sie sich einen Nagel abbrach.

Sie hatte Angst, den Menschen zu sehen, der mit seinen Kompositionen das, wonach sie sich aus tiefster Seele sehnte, so genau traf, daß sie weinen mußte.

Suwelo konnte das ansatzweise begreifen, aber er war auch verärgert, weil ihm jetzt das Konzert entgehen würde, obwohl sie ihn anflehte, hinzugehen und jemand anderen mitzunehmen. Außerdem hatte er eine Menge Geld für die Karten ausgegeben.

«Ist Arveyda vielleicht alt?» fragte sie hoffnungsvoll. (War er nicht.) «Ich warte, bis er stirbt oder bis ich tot bin, dann erst ... will ich ihn sehen.»

Und was konnte Suwelo einer Liebe entgegensetzen, die in so übermächtiger Angst und so großem Fatalismus erstickte?

«Ach, mein armes Liebes», hatte er wütend und hilflos gesagt, während er sie festhielt und ohne hinzuschauen wußte, daß ihr Tränen der Sehnsucht über die Wangen strömten.

WAS HATTE ER GEDACHT, als er Carlotta zum erstenmal sah? Fanny hatte ihm vorgeworfen, er sähe nur die Bernsteinhaut und das dichte lange schwarze Haar. Die schöne Figur. Eine farbige Frau, gewiß, aber eine ohne jene schmerzhafte Vergangenheit, die sein männliches Selbstwertgefühl bedrohte oder seine Freude an ihrer Weiblichkeit einschränken konnte. Ihm selbst kamen diese Gedanken eigentlich erst später, als er sich längst auf die Liebschaft mit Carlotta eingelassen hatte. Als er sie zum allerersten Mal sah, bei einer Mitarbeiterversammlung der Fakultät, wo sie einen unruhigen und ratlosen Eindruck machte, hatte sie auf ihn gewirkt wie eine wesentlich jüngere lateinamerikanische Coretta King. Er hatte irgendwo mal ein Bild von Mrs. King gesehen, auf dem sie gramgebeugt und hintergangen aussah, eine wunderschöne Frau, die leider unaufhaltsam im Morast eines Daseins als berühmte Witwe versank. Lauf, hatte er ihr zurufen wollen, lauf weg. Laß dich von denen nicht mit in den Sarg sperren! Aber vielleicht hatte sie es ja so gewollt, und ein Teil von ihr war wirklich mit Martin Luther King zu Grabe getragen worden. Aber da war doch gewiß mehr eigenes Leben, das gelebt sein wollte? An Jackie Onassis, der ein ähnliches Schicksal geblüht haben könnte, wenn sie sich nicht so raffiniert gewehrt hätte, bewunderte Suwelo nur das eine: wie vollendet es ihr gelungen war, sich von ihrem toten Ehemann Jack zu befreien. Auf dem Bild, an das er sich erinnert fühlte, stand Mrs. King in einer großen Gruppe von Indianerinnen und sah indianischer aus als die meisten von ihnen. Carlotta hatte bei näherer Betrachtung den gleichen tieftraurigen Gesichtsausdruck einer Hintergangenen. Aber als er noch näher hinschaute und dabei die anderen, weißen Mitarbeiter ignorierte, denen aus seiner Warte die Universität gehörte, fiel ihm auf, daß aus ihrem Gesicht doch etwas anderes sprach als aus dem von Mrs. King. Oder vielleicht auch nicht, aber was ihn daran rührte, war die Tatsache, daß er den Ausdruck schon in einem weinenden Gesicht gesehen hatte, das er viel besser kannte, wo er den Schmerz bereits gespürt und versucht hatte, ihn zum Verschwinden zu bringen. Er fühlte sich von Carlotta angezogen, weil der Ausdruck in ihrem Gesicht dem in Fannys glich, als sie damals gemerkt hatte, daß er ihr untreu geworden war. Er hatte während der ganzen Zeit mit Carlotta versucht, den Widerschein von Fannys Kummer auf ihrem Gesicht zu bekämpfen. Ohne sich freilich jemals zu trauen, sie zu bitten, ihm von der Ursache ihres Kummers zu erzählen. Er hatte kaum erfahren, daß sie von ihrem Mann getrennt lebte und ihre zwei Kinder allein großzog, und kaum ihre armselig möblierte Wohnung gesehen und gehört, wie bitter sie sich über den Rassismus im Fachbereich für Frauenstudien beschwerte, wo sie arbeitete, da war er auch schon davon ausgegangen, daß er ihren Kummer verstand. Jetzt wurde ihm klar, daß er wohl gar nichts begriffen hatte, und außerdem dämmerte ihm, wie oberflächlich und letztendlich verlogen es war, mit jemandem zu schlafen, den man nicht richtig kannte.

Allmählich begann er die Geschichte, die Mr. Hal und Miss Lissie ihm so unermüdlich eintrichterten, mehr denn je zu würdigen.

MEIN VATER HATTE kein so sonniges Gemüt wie meine Mutter», sagte Mr. Hal. «Sie lachte oder kicherte in einem fort. Sie konnte einfach nichts dafür. Ihr kam alles lustig vor. Aber über Daddys Haupt hing immer eine Wolke. Das kannst du vielleicht nich recht verstehen, aber du lebst ja schließlich auch in Kalifornien. Ich les ab und zu Zeitung, daher weiß ich, daß da viele Männer, die mit Männern zusammen sind, sterben müssen. Jedesmal, wenn ich was drüber lese, denk ich an meinen Vater, weil ich glaube, daß er sich gefreut hätte. Er war kein böser Mensch – versteh mich nich falsch –, aber er haßte solche Männer einfach; sie waren die einzigen Menschen, über die ich ihn je haßerfüllt hab reden hören. Selbst über Weiße ließ er sich nie so aus wie über ‹komische› Männer. Erst auf dem Totenbett erzählte er mir, warum.

Er wuchs auf der Insel auf, auf einer Plantage, die einer weißen Familie vom Festland gehörte und von einem schwarzen Aufseher verwaltet wurde. Die Sklavenzeit war schon vorbei – die Sklaven waren dem Gesetz nach längst frei –, aber nach den Zuständen da zu urteilen, schien sich nich viel geändert zu haben. Wie dem auch sei, an Feiertagen wie Weihnachten oder Ostern und über den Sommer fuhren diese Weißen raus zu ihrem Besitz auf der Insel. Im Sommer war es auf der Insel kühler, viel angenehmer als auf dem Festland. Sie segelten mit ihrer Yacht herüber – sie waren reich – und brachten das gesamte Personal aus dem Haus auf dem Festland mit: die Köchin, die Hausmädchen, den Stallburschen, sogar die Gärtner. Mein Vater arbeitete damals als Gelegenheitsarbeiter und als Laufbursche für sie. Er half immer mit, die Yacht auszuladen, und sie bezahlten ihn mit Apfelsinen, die es bei uns auf der Insel so gut wie nie gab und deren Geschmack nicht mit Gold zu bezahlen war. Jedenfalls hatten diese Leute ’nen Sohn namens Heath, und der fing an, mit meinem Vater rumzuziehen. Die beiden Jungs kamen gut miteinander aus, aber meinen Vater wurmte es, daß er immer in die Schranken gewiesen wurde. Heath konnte sich bei meinem Vater zu Hause frei bewegen, und in den Sommermonaten blieb er oft zum Essen und aß in der Küche mit allen anderen zusammen, aber mein Vater, der übrigens David hieß, nach dem kleinen David in der Bibel, kam bei Heath nie weiter als bis an die Hintertreppe. Wer schwarz war und nicht im Haus arbeitete, durfte nich rein. So einfach war das.

Heaths Vater und Mutter schienen im Umgang miteinander eher höflich als herzlich zu sein, und keiner von beiden redete viel mit Heath. Trotzdem schien sein Vater sich zu freuen, daß Heath und mein Vater sich angefreundet hatten; der Mutter schien das gar nich erst aufzufallen. Sie trank.

Heath und mein Vater waren Jugendfreunde, sie sahen sich jahrelang in den Ferien und im Sommer. Dann ging Heath aufs College, und mein Vater heiratete. Schließlich heiratete Heath ebenfalls, und er kam mit seiner Frau auf die Insel, um sich in dem großen Haus niederzulassen, das Heath liebte und das ihm die Eltern nun vererbten. Mein Vater führte eine recht glückliche Ehe. Ich wüßte nich, daß er sich je irgendwelche Knalleffekte davon versprochen hätte. Auf der Insel heiratete man jung, zog einen Haufen Kinder groß, und die ganze Familie arbeitete von morgens bis abends, aß und schlief und war so gottesfürchtig wie möglich. Dann starb man. Das war’s auch schon. Und das langte den meisten dicke. Aufregungen? Dafür mußten die Geschichten und Gerüchte herhalten, die man über andere Leute weit weg auf dem Festland hörte.

Heath wieder- und für immer dazuhaben, war aufregend, und die beiden blieben befreundet, so gut es angesichts der Tatsache ging, daß sie jetzt – als erwachsene Männer – in den Augen der Gesellschaft und des Gesetzes ungleicher waren denn je. Heath hatte allerdings leider angefangen zu trinken und hielt im Grunde auch nichts von Schwarzen. Er war einer von den Weißen, die betrunken zu der schwarzen Frau, die sie im Arm halten, sagen würden: ‹Weißt du, so und so, ich mag ja keine Nigger, aber dich mag ich!› Du kannst dir also vorstellen, auf was für wackligen Füßen diese sogenannte Freundschaft zwischen ihm und meinem Vater stand, weil sie dauernd zwischen Zorn und Angst hin- und herpendelte. Natürlich war meinem Vater Heaths Rassismus verhaßt, genauso wie er ihn, den Weißen, auch dann noch fürchtete, wenn sie zusammen lachten und scherzten. Mein Vater hatte keine Ahnung – und ich glaube, Heath wußte es selbst nicht –, daß Heath sich aus Liebe zu ihm hingezogen fühlte. Ich meine diese ganz besondere Art von Liebe. Diese Erkenntnis schwante ihnen erst, denke ich, als sie merkten, wieviel Zeit Heath bei uns zu Hause verbrachte und wie sehr die beiden sie trotz allem genossen.

Ich kann mich sogar noch an ihn erinnern. Ein untersetzter Kerl, eher kräftig gebaut als dick, mit einem roten Gesicht, das oft zu erbleichen schien. Haare, die in der Sonne fast weiß wurden. Kräftige Zähne, und sein Atem roch nach Pfefferminz. Vom Typ her wie Teddy Roosevelt.

Heath war es, der meinem Vater zuredete, die Landarbeit sein zu lassen und Möbeltischler zu werden. Er hatte die Sachen gesehen und bewundert, die mein Vater in seiner Freizeit schnitzte: zumeist Spielzeug und die Betten und Wiegen für die Kinder. Ich glaube, er konnte nicht mit ansehen, daß sein Freund auf dem Feld wie ein Sklave schuftete. Über die andern machte er sich keine Gedanken, verstehst du; seiner Ansicht nach verdienten sie es nicht besser, als auf seiner Plantage wie Sklaven zu arbeiten. Nur David nicht, mit seinem nachdenklichen Gesicht und seiner ewig schwangeren Frau und seinem Haus voller Kinder mit nackten Füßen. Er half meinem Vater, eine Werkstatt zu bauen, und kaufte ihm die allerersten Stücke ab, einen Tisch und mehrere Stühle. Er fand auf dem Festland Interessenten für die Möbel meines Vaters, und wir lebten sehr gut. Viel besser als von der gebückten Feldarbeit, vom Kartoffelernten und Bohnenpflücken.

Er begehrte meinen Vater.

Noch auf dem Totenbett hatte mein Vater daran schwer zu schlucken – und das soll kein Witz sein. Eigenartig war auch, daß alle Worte, die er fand, um mir die Sache zu schildern, mich immer zum Lachen brachten. Schließlich konnte er sogar selber drüber lachen, auch wenn es nur ein hohles Meckern war. Er lachte nich über Heath, sondern darüber, daß eine solche Lebensweise, wie sie ihm in der Natur einfach nich vorzukommen schien, überhaupt denkbar war. Zwei Männer zusammen, wie Mann und Frau? Das ging einfach über seinen Horizont. Was hätte mein Vater wohl von San Francisco gehalten?

Der langen Rede kurzer Sinn ist, daß die Freundschaft schnell zugrunde gerichtet war. Ihre heiligsten Gefühle für einander konnten nirgends Ausdruck finden. Die beiden konnten sich nich mal irgendwo an eine Würstchenbude setzen, um die Sache durchzusprechen. Schon allein dafür wären sie verhaftet worden. Heath wurde zusehends trunksüchtiger, verdrießlicher und entwickelte einen immer größeren Niggerhaß. Er sprach oft davon, wie sein Vater ihn als Jungen behandelt hatte, daß er ihn lächerlich gemacht und verprügelt hatte, weil er ein bißchen langsam schaltete und sich mit dem Lesenlernen schwertat. Das erzählte er, um zu erklären, warum er verstand, wie ‹es den Niggern ging›, aber in Wirklichkeit schien das eher zu erklären, warum er so häufig versuchte, seine Freunde so zu erniedrigen, wie er sich selbst einst gefühlt hatte. In seiner Gegenwart verfiel mein Vater wieder in das, was er sein Weiß-nix-kann-nix-Niggerverhalten nannte. Dann kratzte er sich am Kopf und murmelte undeutlich vor sich hin: ‹Komm mir vor wie ein Vollidiot.› Und du kannst dir bestimmt vorstellen, warum er ihn vom dreizehnten Lebensjahr an ‹Mr. Heath› nannte. Aber die gespielte Unschuld schützte meinen Vater nicht. Eines Tages kam Heath in die Werkstatt, und ehe mein

Vater sich versah, hatte er ihn betrunken von hinten umarmt und ‹ihn vollgeheult›, wie er sich ausdrückte. Mein Vater fühlte sich ziemlich sicher, weil er meine Mutter und ein paar Kinder wenige Meter hinter der offenen Tür spielen sah. Heath hatte schwer getrunken und sich mit seiner Frau gestritten. Er würde sich bald beruhigen. So war es doch immer. Mein Vater würde Kaffee kochen, ihm einen Eisbeutel auflegen und ihm was zu essen aufsetzen. Aber diesmal, vielleicht, weil mein Vater sich so sicher fühlte, ließ er zu, daß er den weinenden Körper fühlte, der sich an ihn drängte. Ließ zu, daß er das Elend spürte und die Scham. Vielleicht spürte er auch die Liebe. Und er hätte es ja im Traum nich für möglich gehalten, aber als er an sich heruntersah, da war es, als hätte ihm jemand, während er nicht hinsah, einen Stock in die Hose geschoben: er sprach auf Heath an, der angefangen hatte, ihn zu liebkosen.

In diesem Augenblick veränderte sich sein Leben. Ohne zu verstehen, wie es möglich sein konnte, wollte mein Vater von diesem Mann, der sich an ihn klammerte, begehrt werden und ihn seinerseits begehren. Er sagt, er habe meine Mutter durch die Tür gesehen und sie gerufen, aber seine Stimme sei so leise gewesen, daß sie nicht trug. Ein paar Minuten später machte sie, als spüre sie, daß etwas Schlimmes vorgehe und er in Not sei, von selbst ein paar schnelle Schritte auf die Tür zu. Heath, der meinen Vater streichelte und seine Reaktion spürte, bemerkte bei einem Blick über seine Schulter, daß meine Mutter näher kam, und befahl: ‹Sag ihr, sie soll draußen bleiben.› Und mein Vater gehorchte.

Er wurde nie wieder der alte. Er wurde trübsinnig. Er lächelte selten. Und doch brach er den Kontakt zu Heath nich ab, und ich erinnere mich noch gut an ihre erbitterten Streitereien, bei denen sie Unmengen soffen und sich mit sparsam eingesetzten, wohlgezielten Gemeinheiten triezten. Denn mit der Zeit trank mein Vater genauso viel wie Heath. Jedesmal, wenn mein Vater las, daß Weiße einen Schwarzen gelyncht, ihm das Geschlecht abgeschnitten und es ihm in den Mund gesteckt hatten, sagte er, er wisse wohl, warum. Ob er es wirklich fertigbrachte oder nicht, ich bin sicher, er hätte Mr. Heath gern ins Gesicht geschleudert, daß ihm bewußt war, wieviel Sexuelles beim Lynchen mitschwang.

Solange er lebte, haßte er fortan alles, was er für schwul hielt. Er verabscheute die Kunst, und auch die Schnitzereien, mit denen er seinen Lebensunterhalt verdiente, erfüllten ihn schließlich mit Ekel. Er war der perfekte Holzschnitzer für die schweren, barbarischen Möbel, die in der Zeit vor dem Ersten Weltkrieg der letzte Schrei waren. Seine geschnitzten Löwen fletschten wütend die Zähne, seine Greife hackten zu, seine Raben kreischten. Wo man hinsah, Klauen, Zähne und Blutstropfen. Mir jagte das Zeug als Kind kalte Schauer über den Rükken, und meine Mutter konnte daran nichts finden, was ihr das berühmte Kichern entlockte, aber die Weißen kauften es und bald auch die Schwarzen. Es tauchte sogar in den Häusern armer Leute bei uns auf der Insel auf. Im allgemeinen hatten sie für ihre Möbel und alles andere gern einfache und klare Formen; Gott allein weiß, was sie wirklich davon hielten.

Mein Vater haßte meine Malerei. Sie gab ihm das Gefühl, daß mit mir was verkehrt sein mußte. Mein Leben lang hat er versucht, mich davon abzuhalten. Als Heath endlich an einem Herzschlag starb, war mein Vater, der einzige Schwarze, der zur Beerdigung durfte, immer noch verbittert. Meine Mutter, die bis zuletzt eigentlich immer vergnügt war, ließ von diesen Dingen nie mehr durchblicken, als daß Heath ein netter, wenn auch trunksüchtiger weißer Mann war, der ihren Mann mochte und ab und zu bei uns zum Abendessen erschien – und es stets lobte.

Meinem Vater wär es recht gewesen, wenn die Pest sämtliche Schwulen in der Welt dahingerafft hätte. Er haßte Heath, weil der ihn gezwungen hatte, sich das kleine Stückchen Heath anzuschauen, das in ihm selbst steckte. Niemand hatte ihn auf diesen Anblick vorbereitet. Er konnte auch nich so tun, als hätte er nichts gesehen. Ich habe oft an den Kampf denken müssen, den mein Vater wohl mit sich selbst auszustehen hatte, als Heath ihn in der Werkstatt umarmte. Was ihm an dem Tag zustieß, legte sich als Last auf seine Seele. Er starb viele unglückliche Jahre später an Leberversagen. In seinem Zimmer lag ein widerlicher Geruch, so penetrant, daß es nicht genügte, nach seinem Tod die Wände überzustreichen. Wir mußten die Farbe von den Wänden kratzen und verbrennen und dann die kahlen Wände zigmal streichen, bis er verschwunden war. Mir kam es vor, als wäre dieser Gestank die Fäulnis, die aus dem Teil meines Vaters aufstieg, den er abtötete und vor sich und anderen Leuten zu verbergen suchte.

Als ich Lissie von den Vorurteilen meines Daddys gegen ‹komische› Männer und von seinem Haß auf das erzählte, was auch er davon in sich spürte, und als ich ihr schilderte, was damals zwischen ihm und Heath vorgegangen war, meinte sie gleich, daß mein Vater wie eine Frau behandelt worden sei, daß er sich unter anderem deshalb so schlimm gefühlt habe und daß seine Reaktion darauf die Sache für ihn nur noch verschlimmert habe. Seine gesamte Existenz habe auf dem Spiel gestanden, und doch habe er eine sexuelle Reaktion nicht vermeiden können. Außerdem sagte sie, er habe die Schwulen zu Unrecht für unnatürlich gehalten. Schwule habe es zu all ihren Lebzeiten gegeben, kicherte sie, sogar unter den Vettern – in Lissies Augen die moralischsten Wesen überhaupt – habe sie homosexuelles Verhalten beobachtet. Schließlich habe einer von ihnen ihr ja überhaupt erst beigebracht, ihre Blöße zu bedecken.»

EINES TAGES hatte Suwelo schließlich eine Geschichte für seine Freunde parat. Sie setzten sich zu Tee und Plätzchen ins Wohnzimmer, und er begann mit leiser, rauher Stimme gemächlich zu erzählen.

«Sie stand hinten im Garten, in den Rosen. Es war ein warmer Aprilabend, hell und klar wie ein Herbsttag, und im Garten war eigentlich nichts zu sehen. Die Rosensträucher waren schon zurückgeschnitten und die Zweige verbrannt. Und trotzdem sehe ich sie, wenn ich an jenen Abend denke, inmitten blühender Rosen, so wie sie im Sommer davor ausgesehen hatte, braun und gesund, mit leuchtenden schwarzen Augen, schimmernder Haut und kurzem Lockenhaar, das genauso schön war wie der Tag selbst. Sie trug einen langen, buntbedruckten Rock und ein T-Shirt. An den Händen hatte sie Arbeitshandschuhe. Sie versuchte gerade, einen Trieb der Kletterrose wieder um das Spalier zu wickeln.

‹Oh, Suwelo›, sagte sie, als sie mich auf dem Weg beim Hintereingang bemerkte, ‹du bist schon da.›

Sie schien sich zu freuen. Lief mir aber nicht wie früher entgegen. Das versetzte mir einen Stich, aber eigentlich hatte ich nichts anderes erwartet. Schließlich redeten wir schon seit Monaten über Scheidung. Ich näherte mich der Stelle, wo sie sich mit der Rose abmühte, und sie wich ein Stückchen zurück, als ich ihr helfen wollte. Sie war klein und zierlich und *dunkel,* dort im Sonnenschein, und ich liebte ihren Geruch, wie immer. Er hatte so etwas Blumiges, Frisches, und ich sehnte mich danach, sie so leicht und sorglos umarmen zu können wie einst.

Ich erinnere mich so genau an diesen Abend, weil sie mal wieder auf das Thema Scheidung zu sprechen kam.

‹Es hat nichts damit zu tun, daß ich dich nicht liebe›, sagte sie. ‹Ich werde dich immer lieben. Glaube ich.› Sie lächelte mir zu. ‹Aber ich will nicht verheiratet sein.›

Diese Äußerung war mir nicht neu. Wohl aber das, was sie dann sagte. ‹Du wirst im Nu eine neue Frau finden, oder besser gesagt, eine wird dich finden. Du wirst schon sehen.›

‹Ich will keine andere Frau›, sagte ich.

‹Das macht nichts›, sagte sie. ‹Du wirst ein ganz seltenes Exemplar sein: schwarz, ungebunden, mit einer gutbezahlten Stelle. Du wirst ruckzuck an der Angel hängen.›

Da saßen wir schon bei Tisch. Es wäre niemandem in den

Sinn gekommen, sie als großartige Köchin zu bezeichnen, aber eine gute Köchin war sie auf jeden Fall. Innerhalb einer Stunde hatte sie Koteletts gebrutzelt, wie ich sie gern mag, mit Knoblauch und Rosmarin, einen Salat gemacht und Reis gedünstet. Ich hatte am Küchentisch gesessen und ihr dabei zugesehen.

‹Das einzige Problem daran ist, daß sie eifersüchtig sein wird›, sagte sie, starrte stirnrunzelnd auf ihren Teller und nahm noch etwas Salz.

‹Was?› fragte ich. ‹Wovon redest du, um Himmels willen? *Sie* wird eifersüchtig sein? Wer soll da eifersüchtig sein? Worauf?›

‹*Sie*›, sagte sie. ‹Deine neue Frau. Sie wird auf mich eifersüchtig sein. Siehst du, ich will unsere Beziehung nicht beenden, ich möchte sie verändern. Ich will nicht verheiratet sein. Nicht mit dir, mit niemandem. Aber ich will dich auch nicht verlieren.›

‹Aha›, sagte ich, ‹aber du kannst deinen Kuchen nicht aufessen und ihn trotzdem behalten.›

‹Aber warum denn nicht?› fragte sie ernsthaft. ‹Angenommen, du bist mein Kuchen. Ich will dich genießen, dich lieben, mich dir anvertrauen, deine Freundin sein. Scheiße›, unterbrach sie sich plötzlich. ‹Es klappt nicht. Was meinst du denn damit, den Kuchen aufessen und ihn behalten?›

‹Für uns heißt das, daß du deinen Willen diesmal nicht durchsetzen kannst. Wenn du mich liebst, dann bleib bei mir.›

‹Ich werde auch bleiben›, sagte sie. ‹Meistens. Aber ohne Trauschein. Und auf einer eigenen Etage.›

Ich stöhnte. Das hatte ich also davon, daß ich mich darauf eingelassen hatte, ein Haus mit mehr als einem Stockwerk zu kaufen.

‹Wir waren glücklicher, bevor wir verheiratet waren›, sagte sie.

‹Alle Leute sind vor der Ehe glücklicher.›

‹Warum heiraten sie dann?› fragte sie.

‹Weil alles auf die Ehe hinausläuft. Sag nicht, daß wir nicht glücklich waren als Verheiratete›, sagte ich fast wütend. ‹Wir waren oft sehr glücklich.›

‹Ich fühle mich nicht frei›, sagte sie.

‹Wann hast du dich jemals frei gefühlt?› fragte ich.

Sie dachte nach. ‹Du hast recht›, sagte sie. ‹Ich habe mich noch nie frei gefühlt. Aber ich will es.›

Im Büro sagten mir mehrere meiner Kollegen, wie leid es ihnen täte, daß wir uns trennten. Unsere Ehe war die letzte stabile, scheinbar glückliche, die sie kannten. Irgendwas an der Art, wie sie ihr Beileid bekundeten, zeigte mir, daß sie die Trennung ganz und gar Fanny anlasteten. Sie waren allesamt immer freundlich zu ihr gewesen, aber gemocht hatten sie sie nie sonderlich. Und jedesmal, wenn sie mich im Büro besuchte, bevor wir zusammen essen gingen, war sie kühl und distanziert gewesen; dem Smalltalk hatte sie nie viel abgewinnen können. Und dann war da noch ihre Art, sich zu kleiden. Je kürzer die Miniröcke bei den Frauen der anderen Männer, desto länger wurden ihre Röcke. Dazu trug sie fließende Seidenschals, und einmal erwähnte sie in einem Gespräch mit einem der Kollegen leichtsinnigerweise ihre Pfeife. Eine Pfeife, die eher Zierde war als sonstwas. Zum Marihuanarauchen gekauft, gewiß, weil sie nie kapierte, wie man eine Zigarette drehte; aber im Grunde rauchte sie sehr selten. Gleichwohl gibt es gewisse Dinge, über die man im Büro des Gatten an einer alles andere als radikalen, ja nicht einmal liberalen Universität schweigt, weil ohnedies jede nichtweiße Lehrkraft verdächtigt wird, Joints zu rauchen, Studentinnen im Treppenhaus zu bumsen und Maschinenpistolen in den Haaren versteckt zu haben; und darauf sprach ich sie an.

‹Bin ich dir peinlich?› fragte sie.

‹Wie könntest du mir peinlich sein?› entgegnete ich, lehnte mich über den Tisch, um sie zu küssen, und nahm ihre Hand.

‹Freisein muß heißen, nie jemandem peinlich sein zu müssen (oder zu können)›, sagte sie.

Und ich bestellte unser Mittagessen, um uns davor zu bewahren, schon wieder dieses Thema diskutieren zu müssen.

Je näher die Trennung kam, desto schwerer wurde es, mit

ihr zu reden. Sie flehte mich an, mich nicht von ihr zu entfernen.

‹Ich lehne die Ehe ab›, beharrte sie, ‹nicht dich.›

Aber ich konnte das nicht begreifen. Ach, natürlich habe ich *getan,* als ob. Aber mit dem Herzen war ich nicht dabei. Ich fühlte mich verlassen, zurückgewiesen, orientierungslos. Schließlich hatte ich sie einen beträchtlichen Teil meines Lebens gekannt und geliebt. Als wir heirateten, war das in meinen Augen eine natürliche *Vereinigung,* die gesetzliche Bekräftigung einer Tatsache, die schon feststand. Wir waren eins, meiner Ansicht nach. Und durch die Eheschließung fühlte ich mich in dieser Ansicht bestätigt.

‹Glaubst du, deine neue Frau wird zulassen, daß wir noch Zeit zusammen verbringen?› erkundigte sie sich, denn sie war überzeugt, daß ich wieder heiraten würde. ‹Nur alle paar Monate einmal, wenn es sie sonst zu traurig macht?›

Sie saß am Fußende des Bettes. Ich lag. Sie legte mir eine Hand aufs Knie.

‹Ich weiß, daß ich mich nach der Scheidung sexuell stärker zu dir hingezogen fühlen werde›, sagte sie.

‹Alles leere Versprechungen›, sagte ich verbittert. Und sie zog ihre Hand weg.»

— ZWEITER —
TEIL

Wohl denen, die lernen, daß das vorsätzliche Spiel mit dem Leiden genauso ein Bumerang ist wie das vorsätzliche Spiel mit der Freude.

– Das Evangelium nach Shug

Meine Mutter Celie gab eine Menge auf Farben», sagte Olivia. Sie sprach mit Lance, dem Mann, von dem sie nicht ganz sicher wußte, ob sie ihn heiraten würde. Sie liefen nach ihrem Dienst im Harrison Memorial, Atlantas einzigem Krankenhaus für Schwarze, durch breite, baumbestandene Straßen. Vorübergehenden boten sie das Bild eines ungewöhnlichen Paares: sie klein und sehr dunkelhäutig, er groß und sehr hell, mit sandfarbenem, welligem Haar, das ihn unter bestimmten Umständen in ihrer streng rassengetrennten Stadt als weiß klassifiziert hätte.

Olivia sprach ungekünstelt und mit dem für sie typischen Ernst, und Lance lauschte mit der Aufmerksamkeit eines Mannes, der durch einen glücklichen Umstand endlich die frohe Botschaft des Lebens erfährt, die ihm sonst womöglich entgangen wäre.

«In dem Jahr, als ich sie kennenlernte», fuhr Olivia fort, «da war ich Mitte Dreißig, hatte es ihr die Farbe Blau angetan. Nicht strahlendes Himmelblau oder das trübe Blau dieser Sonntagsanzüge aus Kammgarn, sondern ein komplexes Königsblau mit einem metallischen Schimmer. Eine Art Stahlblau mit dunkelgrünen Tönen, das sie zu ihrer Begeisterung eines Tages bei einem ihrer endlosen Streifzüge durch Stoffgeschäfte entdeckte. Es war ein Blau, das Energie abgab oder, wie sie sagte, Power. Wenn man diesen Blauton trug, strahlte man plötzlich mehr Selbstvertrauen, Kraft, Geistesgegenwart und Intensität aus als je zuvor. Sie nähte mir einen Hosenanzug, der mir, wenn ich ihn trug, all diese Eigenschaften verlieh, genau wie sie es vorausgesagt hatte. Dementsprechend traurig war ich, als meine Tochter Fanny Nzingha mir beim Tamalebacken

Chilisauce darüberschüttete und der Fleck auch nach mehrmaligem Reinigen nicht rausging. Jahre später kaufte ich mir wieder so einen blauen Hosenanzug, aber er kam bei weitem nicht an den heran, den meine Mutter genäht hatte. Obwohl sein Blauton dem des ersten denkbar ähnlich war, gab er keine besondere Energie ab. Ja, ich fühlte mich sogar eher ein wenig schlaff, wenn ich ihn anhatte. Es kam mir vor, als trüge ich den Schatten meines alten Anzuges spazieren.

Ich weiß nicht, ob Celie immer so für Farben schwärmte. Sie hatte eine unglückliche Kindheit, und als junge Frau mußte sie die Kinder einer anderen Frau großziehen, während ihre eigenen, mein Bruder Adam und ich, bei unserer Tante Nettie aufwuchsen, die als Missionarin in Afrika lebte. Außerdem erzog uns, bis wir dreizehn, vierzehn waren, auch unsere Adoptivmutter Corinne. Sie starb am Fieber und wurde außerhalb des Dorfes begraben, in dem wir wohnten. Samuel, mein Vater, war auch Missionar, aber als wir nach Amerika zurückkehrten, hatte er seinen Glauben längst verloren. Nicht den Glauben an die geistlichen Lehren Jesu, des Menschen und Propheten, sondern den an das Christentum als religiöse Rechtfertigung der Unterjochung unterworfener Völker. Er und Tante Nettie, die er nach dem Tod unserer Adoptivmutter heiratete, verbrachten viele lange Abende mit meinem Bruder und mir im Gespräch darüber, wie wir den unseren am besten helfen könnten, ihre Fähigkeit, direkt mit ‹Gott› zu kommunizieren, zu entdecken. Wir alle merkten dort in Afrika, wo die Menschen so vieles als göttlich verehrten, nicht zuletzt die Gräser, mit denen sie ihre Häuser deckten, daß Gott kein Monolith war und auch nicht Moses Eigentum, wie man uns glauben gemacht hatte, und daß er nicht getrennt von uns oder der Welt existierte. Nachdem diese Bresche geschlagen war, fiel natürlich von selbst vieles von dem weg, was man unser Volk über die Religion gelehrt hatte – vieles, was es herabwürdigte und zu seiner Unterdrückung beitrug. Zum Beispiel machte es die von uns mitgebrachte Religion den Afrikanern so schwer, jemals zu spüren, daß ‹Gott› sie liebte; ihre traditionellen Religionen, die sie praktizierten, gingen hingegen wie selbstverständlich davon aus.

‹Als Pfarrer bin ich für die Seelenrettung anderer ganz und gar überflüssig›, lautete die mutige Erkenntnis, zu der sich mein Vater durchrang. ‹Bestimmt ist das einer jener kleinen Scherze, die der Kosmos mit uns treibt, daß ausgerechnet *ich* als Seelsorger ihnen das klarmachen muß.›

Die Religion, die man auf sich gestellt entdeckte, war eine Geschichte der Erde, des Kosmos, der Schöpfung selbst. Und das ‹Gute› war nicht irgendwo auf dem langen Weg in die Ewigkeit zu finden, sondern sozusagen um die Ecke, zu Hause, in dem Land, in dem man lebte. *Im Diesseits.* Da diese Welt ein Planet ist, der sich am Firmament dreht, sind wir schließlich alle schon im Himmel! Der auf eigene Faust gefundene Gott spricht nicht davon, daß man die andere Wange hinhalten soll. Daß man dem Kaiser geben soll. Er spricht von der Schönheit und der Größe der Erde, des Universums, des Kosmos. Von der Schöpfung. Von den Möglichkeiten, sich zu freuen. Man könnte sagen, daß der weiße Mann in seiner Doppelrolle als geistiger Führer und religiöse Hure uns sogar die literarischste Art und Weise, Gott zu schauen, verdorben hat, indem er die Bibel alles sagen ließ, was notwendig war, damit auf seinen Plantagen weitergearbeitet wurde, und indem er sie als Werkzeug zur Entwürdigung der Frauen und zur Versklavung der Schwarzen einsetzte. Aber in der Hinsicht ließen die alten afrikanischen Religionen, in denen die Verstümmelung weiblicher Körper bisweilen eine so große Rolle spielte, auch einiges zu wünschen übrig. Auch dort machte sich der Mann in seiner Unsicherheit und seinem Gefühl, so wenig liebenswert zu sein, zum einzigen Mittler zwischen Gott und den Menschen oder gar zum *Herr*gott persönlich. Mein Vater äußerte sich oft kritisch darüber, wie sehr die Dorfbewohner ihre heiligen Männer fürchteten und vor ihnen in die Knie gingen – ganz wie die Katholiken vor dem Papst –, so sehr nämlich, daß derjenige, an den sich ihre Bitten und Gebete eigentlich richteten, Gott selbst, häufig ganz in Vergessenheit geriet. Trotzdem blieb da ein kleiner Vorteil zugunsten des farbigen Mannes.

‹Was ist die einzige Wahrheit über den farbigen Mann in dieser Welt, die sich auf keinen Fall verleugnen läßt?› pflegte mein Vater zu fragen. ‹Für ihn gibt es einen lebendigen Geist›, gab er sich dann selbst zur Antwort. Damit meinte er den allen Dingen innewohnenden Geist, nicht bloß Gott, Jesus Christus oder den Heiligen Geist, der einst der weibliche Aspekt Gottes war.

Während dieser Gespräche sah ich stets meiner Mutter zu, die mit Zauberhand Kleidungsstücke in jenem besonderen Blauton nähte, den sie schließlich ‹Power-Blau› taufte.

Sie faszinierte mich. Sie trug ihr immer noch schwarzes Haar streng in der Mitte gescheitelt und in zwei Zöpfe geflochten, die sich am Hinterkopf trafen und untergesteckt wurden. Sie trug ausnahmslos Hosen, sogar in der Kirche. Aber so raffiniert entworfene Hosen, daß nur Frauen mitbekamen, daß es überhaupt Hosen waren. Sie sprach wenig, anscheinend weil sie sich schon als Kind und als junge Frau angewöhnt hatte zu schweigen, aber wenn sie doch etwas sagte, dann kam eine Keckheit und Aufrichtigkeit zum Vorschein, die zuweilen belustigend, stets aber bezwingend war. Sie sprach die buchstäbliche Wahrheit. Was sie ausdrückte, spürte und war sie zugleich.

Wir wohnten in einem geräumigen alten Haus in Mittelgeorgia, das sie von ihren Eltern geerbt hatte. Ihr Vater war von Weißen gelyncht worden, und ihre Mutter hatte infolge dieses Terrormordes den Verstand verloren. Mein Bruder und ich waren die Frucht der Vergewaltigung unserer Mutter durch ihren Stiefvater, einen in seinem Wohnort von Schwarz und Weiß gleichermaßen vielbewunderten Mann. Er war es, der uns unserem Vater Samuel übergab, und der nahm uns Kinder zusammen mit unserer Adoptivmutter Corinne und Tante Nettie mit nach Afrika.

Wir lernten ein Afrika kennen, das man bereits eines Großteils seiner Lebensgrundlage beraubt hatte. Die Menschen hatte man in die Sklaverei verkauft. In Anbetracht der vielen Binnen- und Außen-‹Märkte› stand dieser ‹Handel› seit über tausend Jahren in Blüte; sie hatte zweifellos bereits mit dem Niedergang der frühen Kulturen Afrikas eingesetzt, um das sechste Jahrhundert herum. Unzählige Bäume hatte man nach England, Spanien und in andere europäische Länder verschifft, um daraus Bänke und Altäre für die prächtigen europäischen Kathedralen zu bauen, von denen man so viel hörte; Mineralien und Erze wurden ausgebeutet und das Land zum Nutzen der fremden Invasoren mit Kautschuk, Kakao, Ananas und allen möglichen Feldfrüchten bebaut. Beinahe hätte ich, wie diese Fremden, ‹Investoren› gesagt. Afrika selbst wurde in der Vorstellung der Welt zu einer unbewohnten Region, in der nur wilde exotische Tiere lebten. Wurde dazu gemacht. Vor fünfhundert Jahren zeichneten die Europäer in ihre Karten von Afrika Elefanten ein, wo Ortschaften lagen, hat mir mal jemand erzählt.

Ich verließ Amerika im Alter von sechs Jahren. Ich habe keine Erinnerungen daran. Aber an den Ozean erinnere ich mich gut. An den Glanz auf dem endlosen Wasser, das mächtige stete Schwanken des Schiffes und daran, daß ich rätselte, ob das viele Wasser nicht vielleicht durch seine bloße Dichte, wenn man sich daraufstellte, eine Art gläsernes Land bilden könnte. Und ich weiß noch, daß ich die Gischt von meinem Gesicht ableckte und jemand im gleichen Augenblick sagte, das Meer sei salzig. Wenn es salzig war, fragte ich mich, warum war es denn nicht weiß und körnig wie das Salz daheim. Aber das Wasser schmeckte salzig. Und das machte mir so lange Kopfzerbrechen, bis ich hörte, wie Tante Nettie traurig zu meiner Mutter sagte, vielleicht sei es ja aus den Tränen und dem Schweiß aller leidenden Völker der Erde zusammengeflossen. Sie weinte so viel auf der Überfahrt, und keiner von uns, nicht einmal mein Vater und meine Mutter, wußte, warum.

In den ersten paar Jahren nach unserer Ankunft in Afrika

ging es mir gesundheitlich ziemlich schlecht. Ich bekam immer wieder Malariaanfälle, wie wir alle. Ständig litt ich unter Ausschlägen, schlecht heilenden Wunden und anderen Hautreizungen, die sich durch die Hitze noch entsetzlich verschlimmerten. Tante Nettie, die wir zuweilen auch ‹Mama Nettie› riefen, lobte mich, weil ich so selten jammerte. Wenn ich mich richtig entsinne, fühlte ich mich zu elend, um zu jammern. Manchmal war es so heiß, daß ich nicht sprechen konnte. Nach meinem zehnten Lebensjahr ging es mir dann viel besser.

Ich war sogar glücklich. Warum auch nicht? Den ganzen Tag über war ich bei meiner besten Freundin Tashi zu finden. Wir spielten Mutter und Kind, planschten im Fluß, wir sammelten wilde Früchte und Feuerholz im Wald. In einem Wald von phantastischer Fruchtbarkeit, Dichte und Rätselhaftigkeit. Darin wuchsen Bäume, die Tausende von Jahre alt waren und viel, viel größer als die Hütten, in denen wir lebten. Es gab nichts, was Tashi und ich nicht teilten. Ich liebte sie mehr als eine eigene Schwester, ebenso sehr wie oder gar mehr noch als meinen Bruder Adam, der sich aus einem älteren Jungen, der uns neckte und jagte, uns an den Zöpfen zog und verpetzte, zu Tashis Vertrautem entwickelte, dann zu ihrem Freier und schließlich, viele Jahre später, zu ihrem Mann.

Im Jahr vor ihrer Hochzeit beginnt meine eigene Geschichte. Denn in jenem Jahr geschah es, daß Tashi sich mehr meinem Bruder zuwandte als mir. Das verbitterte mich sehr, weil es mich einsam machte; zudem hielten alle in unserer Siedlung die Entstehung zarter Bande zwischen den beiden für unausweichlich. Sogar Tashi selbst. Die Tage unserer vergnüglichen Mädchenspiele gehörten der Vergangenheit an. Da auch ich einsah, daß es so kommen mußte, wappnete ich mich innerlich dagegen und schlüpfte gegenüber Tashi und meinem Bruder in die Rolle der liebevoll Dienstbeflissenen. Soviel Liebenswürdigkeit und Licht fordern aber ihren Tribut, und von Zeit zu Zeit schlich sich so manch düsterer Gedanke bei mir ein. Damals begriff ich zum erstenmal, daß es möglich ist, Menschen sehr zu lieben und ihnen gerade deshalb ihr Glück zu mißgönnen.

Während sich alles auf Tashi und Adam konzentrierte, blieb ich mir selbst überlassen, größtenteils unbeachtet oder besser gesagt unbemerkt. Corinne war längst tot. Die Europäer waren gekommen und hatten das Dorf zerstört, das unser Zuhause gewesen war. Wir waren auf einen unwirtlichen Felsgrund umgesiedelt worden, inmitten einer riesigen Kautschukplantage im Besitz und unter der Leitung von Engländern, bei denen nur Freunde von uns als Feldarbeiter beschäftigt waren. Diese Form der Plantagenwirtschaft machte einen Menschen in weniger als sieben Jahren kaputt und laugte auch den Boden aus; außerdem wurden dadurch die wilden einheimischen Kautschukbäume vernichtet, die einst überall in Hülle und Fülle gewachsen waren. Wo früher grüner Wald gestanden hatte, griff nun überall die Erosion um sich. Viele unserer Freunde starben an diversen Fieberkrankheiten, an Unterernährung und Überarbeitung. Oder sie liefen zu den Mbeles über, einer – wie wir lange meinten – sagenhaften Gruppe afrikanischer Guerillas, die weit, weit weg tief im Wald lebten.

Ein einziger junger Afrikaner blieb schließlich in der häßlichen, staubigen Wellblechsiedlung übrig, die unser gemeinsames Zuhause war. Er hieß mit Taufnamen Dahvid, und da er nur den benutzte, erfuhr ich seinen Stammesnamen erst Jahre später. Dahvid blieb meinetwegen in der Siedlung. Aber ich wußte nicht, daß das der Grund war. Er war ein mürrischer, unruhiger, zuweilen lausbübischer junger Mann, der, wie ich glaubte, für niemanden in seinem Kopf Platz hatte, am allerwenigsten für Mädchen. Zeitweilig machte er mir und meiner Familie das Leben durch seine gereizten, schneidenden Bemerkungen und durch seine Unhöflichkeit schwerer als nötig. Mein Vater sah darin Dahvids Art, sich gegen die Katastrophe aufzulehnen, die über das Volk der Olinka hereingebrochen war und es zu Sklaven erniedrigt hatte. Doch warum er ausgerechnet uns anfeinden mußte, konnte ich nicht herausbekommen. Es war doch nicht unsere Schuld, daß die Europäer gekommen waren.

Zu anderen Zeiten, wenn er einmal nicht ausfallend war und uns als ‹Spaltklotz des weißen Mannes› beschimpfte, konnte Dahvid ganz reizend sein. Und ich gestehe, daß ich mich in solchen Phasen zu ihm hingezogen fühlte wie zu Adam. Ich erkannte, daß die Männer in der Welt oft Anforderungen gegenüberstanden, denen höchstens Maschinen gewachsen waren oder gefühllose Wesen mit reichlich übernatürlichen Kräften. Dahvid zum Beispiel konnte die Europäer nicht allein vertreiben. Konnte nicht einmal verhindern, daß sie ihn und uns alle als ihnen von Geburt an von Gott zugedachte Lasttiere betrachteten. Viele verstiegen sich sogar zu der Ansicht, die Afrikaner selbst hätten kein Recht, in Afrika zu leben, da die Weißen nun mal planten, sich auf dem Kontinent breitzumachen; für sie verkörperten die Afrikaner lediglich die lästige Verpflichtung zum Völkermord.

In dem Jahr, als Adam Tashi von den Mbeles zurückholte, zu denen sie geflohen war, weil die Vernichtung ihres Volkes sie so verwirrt und Adam sie zu sehr gedrängt hatte, mit ihm nach Amerika zu gehen, gab ich den beharrlichen Anfragen eines der jungen englischen Ingenieure nach, der die Sprache der Olinka lernen wollte. Ich bat meine neue Mutter Mama Nettie und meinen Vater um Erlaubnis, ehe ich anfing, ihm abends nach der Arbeit Unterricht zu geben. Er war ein großer sonnenverbrannter Mann, dessen Ernst und Aufmerksamkeit ihn anziehend machten. Wir saßen stundenlang an die rauhe Bretterwand unserer Baracke gelehnt, und ich brachte ihm die Olinka-Sprache bei, die ich so fließend beherrschte wie Englisch und auch schreiben konnte, weil mein Vater und Mama Nettie ein Olinka-Alphabet entworfen hatten. Es war Corinnes Idee gewesen. Sie war mütterlicherseits eine Cherokee, und die Mutter ihrer Mutter wiederum war an der Entwicklung des Cherokee-Alphabets beteiligt und außerdem Redakteurin bei der ersten Zeitung gewesen, die in der Sprache der Cherokee erschienen war. Daß sie eine Zeitung hatten, war einer der Gründe, weshalb die Cherokee zu den fünf ‹zivilisierten› Indianerstämmen in Amerika zählten. Was den weißen Mann freilich nicht daran hinderte, ihre Häuser niederzubrennen und die Überreste des Stammes in Oklahoma anzusiedeln, als er merkte, daß er ihr Land brauchte.

Da es sehr heiß war und weil sich niemand zu kümmern schien, was wir taten – alle dachten nur an Adams Suche nach Tashi –, geschah es eines Tages, daß wir ein Stück von der Siedlung entfernt im Schatten eines großen Felsens standen und uns auf Olinka unterhielten. Plötzlich beugte der Mann, er hieß Ralston Flood, sein rötliches, schwitzendes behaartes Gesicht herab und gab mir einen Kuß. Aus Höflichkeit, Überraschung, Langeweile und Einsamkeit erwiderte ich ihn. Das heißt, ich legte ihm dabei beide Hände auf die Arme. Danach wartete ich, bis er mir den Rücken zukehrte und wieder munter Olinka schwatzte, und rieb den Kuß mit einem Zipfel meiner Bluse weg.

Daß ich mir den Mund abwischte, sah Dahvid nicht. Anscheinend hatte er sich noch während des Kusses abgewandt. Auch er hatte an jenem Abend im Schatten des Felsens Kühlung gesucht.

Danach sprach er tagelang nicht mit mir. Der Engländer, der wohl das Gefühl hatte, etwas bewiesen zu haben, was er sich beweisen mußte, unternahm keinen Versuch mehr, mich zu küssen. Er hatte bald genug gelernt, um den Olinka-Arbeitern im Feld Befehle zu erteilen, und erschien fortan nicht mehr zu seiner täglichen Lektion. Ich vermißte ihn nach ein paar Tagen auch nicht mehr, obwohl ich viel allein war. Nicht richtig allein, wenn man an die vielen kranken und ausgelaugten Menschen dachte, die meine Eltern und ich ständig pflegten, aber eben doch allein, weil es – ohne Adam, Tashi und ihre Mutter – niemanden gab, mit dem ich ungezwungen lachen oder reden konnte.

Ich wußte, daß bei den Olinka jeder Umgang mit Europäern

als Verbrechen galt und daß sie es nicht guthießen, daß ich dem Engländer ihre Sprache beigebracht hatte. ‹Laß ihn uns gefälligst in seiner eigenen elenden Sprache herumkommandieren›, sagten sie, denn es machte ihnen Spaß, die Ausländer hinter ihrem Rücken nachzuäffen und sich über sie lustig zu machen. Für die Olinka hörte sich das von ihren Zwangsherren gesprochene Englisch wie ekelhaftes Gegrunze an und war so unmelodisch und nuancenlos wie ein Stein. Trotzdem hatten sie sich nicht widersetzt, als mein Vater sie um die Erlaubnis gebeten hatte, mich den Engländer unterrichten zu lassen. Weil ich keine von ihnen war. Da ich eine Frau war, wurde die Erlaubnis widerwillig und in einem Ton gegeben, der besagte, daß sie mit mir und den Folgen meines Vorhabens nichts mehr zu tun haben wollten.

Dahvid wandte sich mit meinem ‹Verbrechen› – daß ich mir den Kuß des Engländers hatte gefallen lassen – nicht an die paar Ältesten, die noch übriggeblieben waren. Das brauchte er auch nicht. Er übernahm meine Bestrafung selbst. Und im nachhinein betrachtet, nimmt die Art dieser Strafe nicht wunder. Weil ich mich dem Engländer nicht verweigert hatte, sollte ich mich jetzt auch ihm nicht verweigern. Und so küßte ich ihn eines Abends an demselben schattigen Fleckchen, an dem ich den Engländer geküßt hatte. Wie sich herausstellte, reichte ein Kuß nicht.

Und so kam es, daß ich, als ich mit Adam und seiner Braut Tashi, mit Samuel und Mama Nettie nach Amerika zurückfuhr – wie meine natürliche Mutter Celie auf den ersten Blick sah, aber nicht sagte –, von Dahvids Kind ‹rund› war. Wie Tashi von Adams Kind.

Aber was sollte ich mit einem Kind? Meine Familie befahl mir einhellig, es zu behalten; die treue Tashi bot mir sogar ihre Hilfe an, wollte es mit ihrem zusammen großziehen. Meine Tochter wurde am neunten September geboren, an Leo Tolstois Geburtstag. In meinen Augen der größte Schriftsteller aller Zeiten und einer der schlimmsten Weiberhelden – jedenfalls einer meiner Lieblinge. Es war einer der heißesten Tage im Jahr. Meine eigene Mutter, die nicht nur als beste Schneiderin in der Gegend galt, sondern unterdessen auch Hebamme geworden war, half mir bei der Entbindung.

Kaum war der Kopf des Kindes zu sehen, da rief meine Mutter schon: ‹Kleine Fanny!› Und zwar noch ehe sie erkennen konnte, ob es ein Mädchen war. Sie hatte sich einfach nicht mehr in der Gewalt. ‹Fanny›, ein Name, der für sie anscheinend Freiheit bedeutete – so hätte sie selbst immer gern geheißen. ‹Celie› war ihr verhaßt. Doch als sie Luft holte, um noch mehr Namen hinzuzufügen, nutzte ich schnell die Gelegenheit und rief ein sehr müdes und schwaches ‹Nzingha!› hinterher.»

MEINE FRÜHESTEN ERINNERUNGEN sind ein roter Vogel mit einem Saugnapf an den Füßen und zwei alte Damen, die sich küssen», sollte Fanny später ihrer Schwester erzählen – als ihr klargeworden war, daß sie eine hatte. «Der rote Vogel war aus Stoff, Federn und Gummi; die beiden alten Damen, von denen ich ihn bekam, waren aus Fleisch und Blut und rochen lecker. Den kleinen Vogel konnte man auf jeden fettfreien Untergrund kleben: ans Fenster oder ans Kopfende meines Kinderbettes; wenn ich mit aller Gewalt dran zog, ploppte er sehr zufriedenstellend und fiel mir in die Hand. Zuerst bemerkte ich keine Ähnlichkeit zwischen den Tieren, die draußen herumflogen, und dem Ding in meiner Hand mit seinen leuchtendgelben Augen und dem lindgrünen Schwanz. Die beiden alten Damen jedoch gaben sich alle Mühe, mir die Verbindung zu erklären, und während eine mich auf den Arm nahm und meinen fast zu Tode gequetschten Vogel bewunderte, sagte die andere immer wieder *pssst* und zeigte auf ein Tier, daß munter singend auf einem Busch in der Nähe saß und meinem roten Vogel nicht im geringsten ähnelte. Zum Beispiel konnte mein Vogel nicht singen. Und er lebte in meiner Hand. Ich konnte seinen Kopf in den Mund nehmen.

Irgendwie muß ich trotzdem den Zusammenhang begriffen haben, weil ich dann bald ‹Bird› sagte, mein erstes Wort und gleichzeitig der Spitzname meiner Großmutter.

Wie sich herausstellte, liebte Großmama Celie Vögel über alles, genau wie ihre Freundin Miss Shug Schildkröten und Elefanten. Wenn ich zusammen mit meinem Vetter Moraga Bentu, kurz Benny genannt, im Haus umherkrabbelte und es erforschte, stießen wir überall auf Nachbildungen dieser vielgeliebten Wesen aus Stein, Metall oder Stoff, und wir ritten ständig darauf, benutzten sie als Lehnen oder besabberten sie. Verglichen mit dem restlichen Haus waren die beiden Zimmer meiner Mutter kahl und wenig reizvoll. Sie hatte zwar Sachen an den Wänden – Tücher und Masken und hier und da eine Kette aus Muscheln oder großen Perlen –, aber ich durfte nichts anfassen, selbst dann nicht, wenn ich groß genug gewesen wäre, um heranzukommen.

Meine Mutter interessierte mich nicht besonders. Während Big Mama (wie ich Großmama Celie nannte) und Mama Shug (wie ich Miss Shug nannte) immer zum Küssen, Lachen und Schmusen aufgelegt waren und sich leicht zum Huckepackreiten in den Garten oder wenigstens bis vor die Haustür überreden ließen, war meine Mutter – wage ich das zu sagen? – eine langweilige Frau, die selten lachte und immer die Nase in einem Buch hatte.

Wenn ich bis zum Umfallen im Haus umhergekrabbelt war, saß ich meistens auf dem Boden zu ihren Füßen und sah hoch zu ihr in der Hoffnung, sie würde ihr Buch vielleicht einen Augenblick beiseite legen und mit mir spielen. Gelegentlich schwang sie sich dazu auf, aber ihre Zärtlichkeiten hatten etwas Flüchtiges, das mich ärgerte. Anstatt ihr unaufrichtiges Spiel mitzuspielen und es mir also gefallen zu lassen, wand ich mich mit einem Schrei aus ihren Armen. Sofort erschien mindestens eine meiner Getreuen, und ich wurde voller Hingabe geherzt, sachverständig geküßt, wenn nötig gewickelt und gefüttert, ob ich etwas zu essen brauchte oder nicht. Ich war unanständig fett, so dick und rund wie Mama Shug. Wenn wir uns zusammen hinlegten, war es, als ruhe ein kleiner Ball auf einem großen. Und wie wir es genossen, wenn sich unsere dicken Bäuche berührten! Keine von uns beiden konnte sich von der anderen vorstellen, daß sie zu Bösem imstande war. Und wir hatten recht.

Diese Jahre meines Lebens waren voller Glückseligkeit. Es geschah wenig, das mir bedrohlich vorkam. Ich lernte bald, mich ebensowenig um meine Mutter zu kümmern wie sie sich um mich. Mein Leben bestand aus einer Fülle von tollen Ereignissen und ungekünstelter Fröhlichkeit. Leute, die uns besuchten, wandten sich zwar häufig Benny zu, weil bei ihnen zu Hause Jungen mehr galten. Aber bei uns zahlte es sich aus, ein Mädchen zu sein, und alle bestärkten mich in meinen weiblichen Anlagen. Ich schmückte mich mit allem, was ich bei meinen regelmäßigen Durchsuchungen in den Schubladen aller Hausbewohner fand. Ich linste unter Frackschöße und glotzte die rätselhaften Verschlüsse von Männerhosen an. Ich versuchte zu kochen oder Holz zu hacken, wie ich das bei Big Mamas bester Freundin, Miss Sofia, gesehen hatte. Ich versuchte, aus Feuerholz ein Haus zu bauen und aus Stroh Jalousien zu basteln. Ich stellte mir ein Auto vor wie das von Mama Shug und fuhr stundenlang damit durch die Gegend. Ich brachte Geld mit heim und lud alle zum Ausgehen ein.

‹Alles einsteigen, wir fahren los›, sagte ich zu Benny und unseren versammelten Spielsachen, und dann machten wir uns zu einem Nachtlokal auf, das kilometerweit entfernt lag.

Manchmal stellte ich mir auch vor, daß ich Sachen tat wie meine Mutter oder mein Großvater. Ich ‹las›. Oder ich spielte Papa Albert, der früher Big Mamas Mann gewesen war, und starrte ins Leere.»

Eines schönen Tages sagte Fanny: «Hör mal, Suwelo, ich liebe dich zu sehr, um mich ohne deine Zustimmung von dir scheiden zu lassen. Du bist sehr gut zu mir gewesen. Wie hätte ich ohne dich wachsen sollen? Aber ich gehe eine Zeitlang fort, mit meiner Mutter. Wir fahren nach Afrika, um die Olinka zu besuchen. Ihr Land ist jetzt unabhängig, und mein Vater möchte mich sehen.»

Aus London schrieb sie ihm: «Unser Hotel ist entsetzlich. Kein Telefon in den Zimmern und unfreundliches Empfangspersonal. Vor einiger Zeit hat es in einem der oberen Stockwerke gebrannt, und noch immer liegt Brandgeruch in der Luft. Die neuen Besitzer sind aus dem Mittleren Osten. Sie sitzen in der Lobby und überwachen den afrikanischen Pagen, die westindische Putzfrau, das indische, arabische und griechische Personal im Speisesaal und die unfreundlichen blonden englischen Empfangsdamen. Eines Tages sagte meine Mutter: ‹Siehst du, nicht mal sicher ist es hier; ich kann durch dieses Fenster auf die Straße treten›, und tat's. Aber wir sind nicht viel hier. Den größten Teil unserer Zeit verbringen wir im Africa Center, wo meine Mutter Vorträge über ihre Jahre in Afrika hält – über ihre Lebensumstände als schwarzes Kind und als junge Erwachsene aus den USA.

Mama hält sich ja für eine halbe Portion, aber sie ist hart im Nehmen! Nicht einmal die widerliche Durchsuchung am Zoll im Flughafen, wo man anzunehmen scheint, jeder nichtweiße Besucher wolle sich gleich in England niederlassen, konnte ihr was anhaben. Was die sich einbilden! Ich sitze da, lausche Mamas Geschichten und schäme mich, daß ich ihr jahrelang keine Beachtung geschenkt habe. Wie ich dir schon so oft erzählt habe, hatte sie während meiner Kindheit im Haus der beiden Königinnen Big Mama Celie und Mama Shug wenig zu sagen. Im Vergleich zu diesen beiden und selbst zu Großtante Nettie, die sie großgezogen hatte, schien meine Mutter nur ein schwaches Licht zu werfen. Selbst Onkel Adam hatte eine gewisse Überschwenglichkeit, die meiner Mutter fehlte.

Statt dessen hat sie bemerkenswert klare Ansichten, die sie freimütig und unumwunden zum Ausdruck bringt. Wenn ich ihr zuhöre, wird mir klar, wieso ihre Studentinnen in der Schwesternschule so gute Abschlüsse machen und zudem noch etwas von Mamas innerer Ruhe auf sie abfärbt. Dies sei eine Eigenschaft, die sie von ihrer Adoptivmutter geerbt habe, sagt sie.

Ihre Zuhörer hier sind wundervoll. Afrikanische, asiatische, karibische und weiße Studenten aus der ganzen Welt. Es ist nicht übertrieben zu sagen, daß sie sie mit Ehrfurcht behandeln, fast als wäre sie ein heiliges Dokument. Denn sie kann ihnen tatsächlich Schritt für Schritt die gesamte Geschichte der Kolonialisierung Afrikas erläutern, die Rolle der Kirche dabei beschreiben und die seelischen und physischen Strapazen der Missionarsarbeit. Sie betont immer, daß die Missionare Menschen sind wie andere auch, daß viele von ihnen ehrenwerte, umsetzbare Träume haben, wenn sie sich in andere Kontinente aufmachen. Eine Bemerkung, die sie gestern abend machte, hat mich wirklich beeindruckt, weil es um eine von diesen Kleinigkeiten ging, über die man nie nachdenkt. Sie sagte, als die ersten Missionare in Olinka ankamen, habe es so etwas wie Abfall auf den Straßen nicht gegeben; die Frauen fegten das Dorf zweimal am Tag gründlich sauber, morgens und nachmittags. Als dann die Kolonialisten das Land in den Würgegriff nahmen, den Leuten Steuern abpreßten und sie für schäbige Importwaren teuer bezahlen ließen, war nur noch die Mission sauber. So daß jemand, der zufällig durchs Dorf spazierte, annehmen mußte, das Volk sei von Natur aus verlottert und allein die Ausländer sorgten für Sauberkeit.

Meine Mutter sieht heute noch wie eine Missionarin aus mit ihren sauberen und ordentlichen Kleidern und ihren ungeglätteten Haaren. Und ist dir schon mal ein Name untergekommen, der sich mehr nach weißen Missionaren anhört: *Olivia,* um Himmels willen! Da denkt man doch gleich an Vanessa Redgrave, wie sie irgendwo in den Tropen Eingeborene unterrichtet! Aber hier im Center sehe ich jetzt Hunderte von Fotografien von Afrikanern aus der damaligen Zeit, und Mama sieht genauso aus wie die, nur einen Ton heller. Sie pflegten damals einen unverkennbaren Kleidungsstil, sehr schlicht, sehr ernst. Kein Schmuck, oder kaum welcher. Ihre Augen – aufrichtig, teilnahmslos, weit geöffnet und klar – sind die Juwelen jener Zeit. Die Studenten wollen alles wissen. Wo kam das Wasser her? Aus dem Fluß. Wo kauften die Leute ein? Keine Läden, bis nach der Kolonialisierung. Statt dessen Tauschwirtschaft. Wie viele Weiße bekam sie im Laufe ihrer Kindheit zu sehen? Sehr wenige. Wie viele wilde Tiere? Sehr wenige. Die Olinka hielten Weiße für ‹unreife› Erscheinungen, für eine Art großgewachsener Föten. So lautete zwangsläufig ihr Kommentar, wenn sie zum erstenmal einen sahen. Sie neigten dazu, vorsichtig mit ihnen umzugehen, als wären sie zerbrechlich.

‹Dieses Verhalten wurde gründlich mißverstanden und ging bös ins Auge›, sagte meine Mutter. Die Studenten lachten.

Im Africa Center erfuhren wir von der Verhaftung meines Vaters. Da ich den Mann noch nie gesehen habe, sollte man meinen, ich würde mich nicht weiter darüber aufregen. Tu ich aber. Da ich seine Bücher gelesen und jetzt in London eins seiner Theaterstücke gesehen habe – eine kleine, schlecht gespielte und erbärmlich inszenierte Studentenaufführung –, kann ich mir vorstellen, warum die Obrigkeit ihn hinter Gitter gesteckt hat. Meine Mutter sagt, sie sei überrascht, daß er nicht schon viel früher eingesperrt wurde. Die Studenten erzählten nach dem Vortrag davon. Sie sagten, die Regierung habe ihn eingelocht, nachdem sie während einer Aufführung seines letzten Stücks eine Planierraupe anrollen und das Theater dem Erdboden gleichmachen hätten lassen.

Das letzte Stück hieß *Die Gebühr*; es ging darin um das Thema Steuern. Mit andern Worten, ein Anti-Steuern-Stück; dergleichen würde in den USA, obwohl alle sich über die Steuern beklagen, kein Dramatiker schreiben und kein Regisseur aufführen. Wie schön wäre es, wenn es doch mal jemand täte.

Jedenfalls hatten einige Studenten schon die gedruckte Fassung zur Hand und wollten das Stück inszenieren. Anscheinend haben sich die Steuern seit der Befreiung keineswegs verringert, und die Einkommen sind auch nicht gestiegen. Arggh! Da das Volk nicht merkt, daß mit den Steuern etwas Sinnvolles geschieht – die Straßen sind häufig nur Matschwege, in den Krankenhäusern fehlen Medikamente, und in den Schulen gibt es nicht mal Bleistifte, von der mangelnden Versorgung mit Grundnahrungsmitteln ganz zu schweigen –, sagt es jetzt, nein, zum Teufel, wir denken gar nicht dran, die Scheißsteuern zu zahlen! Meinem Vater kam die Idee für das Stück bei einer Protestveranstaltung – die regierungstreue örtliche Zeitung, die nach Ansicht der Studenten von der CIA finanziert wird, sprach von einem ‹Aufruhr› –, in deren Verlauf Frauen und Kinder den Präsidentenpalast stürmten, nachdem sie erfahren hatten, wieviel von ihrem Geld an die USA und die Sowjetunion ging, für Waffen, die ihre Kinder, vorausgesetzt, sie wollten es überhaupt, gar nicht würden bedienen können, weil sie zu schlecht ausgebildet und vor Hunger zu schwach sind. Aber der Haken ist, daß es für die, die zum Militär gehen, genug Lebensmittel gibt, wenn auch keine Ausbildung. Mein Vater vertritt die Ansicht, Millionen von Afrikanern müßten einander nur deshalb in Kriegen abschlachten, weil die Supermächte riesige Vorräte an überalterten Waffen loszuwerden haben. Bloß den Frauen scheint aufzufallen, daß es überall die Kinder sind, die leiden.

Aber diese Sorgen sind ja allen farbigen Müttern der Welt vertraut, nicht? Die Ausbildung ihrer Kinder, die unvermeidlichen Schulgebühren, die irgendwie von dem Geld abgespart werden, das sie sich mit Wäschewaschen und Bügeln verdienen, mit Feld- und Grubenarbeit, mit allem, was sich bietet.

Die Studenten nennen meinen Vater nicht bei seinem Namen, Abajeralasezeola, ein ziemlicher Zungenbrecher, der meiner Meinung nach nicht viel besser ist als ‹Dahvid› und den ich auch nie richtig hinbekomme. Bei ihnen heißt er Ola. Ola sagt dazu folgendes. Ola schreibt dies und das. Ola hat in dieser oder jener Frage recht oder unrecht. Mit anderen Worten, sie haben ihn sich zu eigen gemacht. Hinsichtlich seiner Verhaftung sind sie pessimistisch. Es gibt nur zwei Möglichkeiten, meinen sie: Er wird lange im Gefängnis bleiben und vielleicht gefoltert werden, oder man wird ihn erschießen. ‹In dem Land hat keiner genug Grips, sich um seine Rehabilitation zu bemühen›, sagte ein junger Mann. Vielleicht wird er auch ins Exil gehen müssen. ‹Ja›, sagte eine junge Exilantin aus Kenia, die meiner Mutter zur Begrüßung ein wunderschönes Lied gesungen hatte, ‹er wird sich bei uns einfinden; auf dem afrikanischen Kontinent in Übersee.›

‹So viele Leute im Exil‹, sagte meine Mutter auf dem Rückweg in unser mieses Hotel. ‹Es sind heute genauso viele wie vor der Befreiung. Wie ist das möglich?› Sie war müde und sehr traurig. Ich legte ihr den Arm um die Schultern und staunte darüber, wie sehr ich sie überragte. Wie kommt es, daß Mütter immer schrumpfen? Und was für kleine Hände sie hat!»

«Am Flughafen vor der Hauptstadt holte mein Vater uns ab», schrieb Fanny kurze Zeit später aus Olinka. «Er und meine Mutter begrüßten einander herzlich. Sie schüttelten sich feierlich die Hand, sahen sich dabei aber liebevoll, wenn auch ein wenig wachsam in die Augen. Ich dachte: Meine Mutter steigt eben nicht einfach zu jedem Hergelaufenen ins Auto! Ich war überrascht, daß er so normal aussah. Ein kleiner dunkelhäutiger Mann mit vorstehenden Augen und ziemlich ungekämmtem, kurzgeschorenem Haar, das schon grau wurde. Er wirkte erschöpft, als käme er soeben aus dem Bett. Oder aus dem Gefängnis.

Da er und ich einander nicht kannten, waren wir etwas verlegen, aber ich hatte das Gefühl, daß er mit seiner Sensibilität sicher merken würde, was ich dachte. Deshalb versuchte ich mir alle Gedanken über seine knochigen Knie und seine viel zu großen Khakishorts, die beim Gehen im Wind flatterten, zu verkneifen.

Aber als wir im Begriff waren, in sein Auto zu steigen, nahm er mich kurz entschlossen und sehr schüchtern schnell einmal in den Arm – Suwelo, ich bin auch größer als *er* – und steckte mir einen Ring an den Daumen. Es war sein Ring. Ich hatte ihn vorher an seiner Hand bemerkt. Und ich verstand die Geste. So eine wäre mir auch zuzutrauen. Verwirrt und von Gefühlen überwältigt, hatte er mir sofort etwas zum Anfassen schenken wollen, ein bescheidener Versuch, die verlorenen Jahre wettzumachen. Interessant ist, wie bewegt ich auf einmal war; denn du weißt ja, daß mir ein Vater nie bewußt gefehlt hat, und er persönlich schon gar nicht.

Er lachte, als er sah, wie meine Mutter mit großen Augen das Auto begutachtete. Es war nicht die Klapperkiste eines Knastbruders. Eine Standarte prangte daran. Und ein Wappen.

‹Natürlich habe ich ein schönes Auto›, sagte er. ‹Schließlich bin ich Kulturminister.›

Meine Mutter wußte das.

‹Ach, Dahvid›, sagte sie. ‹Wir sind so stolz auf dich. Wenigstens ist es kein Mercedes›, fügte sie lächelnd hinzu.

‹Aber auch nur, weil die Deutschen nicht unsere Herren waren!› sagte Ola. Und aus seinem Tonfall hörte ich nur Humor heraus, keinerlei Bitterkeit.

Als könne er meine Gedanken lesen, sagte er: ‹Wut führt zu nichts. Ich werde weiter meinen schönen kleinen Wagen fahren, bis sie ihn mir wegnehmen.›

‹Wir haben gehört, du seist im Gefängnis›, sagte meine Mutter.

‹Da war ich auch!› brüllte er, um den Lärm der in mörderischem Tempo vorbeisausenden Taxis zu übertönen. Ich sah aus dem Fenster auf die ausgedörrte afrikanische Landschaft. Meine Mutter meint, das Klima habe sich über die Jahre drastisch verändert. Heutzutage regnet es nur noch sporadisch, und in großen Teilen des Kontinents herrscht entsetzliche

Dürre. Überall an der Straße sah man Frauen gehen. Viele trugen Babies auf dem Rücken und große Schüsseln auf dem Kopf. ‹Sie haben mich heute morgen entlassen. Ich sagte ihnen, daß ich wichtigen Besuch aus Amerika erwartete.› Er hielt inne. ‹Eine gute Freundin und ... meine Tochter. Ganz so abgebrüht sind sie nun doch noch nicht, diese Gangster in der Regierung. Ich kenne sie alle sehr gut. Es ist noch nicht so weit, daß sie mich loswerden wollen. Wer sonst soll gebildete Besucher begrüßen? Sie möchte, daß die Welt eine gute Meinung von ihnen hat.›

Angesichts dieser Absurdität stimmte er ein beinahe übermütiges Gelächter an.

Ich lachte ebenfalls. Was soll ich sagen, Suwelo? Es war, als hätte ich mich selbst lachen hören. Ich wußte genau, aus welchem Winkel der Seele dieses Lachen kam. Die Zustände brachen meinem Vater das Herz, und er kam sich in seinem Fleiß, die Macht dieser Männer zu untergraben, klein und ameisenhaft vor. Dennoch war da ein Kern in ihm, der sich nicht geschlagen gab. ‹Solange die Leute die Wahrheit nicht fürchten, besteht Hoffnung›, hat mal jemand zu mir gesagt, und daran mußte ich denken, als ich den ergrauenden Hinterkopf meines Vaters betrachtete. ‹Denn wenn sie die erst fürchten, hat derjenige, der sie ausspricht, keine Chance mehr.› Und die Wahrheit ist heutzutage, wie schon Keats wußte, zwar noch immer schön, aber so furchterregend.

Die Wohnviertel, durch die wir fuhren, waren arm und staubig, und die Häuser lagen hinter Lehmmauern. Auf diesen Mauern prangten die lebendigsten abstrakten Formen. Die malten die Frauen, erklärte mein Vater. Es war eine tradierte Gewohnheit, die, wie er sich ausdrückte, sie nicht losgelassen hatte.

‹Schön!› sagte ich.

‹Das freut mich›, erwiderte er. Am Rande eines solchen Viertels, aber in einer plötzlich sehr viel wohlhabenderen Nachbarschaft, lag das Anwesen meines Vaters. Es ist in den schreiendsten Farben gestrichen, die man sich denken kann! Nur in San Francisco wüßte man dieses Haus richtig zu würdigen. Ich stieg aus dem Auto und berührte sogleich die Farben, ein halbes Dutzend waren es bestimmt: Orange, Gelb, Blau, Grün, Lila, Rot und Braun, Weiß und Ocker. Mehr als ein halbes Dutzend. Es sieht aus wie ein wunderschönes Teppichmuster, nur an einem Lehmbau!

Ansonsten ist Olas Haus sehr schlicht. Weil er Kulturminister ist... ‹Weil ich Kulturminister bin›, sagt er und bläst sich dabei stolz im Sitzen auf, ‹muß mein Haus der lokalen Bauweise angepaßt sein!› Er lacht. Allerdings ist es mit allem Komfort ausgestattet. Zwei Bäder, vier Schlafzimmer, ein großes Wohnzimmer für förmliche Anlässe, eine Veranda, die sich um den ganzen Innenhof herumzieht. Er züchtet Blumen und besitzt, da er auch Bauer ist, einen großen Gemüsegarten. Er hat Hausangestellte. Eine kleine schüchterne Frau und ihre Tochter, die kochen und saubermachen; einen großen, dünnen jungen Mann, der sich um den Garten kümmert; und zwei bis drei andere, die meistens herumlungern, vermutlich Leibwächter oder – wie Ola sagt – ‹vermutlich Aufpasser›.

Tja. Ich sitze also hier auf der Veranda mit einem Gin-Tonic, ganz im Stil von Tania Blixen, und schreibe dir. Ich trinke auf alle Kinder, die vaterlos aufwachsen. Die Welt ist voll davon... und einige von uns sind trotz allem auf die Füße gefallen!»

In der Nacht, bevor Suwelo von Fanny Nzingha über ihre erste Begegnung mit Ola hörte, hatte er einen verwirrenden Traum. Er ging in einen Supermarkt, um einen Lebensmittelvorrat einzukaufen, der ihm für alle Zeiten reichen würde. Aber als er dort ankam, stellte er fest, daß er nichts hatte, womit er die Essensberge nach Hause schaffen konnte – und daß seine Taschen abnorm klein waren. Da stand er nun im Großen

Supermarkt des Lebens, ohne Einkaufswagen, mit Taschen, in die nicht einmal ein Taschenmesser paßte.

Die verlockenden Lebensmittel türmten sich verführerisch hoch über seinem Kopf, während er – im Traum ein kleiner, babyhafter Mann – langsam begriff, daß er in der Hölle war, und an Daumen und Zeigefinger lutschend zu Boden sank. Als Suwelo schließlich aufwachte, fand er sich zu seiner großen Überraschung in Tränen aufgelöst. Er weinte nämlich selten. Er lag im Bett und versuchte, sich auf seine Vormittagskurse zu konzentrieren, aber durch jeden Gedankengang rollte ein blitzender neuer Einkaufskarren.

Da fiel es ihm ein.

Er war in dem Haus gewesen, das sie sich damals im Osten in einem Vorort gekauft hatten, in einer Zeit, als Fanny sich ungern ans Steuer setzte. So war sie: im Grunde eine gute Autofahrerin, eine gute Schwimmerin, ja sogar eine gute Läuferin. Aber dann gab es immer wieder Phasen, in denen sie sich einfach nicht dazu durchringen konnte. Dann rosteten ihre Laufknie ein, ihre Schwimmarme knackten, ihr Autofahrerblick wurde unscharf. Sie bewegte sich langsam, vorsichtig, im Schneckentempo, als rechnete sie jeden Moment mit dem Einsturz des Himmels.

Zum Glück gab es öffentliche Verkehrsmittel. Die waren ziemlich zuverlässig und eigentlich mit ein Grund, warum sie sich für das Haus entschieden hatten. Das und der kleine Bach, der sich dahinter entlangwand. Und das eine ovale Fenster an der Frontseite, das mit dem malvenfarbenen geschliffenen Scheiben. Und der große Garten nach hinten hinaus, wo ihre Vorgänger schon einen Komposthaufen angelegt hatten. Und sie hatten das Haus geliebt, schlicht und einfach geliebt, obwohl die Arbeit, die sie in die Renovierung gesteckt hatten – neue Rohre, neue Leitungen, neue Wände und so weiter –, sie beinahe umgebracht hätte. Außerdem lag der Supermarkt nur fünf Straßen weiter.

Als Suwelo eines Tages nach Hause kam, strahlte Fanny

über das ganze Gesicht und zog fröhlich einen brandneuen Einkaufswagen aus dem Schrank im Flur. So ein Wägelchen, wie man sie alte Weiblein und Hausfrauen mit kleinen Kindern polternd über den Kantstein hinter sich herziehen sieht. Bei dem Gedanken, daß Fanny Nzingha so ein Ding benutzen würde, mußte er lächeln.

«Na, was sagst du dazu?» fragte sie. «Von nun an gibt's keine steifen Arme mehr vom Tütenschleppen. Keine verkrümmte Wirbelsäule. Diese Dinger sind phantastisch!» Und sie schob ihn über den bunten Läufer aus Guatemala, den ihnen ein Freund geschenkt hatte und der sich über den gesamten Flur erstreckte.

Wochenlang war sie zufrieden. Sie ging gern zu Fuß zum Supermarkt. Das gab ihr Gelegenheit, die Nachbarn kennenzulernen. Sie stand gern früh auf, um morgens gleich die frischesten Waren zu bekommen. Selbst wenn sie dann hetzen mußte, um rechtzeitig zur Arbeit zu kommen. Der hausfrauliche Wettlauf gegen die Zeit war der erste Schritt zurück zum täglichen Ritual des Joggens. Wenn sie mit ihrem Wägelchen, das sie inzwischen sehr geschickt handhabte, durch die Straßen schob, konnte sie sich allmählich auch wieder vorstellen, mit dem Auto durch das Viertel zu fahren. Und eines Tages kam sie auf dem Weg zum Einkaufen an einer Badeanstalt vorbei, die ihr vom Auto aus nie aufgefallen wäre. So weit, so gut.

Von Zeit zu Zeit versuchte sie, ihn dazu zu bewegen, mit dem Wägelchen zum Einkaufen zu gehen. Dann nahm er schnell ihre Liste, warf den Mantel über und stürzte zum Auto hinaus. Er fuhr die fünf Straßen, warf die Einkäufe auf den Rücksitz und war binnen weniger Minuten wieder zu Hause. Fanny war jedesmal leicht perplex, schien aber in erster Linie dankbar zu sein und erinnerte ihn nur daran, was für einen schönen Spaziergang er sich entgehen ließ, und daß ein schneller Fußmarsch mit der Handkarre zum Supermarkt und zurück bei Licht besehen vielleicht genau das war, was er brauchte, um etwas gegen etwaigen Speckansatz zu tun. Ein Wink mit dem Zaunpfahl.

Eines Tages wollte es sein Pech, daß das Auto zur Inspektion in der Werkstatt war. Er hatte es nicht abholen können, weil er den ganzen Tag schon hinter seinen Terminen herhinkte. Der Verkehr war so dicht, daß er vorübergehend sogar froh war, kein Auto zu haben. Er nahm den Bus nach Hause.

Dort war Fanny, die ebenfalls mit dem Bus gefahren war, in ihrer kleinen Schürze mit der Katze darauf eifrig beim Brotbakken: ein Teigklumpen lag zum Gehen unter einem feuchten Handtuch am Waschbecken, und mit mehligen Händen schrieb sie an einer Liste.

Suwelo stöhnte innerlich.

«Mach eine kurze Liste. Nur eine Tüte voll», sagte er.

«Aber wir haben nichts mehr im Haus», sagte sie und kritzelte eifrig weiter. «Wir dürfen einfach keine Feste feiern, bei denen wir selbst kochen. Unsere Freunde haben alles aufgegessen.»

Er hatte die Party am Abend zuvor vergessen. Ja, tatsächlich, nicht mal Erdnußbutter war mehr da.

Suwelo trat hinter sie und küßte sie auf den Nacken. «Eine Tüte, okay?» sagte er.

Sie schrieb weiter. Er sah, daß sie zwei Dutzend Apfelsinen aufgeschrieben hatte (sie tranken beide morgens gern frischen Orangensaft) und vier Liter Milch!

«Mein Rücken wird das nicht aushalten», sagte er.

Sie sah von ihrem Zettel auf, der gar nicht so furchtbar lang war, und warf ihm einen fragenden Blick zu.

«Aber hast du denn nicht daran gedacht ...?» setzte sie an.

Und sie fuhren im Chor fort: *«Daß wir das Wägelchen haben!»*

Jetzt ließ sich eine Erklärung seinerseits nicht mehr umgehen. «Fanny», sagte er, «setz dich.»

Sie setzte sich. Auf seinen Schoß.

«Ich muß dir ein Geständnis machen.»

Sie schien aufnahmebereit.

«Die Karre», sagte er, «erinnert mich an kleine alte Damen mit komisch gefärbten Haaren, Chiffonschals und Witwenbuckeln.» Sie sah ihn verdutzt an. «Sie erinnert mich», fuhr er fort, «an junge Frauen, denen plötzlich die Jeans zu eng werden und die mit grimmigem Gesicht ein solches Ding schieben und gleichzeitig Kinder mit ausdruckslosen Visagen hinter sich her zerren. Sie erinnert mich», sagte er und dachte daran, wie begeistert sie selbst davon war, «an intelligente, muntere junge Frauen, die sich freiwillig Zügel anlegen.» Sie schlüpfte von seinem Schoß.

«Sie erinnert dich», sagte sie, «an Frauen.»

«Meine Mutter hatte so eine Karre. Meine Großmutter auch», sagte Suwelo.

«Deine Frau hat eine», sagte Fanny.

«Ich kann mich jedenfalls nicht mit so einem Ding rumlaufen sehen», sagte Suwelo. «Tut mir leid.»

«Ach so», sagte Fanny. «Aber essen kannst du dich sehen, oder?» Damit nahm sie den Teigklumpen und ließ ihn zu ihren Füßen in den blauen Mülleimer mit dem Tretdeckel plumpsen.

Oh, sie hatten danach noch viele leckere Mahlzeiten zusammen verzehrt. Aber so wie vorher wurde es nie wieder. Es hatte ein kleiner Mord stattgefunden, dort in ihrer hellen, anheimelnden Küche, wo beide sich bis dahin leicht und frei gefühlt hatten, beinahe so, als wären sie in den vorgeschriebenen Rollen aufgegangen. Das Wägelchen verschwand, und Suwelo hatte ein schrecklich schlechtes Gewissen wegen der Sache. Er tat einen Lieferservice auf und gab ihre Bestellungen oft telefonisch durch. Er begann kochen zu lernen, Fisch mit gedünstetem Gemüse oder Lasagne. Er hetzte sich ab, um vor ihr zu Hause zu sein; sie war wieder so weit, daß sie Angst davor hatte, im Stadtverkehr Auto zu fahren, und nahm weiter den Bus. Sie ging weder Laufen noch Schwimmen. Wenn sie kam, kochte er schon, bei Jazz aus dem Radio und mit einem Glas Wein für sie. Sie trat dann ein, seufzte, schleuderte ihre Schuhe von sich und wanderte ziellos in der Küche umher. Griff zum Weinglas, nahm seinen Kuß entgegen. Doch immer stand zwischen ihnen dieses kleine ermordete Etwas. Je mehr Mühe er sich gab, es wiederzubeleben, desto endgültiger sein Tod.

«Ich bin eben auf bestimmte Weise erzogen worden», begann er häufig in Unterhaltungen einzuflechten, die gar nichts mit dem kleinen Mord zu tun hatten, sondern sich um ganz andere Fragen drehten, wie er zumindest glaubte.

Und sie gab murmelnd zur Antwort: «Ja. Ja, das kann man wohl sagen»; nicht mit dem Verständnis, um das er sich ungeschickt bemühte, sondern in sprachlosem Erstaunen.

ALS DU GEBOREN WURDEST, Fanny», sagte ihre Mutter, «wußte ich weder etwas über die USA noch über den amerikanischen Kontinent, ob Nord oder Süd. Zunächst war es ausgesprochen komisch, so viele Weiße zu sehen, dazu die erdrükkende Massivität ihrer Städte. New York war schauderhaft. Auch Atlanta, obwohl es kleiner war, erschien mir unbewohnbar, weil alles – Menschen und Gebäude – so eng zusammengepfercht war. Aber dann kamen wir in die Häuser, die unsere Glaubensgenossen uns so bereitwillig öffneten, und sahen, daß man selbst unter diesen Umständen recht anständig leben konnte. Gerade bei Schwarzen war das bemerkenswert angesichts der so kurz nach dem Ende des Zweiten Weltkriegs ziemlich prekären Lage. Schwarze Soldaten kehrten heim und weigerten sich, die Rassentrennung in Restaurants und Bussen zu akzeptieren, während die weißen Männer ihnen vorwarfen, sie hätten ihre weißen Frauen vergewaltigt, angeglotzt – sie nannten das rücksichtslosen Blickkontakt; und so mancher Schwarze mußte auf Grund einer solchen Anklage ins Gefängnis! – oder einfach mit einer weißen Frau geredet, die sie angesprochen hatte. Es erübrigt sich wohl zu sagen, daß weiße Frauen nur in den seltensten Fällen überhaupt beteiligt waren.

Und Amerikanerinnen schon gar nicht. Die hüteten sich. Die weißen Männer hatten einfach während der Kämpfe in Europa rot gesehen, besonders in Frankreich und Italien, wo den weißen Frauen die Hautfarbe der Amerikaner gleichgültig zu sein schien – solange ihr Geld grün war. Außerdem wissen farbige Männer nun mal, wie man sich amüsiert.

Das wurde mir sonnenklar, als ich zu meiner Mutter ins Haus zog. In sexueller Hinsicht fürchtete sie die Männer, aber das hinderte sie nicht, an ihrer Gesellschaft Vergnügen zu finden. Zahlreiche Männer gingen regelmäßig bei ‹Miss Celie und Miss Shug› aus und ein. Fast immer waren es Männer mit irgendeiner besonderen Begabung. Da war Mr. Burgess – Burgie, wie wir ihn nannten –, der Waldhorn spielte. Waldhorn! Yancy Blake, der Gitarre spielte. Little Petey Sweetning, der Klavier spielte. Wenn ich es recht bedenke, kamen die vielen Musiker wohl wegen Miss Shug. Sie war nämlich eine wunderbare Bluessängerin, obwohl sie nur noch selten öffentlich auftrat. Es kamen Dichter und Spaßmacher, die man heute Komiker nennen würde, ach, und alle möglichen Leute; Zauberer, Jongleure, Experten im Hufeisenwerfen, ab und zu ein Mann, der Flickendecken herstellte oder sticken konnte. ‹Was haben wir nicht alles der Sklaverei zu verdanken!› sagte oft der alte Optimist, der bei unseren Feiern immer den Fleischgrill bediente. Diese Menschen waren auf mancherlei Weise ungewöhnlich, aber das Erstaunlichste an ihnen war vielleicht, daß sie nicht das geringste Selbstmitleid kannten, obwohl sie in einem Teil des Landes lebten, wo die Schwarzen und überhaupt alle, die man für ‹minderwertig› oder ‹anders› hielt, so unterdrückt wurden. Im Gegenteil, unsere Stammgäste benutzten eine besondere Grußformel, wenn sie sich begegneten: ‹Auf uns alle und auf das Fest des Lebens!› sagten sie und schüttelten sich die Hände oder umarmten sich. Manchmal sagten sie es lachend, manchmal unter Tränen. Aber stets bestätigten sie einander, daß das Leben ein Fest war und daß sie alle dabei waren.

Bei uns gab es immer Gelächter und kalte Limonade und Blumen und stets haufenweise Kinder und auch Erwachsene, die Big Mama mit großgezogen hatte. Natürlich gab es auch Leute im Ort, die mit unserem Haus nichts zu tun haben wollten. Sie nannten Mama Celie und Mama Shug ‹Mannweiber›. Aber für mein Gefühl hatten wir die allerbesten Männer und Frauen zu Freunden. Sie waren meistens so damit beschäftigt, ihr Leben umzukrempeln, daß sie sich um rein gar nichts scherten. Außerdem legte Mama Shug enorm hohe Maßstäbe an, und wer in Mama Celies Gegenwart auch nur auf eine Ameise trat und nicht gleich um Vergebung bat, wurde einfach nicht wieder eingeladen. Obwohl sich Mama Celie nicht immer so um Tiere gekümmert hatte. Das war auch eines der vielen Dinge, die sie von Mama Shug gelernt hatte.

Aber eigentlich war für mich dort kein Platz. Ich war ihnen willkommen, und sie liebten mich, aber ich war auch erwachsen. Nach wenigen Jahren begann ich, an ihrer Tüchtigkeit zu ersticken. Ihre allfälligen Erfahrungen und Talente gaben mir das Gefühl, meine eigenen beträchtlichen Fähigkeiten seien überflüssig. Und sie nahmen mir einfach die Aufgabe ab, dich großzuziehen. Außerdem hatte Mama Shug damals gerade beschlossen, eine eigene Religion zu schaffen, und zwar in unserem Haus, und das war manchmal sehr schwer zu ertragen. Sechsmal im Jahr, jeweils zwei Wochen lang, hielt sie ‹Gottesdienste› ab. Dann tauchten jedesmal zehn bis zwanzig ‹Jünger› auf, und die mußten irgendwo schlafen. Meistens auf dem Fußboden oder, wenn es zu viele wurden, in der Scheune oder im Schuppen. Sie alle brachten ihre eigenen Geschichten über ihren Weg mit. Die erzählten sie einander, und das machte den Hauptinhalt der Gottesdienste aus. Einige dieser Menschen verehrten Isis. Andere verehrten Bäume. Manche glaubten, die Luft sei Gott, weil nur sie überall ist. (‹Dann gibt es keinen Gott auf dem Mond›, meinte irgend jemand.) Mama Shug glaubte, man könne nur eins über G-O-T-T sagen – und zwar, daß *Es* keinen Namen habe.

Ich weiß nicht, wie sie letztlich darüber reden konnten, wenn es keinen Namen hatte, oder wenn jeder einen anderen dafür hatte. Doch, da fällt's mir wieder ein! Ich erzählte ihnen, Mama Celie und Mama Shug, davon, daß die Olinka manchmal summen, anstatt zu reden, und daß ihre Sprache dadurch so melodiös wird. Das Gesumme hat eine Bedeutung, sagt aber etwas, das sich mit Worten im Grunde nicht ausdrücken läßt. Der Hörer kann es selbst deuten, aus dem eigenen Erleben heraus, und erfährt dadurch, daß ein gemeinschaftliches Verständnis denkbar ist, während er zugleich weiß, daß echtes Verstehen immer nur als Annäherung möglich sein wird.

Wenn du zum Beispiel jemanden, der im Gefängnis sitzt und sich mies fühlt, fragst, wie es ihm geht, kann er oder sie mit ‹Bllöäh› reagieren, und du weißt mehr oder weniger Bescheid. Wenn der- oder diejenige ‹Danke, gut› oder ‹Fürchterlich› zur Antwort gäbe, wäre das kaum dasselbe. Dir bliebe nichts mehr zu tun. Mit der Benennung wäre die Sache erledigt.

Und die Lösung wählten sie dann auch. Sie summten die Stelle, an der G-O-T-T hätte genannt werden müssen. Immerzu war im Haus die Rede von *hmmm*.

Um die lange Geschichte also einigermaßen kurz zu machen, ließ ich dich bei diesen *hmmm*-besessenen Menschen und ging nach Atlanta, um mich an der Spelman-Schwesternschule einzuschreiben. Meine Adoptivmutter hatte sich da ausbilden lassen, und deshalb reizte mich die Schule. Sie war eben eine richtige Dame! Ich weiß, deine Generation kann das Wort nicht leiden, aber damals hatte es eine wichtige Bedeutung. Es beschrieb einen Menschen mit kompromißloser Selbstachtung. Und abgesehen davon war das Wort ‹Frau› eine rein biologische Bezeichnung für ein gebärfähiges Wesen. Wir empfanden es als abwertend, weil wir es mit der Sklaverei in Verbindung brachten. Ich war von Afrika aus nach England geschickt worden, um Krankenpflege zu studieren, deshalb wußte ich schon ganz gut Bescheid. Außerdem hatte ich daheim als Assistentin bei der jungen afrikanischen Ärztin gearbeitet, die ihre Ausbildung ebenfalls in England gemacht hatte; eine exzentrische englische Schriftstellerin hatte ihr das Studium finanziert. Aber ich brauchte ein Diplom, das in den USA anerkannt war. Das Studium fiel mir nicht leicht. Ich war älter als die anderen Studentinnen und hatte ein Kind. Aber sie interessierten sich für mein Leben in Afrika, und ich wurde mehrmals aufgefordert, bei der Vesper zu sprechen. Übrigens hat mich nie jemand gefragt, ob ich verheiratet sei, aber sie nannten mich respektvoll ‹Mrs.› und benahmen sich, als ob sie mich für verheiratet hielten. Alle waren sehr respektvoll – die Studentinnen, meine ich. Zu respektvoll, fand ich oft. Sie waren so dankbar, daß sie da sein durften – an einer der wenigen Schulen, an denen sich junge, farbige Mädchen ausbilden lassen konnten –, daß sie sich verhielten, als wären ihre Lehrerinnen und die Verwaltungskräfte gottgleiche Wesen. Sie benahmen sich wirklich genauso wie die kolonisierten Afrikaner, die zur Ausbildung zu uns in die Mission nach Olinka kamen. Zuviel Achtung vor Leuten, die einem ihrerseits nicht immer mit Respekt begegnen, ist ein untrügliches Zeichen von Unsicherheit, und ihre unterwürfige Dankbarkeit machte mir schwer zu schaffen. Na, ich war nicht da, um zu agitieren. Ich machte mein Diplom und bewarb mich um eine Stelle am Harrison Memorial, dem Schwarzen-Krankenhaus in der Hunter Street. Sobald ich die Stelle sicher hatte, ließ ich dich nachkommen.

Ich habe mich da sehr wohl gefühlt. Nicht bloß weil ich dort deinen Stiefvater kennenlernte. Natürlich war ich seiner Familie zu dunkelhäutig; in ihren Augen war ich eine Art Wilde aus Afrika – aber da eile ich meiner Geschichte voraus. Lance, den seine Eltern eigentlich Lancelot getauft hatten, hatte im Laufe seines Medizinstudiums den Rassismus unter Schwarzen gründlich kennengelernt und die Nase voll davon. Ihm war aufgefallen, daß die Hautfarbe sämtlicher Leichen, die er seziert hatte, zwischen Dunkelbraun und Schwarz lag, und das hatte ihm radikal bewußt gemacht, wie groß die wirtschaftliche Ungleichheit unter Angehörigen ein und derselben Rasse war. Anscheinend gab es unter den hellhäutigen Schwarzen keine wirklich verzweifelte Armut. Das stimmte ihn sehr traurig. Und dann die vielen Spuren von Schlägen an den Körpern, an denen er und die anderen Studenten arbeiten mußten! Es brach ihm jeden Tag wieder das Herz. Da war zum Beispiel eine Frau, die ihr krankes Kind siebzig Meilen zu einem Arzt trug, von dem sie nur gerüchteweise gehört hatte. Sie starb an Herzversagen, das Kind an Flüssigkeitsverlust infolge einer Durchfallerkrankung. Beide Leichen kamen in den Besitz von Lances Universität.

Sie wurden seziert, während einige der Kommilitonen Witze erzählten oder sich über das Abendessen unterhielten.

Alle dachten, Ärzte führten so ein wunderbares Leben! Das konnte ich nie begreifen. Wenn ich im Krankenhaus mit ihm zusammenarbeitete, sah ich, wie deprimiert, ja seelentötend seine Aufgabe dort oft war. Einige Patienten erkrankten einfach auf Grund ihrer schlechten Ernährung: eine Diät aus Schweinenacken, heißen Brötchen, Sirup und kurzgebratenem Fleisch. Sie hatten Darmkrebs, Geschwulste, litten unter Leberverfettung und Arterienverkalkung. Man konnte nur staunen, wie wenig sie über gesunde Ernährung wußten. Da gab es Leute, die so colasüchtig waren, daß sie den ganzen Tag nur dieses Zeug zu sich nahmen und dazu gesalzene Erdnüsse aßen. Und darauf waren sie auch noch *stolz*! Das war das, was ihnen schmeckte, und Menschenskinder, das würden sie auch essen! Man solle ihnen bloß nicht mit grünem Blattgemüse kommen, wenn sie im selben Zimmer waren, und Möhren seien doch Karnickelfraß, und soviel sie wüßten, wüchse Blumenkohl gar nicht in den Südstaaten, *also bitte*!

Ich war nicht auf der Suche nach einem Ehemann. Ich dachte manchmal an Dahvid; die Erinnerung an den Tag deiner Zeugung war wie ein Traum. Ich wußte, daß überall im Land Bürgerkrieg herrschte. Ich dachte mir, daß auch Dahvid wohl kämpfen würde. Vielleicht war er verletzt oder tot. Außerdem hatte ich mit dir alle Hände voll zu tun, du warst mir Gesellschaft genug. Wochentags gingst du in die Spelman-Kindertagesstätte, wo alle dich gern hatten. Sonnabends kauften wir für die ganze Woche ein. Sonntags gingen wir in die Kirche. Ein schönes, geordnetes Leben.

Selbst als Lance anfing, mir zu zeigen, daß er mich gern hatte, blieb ich zurückhaltend. Ich war immer schüchtern und gern für mich allein – was damals im Haus meiner Mutter so unangebracht schien, weil wir dort immerzu von lachenden Hufeisenwerfern umgeben waren, von Gitarrespielern, Jongleuren und Zauberern, die Menschen in drei Teile zersägten. Auch dich hatte meine Eigenbrötelei ja gestört. Ich war keine Schönheit. Ich war so dunkelhäutig wie meine Mutter – viel dunkler als die anderen Krankenschwestern – und hatte nichts für ‹Spielereien› übrig. Außerdem ließ mich die Frage nicht los, wie sich ein Mann, der ein Auge auf mich geworfen hatte, dir gegenüber verhalten würde. In der Hinsicht hatte ich von anderen Frauen, nicht zuletzt von meiner eigenen Mutter, viele grausige Geschichten gehört. Mir brach immer noch das Herz bei der Vorstellung, wie ihr Stiefvater sie mißbraucht hatte. Bis ins Erwachsenenalter hinein hatte er ihr sogar verschwiegen, daß er nicht ihr richtiger Vater war. Komisch. Ich konnte mir nie vorstellen, daß er *mein* Vater war. Ich hatte, ehrlich gesagt, nie das Gefühl, neben meinem Adoptivvater Samuel auch einen leiblichen Vater zu haben, und als ich es erfuhr, konnte ich es nicht begreifen. Drum komme ich mir bis heute vor wie die Frucht einer unbefleckten Empfängnis. Wie Jesus, der auch nicht wußte, wer sein leiblicher Vater war. Ich denke mir oft, daß dieses fehlende Wissen über seinen irdischen Vater Christus den Weg zu seinem ‹himmlischen› Vater geebnet hat, denn in uns allen wohnt eine Sehnsucht, unseren Ursprung kennenzulernen, und einem einsamen, vaterlosen Kind dürfte kein Ursprung zu fern liegen. Als ich diesen Gedanken einmal äußerte, wurde das für Gotteslästerung gehalten. Aber die Frage, wer Maria, das junge jüdische Mädchen, geschwängert hat, und unter welch bitteren oder glücklichen Umständen das geschah, hat mich – wegen der traurigen Erfahrung mit sexuellem Mißbrauch, die meine Mutter als junges Mädchen gemacht hatte – immer sehr beschäftigt. Wenn weder Joseph noch ‹Gott im Himmel› Jesu Vater waren und Maria aus Angst, Niedergeschlagenheit oder Gründen der Moral nicht sagen konnte, was tatsächlich vorgefallen war, wer war dann der Vater?

Du siehst, in meinen Augen sind all die alltäglichen Geschichten im Grunde uralt und die alten ganz aktuell. *Es gibt eben nichts Neues unter der Sonne.* Mein sicheres Empfinden dafür, daß nichts in der Vergangenheit rätselhafter ist als das Geschehen von heute, habe ich noch aus den langen trägen Tagen in Afrika – Tagen, die wie Wochen waren.

Ich fühlte mich statt dessen mit dem richtigen Vater meiner Mutter verbunden, mit meinem Großvater Simon, den man gelyncht hatte, als sie noch ein Baby war. Er war ein tüchtiger Unternehmer gewesen. Und sehr erfolgreich, deshalb hatten die Weißen ihn ja umgebracht. Sie brachten eine ganze Reihe strebsamer schwarzer Männer um, denn für sie war es schlimmer, wenn Schwarze Erfolg hatten, als wenn sie scheiterten. Die Versager konnten sie wieder zu Sklaven machen, die sie wie Haustiere hielten oder einfach zu ihrer Unterhaltung. Meine Mutter und ich sind ihm beide nachgeschlagen. Ihr Haus und ihre Schneiderei – sie nähte und vertrieb die Hosen, die sie immer trug – wurden zum leuchtenden Vorbild für die Schwarzen in ihrer Stadt. Ich selbst gleiche meinem Großvater, glaube ich, in meiner Entschlossenheit und dem festen Vertrauen, daß ich für mich selber sorgen kann. Im Augenblick deiner Geburt wußte ich, daß ich jede Arbeit annehmen würde, um dich zu ernähren und dir Kleidung und ein Dach über dem Kopf zu verschaffen.

Lance verliebte sich in meine Entschlossenheit und mein Selbstvertrauen. Ich aber fürchtete mich vor seiner Melancholie, einer Traurigkeit und Teilnahmslosigkeit, die Menschen von offensichtlich gemischter ethnischer Herkunft früher oft eigen war. Nicht umsonst gab es das Klischee des ‹tragischen Mulatten›! Rückblickend denke ich, daß sie viel Kraft darauf verwendeten, in Ehren so zu leben, wie es ihrem Wesen entsprach (aber wer *waren* sie bloß?), weil beide Seiten – Schwarze und Weiße – einander ständig befehdeten und nur Verachtung für die übrig hatten, die zwischen die Fronten geraten waren. Ich glaubte, seine Niedergeschlagenheit nicht aushalten zu können, und sah mich auch nicht in der Lage, unter Schwarzen sein Aushängeschild und unter Weißen sein Klotz am Bein zu sein. Tante Nettie sagte immer: ‹Laß dir von keinem 'ne Last aufbürden, die schwerer is als die deine.› Und Lances Last sah mir ungeheuer schwer aus.

Aber du weißt, wie es weitergeht. Wir verliebten uns. Wir heirateten ... Wie schön es war, wieder einen Freund und Vertrauten zu haben! Jemanden außer Tashi, dem ich endlich von jenen letzten traurigen Minuten mit Dahvid erzählen konnte; von den ersten freudigen Augenblicken mit dir, meine kleine Fanny. Lance war derjenige, der auf die Idee kam, du solltest mit uns vor den Altar treten und selbst entscheiden, wie du zu unserer Hochzeit stehst, und es auf die Art ausdrücken. Und er war ein treuer Ehemann und ein vertrauenswürdiger Vater, bis zu dem Tag, als er starb. Weißt du noch, wie glücklich wir waren an dem Tag, als wir auf der Veranda vor Mama Celies Haus heirateten? Keinen Blues mehr, schworen wir uns, für keinen von uns. Und das Schönste war, daß nicht nur wir drei, sondern die ganze Familie, alle Gäste, Zauberer, Hufeisenwerfer, Jongleure und Waldhornspieler, *alle, wie wir da waren, rote Kleider trugen!*»

DU WIRST NIE ERRATEN, wer im Schlafzimmer am anderen Ende des Flurs wohnt», schrieb Fanny. «Bessie Head!»

Als Suwelo das las, kramte er in seinem Gedächtnis nach – ja, nach was? Das, was er suchte, mußte die Konsequenz einer Handlung sein und nicht die Handlung selbst. Und er war sich nicht sicher, ob ihm die Konsequenz bekannt war.

Mit dem Brief auf den Knien nahm er die Brille ab und machte einen Augenblick die Augen zu. Vor ihm erwuchs das

Bild der kahlen, leeren Zimmer des Hauses, das sie damals gekauft hatten. Das Immergrün der Wände war ausgeblichen und grauweiß umrandet. Sie würden sie sofort überstreichen müssen. Er hatte eine Vorliebe für weiße Wände, ja er lebte sogar gern in völlig weiß, beige oder eierschalfarben ausgestatteten Räumen. Kräftige Farben bedrückten ihn, weil sie sich aufdrängten, eine Reaktion verlangten. Eine weiße Umgebung konzentrierte alles Farbempfinden auf einen selbst oder auf die Möbel, die Kunst.

Das Haus hatte zwei Frauen gehört, die wie er und Fanny am College unterrichteten. Sie hatten es in einem passablen Zustand zurückgelassen. Besenrein. Den Teppich im Obergeschoß hatten sie schaumgereinigt. Unten im Wohnzimmer hatten sie mitten auf den Fußboden eine Flasche Sekt gestellt mit einem Brief, in dem sie ihnen wünschten, daß sie im Haus ebenso glücklich sein würden wie sie. Oben im Arbeitszimmer hatten sie einen kleinen Bücherstapel zurückgelassen. Er hatte sie einzeln in die Hand genommen und sie angeschaut. Sie waren ausnahmslos von einer Schriftstellerin namens Bessie Head. Dabei lag ein Zettel, auf dem stand, hier sei jemand Außergewöhnliches, und sie sollten ja nicht versuchen, gleichzeitig den Sekt zu trinken und sie zu lesen.

Mrs. Head war eine Schwarze; hinten auf dem kleinsten Buch war ein kleines Foto von ihr. Er empfand es vage als rassistisch, daß die Frauen, die beide weiß waren, ihnen Bücher von einer Schwarzen dagelassen hatten. Nach ein paar Tagen dachte er nicht mehr an sie.

Monate später legte Fanny eines der Bücher, *Maru*, neben ihn auf den Tisch, als er sich damit abquälte, die Schecks für die monatlichen Rechnungen auszuschreiben. Er warf einen argwöhnischen Blick darauf. Sie traktierte ihn ständig mit der Aufforderung, Bücher zu lesen, die seiner Ansicht nach nichts mit seinem Leben zu tun hatten. Er unterrichtete amerikanische Geschichte; er war ein guter Lehrer. Er las genug. Außerdem hatte er noch nie ein Buch von einer Frau gelesen.

«Wer ist das überhaupt?» fragte er. «Stammt sie nicht aus Afrika?»

«Ja», sagte Fanny. «Sie ist phantastisch. Du *mußt* dieses Buch lesen.»

Er nahm es zur Hand und blätterte darin herum. Las eine unverständliche Zeile. Legte es wieder hin. «Ich werde mich bemühen, es mir vorzunehmen», sagte er.

Nach und nach landete der ganze kleine Stapel auf seinem Schreibtisch. Eines Tages hatte er den Anblick satt und räumte die Bücher auf den Fußboden.

«Sie hat meine Ansichten über Afrika verändert», sagte Fanny. «Sie hat mein ganzes Denken umgekrempelt!»

«So ist das bei guten Schriftstellern», murmelte er zerstreut.

Aber er wollte seine Haltung zu Afrika nicht verändern. Und wenn er Einsichten über Afrika gewinnen wollte, würde er einen Mann lesen.

Als hätte sie seine Überlegungen gehört, brachte sie ihm eines Tages *Zweitausend Jahreszeiten* von Ayi Kwei Armah. Sie hatte es gerade ausgelesen und war in Tränen aufgelöst.

«Nicht zu fassen, daß ein Mann so viel verstehen kann!» schniefte sie.

Auch dies Buch staubte auf den Fußboden neben seinem Schreibtisch ein.

Lange Zeit später fiel ihm auf, daß sie wieder das gleiche Buch las, nur mit einem anderen Umschlag. Sie machte ein böses Gesicht und strich Passagen an.

«Warum liest du es denn noch mal?» hatte er gefragt.

«Sie haben eine zweite Ausgabe herausgebracht», sagte sie wütend, «und allem Anschein nach ist darin rumgepfuscht worden.»

«Bist du sicher? Warum sollte man das tun? Du glaubst doch nicht, daß es Absicht war?»

«Hast du die erste Ausgabe je gelesen?» fragte sie.

«Also, äh, nein», gestand er.

«Dann würdest du es sowieso nicht begreifen.»

In jener Nacht schlief sie im Gästezimmer, ihrem «Arbeitszimmer».

Aber warum sollte er sich Mühe geben, alle Bücher zu lesen, die *ihr* Leben veränderten. Sie hatte Zeit für solche Bücher. Sie unterrichtete Literatur! Er mußte seine Fachliteratur lesen. Über amerikanische Geschichte. Das mußte doch zu verstehen sein. Trotzdem konnte er stundenlang fernsehen, lauter Sendungen, die aus den Lehren seines Faches Hackfleisch machten. Dem Sekt der beiden Frauen folgten Ströme von Wein. Fernsehen, das Sofa, Wein. Wenn nur seine Frau aufhören wollte, Bücher zu lesen und ihr Leben zu verändern, sann er manchmal in einer weinseligen, sanften Stimmung, und sich statt dessen einfach zu ihm auf das Sofa kuscheln würde. Dann bliebe zumindest für das Erstliga-Footballspiel am Montagabend nichts zu wünschen übrig.

Kann einen denn jemand verlassen, kann eine Seele sich einfach davonmachen, bloß weil man ein Buch nicht liest, das ihr wichtig ist? Jetzt wußte er, die Antwort lautete ja.

«Sie ist ungefähr in unserem Alter», schrieb Fanny. «Und rundlich. Nein, aufgedunsen. Sie sagt, sie sei schon lange nicht mehr gesund. Ihre Haut hat einen merkwürdigen Braunton, weil sie so fahl ist. In ihren Augen scheint zuweilen ein ganz erstaunliches Grün auf, ein trübes Teichwassergrün. Ich wollte sie so vieles fragen, ausgehend von Dingen in ihren Büchern. Aber sie kam mir so verletzlich vor, und meine Fragen wirkten so aufdringlich! Ich meine, da saß sie unter dem Sonnenschirm auf der Veranda in einem verschossenen Morgenmantel und Hausschuhen – Gummilatschen, um genau zu sein –, ließ ihr kurzes Haar nach dem Duschen trocknen und trank in kleinen Schlucken ihren Morgentee. ‹War Ihre Mutter *wirklich* eine weiße Südafrikanerin›, hätte ich gern gefragt. ‹War Ihr Vater *wirklich* schwarz? Erzählen Sie mir doch noch mal, wie sie sich kennengelernt haben. Ich weiß es aus dem Buch nicht mehr. Haben Sie darin *wirklich* über sich und Ihre Eltern geschrieben? Hat man sie wirklich in eine Irrenanstalt gesteckt? Und was in aller Welt ist aus *ihm* geworden? Und hat man Sie gleich nach der Veröffentlichung Ihres ersten Buches aus Südafrika rausgeschmissen? Und wo ist bloß der Vater Ihres Sohnes?› Weißt du, Suwelo, ich habe noch nie einen echten Flüchtling kennengelernt.

Als er uns bekannt machte, sagte mein Vater: ‹Die große Schriftstellerin Bessie Head.›

Und sie brummelte: ‹Die große unbekannte Schriftstellerin Bessie Head.›

‹Ich habe alles gelesen, was bisher von Ihnen herausgekommen ist›, sagte ich. Es war ein Vergnügen, ihre Reaktion zu beobachten. Zunächst starrte sie mich nur an, als wäre sie nicht sicher, ob sie richtig gehört hätte. Dann freute sie sich offensichtlich wie ein kleines Kind, aber ich hatte auch den Eindruck, daß sie sich ein bißchen albern vorkam.

‹Ja, sehen Sie›, sagte sie später, ‹ich verlasse mich darauf, daß niemand mich kennt. Ich kann den Leuten wirklich das Gefühl geben, sie seien uninformiert, dann sind sie immer ganz schuldbewußt.› Sie hat einen trockenen Humor.

‹In den Staaten kennt man Ihre Werke›, sagte ich. ‹Ich habe einige auch schon im Unterricht verwendet. Ich nenne Sie den afrikanischen Tolstoi.›

Sie erstarrte. ‹Haben Sie gelesen, wie er seine Frau behandelte?›

‹Nun›, sagte ich, ‹ich hoffe stark, daß Sie keine Gattin haben.›

Nun lachte sie laut auf.

Sie wollte aus gesundheitlichen Gründen nach London. Und um ihrem Verleger durch den Anblick ihrer verarmten Erscheinung einen Schock zu versetzen, sagte sie. Anscheinend bekommt sie für ihre Bücher sehr wenig Geld, und ich kann auf jeden Fall bezeugen, daß ihr Verlag nichts tut, um sie bekannt zu machen. Sie zeigte uns Bilder von ihrem Leben in Botswana, wo sie eine von Tausenden Flüchtlingen aus Südafrika ist. Sie hat nur eine Hütte, die abgesehen von einem kleinen Tisch mit ihrer Schreibmaschine leer ist. Von ihrem Sohn hatte sie kein Bild.

Sie findet amerikanische Schriftstellerinnen ausgesprochen sonderbar. Eine besuchte sie mal und brachte auch gleich zahlreiche Bilder von sich mit. Ich erzählte ihr, die Schriftstellerinnen in Amerika brauchten diese Bilder, damit die Welt nicht vergäße, daß sie existierten.

Das bezeichnete sie als kindisches, typisch amerikanisches Spiel. ‹Wenn das Werk lebt, lebt auch die Verfasserin›, schnaubte sie. ‹Fragen Sie Gott.›

Vergangenen Sommer auf dem Handwerkerinnenmarkt in Vermont habe ich mir zwei wunderschöne wollene Bindfadenbatik-Schals gekauft. Einer davon ist rot mit einer gelben Sonne, der andere braun mit einer Sonne in Orange und Lila. Ich schenkte ihr den braunen für das ‹kühle› London. Ich kann mir genau vorstellen, daß sie für die Leute auf der Straße wie eine gewöhnliche Farbige aus den Kolonien aussieht. Aber was für eine Schriftstellerin! Was wüßten wir ohne sie über die Psyche Südafrikas? Über den Sexismus in Afrika? Über die Buschmenschen in der Kalahari? Über Botswana? Nur weil Bessie Head dort in der Wüste in ihrer kleinen Hütte sitzt und schreibt, besitzen wir Kenntnisse über eine Lebensweise, die Jahrtausende überdauerte und ansonsten für die menschliche Geschichte verloren wäre. Das ist keine Kleinigkeit!»

Das stimmte. Und doch wünschte sich Suwelo das einen kleinen Moment lang anders. Er wünschte, die amerikanische Geschichte, sein Unterrichtsfach, stünde für immer und ewig im Mittelpunkt des Interesses. Die amerikanische Geschichte: das, was ein paar wenige weiße Männer wollten, dachten und taten. Denn es gefiel ihm, daß es ihm später immer gelang, auch einige farbige Gesichter hineinzuschmuggeln. Und deren Geschichte dann zurückzuverfolgen bis lange vor Kolumbus. Seine Art, Geschichte zu unterrichten, ähnelte dem, was er sich unter einem Maschenstich beim Stricken vorstellte: man stickte alle Stücke, Teile und Farben nachträglich ein, die im ursprünglichen Entwurf vergessen worden waren. Nun aber auch noch afrikanische Schriftstellerinnen und Kalahari-Buschmänner berücksichtigen zu müssen – das schien zuviel verlangt.

«Ola brachte Ms. Head selbst zum Flughafen», fuhr Fanny fort. «Als sie ins Auto einstieg, sagte ich, ich müßte ihr noch ein Geständnis machen: Obwohl ich alle Geschichten von ihr geliebt hätte, vor allem *Maru,* hätte ich ihr dickstes Buch, *Die Farbe der Macht,* nicht verstanden.

‹Ach›, sagte sie in ihrem Akzent der Farbigen vom Kap, ‹das überrascht mich gar nicht. Es ist der Entwurf einer Seele, die in der Zerstörung begriffen ist, und die Dämonen, die man sich für gewöhnlich nur hinter geschlossenen Lidern vorstellt, sind mit Namen und Gesichtern versehen. Sie sind aus dem Schädel der Leidenden entsprungen und lümmeln leibhaftig in ihren Zimmern herum. Es gibt einige Leute, die das Buch unmittelbar anspricht, aber das liegt daran, daß sie den Zustand kennen.› Sie drehte sich um und umarmte meine Mutter zum Abschied. Dann sagte sie: ‹Die Leute, die es ohne weiteres verstehen, brauchen es gar nicht erst zu lesen. Die sitzen längst alle friedlich da und starren ins Leere.›

Zusammenfassend muß ich wohl sagen, ich hatte das Gefühl, daß sie mich nicht recht billigte. Wahrscheinlich habe ich einen zu unempfindlichen, zu selbstgefälligen Eindruck auf sie gemacht. Zu normal. Ich glaube, die meisten Schriftsteller fasziniert es wirklich, wenn sie anderen Menschen einen Funken Wahnsinn anmerken; Leute, die in Wort und Tat immer die gleiche Leier anschlagen, müssen ihnen ein Greuel sein. Ich bin selten jemandem begegnet, der ständig so auf der Hut war wie sie. Sie sah sich tatsächlich immer wieder um, während wir uns unterhielten. Keine Frage, daß sie durchblickt, und zwar ausgezeichnet, aber durch dichte Schleier.

Als Ola vom Flughafen zurückkam, erzählte er uns, sie habe vor einigen Jahren einen schweren Nervenzusammenbruch erlitten. Sie sei einfach am Ende gewesen. Erst als Betreuerin eines kommunalen Versuchsgartens sei sie wieder genesen. In Botswana müsse sie sich jeden Tag bei der Polizei melden.

‹Was für ein Leben›, sagte meine Mutter.

‹Ja›, sagte Ola, ‹dagegen kommt einem das bißchen Ärger, das ich hier schüre, wahrhaftig nichtig vor. Sie bezahlt mit ihrem Leben für ihre Identität. Aber tun wir das nicht alle?›»

«In jedem Buch von dir kommt eine Figur vor, die Francis heißt», sagte Ola eines Morgens gerade zu einem einheimischen weißen Schriftsteller, als Fanny zum Frühstück hereinkam. «Ist das Zufall, oder soll dem Leser dadurch irgendein unergründlicher Sinn vermittelt werden?»

«Ach, komm», sagte der Mann, «es gibt nur einen Francis in meinem ersten Buch. In einem späteren gibt es einen Frances mit *e* und dann in meinem letzten Buch einen Frank.»

«Aber ist es nicht trotzdem jedesmal mehr oder weniger der gleiche Name?» fragte er.

«Guten Morgen, Ola», sagte Fanny. Sie küßte ihn auf den Kopf, und er schlang einen Arm um sie. Er war, wie er sich zuweilen ausdrückte, in der leutseligen Stimmung des literaturbegeisterten ausgebrochenen Sträflings.

«Das ist meine Tochter aus Amerika», sagte er stolz. «Fanny, ich möchte dir Henry Bates vorstellen, ein Gründungsmitglied unseres Schriftstellerverbands, der gekommen ist, um mich vor Schaden zu bewahren.»

Henry Bates war klein, mit einem käsigen Gesicht, hellen Haaren und einem Bierbauch.

«Ich versuche ihm gerade klarzumachen», sagte er, «daß die bloße Tatsache, daß er mit der ganzen Regierung bekannt oder verwandt ist, nicht automatisch garantiert, daß sie ihn nicht eines Tages leid sind.»

«Sie weiß nicht, mit wem wir alles verwandt sind», sagte Ola. Er wandte sich an Fanny: «Wir sind nicht wirklich mit diesen Idioten in der Regierung verwandt, weil wir offensichtlich nicht im Einklang sind. Du kennst doch die hinduistische Weisheit, nach der man nur mit Leuten verwandt ist, mit denen man sich geistig weiterentwickelt? Aber ein paar von deinen Onkeln sitzen in wichtigen Positionen. Und weißt du, als sie mich verhafteten, nachdem sie meine Aufführung mit der Planierraupe niedergewalzt hatten – ein einmaliger Schluß, das mußt du zugeben! –, kamen zwei von ihnen in meine Zelle, nur so auf ein Schwätzchen. Die Politik bereitete ihnen Kopfzerbrechen, deshalb wollten sie lieber über Fußball reden. Es sind Männer, die nie in ihrem Leben ein Buch gelesen haben. Sich nie ein ganzes Theaterstück lang wach halten konnten. Was sie bis zur zehnten Klasse nicht gelesen oder gesehen haben, kennen sie nicht.

‹Was hast du eigentlich vor›, sagte einer von ihnen, ‹willst du uns vor der Welt schlechtmachen?› Er meinte es ernst.

‹Hör mir mal zu, Obenjomade›, sagte ich. ‹Schau auf meinen Mund und spitz die Ohren. ICH KANN EUCH NICHT SCHLECHTER MACHEN, ALS IHR SEID. Ich bin auch nur ein Mensch.›

‹Aber Abajeralasezeola›, sagte er geduldig. ‹Die Regierung tut ihr Möglichstes.›

‹Nur der Präsident, seine Frauen, seine Geliebten, seine Minister, seine Verwandten und die Streitkräfte können sich satt essen. Nur ihre Kinder können es sich leisten, eine Schule zu besuchen. Die Regierung sollte sich mehr Mühe geben. Weißt du, ab und zu eine Straße pflastern. Ein Krankenhaus bauen. Und wie kommt es übrigens, daß die einzigen Leute, die man abends nach der Ausgangssperre sieht, Armee-Uniformen tragen? Unter anderem müßte man meinen, wir seien ein reines Männerland. Und du weißt, was der Rest der Welt *dazu* sagen würde. Und wozu überhaupt die Ausgangssperre, fällt mir dabei ein? Früher gehörte den Afrikanern wenigstens immer die Nacht. Mit der Freiheit scheinen sie selbst die verloren zu haben.›

‹Na schön, mach dich nur lustig. In deinen Stücken lachen ja immer alle. Aber du solltest dich nicht über Leute mokieren, die sich jetzt, da der weiße Mann gegangen ist, alle Mühe geben, etwas aus dem Land zu machen.›

‹Schau auf meinen Mund, Obenjomade, zweiter Sohn der dritten Frau meines Vaters; spitz die Ohren: DER WEISSE MANN IST NOCH HIER. Auch wenn er gegangen ist, ist er nicht weg.›

‹Aber Abajeralasezeola›, gibt er zurück, ‹warum hilfst du uns nicht, anstatt dich zurückzulehnen und nichts als Kritik zu üben? Warum schreibst du keine Stücke, die alle von ihrer besten Seite zeigen? Du könntest darstellen, wie die Regierung sich bemüht, das Volk mit Nahrungsmitteln, Kleidung und Schulen zu versorgen, obwohl die Weißen ein einziges Chaos zurückgelassen haben. Warum schreibst du nicht ein Stück darüber, daß sie lieber ihre eigene Universität in die Luft gejagt haben und ihren Rundfunksender und ihre Krankenhäuser und Brücken, als sie uns zu überlassen?›

‹Obenjomade, sperr deine liebenswert riesigen Ohren auf: ALLE WISSEN, WAS ES ÜBER DEN WEISSEN MANN ZU WISSEN GIBT. Dafür sorgt das Fernsehen. ABER DIE MEISTEN WISSEN KAUM ETWAS ÜBER SICH SELBST.›»

‹Die meisten Weißen?› fragte er.

‹Nein, das Volk›, sagte ich.

‹Aber Abajeralasezeola›, sagte er schließlich lachend, ‹du bist der einzige, der so denkt.›

‹Du irrst, Obenjemade›, sagte ich. ‹DIE FRAUEN DENKEN WIE ICH.›

‹Aber Abajeralasezeola›, sagte er achselzuckend. ‹WEN INTERESSIERT SCHON, WAS FRAUEN DENKEN?›»

Henry Bates und Fanny mußten beide über die Grimassen lachen, die Ola während seiner Erzählung schnitt. Man sah ihm seine sechzig Jahre nicht an. Er wirkte jungenhaft, ja lausbübisch, nun da er selber herzlich lachte.

Im Gefängnis habe er auf dem Boden geschlafen, und er glaube, dadurch sei seine Nervenentzündung geheilt, sagte er.

So laute übrigens auch eine Zeile in seinem neuen Stück, fügte er hinzu.

Henry Bates schlug die Hände über dem Kopf zusammen.

Ola war plötzlich ernüchtert. «Oh, Henry Bates», sagte er, «schau auf meinen Mund: WO WARST DU MIT DEINEN SORGEN, ALS ICH VON DEN WEISSEN INHAFTIERT UND GEFOLTERT WURDE? Wenn mein Volk aufhört, sich zu verhalten wie der weiße Mann, kann ich Stücke schreiben, die es von seiner besten Seite zeigen!»

Er konnte dem Seelenklempner nicht erzählen, daß er eine Frau liebte, die sich ihrerseits regelmäßig in Geister verliebte.

«Aber warum denn nicht?» fragte Fanny ihn einmal, als er versuchte, ihr darzulegen, wie unzulänglich er sich fühlte und wie er sich schämte. «Was taugt ein Seelenklempner, der nicht weiß, was es mit Geistern auf sich hat?»

In vielerlei Hinsicht war sie ein völlig normaler Mensch. Suwelo hatte sie entgeistert angesehen, als sie die Frage stellte. Sie war mit erhobenen Armen dabei, ihr langes geflochtenes Haar immer wieder neu zu arrangieren, und drehte sich auf ihrem Stuhl hin und her. Ihre weibliche Selbstversunkenheit und ihre momentane Gleichgültigkeit hinsichtlich jeglicher Ansichten anderer hatten ihn an Kleopatra denken lassen.

Der Psychiater war ein Jude mittleren Alters, der niemals etwas von sich selbst preisgab, und das machte es schwer, ihm etwas zu erzählen. Woche für Woche wartete Suwelo auf irgendein Zeichen dafür, daß ihm ein Mensch aus Fleisch und Blut mit eigenen widerstreitenden Gefühlen gegenübersaß. Jemand, der auch nur die geringste Chance hatte, sein Elend zu begreifen. Aber nichts dergleichen.

«Geister?» fragte er und verschob einen Briefbeschwerer wie den in *Citizen Kane* um wenige Millimeter auf den Papieren, die in einem sauberen Stapel auf seinem Schreibtisch lagen.

«Ja», sagte Suwelo. «Zur Zeit...» Er hielt inne. Es erschien ihm weit hergeholt. Ein vergebliches Unterfangen. Was würde Dr. Bernie Kesselbaum dazu sagen können?

«Ja?»

«Zur Zeit ist es ein Mann, und er heißt... Häuptling John Horse.» Da, das hatte er geschafft. Ihm kamen fast die Tränen von der Anstrengung. «Aber es müssen nicht immer Männer sein», sagte er schnell. Es mußten nicht einmal Menschen sein, aber er dachte, er würde sich Fannys Schwärmerei für Bäume und Wale aufsparen, bis er weitersah.

Kesselbaums Gesicht blieb reglos. Suwelo war diese Reglosigkeit verhaßt.

«Wer ist Häuptling John Horse?»

Es folgte ein langes Schweigen.

«Rate mal, wen ich heute entdeckt habe!» hatte sie glücklich gerufen.

«Wen denn?» hatte er beim Umrühren der Spargelcremesuppe gefragt, als sie zur Tür hereinstürmte.

«Häuptling John Horse!»

Er war diese Begeisterungsstürme gewöhnt, und doch taten sie jedesmal weh. Er dachte dann immer, er sei ihr nicht genug, und sah sogleich Monaten der Einsamkeit entgegen, in denen sie ihn beinahe wie Luft behandelte.

«Ach!» hatte er mit geheucheltem Interesse gesagt, «und wo lebt dieser – wie heißt er noch? Häuptling John Horse?» Aber da wußte er bereits, daß Häuptling John Horse, wer immer er sein mochte, vorläufig in seiner Frau lebte.

Umständlich hatte sie ihm von dem Mann erzählt. Er war Häuptling, ein schwarzer Indianerhäuptling bei den Seminolen in Florida, bevor Florida zum Bundesstaat wurde. («Natürlich vorher», hatte er gemurmelt, und dabei war ihm aufgefallen, wie schwer es ihm fiel, sich vorzustellen, daß ein Land überhaupt existiert hatte, ehe es zum Staat wurde.) Die Seminolen hatten sich geweigert, die aus der Sklaverei geflohenen Schwarzen wieder zu Sklaven zu machen, und sie bei sich aufgenommen. Unzählige Kämpfe hatten stattgefunden, sagte sie (und ihre Augen blitzten, als wäre sie dabeigewesen), als die weißen Sklavenhändler sie verfolgten. Dann war ein langer Marsch nach Mexiko gefolgt und Jahre der Arbeit für die mexikanische Regierung im Kampf gegen mexikanische Banditen. Nach der Abschaffung der Sklaverei in den USA kehrte Häuptling John Horse mit seinem Volk – den Männern, Frauen und Kindern – dann wieder nach Texas zurück. Das sei in den siebziger Jahren des neunzehnten Jahrhunderts gewesen, sagte sie, und Suwelo war wie so oft überrascht, daß er als Historiker davon gar nichts gewußt hatte. Weil die amerikanische Armee sie nie hatte schlagen können und einsah, daß ihr das auch in Zukunft nicht gelingen würde, heuerte sie John Horse und seine Schar an, in Texas mit den gleichen Banditen aufzuräumen, die sie schon in Mexiko bekämpft hatten.

Suwelo erzählte Kesselbaum die Geschichte so ausführlich, wie seine Erinnerung es zuließ.

Zu Fanny hatte er verächtlich gesagt: «Ach, er war ein Büffelsoldat.» Womit er einen Indianerjäger meinte, der für den weißen Mann arbeitete.

Sie hatte ihm einen merkwürdigen Blick zugeworfen. Und dann ruhig gesagt: «Ja und nein. Sein Leben lang suchte er nach einem Stückchen Land, nach dem die Weißen nicht die Finger ausstreckten, nach einem kleinen bißchen Frieden. Bekommen hat er keins von beiden. Aber das war der Traum.»

«Und was ist aus ihm geworden?» hatte er gefragt.

Sie hatte mit den Achseln gezuckt. «Er ritt natürlich in den Sonnenuntergang davon. Wieder nach Mexiko. Die mexikanische Regierung wußte wenigstens sein soldatisches Können zu schätzen und bot ihm etwas Land an. Mehr als dieser Staat je für ihn getan hat. Hier hat er nicht einmal eine Rente gekriegt!»

Ihre Augen hatten jenen versonnenen Ausdruck angenommen, der ihm sagte, daß sie mit John Horse auf dem Ritt nach Mexiko war; daß sie auf dem Weg eifrig Frauen, Kinder und schwarze Männer mit strahlenden Gesichtern aufsammelten, die alle von einem freien Leben träumten.

Er hielt es nicht aus.

«Und hat es ihn wirklich gegeben?» fragte Kesselbaum. «Realiter, meine ich.»

«Oh, ja», sagte Suwelo. «Ich bin ja schon beglückt, wenn es wirkliche Menschen sind, denn dann können wir noch halbwegs über sie reden. Schwerer wird es, wenn sie von einem Geist beseelt ist, von dem sie nicht weiß, wer oder was er ist.»

«Und kommt das oft vor?»

«Alle paar Jahre. Aber manchmal ist es auch bloß eine kleine Schwärmerei. Wir sind dann relativ glücklich. Bewegen uns wie zwei Leute, die Hand in Hand durch einen seichten Fluß waten. Und dann passiert es, daß sie plötzlich in eine Stromschnelle tritt, die nur für sie dazusein scheint, und davongeschwemmt wird. Während die Strömung sie trägt, bleibe ich allein, ohne... Halt. Wenn sie zu solchen Zeiten überhaupt daran denkt, guten Morgen zu sagen, grenzt das an ein Wunder. Unser Liebesleben ist eine Katastrophe. Ich weiß nie, mit wem ich es zu tun habe. Ich bin jedenfalls für sie nicht vorhanden, obwohl sie etwas anderes behauptet.»

Anfangs hatte Fanny lange keinen Orgasmus mit ihm erlebt; sie lernte erst von ihren Freundinnen, wie man sich einen verschaffte. Das war zu der Zeit, als jede bewußte Frau ein Spekulum und einen Spiegel im Rucksack bei sich trug und es Suwelo schien, als ließen sich alle beim geringsten Anlaß im Kreis auf den Rücken fallen, um einander die erstaunlichsten Dinge beizubringen. Doch wenn er sie fragte, was sie beim Orgasmus erlebt hatte, behauptete sie eher, einem Sonnenaufgang, einem Berg oder einem Wasserfall nahe gewesen zu sein, als ihm. Manchmal flüsterte sie nur: «Abenteuer» oder «Widerstand» oder «Flucht!». Er stand vor einem großen Rätsel.

«Viele Menschen haben eine Leidenschaft für historische Figuren», sagte der Seelenklempner.

Das stimmte. Aber Fanny Nzingha entdeckte die Geister, die

von ihr Besitz ergriffen, zunächst in ihrem Innern. Erst dann fand sie die historische Persönlichkeit, die sie versinnbildlichte. Das ließ sie in einer merkwürdigen Dreieinigkeit erscheinen: sie, der Geist und die historische Persönlichkeit – alle saßen ihm gleichzeitig am Tisch gegenüber.

Diese Intensität machte ihn fertig.

Wie bei allen ihren Geist-Liebhabern machte er sich hinter ihrem Rücken daran, John Horse auszuforschen. Dabei half ihm William Loren Katz mit seinem Buch *Schwarze Indianer*, in dem die Geschichte von John Horse ausführlich beschrieben ist. Einigermaßen verlegen schenkte er Fanny das Buch zum Geburtstag. Häuptling John Horse war, wie er gelesen hatte, seit hundert Jahren mausetot. Ha! Offensichtlich starben alte Geister wie der von diesem Horse nie. John Horse hatte einen indianischen Spießgesellen gehabt, der sich «Wild Cat» nannte; der hatte eine reine Seminole-Indianerin geheiratet und später eine Mexikanerin. Wahrscheinlich auch indianischer Abstammung.

«Was liebst du an diesen Leuten», hatte er Fanny einmal gefragt.

«Weiß nicht», sagte sie. «Sie öffnen Türen in meinem Innern. Sie kommen mir vor wie Schlüssel. Zu Zimmern in mir. Ich finde eine innere Tür, und es ist mir, als hörte ich dahinter ein Gemurmel, und dann verschaffe ich mir irgendwie Eintritt mit dem Schlüssel, den ich vom vorigen Mal habe, und wenn ich dann in dem dunklen Zimmer umherstolpere, fange ich an zu spüren, wie es in mir wirkt, das Gemurmel aus dem Zimmer, und mein Herz dehnt sich unter einem reinen Gefühl, sei es Mut oder Liebe, Verwegenheit oder Hingabe. Es wird Licht, und das Licht dringt durch Osmose in mich ein, und in einem Teil von mir, wo bis dahin keine Klarheit herrschte, entsteht Klarheit. Ich strahle dieses anschwellende Licht aus. Glück.»

Und das, soviel war Suwelo klar, nannte man «verliebt sein».

Gestern abend erzählte uns Ola», schrieb Fanny in ihrem nächsten Brief, «er denke daran, irgendwann dieser Tage – ‹obwohl meine Tage längst gezählt sein mögen›, wie er scherzte – ein Stück über Elvis Presley zu schreiben.

‹Über *den* Elvis Presley?› fragte meine Mutter. ‹*Unseren* Elvis Presley?›

‹Mr. Rocket Sockets persönlich?› stimmte ich ein.

‹Genau›, bestätigte Ola lächelnd. ‹Wißt ihr›, fuhr er, unsere Verwunderung auskostend, fort, ‹wir haben hier, wie ihr in Amerika, viele verschiedene Stämme. Bei euch gibt es Schwarze und Indianer, Angelsachsen und Juden; dazu Asiaten, Lateinamerikaner und Araber. Und so weiter. Hier haben wir die Olinka, die Ababa, die Hama und den Stamm der Weißen, zu dem einige Unter- oder Nebenstämme gehören.

Jeder Stamm bemüht sich um die Erhaltung seiner Stammesidentität, was für den Mann, der seine genetische Identität bewahrt, indem er über die Frau herrscht, die er zur Produktion seiner Kinder benutzt, natürlich sein mag, aber nicht unbedingt für die Natur, die jedem die Möglichkeit zur Fortpflanzung gewährt. So werden im Laufe der Zeit viele rassische Grenzen überschritten und neue Menschen geschaffen. Mich fasziniert dabei zu sehen, wieviel Liebe oder Haß diesen neuen Menschen entgegengebracht wird, denn die kann man ja schließlich in keine feste Stammeskategorie pressen.›

‹Aber was hat das mit Elvis Presley zu tun?› fragte meine Mutter.

‹In meinem Stück wird er nur eine metaphorische Rolle spielen. Er wird mir als eine Art Medium dienen für das, was ich verdeutlichen will.›

‹Und das wäre?›

‹Daß die weißen Amerikaner in ihm eine Möglichkeit fanden, ihre Sehnsucht und ihr Verständnis für die verdrängten indianischen und schwarzen Anteile in sich zum Ausdruck zu bringen. Jene nichteuropäischen Charakteristika, die sie in sich tragen und von denen sie ständig umgeben sind, die sie aber durch ihre Erziehung von Geburt an zu verleugnen lernen.›

Wir setzten unser Gespräch darüber bis in die Nacht hinein fort, und schließlich legte Ola auch noch einige seiner geliebten Elvis Presley- und Johnny Cash-Platten auf.

‹Ich höre sie anders als ihr›, sagte er. ‹Ich versuche herauszuhören, wohin kommerzieller und bürgerlicher Erfolg bei Leuten führt, denen ein Teil ihrer rassischen Abstammung abhanden gekommen ist, da sie in einer Welt oder in diesem Fall in einem Land leben, das einen dazu zwingt, die Erinnerung an sein rassisches, kulturelles und historisches Erbe abzutöten, wenn man eines Jahrhunderts aufwacht und *weiß* ist.›

Olas Ansicht nach sind sowohl Elvis Presley als auch Johnny Cash Indianer. Ausländer sähen das sofort, meint er; Amerikaner nicht. Er sagt, das erkläre auch Elvis' Vorliebe für bestimmte Kleidung, für Wildleder und Fransen, für Silber. Und kulturell gesehen sei er natürlich, wie alle Weißen in Mississippi, ein Schwarzer.

‹Aber hatte er nicht blaue Augen?› fragte meine Mutter.

‹Wahrscheinlich das einzige an ihm, das weiß war›, bestätigte Ola. ‹Blaue Augen sind wie Geld; sie verschaffen einem überall Einlaß.›

Angenommen, mein Vater hat recht; was mag ein so großer Erfolg wie der von Elvis bedeutet haben? Angenommen, hinter den blauen Augen, den vollen Lippen und unter dem dichten schwarzen Indianerschopf gab es noch einen anderen: den alten Indianer mit seiner Vergangenheit. Nimm einmal an, auch er, oder sie, habe ihm zugeschaut. Falls er ein Indianer war, muß er wohl Choctaw gewesen sein, denn das ist der Stamm, der in seinem Teil von Mississippi lebte und vielleicht noch lebt. Nimm an, seine Vorfahren hätten sich mitten unter den Weißen versteckt, ebenso wie viele Cherokee sich unter Schwarzen und Weißen versteckt hielten. Um den Soldaten zu entkommen, die die Indianer auf den langen Marsch nach

Oklahoma, auf den Pfad der Tränen trieben. Nimm an, der Hüftschwung, den die Massen so liebten, wäre ursprünglich eine Bewegung aus dem Kreistanz gewesen. Die sieht nämlich in Zeitlupe genauso aus. Stell dir vor, sein halbverschluckter Singsang wäre einst ein Kriegsschrei gewesen. Oder ein indianischer Liebesruf.

So redeten wir bis tief in die Nacht, lauschten dabei den Grillen und freuten uns am warmen Glanz der Sterne. Man nennt Menschen nicht bloß ‹Stars›, weil sie das Charisma von Menschen haben, die ihr Innerstes zum Ausdruck bringen und die daraus erwachsende Befriedigung ausstrahlen – sondern weil die Eigenschaften, die für sie stehen, im Vergleich zur Länge eines Menschenlebens Ewigkeitswert haben. Wir lassen uns von ihrem Glanz, ihrer Wärme und ihrem Licht anziehen, aber sie werden uns auf ewig fern bleiben. So fern, daß wir nie ganz an unsere Unzertrennlichkeit glauben können. Nie ganz glauben können, daß auch wir aus dem Licht bestehen, das sie ausstrahlen. Ola meint, er sei davon überzeugt, daß es den Menschen vor allem darum zu tun sei, einander frei und ohne Rücksicht auf die Abstammung zu lieben, und wo sie dazu endlich offen in der Lage seien – auch wenn das wahre Wesen der Person, der sie sich hingäben, durch gesellschaftliche Zwänge übertüncht sei – finde sich als Zeichen immer das alles verratende innere Wiedererkennen; mit anderen Worten, die unbeherrschte Erregung, das Zucken des Schoßes.

Der junge Choctaw mit langem schwarzem Haar, vollen Lippen und feurigen Augen sei der Mann, den sich die Töchter der Pioniere auserwählt hätten, wenn sich die Gelegenheit geboten hätte, meinte Ola. Und zum erstenmal stellte ich mir Elvis wirklich schön vor: goldbraun, geschmeidig, leichtfüßig durch die Urwälder vom Mississippi laufend, mit Haaren bis an den Bauchnabel. Ihre Ururenkelinnen weinen dem, was ihnen da entgangen ist, noch heute nach. Und zu meiner Überraschung weinte ich gleich mit!

Wenn man Ola ins Exil schicke, komme er vielleicht in die

USA, und dann könnten er und ich das Stück zusammen schreiben. Damit neckte er mich, als er merkte, daß ich schniefte und offensichtlich zutiefst gerührt war.

Ich hätte mir nie träumen lassen, daß ich es so genieße, einen Vater zu haben. Es ist, als hätte ich einen zweiten Kopf, interessant, meinem eigenen ähnlich und doch ganz anders, und könnte darin nach Herzenslust herumstöbern.»

Es würde mir nichts ausmachen zu sterben, wenn es damit getan wäre», erzählte Miss Lissie Suwelo. «Das sagten die Alten bei uns auf der Insel früher immer. Und jedesmal tat dann jemand mit einem tiefempfundenen *Mhm* seine Zustimmung kund. Ich hatte oft den Eindruck, daß sie mehr über das Leben wußten, als sie glaubten. Ich kann dir nämlich versichern, daß das Sterben das allerwenigste ist. Es ist sogar angenehm. Man entzieht sich einfach allem, sämtliche Qualen eingeschlossen, und brennt leise aus wie eine Kerze. Unangenehm dagegen ist die Rückkehr, und ob die Menschen Verstand genug haben, es mitzubekommen, oder nicht, es kehren doch alle zurück, oder jedenfalls die meisten. Frag mich nicht, wie oder warum. Es ist einfach so. Ich finde es einleuchtend, daß es kein größeres Wunder ist, mehrmals hierherzukommen, als nur einmal geboren zu werden. Das ist die ganze Wahrheit.

Nimm die derzeitigen Zustände auf der Welt. Da sind die vergifteten Flüsse, die verpestete Luft und die eigenen Kinder, die vor deinen Augen zu Zombies werden. Da sind die Staatsmänner, die wie leere Papphüllen wirken, und die Politiker, die aussehen, als stünden sie unter Drogen. Da ist eine Welt, die uns allen Todesangst einjagt. Nirgends kannst du hin. Nichts kannst du essen. Nicht mal deinem Liebestrieb kannst du noch nachgeben. Und das ist bloß heute. Es gibt Tage, an denen dein einziger Trost ist, daß du eines Tages sterben wirst und dann alles hinter dir hast.

Suwelo, laß dir von mir gesagt sein, du kannst es nicht hinter dir lassen. Das Leben hier ist für immer dein Leben. Du wirst immer hier sein, wie der Boden unter deinen Füßen. Und du wirst nicht sterben, ehe *der* nicht hinüber ist. Er geht zwar kaputt, und mit ihm die Menschen – aber, Suwelo, es schreckt mich nicht, daß wir Menschen und die Erde sterben werden. Vielleicht muß am Ende alles sterben. Aber es sieht aus, als würde es ein langsamer, schmerzhafter Tod werden. Es ist wie der Unterschied zwischen dem Tod durch Erschießen – wenn einen mit verbundenen Augen die erste Salve trifft – und dem langsamen Foltertod durch Männer, die ihre Arbeit stundenweise bezahlt kriegen. Es ist nicht bloß ein Kampf auf Leben und Tod. Das wäre wohl zu einfach. Es ist ein Kampf auf ewiges Leben und ewigen Tod, und die Ewigkeit währt eben sehr, sehr lange.

Ich habe es satt. Nicht das Leben. Aber ich habe Angst davor, wie das Leben wohl aussehen und mir vorkommen wird, wenn ich das nächste Mal auf die Welt komme.»

Jetzt saß Suwelo im Zug auf dem Heimweg nach Kalifornien. Er fuhr über die Rockies und durch die Wüste. Er dachte über die in Onkel Rafes Haus verbrachten Monate nach und hätte sich beinahe bekreuzigt. Er dachte über Fanny nach. Darüber, wer sie wirklich war und wer sie in früheren Leben gewesen sein mußte. Wenngleich Fanny aus San Francisco weggegangen war und schrieb, daß sie kein Verlangen spürte, ihn zu sehen, wünschte er, sie noch einmal neu kennenlernen zu können, und zwar aus der Warte eines Menschen, der glaubte, daß wahre Liebe nie verging und daß man nur litt, wenn man kämpfte – aber auch, daß nur dieses Leid einen lehrte, wie man es künftig vermeiden könnte. Schließlich hatte man unzählige Leben, und nur die Liebe vermochte zu heilen und zu lindern. Die Liebe allein, die Muttermilch.

Er hatte endlich das Haus verkauft und somit genug Geld, von dem er leben konnte, wenn er Mr. Hals und Miss Lissies

Leben jetzt vielleicht als «erzählte Geschichte» aufzeichnete – also in Form eines dieser unwissenschaftlich aussehenden Bücher voll von «sagte er» und «sagte sie», die er immer so verachtet hatte. Vor seiner Abreise nach Baltimore hatte er Miss Lissie zu Hause aufgesucht und festgestellt, daß auch Mr. Hal dort wohnte. Die beiden alten Freunde saßen friedlich im Garten und malten, ihre Staffeleien standen nur durch einen schmalen Streifen rosafarbener Verbenen getrennt nebeneinander. Sie ließen sich nicht stören, und er setzte sich auf die Hintertreppe, um ihnen zuzuschauen. Mit liebevollen Pinselstrichen malten sie die vor ihren Augen ausgebreitete Szenerie: die Rückseite ihres kleines weißen Schindelhauses, einen großen, efeuumwucherten Hickorybaum, der es von vorne überragte, und den Garten seitlich vom Haus, in dem Blumen und Nutzpflanzen bunt durcheinanderwuchsen. Riesige Dahlien und blaue Zierwinden schmückten Haus und Mais. Die Sonne schien warm, der Tag war wie die Ewigkeit selbst, und bald ließ Suwelo sich auf die Veranda zurücksinken und döste ein.

Als er langsam wieder aufwachte, saßen die beiden alten Freunde neben ihm, und er meinte, alles über sie zu wissen und zugleich gar nichts. Er wußte, daß sie Anatole an der Fiske University hatten studieren lassen und daß er Deutschprofessor in Tuskegee geworden war. Er wußte, daß die begabte und verwegene Lulu, eine hervorragende Sängerin und Tänzerin, in Hochstimmung mit einer Komödiantentruppe nach Paris gereist war. Leider war Paris während ihres Aufenthalts Hitler in die Klauen gefallen, und von Lulu und vielen anderen schwarzen und farbigen Künstlern, die dort arbeiteten, hatte man nie wieder etwas gehört. Er wußte, daß sein Onkel Rafe Lissie geliebt hatte und auch seinen und ihren besten Freund: ihren Seelenfreund und einstigen Ehemann, Mr. Hal. Er wußte, daß sie viele Jahre lang mehr oder weniger harmonisch zu dritt zusammengelebt hatten und bis zu Onkel Rafes Tod Freunde geblieben waren. Er wußte, daß Miss Lissie fürwahr ein außergewöhnlicher Mensch war und daß nur solche Leute ihre Unvergleichlichkeit erkannten und zu schätzen wußten, denen man ohnehin keinen Glauben schenken würde, sollten sie anderen davon erzählen – und allem Anschein nach hatten Onkel Rafe, Mr. Hal und Miss Lissie selbst weitgehend dichtgehalten. Doch alle drei waren außergewöhnliche Menschen, fand Suwelo, denn sie hatten sich unmittelbar auf das Leben eingelassen und nicht auf seinen Widerschein; die Geheimnisse, an denen sie einfach dadurch teilhatten, daß sie lebendig waren und einander kannten, ließen sie die Wirklichkeit viel genauer erkennen, als die «Gesellschaft» es den Menschen häufig gestattet. Sie hatten gespürt, daß sie in eine fabelhafte, geheimnisvolle Welt voller fabelhafter und geheimnisvoller Wesen wie sie hineingeboren waren; sie hatten sich niemals davon abhalten lassen, über dieses Geschenk zu staunen. Sie hatten das Beste daraus gemacht.

«Ich fahre», sagte Suwelo, während er sich reckte und streckte.

«Und wir wissen, daß wir mit dir gehen», sagte Miss Lissie und überreichte ihm mit einem Lächeln ein kleines flaches Paket, das mit braunem Packpapier eingewickelt und mit einem Bindfaden zugebunden war. Sie stopfte ihm einen dicken rosa Briefumschlag in die Brusttasche. Eine Maus kam aus dem Haus gelaufen, hielt inne, blinzelte in die Sonne und lief eilig wieder hinein. Ein Vogel plumpste benommen auf die Veranda; er war gegen die Fensterscheibe geflogen, in der er zweifellos das Spiegelbild des Himmels gesehen hatte.

Suwelo ging an Mr. Hals Klapperkiste, die sauber geparkt neben Miss Lissies schickem grauem Datsun stand, vorbei auf die Straße. Als letzten Eindruck nahm er das Bild der beiden alten Leute mit, die sich an der Hand hielten, ihm winkten und, wie es schien, bei dem Satz «Lebt wohl» zu lächeln begannen.

Und auf ihren Bildern lag er, ein Teil ihres Lebens, umgeben von all den Dingen, die sie liebten, auf ihrer hinteren Veranda und schlief.

Aber was war in dem Paket? Was hatten sie ihm geschenkt?

Suwelo holte tief Luft, als er es vorsichtig aufschnürte. Das braune Papier knisterte, als er mit seinen Fingern darunter entlangfuhr. Zuerst dachte er, sie hätten ihm einen Stapel Schallplatten geschenkt, denn das Paket war ungefähr so groß, nur ziemlich leicht. Aber nein, es waren Bilder. Er nahm sie heraus und betrachtete sie eingehend, erst das eine, dann das andere. Es waren offensichtlich Selbstporträts. Vielleicht doch nicht so offensichtlich, denn auf dem einen Bild stand «Selbstporträt, Lissie Lyles» und auf dem anderen «Selbstporträt, Harold D. Jenkins». Im Hintergrund der Gemälde war alles zu sehen, was die beiden so gern malten: ihre Bäume und ihr Mais, die Zierwinden und das rosa-weiße Schleierkraut. Die eigentlichen Bilder unterschieden sich allerdings von allem, was Suwelo je gesehen hatte. Denn an Stelle von Gesichtern, wie in einem Porträt, waren dort lediglich die Umrisse ihrer Oberkörper zu erkennen, die Form eines Mannes und einer Frau, und diese Umrisse füllte ein mit einer solchen Intensität, Tiefe und Sehnsucht gemalter unendlicher blauer Raum, daß er leuchtete und lockte wie der Himmel selbst. Neugierig drehte Suwelo die Bilder um, als könnte dieser unendliche Raum bis auf die andere Seite durchgesickert sein. Was er sah, entlockte ihm ein Lächeln und veranlaßte ihn, die Bilder ans Herz zu drücken, während der Zug durch einen langen dunklen Tunnel in eine tiefschwarze Dunkelheit jagte. Hinten auf Lissie Lyles Selbstporträt stand in smaragdgrünen Buchstaben «gemalt von Hal Jenkins». Auf Hals Selbstporträt fanden sich in Knallrot die Worte «gemalt von Lissie Lyles».

Daheim angekommen begann Suwelo der dicke rosa Umschlag zu fesseln. Er hob ihn an die Nase und schnupperte daran. Er roch nach Miss Lissie – nach altmodischen weißen Rosen unter einer heißen Sommersonne. Er drehte ihn um und fand zu seiner Überraschung in Miss Lissies antiquierter

Schrift mit den scharfen Haken und entschieden gerundeten Os den Satz: «Sie verbrannten uns so gründlich, daß nicht einmal Rauch von uns übrigblieb.» Er wußte nicht, was ihn erwartete, als er den Brief aufmachte, aber dieses Dutzend leerer Seiten in seiner Hand empfand er doch als merkwürdige Botschaft, selbst von Miss Lissie.

Es dauerte mehrere Tage, bis er plötzlich mitten in der Nacht daraufkam. Dieser Teil von Miss Lissies Geschichte war mit unsichtbarer Tinte geschrieben. Sowie ihm das aufging, wußte er auch, daß er nur eine Kerze brauchte, um ihren Brief lesen zu können. Er stieg aus dem Bett und machte sich auf die Suche. Zum Glück fand er einen Karton voll – ein früheres Geschenk von Miss Lissie und Mr. Hal – oben auf dem Kühlschrank. Noch im Nachthemd beugte er sich über den Küchentisch, zog die Kerze dicht an das erste Blatt Papier heran und begann zu lesen, während die Kälte des nebligen San Francisco ihm in die Knochen kroch. Zunächst meinte er, irgendwelche religiösen Phantastereien vor sich zu haben.

«Die Religion, in der man mich als Kind auf der Insel unterwies», schrieb Miss Lissie, «bringt die Leute bloß dazu, die Erde aufzufressen. Man lehrte uns nämlich, ‹die ganze Schöpfung ist für den Menschen› da, und nur der Mensch brauchte anscheinend nicht für irgendwen oder -was dazusein. Na ja, für ‹Gott›, aber wer wußte schon, was das war?»

«Hmmm», sagte Suwelo gähnend und kratzte sich am Kinn.

«Die ersten Hexen, die auf dem Scheiterhaufen starben, waren die Töchter der Mauren.» *Mauren?* sann er skeptisch. «Sie (oder besser wir) waren es, die an die Afrikanische Göttin glaubten und dachten, das Christentum, das in Spanien so gut gedieh, würde sie als die ‹Schwarze Madonna› in die moderne Welt ‹übernehmen›. Schließlich waren die Götter und Göttinnen bis dahin immer auf diese Weise von einer Ära in die andere gelangt, auch wenn der Islam, der seit einiger Zeit unsere offizielle Religion gewesen war, davon nichts wissen wollte und statt dessen in seinem Namen ganze Familien in Afrika, die der Göttin huldigten, mir nichts, dir nichts hinrichten, in die Sklaverei verkaufen oder mit dem Schwert bekehren ließ. Ja –» und hier meinte Suwelo ein langes, zögerndes Luftholen zu hören – «ich war einer der ‹Heiden›, die sie auf dem Scheiterhaufen verbrannten.

Uns verbrannten sie zuerst – wir fielen so auf. Auch noch nach vielen Jahrhunderten unter den Europäern. Denk nur an Desdemona und Othello, wenn Du Dir sonst überhaupt nicht vorstellen kannst, wie das damals mit uns war in Europa. Die Inquisition drang schließlich auch bis zu ihnen vor, in die Wasserstadt Venedig, ein unangenehm feuchter und trotzdem wunderschöner Ort. Und monatelang hallten Schreie durch die Stadt, während Feuerschatten an den Wänden des Dogenpalastes auf dem Markusplatz tanzten.

Aber hast Du Dich nie gefragt, warum in dem winzigen Ausschnitt der Geschichte, den Shakespeare (jener geheimnisumwitterte Dramatiker, über den so wenig bekannt ist) den Weißen zum Trotz zu erzählen versucht, nur Mauren (also Männer) vorkommen und keine Maur*innen*? Ich versichere Dir, wir waren auch da, etwas bleicher als ehedem in Afrika, ja, aber stell Dir Desdemonas und Othellos Kinder vor. Klar waren wir da. Wir wurden als Töchter unserer Väter erzogen, unserer Väter, die die Gelehrsamkeit über alles schätzten und sich einer Religion verschrieben, die sie in Afrika terrorisiert hatte. Die durch die Welt reisten und Fremde und Barbaren heirateten, um mehr über deren wunderliche, befremdliche Sitten zu erfahren. Unsere armen Väter. Ihr einziges Verbrechen war, daß sie an der Muttergöttin hingen, aber durch ihr Bemühen, sie und sich selbst zu schützen, dazu beitrugen, uns allesamt einem anderen Geist und einer anderen Rasse anzuverwandeln.

Die Inquisitoren brachten unsere Väter um und beschlagnahmten ihren Besitz für die Kirche, genauso wie sie es mit den Juden machten. Unsere afrikanischen Väter waren auf der Flucht vor der religiösen Diktatur des Islam, wenn auch in seinem Gewand, nach Spanien gekommen, verschnauften, merkten, wie man sie ihrer unglaublichen Schönheit und Gelehrtheit wegen bewunderte, und ließen sich zum größten Teil dort nieder. Einige von ihnen zogen weiter, ins heutige Frankreich und Deutschland, nach Polen, England, Irland und Rußland. Ein oder zwei blieben in Venedig und gaben die Inspiration zu einem berühmten Stück. Na, Du kennst die Geschichte. Wenn ich mich nicht täusche, wird unsere Schwarze Madonna, die Große Allmutter – Mutter Afrika, wenn Du so willst –, heute nur noch in Polen offen verehrt. Vielleicht sagt man deshalb von den Polen, sie seien nicht allzu helle.

Aber während der Zeit, von der ich rede», ging der Brief weiter, und der Geruch des Talglichts brannte plötzlich in Suwelos Nase, «und die ich gern aus meinem Gedächtnis streichen würde, weil sie so schrecklich ist, rotteten sie uns aus. Sie meinten, die Mutter ihres weißen Christus (der selbst im schwarzhaarigen Spanien blond und blauäugig war) habe nie und nimmer eine schwarze Frau sein können, weil die Farbe Schwarz wie auch das weibliche Geschlecht des Teufels seien. Wenn wir anderes behaupteten, waren wir böse Hexen. Wir *waren* ja ‹Hexen›, das war unser Wort für Heilerinnen. Wir brachten ihre Kinder zur Welt; wir heilten ihre Kranken; wir wuschen ihre Toten und bahrten sie auf. Wir waren alles andere als böse. Wir setzten uns für das Leben ein, und das gefiel ihnen überhaupt nicht. Beim Anblick unserer Macht kam ihnen ihre eigene nichtig vor. Sie fühlten sich wie der Mond zu unserer Sonne. Doch hat der Mond, wie jede Frau weiß, ebenfalls große Macht. Wir sind mit allen drei Lebensebenen verbunden – mit Vergangenheit, Gegenwart und Zukunft; so auch der Mann. Aber er will es nicht wahrhaben. Er hat sich weismachen lassen, seine eigene Mutter sei böse, und sich Religionen angeschlossen, in denen ihr nur noch die Rolle bleibt, den Mund zu halten, nachdem sie ihn mit ihrem Herzblut ernährt und großgezogen hat.»

Suwelo sah Miss Lissies gerunzelte Stirn vor sich.

«Willst Du es glauben?» ging der Brief weiter. «Es ist so, als zwänge ein jeder Mann jeden anderen, ohne Licht in die Nacht hinauszugehen, ohne Zunge unter die Sprechenden, ohne Augen unter die Sehenden und ohne Beine unter die Stehenden.

‹Wenn du zur Gemeinschaft der Männer gehören willst, mußt du etwas gegen deine Mutter unternehmen›, signalisiert man ihm. Demütig sagt der Mann: ‹Was denn?› Und seine Zähne schnattern schon in der Kälte, die ihn ohne die Wärme seiner besten Freundin umgeben wird. Ha! ‹Du mußt sie mundtot machen›, wird ihm befohlen. ‹Höre auf keinen ihrer Ratschläge. Dafür werden wir dir helfen, so zu tun, als hättest du dich selbst erschaffen. Ignoriere sie einfach. Verschließe deine Ohren vor ihr. Laß sie weinen, laß sie jammern, laß sie verhungern.› So haben sie es mit ihren eigenen Müttern gemacht und ganz gewiß mit Mutter Afrika.

Sie verbrannten uns – die dunkelhäutigen Frauen, die erst vor relativ kurzer Zeit aus Afrika gekommen waren – so gründlich, daß von uns nicht einmal ein Rauchwölkchen übrigblieb, anders als von den Juden und Homosexuellen, den Zigeunern, Künstlern und Rebellen, die ihnen ebenfalls zum Opfer fielen, ganz zu schweigen von den reichen Frauen, deren Eigentum sie schon an sich rissen, ehe ihre Asche erkaltet war. Zwischen der schwarzen und der weißen Frau war jedes Bindeglied zerschlagen. Die Blutschwesternschaft zwischen afrikanischen und europäischen Frauen war vergessen, als hätte es sie nie gegeben. In Frankreich ist nichts von uns geblieben. Notre-Dame. Unsere Liebe Frau. Nicht: Unsere *Schwarze* Frau. In England: nichts; höchstens Spuren in den Resten der keltischen Kultur, von der ebenfalls kaum etwas geblieben ist. In Irland: die Gerüchte über ‹das kleine Volk› und die vielen dummen Witze über ‹schwarze Iren›.

In Venedig, wo Othello als Edelmann lebte, stehen auch heute noch unzählige Standbilder von Mohren in Sklavenkleidern. In Spanien – nun ja, dort findet man die maurische Architektur, die zu ‹farbig› ist, als daß man sie mit dürftigen Erklärungen abtun könnte.

Als sie mich auf dem Scheiterhaufen verbrannten, verfluchte ich sie. Was kann eine dunkelhäutige Frau sonst tun? Es kümmerte mich nicht, daß sie ihre Finger nach meinem Haus und dem Land ausstreckten, das mein Vater mir hinterlassen hatte. Ich hätte es ihnen geschenkt, wenn ich dadurch wenigstens meinen um mich gescharten Kindern, deren Schreie in meinen Ohren heftiger schmerzten als das Feuer, das Leben hätte retten können. Mein Wesen aber verleugnete ich nicht; das wäre mir unmöglich gewesen. Denn daran war nicht zu rütteln: Ich teile ihre Sicht der Wirklichkeit nicht, sondern habe und liebe meine eigene. Und wenn Du Dir die Welt heute ansiehst, hat sich mein Fluch in allem erfüllt, nur in einem nicht: Die von mir Verfluchten leiden nicht allein, die ganze belebte und unbelebte Natur leidet mit. Das hatte ich nicht gewollt. Das war eine Lektion, die ich erst mühsam lernen mußte: du kannst nicht einen Teil verfluchen, ohne das Ganze zu treffen. Darum liegt Mutter Afrika, die von all ihren Kindern, ob Schwarz, ob Weiß oder dazwischen, verflucht worden ist, heute im Sterben; und wenn es mit ihr vorbei ist, wird der Tod alle anderen Erdteile heimsuchen.»

Jetzt veränderte sich der Ton jäh, und Suwelo bemerkte erschrocken, daß der Brief mit der Lektüre Zeile für Zeile verschwand; Miss Lissie hatte ihre Geschichte nicht nur mit unsichtbarer Tinte geschrieben, sondern mit einer unsichtbaren Tinte, die sich nicht zweimal lesen ließ. Er rückte mit dem Blatt näher an die flackernde Kerze, um sich zu vergewissern, ob er richtig gesehen hatte. Er hob andere Blätter an die Flamme. Sie waren leer. Er seufzte, schüttelte den Kopf und vertiefte sich wieder in den Brief.

«Aber die Frau», hieß es weiter, «ließ sich durch nichts davon abbringen, sich ein Gespür für die anderen Lebewesen zu erhalten, und dabei halfen ihr, obwohl sie sich gewöhnlich darauf beschränken mußte, eine kleine Hauskatze zu versorgen, ihre lebhaften Erinnerungen an das afrikanische Eden. Da war sie nun, schwarz, mit ihrem Besen und ihrer Katze und Haaren wie Stroh. Hast Du Dich je gefragt, warum Hexen sich immer schwarz kleiden und warum ihr Haar so wild absteht?» Suwelo ahnte, daß Miss Lissie hier beim Schreiben lauthals gelacht hatte.

«Wir vergaßen nie, daß es möglich sein sollte, sich mit allen Wesen zu verständigen, solange sie nur die Augen offen genug hielten! So redeten wir, die schwarzen Frauen, vertraulich mit jeder Maus, Kuh oder Ziege, die uns über den Weg lief. Darum machten ihre Märchenerzähler dann später viel Wind. Man stieß uns zu Männern ins Bett, die unsere Großväter hätten sein können, und das in Ländern, wo man, anders als in Afrika, einfach nie badete. Wir landeten auf Höfen fernab von jeglichen Menschen. Die Tiere und unsere Kinder waren unsere Welt. Dummerweise glaubten wir, sie würden uns zumindest die Tiere und unsere Kinder nicht nehmen. Aber die Inquisition, eingesetzt, um uns in Schach zu halten, erklärte den ‹Verkehr› mit Tieren zu einem Verbrechen und ahndete ihn mit dem Feuertod! Und unsere Kinder fielen ihren Vätern, ihren ‹Herren› in die Hände, die sie gegen Gold eintauschten und mit ihnen Handel trieben wie mit Mehl und Land und Tuch.

Die Inquisition behauptete, wir hätten es auf jede erdenkliche Art mit Bullen und Ziegen und allerlei Mißgeburten getrieben. Um das Maß vollzumachen, versahen sie ihren Teufel – jenes schwarze Ungeheuer, das die Menschen darstellte, die sie am meisten verabscheuten und von denen sie sich deutlich unterschieden wissen wollten – mit einem spitzen Pferdefuß, Hörnern und einem Schwanz. Sie stellten es nicht nur als natürlich, sondern auch als gerecht hin, daß man jedes Tier und jede dunkelhäutige Kreatur, die einem unter die Augen kam, so brutal wie möglich töten durfte, ohne dabei etwas anderes zu empfinden als lustvolle Selbstgerechtigkeit.

An der Beziehung der Frauen zu den Tieren und zu ihren

Kindern war etwas zutiefst Befriedigendes. Darauf war der Mann eifersüchtig.

Die Tiere können sich erinnern; denn wie das Sehen wird das Gedächtnis mit jeder Geburt neu geschenkt. Unsere Sprache werden sie freilich nie sprechen; nicht weil ihnen die Intelligenz fehlt, sondern weil ihre Sprechwerkzeuge anders gebaut sind. In der Welt des Mannes muß jemand die Stimme für sie erheben. Und das, Suwelo, ist, wenn man es einmal ganz einfach sagen will, der Grund, weshalb es Göttinnen und Hexen gibt.»

EINIGE MONATE NACHDEM Arveyda von seinen Reisen mit Zedé zurückgekommen war und er Carlotta die herzzerreißende Lebensgeschichte ihrer Mutter erzählt hatte, fiel ihr auf, daß die roten Papageienfederohrringe kaputtgegangen waren; die feinen Goldfäden hingen noch an ihren Ohren, aber die Federn, die zerfleddert waren und glattgebügelt werden mußten, hatten sich daraus gelöst. Eines Tages nahm sie die roten, seidenpapierdünnen Federn mit und betrat in San Francisco einen Laden, wo man alles, was nicht allzu groß und sperrig war, in Kunststoff gießen lassen konnte. Innerhalb weniger Stunden war eine Halskette für sie fertig, und von nun an trug sie die Federn in klares, hartes Kunstharz eingeschlossen um den Hals. Die Steine bewahrte sie weiterhin zu Hause in ihrem Schmuckkasten auf, bis ihr eines Tages klar wurde, daß sie ihr gesamtes Dasein, die vielen Jahrtausende, bis sie in ihre Obhut übergegangen waren, immer draußen unter freiem Himmel gelegen hatten. Sie holte sie hervor und plazierte sie beiläufig so, wie sie ursprünglich gehörten – in einer Form, die sie jetzt als Pyramide oder Dreieck oder das Frauenzeichen für Frieden erkannte – unter der ausladenden Krone einer riesigen immergrünen kalifornischen Eiche im Arboretum von San Francisco. Unter diesem Baum aß sie von nun an häufig ihr Mittagessen, machte Yogaübungen, joggte auf der Stelle, meditierte und betete.

Mit der neuen Halskette fing sie zum erstenmal seit Jahren an zu träumen. In ihrem allerersten Traum war sie ein kleines Kind in einer Höhle mit ihrer Mutter, nur daß diese Mutter nicht Zedé war, sondern eine viel größere und dunkelhäutigere Frau. Und diese Mutter bemalte die Wände eifrig mit bunten Farben. Sie ermunterte Carlotta zum Mitmalen, und Carlotta bearbeitete sich und die Wände mit Farbe. Ihre Mutter hatte dunkle Bronzehaut und welliges schwarzes Haar, das ihr in einem dicken Schopf bis an die Taille reichte. Doch jetzt trat hinter ihr leise der Vater herzu, dessen mächtige Gestalt fast bis an die Höhlendecke ragte, ein Riese von einem Mann, bärtig und wild. Aber nein, er lächelte. Er war noch dunkelhäutiger als ihre Mutter, und sein Haar glanzlos. Dann standen sie alle drei am Höhleneingang, ganz wie eine Kleinfamilie in San Francisco in ihrer Haustür stehen und auf einen verregneten Tag hinausstarren würde. Nur daß Carlotta jetzt, da sie im Licht standen, sah, daß die Höhle, wenn es sich denn um eine handelte, keine natürliche war; die Wände am Eingang, an die sie ihre Finger schmiegte, waren so glatt poliert wie Glas. Aufblickend erkannte sie, daß der Höhleneingang in der Tat eine Tür war und daß in den Türsturz aus weichem Stein ein kolossales, monströses Untier gehauen war, dessen Kopf einen sehr häßlichen Menschen mit großer Nase und langen Lippen darstellte. Aber Carlotta verspürte keine Angst.

— DRITTER — TEIL

Zedés und Carlottas Befreiung war der letzte Akt in meinem Leben als Mary Ann Haverstock», pflegte die Stückeschreiberin Mary Ann Briden nach drei Jahrzehnten Afrika ihren amerikanischen und afrikanischen Freunden zu erzählen. «Es war mit das Aufregendste, was ich je getan habe, und ich war dabei bei überklarem Bewußtsein. Die Drogen hatten mir so lange den Kopf vernebelt, daß mir jetzt, als ich in die Wildnis zog, um die beiden zu holen, alles wie nagelneu erschaffen vorkam – jeder Baum, jeder Strauch, jeder Stern, die Sonne. Während wir uns durch den Busch schlugen, versetzte mich jede kleine Farnkrautinsel, jeder Bach und jedes winzige Lichtpünktchen, das in den Tautropfen auf den Blättern eingefangen war, von neuem in Begeisterung. Ich strahlte die ganze Zeit. Bestaunte bei jedem Schritt meine hübschen rosa Stiefel, die wie Blumen auf dem dunklen, grünüberwucherten tropischen Erdboden leuchteten.

Es war ein leichtes, die Hunde zu töten und mich auf das Schulgelände zu schleichen. Es war ein leichtes, Zedé und Carlotta zu schnappen und mitzunehmen. Und es war ein leichtes, wieder zur Küste zu gelangen, zurück zu meinem Boot, der *Recuerdo*. Die Fahrt nach San Francisco verlief glatt und war herrlich. Zedé, die von der Aufregung und von der Flucht selbst völlig erschöpft war, schlief wie eine Tote. Ich kümmerte mich um Carlotta, die sich zu einem drallen kleinen Buddha entwickelt hatte. Nur mit dem Sturm hatten wir nicht gerechnet, die Crew und ich. Wir hatten vorgehabt, unser Verschwinden auf viel simplere Weise zu inszenieren. Wir wollten über Funk die Küstenwacht rufen und ihnen mitteilen, der Mast der *Recuerdo* sei gebrochen. Bis sie dagewesen wären, hätten wir längst mit dem anderen Boot auf und davon sein können, das uns die ganze Zeit gefolgt war. Aber dann kam der Sturm, und nachdem wir die Küstenwache alarmiert hatten, flüchteten wir, ohne auf die Idee zu kommen, die *Recuerdo,* dieses seetüchtigste aller Boote, könnte einfach kentern und alles ins Meer schleudern, was sich an Bord befand. Ich hatte aber immer darauf geachtet, daß Zedé und Carlotta an Deck ihre Schwimmwesten trugen, und ich nehme an, daß das ihre Rettung war.

Später las ich dann in den Zeitungen die Geschichte vom Untergang meines Bootes und den beiden Schiffbrüchigen, die man aus dem Meer gefischt und an Land gebracht hatte. Meine Eltern, so erfuhr ich, waren hingeflogen, um sie zu sehen. Das stand in einem späteren Artikel, nachdem sie herausgefunden hatten, wessen Tochter das Mädchen gewesen war, dem das Boot gehört hatte. Dabei war ein rührendes Foto von Mom und Dad, wie sie Hand in Hand zu ihrem Wagen zurückgehen. Es machte mich traurig: sie sahen so alt und verloren aus. Die Presseleute hatten ihnen nichts erspart und sich mit Hearst-typischer, reaktionär konservativer Häme über meine ‹jugendlich verblendeten, radikal antirassistischen, idealistisch-gleichmacherischen Eskapaden› ausgelassen. Mom war immer noch zart wie ein Spatz von ihrer jahrelangen Hungerei, so daß sie neben meinem Vater mit seinen klobigen zwei Metern wie ein Kind wirkte. Seit ich begriffen hatte, wie Liebe zwischen Männern und Frauen vor sich geht, hatte mich die Vorstellung gepeinigt, daß sie sich liebten und Daddy dabei auf ihr lag. Ich spürte förmlich, wie ihr die Luft aus dem Leib gequetscht wurde, wenn er mit dem ganzen Gewicht seines Bauchs, seines Brustkastens, seiner Schultern und seines Nackens auf ihrem winzigen Brustkorb lastete. Aber vermutlich hat sie sich nie beklagt. Sie kannte es ja nicht anders. Ihr Vater war auch ein Hüne gewesen und ihre Mutter noch kleiner und zerbrechlicher als sie. Bei uns zu Hause war es ein beliebter Scherz, daß die Mutter meiner Mutter gewiß nicht mehr als hundert Pfund auf die Waage gebracht hatte, mit Hut und Mantel. Mir wurde das schon als Kind als abschreckendes Beispiel vorgehalten, wenn ich am Tisch saß und mich weigerte, irgend etwas anderes zu mir zu nehmen als butterigen Kartoffelbrei und dazu Schokoladenmilch.

Sie hatten weder Veranlassung zu glauben, daß ich noch lebte, noch Grund, übermäßig um mich zu trauern. Nachdem ich alt genug geworden war, mein Erbe selbst zu verwalten, hatte ich monatelang ein schockierendes Spektakel daraus gemacht, es zu verschenken. Sie hatten mit finsterer, tadelnder Miene zugesehen. Aber ich hatte doch so viel, und es erschütterte mich zutiefst, wenn ich merkte, daß es Wochen gab, in denen ich, indem ich einfach nur meine Investitionen sich selbst überließ, mehr einnahm, als wegzuschenken mir gelungen war – manchmal das Dreifache. Ich hatte oft das Gefühl, an einer Art schleichendem ‹Mammonismus› zu leiden, Tage, an denen ich mir vorkam wie ein Feld oder ein Stück Wald, das vom Kudzu überwuchert wird. Mir war, als würde ich noch in meinem Geld ertrinken, und die Panik, in die mich das stürzte, ließ erst nach, als ich den Plan gefaßt hatte, für immer aufzuhören, die zu sein, die ich war.

Wie soll ich das nur ausdrücken, ohne daß es gräßlich klingt? Ich brannte darauf, mein Dasein als die, die ich war, hinter mir zu lassen. Ich hatte mir sogar schon einen neuen Namen ausgedacht: ‹Rowena Rollins›, was sich aber, wie ich später feststellen mußte, nur auf dem Papier gut machte. Als ich mich in Afrika niederließ, nannte ich mich ‹Mary Jane Briden›. Ich entledigte mich des ‹Ann›, das ich nie gemocht hatte, und des ‹Haverstock›, das nur eine Art Pseudonym für Geld zu sein schien, und legte mir einen Namen zu, der – wenn ich es mir heute überlege – etwas Bräutliches hat. Das war eine prophetische Wahl, denn in Afrika sollte ich, wenn auch nur dem Buchstaben nach, heiraten. Das Problem war, daß ich einfach nicht wußte, wie ich ohne genügend Geld in der Tasche in der Welt zurechtkommen sollte. Das hatte zur Folge, daß ich nicht all mein Geld verschenkte, wie meine Eltern offenbar glaubten, da sie mir immer wieder drohten, wenn ich erst einmal alt wäre und keinen Cent mehr hätte, würde ich mein ‹törichtes› Verhalten schon noch bereuen. Ich eröffnete mehrere Auslandskonten unter meinem neuen Namen, unter ellenlangen Nummern und unter den Namen verschiedener verstorbener Leute. Kurzum: Ich hatte genug behalten, um davon zu leben und zu tun, wonach mir mein bescheidener Sinn stehen würde, und so ließ ich die *Recuerdo* samt meinem alten Leben getrost in der Versenkung verschwinden, während ich mit der *Coming Age* davonfuhr, die ihrem Schwesterboot völlig glich, bis auf eine kleine türkise Schlange, die auf das Segel gestickt war. Am Ende einer jahrelangen, weitgehend unbewußten Suche hatte sich dieses Symbol als mein persönliches Emblem herausgeschält. Die Schlange als das Geschöpf, das seine Haut abstreift, aber immer es selbst bleibt, und dank seines Wissens um die geheimen Plätze auf dieser Erde anscheinend unausrottbar ist, und das Türkis als die Farbe der Reinigung des Körpers und der Seele, der Klärung der Erinnerung und der mächtigen Heilkräfte.

Ich weiß noch, wie ich mich fühlte, als der Sturm sich legte und der Nebel sich zu lichten begann. Ich trug in jenem Jahr nur schwarze Overalls, und wie ich da saß, auf meinem Deckstuhl, mit meiner Tasse dampfendem Kamillentee, die Füße in den rosa Schnürstiefeln auf die Reling gestützt, fühlte ich mich zum erstenmal, solange ich zurückdenken konnte, nicht nur völlig hellwach und klar gegen die Landschaft meines Universums abgegrenzt, sondern wirklich *lebendig,* kurz: frei.

Ich wußte nicht recht wohin, und so wandte ich mich der Vergangenheit zu. Ich meine, der alten Zeit, nicht der, die ich selbst noch erlebt hatte. Ich ging nach London und trieb mich etliche Monate in den Parks, Museen und Bibliotheken herum, spitzte die Ohren und redete, so oft ich konnte, bis ich mir so etwas wie einen britischen Akzent angeeignet hatte. Dann fuhr ich mit dem Zug nach Hampstead, zu dem Heim für sehr reiche, sehr alte Leute, wo *sie* jetzt lebte. Ich konnte mich, während ich in der in sanften Farben gehaltenen, Ruhe und Frieden verströmenden Halle saß, nicht entscheiden, ob ich mich als Journalistin oder als Studentin ausgeben sollte. Ich rechnete damit, daß ich eine Begründung dafür brauchen würde, weshalb ich mich für Eleanora Burnhams Leben interessierte. Ich war nicht darauf gefaßt, daß sie mich schon kennen könnte. Aus alten Zeiten, ehe ich geboren war und ehe auch nur irgend jemand an mich gedacht hatte.

‹Elly›, krächzte sie mir gleich entgegen, ‹endlich bist du heimgekommen! Und was hast du mir mitgebracht?›

Sie war das älteste, zerbrechlichste, ätherischste Menschenwesen, das ich je gesehen hatte, meine Großtante Eleanora. Ihre strahlend blauen, eingesunkenen Augen beherrschten das dünne, faltige Gesicht. Ihr schütteres weißes Haar hing in zwei glanzlosen Zöpfen auf ihr rotes, folkloristisch gemustertes Nachthemd. Das offenbar zugleich ihr Taghemd war, denn sie wirkte und roch, obgleich sie sauber war, als ich mich über sie beugte, wie jemand, der nicht mehr aus dem Bett kommt.

Aber warum sprach sie mich mit ‹Elly› an, der Koseform ihres eigenen Namens?

‹Elly Peacock!› rief sie fröhlich, mit einem breiten Lächeln und ohne einen einzigen Zahn im Mund. Ich setzte mich auf die Kante eines Stuhls neben ihrem Bett.

Die Pflegerin blinzelte mir zu. ‹Sie ist oft nicht mehr ganz bei sich›, sagte sie lächelnd. ‹Manchmal meint sie, ich sei ihre Mutter… und›, sie schaute auf ihren kurzen Rock herunter, ‹ungehörig gekleidet.›

Ich sah zu der blonden, dicklichen, matronenhaften Frau auf. Ich dachte, daß sie mir ein bißchen ähnlich war – eine slawische, russische oder aus dem ländlichen England des achtzehnten Jahrhunderts entsprungene Version meiner selbst.

‹*Die da* muß wohl Elly sein›, sagte die Pflegerin, indem sie mir ein altes Foto in einem scheckigen Silberrähmchen reichte. Zwei junge Frauen mit hellen, zurückgesteckten Locken, die über Nadeln und Spangen herabquollen, beide gleich gekleidet, in lange dunkle Kleider mit Spitzenbesätzen an Hals und Ärmeln, thronten mit ruhigem, gelassenem Blick auf einem altmodischen Tandem. ‹Eleanora und Eleandra› stand in feiner Spinnenschrift darunter. Ich erkannte mich sofort in Eleandra wieder.

‹Sie ist schon so lange da, daß ich inzwischen das Gefühl habe, ich kenne ihre ganze Familie›, sagte die Pflegerin. ‹Oder› – sie lächelte – ‹vielleicht bin ich es auch, die schon so lange hier ist. An manchen Tagen erklärt sie mir alles, zurück bis achtzehnhundertund…, wenn ich sie lasse. Eleandra war ihre Zwillingsschwester.›

Ich sah auf meine Großtante, auf das ordentlich gemachte Bett, dessen Laken unter ihrem ausgelaugten Körper kaum ein Fältchen warf, auf die auf dem Nachttisch aufgereihten alten Fotos und die dazwischen aufgebauten Flaschen mit Kieselsteinen in allen Farben, Größen und Abstufungen zwischen rauh und glatt.

‹Sie hat Steine gesammelt›, sagte die Pflegerin, wobei sie, um die Bedeutsamkeit des Gesagten zu unterstreichen, die Brauen in die Höhe zog. ‹In Afrika.›

Aber Eleanora war nicht der Mensch, der sich gönnerhaft behandeln ließ, nicht einmal in ihrer jetzigen Verfassung. Sie funkelte die Pflegerin zornig an. ‹Nicht nur in Afrika, dumme Gans›, zischte, oder besser, schäumte sie. ‹In der ganzen verdammten Welt habe ich sie gesammelt. Du siehst, Elly, ich habe immer gewußt, was wahres Gold und Silber ist, genau wie du. Mich haben oft Einbrecher heimgesucht, weil ich eine wohlhabende Frau war, aber alles, was sie gefunden haben, waren die hier. Einmal hat einer alle Flaschen ausgeleert und offensichtlich auf jeden einzelnen Stein gebissen!› Ihr glucksendes Lachen mündete in einen leichten Hustenanfall.

‹Tja›, sagte die Pflegerin, ‹dann darf ich mich wohl *entschuldigen.*› Sie ging hinaus, ins Nachbarzimmer, wo die nörgelnde Stimme der nächsten Patientin sie empfing.

‹Du mußt lernen, nur das zu lieben, was dir nicht gestohlen werden kann›, sagte die alte Frau mit pfeifendem Atem. ‹Aber das brauche ich dir ja nicht zu erzählen. Wo ich es doch von dir gelernt habe.›

‹Wieso von mir?›

Sie sah mich sichtlich verblüfft an.

‹Ich bin nicht Elly›, sagte ich sanft. ‹Ich bin nicht Ihre Zwillingsschwester.›

Eleanoras Gesicht hellte sich auf. ‹Natürlich bist du nicht meine Zwillingsschwester. Dieses Dummchen.› Sie produzierte ein schnalzendes Geräusch mit Zunge und Zahnfleisch, so wie andere Leute, die Zähne haben, es mit Zunge und Zähnen tun. *Schmatz!* machte es. Ausdruck von Gereiztheit, gepaart mit Geringschätzung. ‹Wer hätte schon von Elly Burnham lernen können. Die ist ja nie von zu Hause weggegangen und konnte deshalb auch nie heimkommen. O ja, sie *ist* von zu Hause weggegangen, aber nur, um zu heiraten, und danach war ihr Zuhause haargenau wie das, das sie verlassen hatte. Ach, was für eine Langweilerin! Aber Elly *Peacock,* unsere *Tante* Elly Burnham Peacock ... Als sie nach England zurückzukehren geruhte – was sie nur tat, um ihr Krebsleiden behandeln zu lassen, an dem sie dann schließlich starb –, da schrieben die Zeitungen einfach nur: ‚Lady Peacock wieder im Lande'. Und ich dachte lange, meine Tante wäre ein Pfau. Und als ich sie dann einmal mit eigenen Augen sah, in einer Kutsche, mit ihrem Kleid, ganz in pfauenhaften Grün- und Schwarz- und Lila- und Blautönen, das weiße Gesicht von einem winzigen Sonnenschirmchen beschattet, da dachte ich erst recht, sie wäre vielleicht einer. Natürlich bekamen wir sie nie aus der Nähe zu sehen. Sie war eine Schande für England und erst recht für die Familie. Sie hatte ein Faible für Araber, verstehst du. Sie liebte Araber, Pferde und die Wüste, in dieser Reihenfolge. Oder vielleicht auch die Wüste, Pferde und Araber. Ich habe alles über sie gelesen, was ich finden konnte, und bin nie recht dahintergekommen. Und die Afrikaner mochte sie auch.›

Als sie innehielt, um Atem zu holen, oder besser, als ihr die Luft ausging, denn das Atmen schien sie aufgegeben zu haben, platzte ich mit meiner fingierten Legitimation heraus: ‹Ich studiere Journalismus und schreibe an einer Arbeit über…› Ich stockte. Über was? Die Reichen? Die Alten? Die reichen Alten? Die Zustände in Pflegeheimen für reiche Alte? Ich konnte sehen, daß das Heim gut geführt war. Eleanoras Bettwäsche war zweifellos ihre eigene oder zumindest von jemandem angeschafft, der etwas von Bettwäsche verstand. Die Laken waren aus jenem schweren, weichen Stoff, der das Schlafen zum Vergnügen macht, die Tagesdecke aus alter, handgeklöppelter Spitze. Die Kissenbezüge waren ebenfalls spitzenbesetzt. Und in der Baccarat-Vase neben dem Bett prangte ein dicker Strauß Frühlingsblumen. Aber natürlich war sie ja reich genug, um regelmäßig selbst frische Blumen zu ordern.

‹Afrika!› murmelte sie, als sie wieder aus dem Nickerchen aufwachte, das sie nach ihrer langen Rede eingelegt hatte. ‹Ich habe Afrika gehaßt. Die Hitze, das Ungeziefer, die Blutegel, die Nigger.›

Sie sah mich unter grindigen, weißen Brauen hervor an, die dünnen Lippen, deren Fältchen sich jetzt in tiefe Furchen verwandelt hatten, zu einer ärgerlichen Schnute geschürzt.

Warum, fragte ich mich, ist man nur immer so überrascht, wenn sich Leute aus der eigenen Familie als Rassisten entpuppen – und so enttäuscht?

‹Oh, Tante›, entfuhr es mir ausgerechnet daraufhin. Aber diesmal war sie richtig eingeschlafen.

Ich betrachtete sie in Ruhe und dachte, daß sie aussah wie ein richtig altes, ein sehr, sehr altes, sabberndes und schnarchendes Baby.

Sie hatte ihre Aufzeichnungen einem Mädchencollege in Guildford vermacht, das die Burnhams schon immer großzügig gefördert hatten, und an den Tagen, an denen ich sie nicht besuchte, fuhr ich dorthin. Nicht nur Aufzeichnungen, sondern auch Körbe und Schüsseln und Skulpturen und Stoffe.

Tatsächlich gab es dort, in einem Teil der Bibliothek, den ‹Eleanora Burnham-Raum›. Er war einem großen Schlaf- und Wohnzimmer in einem alten kolonialen Pflanzer-Haus nachgebildet und enthielt ihr schmales, jungfräuliches Bett mit einem Moskitonetz darüber, einen Rattan-Lehnstuhl und ein ebensolches Sofa, mit verschossenem blauem Paisley bezogen, sowie ihren Schreibtisch, klein und blau, unter einem imitierten Fenster. Die Bücher hatte sie selbst geschrieben, in der Zeit, als sie in den Tropen gelebt hatte, etwa ein halbes Dutzend. Daneben waren da noch andere, ältere Bücher: Abenteuerromane, Liebesromane, geographische und historische Schriften und die Familienbibel, in der sich, unter anderen Namen, auch der Eintrag fand: ‹Eleandra Burnham, geboren den 29. Mai 1823.› Die Zwillingsschwester meiner Großtante, Eleandra, benannt nach dieser abenteuerlustigen Tante, war etliche Jahrzehnte später aufgeführt und offenbar nicht im mindesten nach ihrer Namenspatin geschlagen. Die Wände des Zimmers waren lebendig dekoriert, mit wunderbar grimmigen afrikanischen Masken und langen Fliegenwedeln aus Perlenschnüren. Außerdem gab es da noch ein paar rattenzerfressene und schweißfleckige ‹Bwana›-Hüte.

Mich interessierte vor allem ihr Tagebuch, und um daran zu kommen, benötigte ich ihre Erlaubnis oder vielmehr die ihres gesetzlichen Vormunds. Ich fand heraus, wer das war: ein Londoner Anwalt, und stattete ihm einen Besuch ab. Da er gar nichts von der Existenz eines Tagebuchs gewußt hatte – ‹Wollen Sie wirklich sagen, die alte Frau hat Tagebuch geführt? Wozu denn in aller Welt?› –, sah er keine Veranlassung, es mir vorzuenthalten. Ich hatte mich sorgfältig ausstaffiert, mit einem braunen Tweed-Kostüm, und mein Haar straff zurückgesteckt. Eine Brille, hinter der ich die Augen zusammenkneifen mußte, komplettierte meine Aufmachung. Diese Tarnung wäre vermutlich gar nicht nötig gewesen, aber es machte mir Spaß.

Und dann saß ich in dem Rattan-Lehnstuhl in ihrem ‹Zimmer› in der Bibliothek, im Schein der falschen afrikanischen Sonne, der durch das Fenster fiel, und die Damen von Guildford blieben, für mich zumindest, auf einem anderen Kontinent zurück und nicht nur draußen vor der geschlossenen Tür. (Es kam nie jemand herein, niemand interessierte sich auch nur einen Deut für Eleanora Burnham, trotz des vielen Geldes und der vielen Kunstgegenstände, die sie dem College zugedacht hatte, was der Verwaltung bekannt war, so daß man seit Jahren darauf wartete, daß sie endlich starb.) Und wie ich dort saß, in dem Schaukelstuhl, mit dem einen Band, den ich jeweils mitnehmen durfte, machte ich eine aufregende Entdeckung. Weit davon entfernt, ihr, wie sie behauptet hatte, des Ungeziefers, der Blutegel und der Nigger wegen verhaßt zu sein, war Afrika in Wahrheit die große Liebe ihres Lebens gewesen.

> Es gibt hier eine kleine Schlange (schrieb sie 1922), die exakt die Farbe von Korallen hat. Sie lebt nur in bestimmten Bäumen und kommt aus ihrem Loch hoch droben hervor, wenn es anfängt zu dämmern. Sie lebt von Baumspinnen und Käfern, und es heißt, daß sie singt. Die Eingeborenen erzählen mir davon. Sie behaupten, sie schon millionenfach singen gehört zu haben, und tun, als wäre das nichts Besonderes. Sie fragen mich auch, warum ich sie noch nicht gehört habe und was denn daran so seltsam sein soll. Alles singt, sagen sie.
>
> Ich nicht. Ihnen das zu sagen, bringe ich jedoch nicht über mich.
>
> Immerhin, heute habe ich das kleine Geschöpf wenigstens gesehen. Sie hatten mir gesagt, welchen Baum am Rand meines Gartens ich im Auge behalten sollte, und prompt: heute, genau als es dämmerte, kam das kleine korallenfarbene Dingelchen herunter. Mit herausgestreckter Zunge glitt es geziert den Stamm herunter zum Abendbrot, wobei es schon unterwegs verschiedene fette Horsd'œuvres fand. Ich sah es im Gras verschwinden und dachte,

daß die Farbe ja wirklich so leuchtend war, wie ich es nach den Erzählungen der Eingeborenen erwartet hatte, aber das mit dem Singen konnte ich trotzdem nicht glauben. Wahrscheinlich wollen sie mich einfach zum Narren halten.

Und ein anderer Eintrag:

Ich kann mir nicht vorstellen, hundert Jahre alt zu werden, aber die Eingeborenen leben oft so lange. Sie sagen, das kommt daher, daß alles, wovon sie sich ernähren, lebendig ist. Das Korn, das sie essen, ist so lebendig, das es aufgehen würde, wenn sie es statt dessen einpflanzten. Sie ernähren sich von Früchten, Körnern, aus denen sie Brei machen, und Knollenfrüchten. Sie essen eine Menge gekochtes Grüngemüse und Okra; beides wächst hier wild. Sie essen kaum oder gar kein Fleisch, und wenn man ihnen aufträgt, dicke Stücke für mich und meine englischen oder europäischen Gäste zuzubereiten, dann gehen sie damit um, als sei es etwas Ekliges.»

ABER WIE WAR IHRE Großtante überhaupt dazu gekommen, sich so für Afrika zu interessieren, daß sie beschlossen hatte, dort zu leben?

Eleanora war jetzt hundert Jahre alt. Mary Jane fragte sich, ob sie das wohl freute. Ob sie an die alten «Eingeborenen» dachte, die sie gekannt hatte. Für Menschen wie ihre Großtante hatte dieses Wort soviel bedeutet wie «Wilde». Es war kein Wort, von dem Mary Jane sich vorstellen konnte, daß ihre Großtante es auf sich selbst angewandt hätte, obwohl sie doch Eingeborene von England war.

Ihre Großtante war 1885 geboren, am 23. März. Sie war Widder, was ihr impulsives, eigensinniges Wesen erklärte. Natürlich mußte sie da die Idee des Fliegens begeistern, lange, ehe irgend jemand sich vorzustellen vermochte, daß man mit einem Flugzeug je heil an irgendein Ziel gelangen könnte. Sie war voller Entzücken geflogen, mit den ersten Flugzeugen, die zwischen England und Afrika verkehrten. Widdermenschen waren wie Vögel. Und natürlich lag es da nahe, daß sie ihren Instinkten folgte, die sie in andere Welten, zu anderen Völkern zogen. Aber was war das Schlüsselerlebnis gewesen? Mary Jane saß jetzt mehrmals die Woche bei ihrer Großtante, betrachtete sie die meiste Zeit, während sie schlief, und sann über jenes Leben nach, die große Zeit der englischen Mittelschicht in den Jahren vor dem (wie sie ihn nannten) Großen Krieg. Jedenfalls hatten sie eine Vorliebe für das Wörtchen «groß» gehabt. Mary Jane hatte eine Besichtigungstour zu den «großen» englischen Landsitzen gemacht und war dabei auch in Morley Crofts gewesen, dem alten Besitz ihrer Vorfahren in Warwickshire. Sie war mit der Touristenschar über die karogemusterten Fußböden getrottet und hatte aus den Fenstern mit den Mittelpfosten und den so bizarr ägyptisch anmutenden keltischen Buntglas-Motiven geschaut. Jede Menge korallenrot-und-schwarze Schlangen und juwelenbesetzte Hirtenstäbe. Morley Crofts umfaßte etliche Morgen Land und glich eher einem mittelalterlichen Schloß als einem Haus. Große Gärten umgaben es, und während sie sich hatte dahintreiben lassen, inmitten des Stroms der Besucher, die ihr mit ihren Polyesterensembles und ihren funkelnagelneuen (und drückenden) Tennisschuhen und ihren Entzückenslauten vor jedem einzelnen Taubenschlag oder Wasserspeier, jeder Primelrabatte und jeder Riesendahlie wie eine Herde bedauernswerter Schafe erschienen, hatte sie im Geist Eleanora da oder dort zwischen den Gartenskulpturen sitzen sehen, in ein Buch vertieft oder auch einfach nur den Blick in die Weite gerichtet, in die Zukunft, in Mary Janes Zeit, während ein kleines, amüsiertes Lächeln um ihre Lippen spielte.

Mary Janes Großvater hatte England verlassen, ohne einen

Penny in der Tasche – zwangsweise abgenabelt vom väterlichen und großväterlichen Reichtum, der in Irland auf den geschundenen Rücken der Iren zusammengescheffelt worden war –, aber erfüllt von Abenteuerlust und dem Wunsch, sich ein eigenes Vermögen zu schaffen. Und das war ihm auch weidlich gelungen, denn am Ende hatten ihm Kupferminen in Missouri gehört, Erdölfelder in West-Texas und ganze Counties im Süden, in Alabama und Georgia, bedeckt mit Baumwolle, die von analphabetischen Schwarzen gepflückt wurde, die er wahrscheinlich nie auch nur zu Gesicht bekam. Sein Erfolg kam beizeiten genug, um noch von Vater und Großvater zur Kenntnis genommen zu werden, denn der alte Mann lebte immer weiter und weiter. Manchmal war es Mary Jane fast, als hätte sie ihn selbst noch gekannt, aber es waren nur die Geschichten, die sich ihr eingeprägt hatten. Geschichten über seine skrupellose Habgier, seine Verachtung für schwächere Gegner, seine Liebe zum Reichtum als Selbstzweck. Wenn seine Kinder und Enkel von ihm erzählten, dann liefen all diese Anekdoten so geradlinig auf eine bestimmte Moral hinaus, daß sie belehrenden Exempeln glichen und unter Überschriften wie «Gier», «Habsucht» oder «Unersättlichkeit» hätten stehen können. Aber anders als in vergleichbaren Moritaten richtete sich die Aussage nie *gegen* diese Eigenschaften. Jedenfalls hatten die beiden Patriarchen Mary Janes Großvater, nachdem sein Erfolg unübersehbar geworden war, als offenkundigen Erben ihrer habsüchtigen Gene in Gnaden wieder aufgenommen und bei ihrem Tod seine Mittel noch um einen Gutteil ihrer eigenen immensen Ressourcen aufgestockt.

Doch zu der Zeit, als ihr Vater geboren wurde, hieß es bereits, die Raffgier ein wenig zu zügeln. Deshalb waren Mary Jane und ihre Schwester dazu erzogen worden, jene Sorte reiche Leute zu werden, die für die Stabilität des Landes von der gleichen tragenden Bedeutung waren wie der Erdboden selbst, dabei aber so unscheinbar wie ein alter Läufer. Ach, die netten Lacklederschühchen und schlichten Kaschmirpullover, die dezenten Kamelhaarmäntel, die so flott gegen die Kniekehlen schlappten, die ordentlichen, grauen Kleider, in der Taille hübsch eng und ansonsten überall bauschig und weit, die braven Haarschleifen, meist schwarz und manchmal, da sich das Ganze in den vierziger Jahren abspielte, auch schottisch kariert. Und doch: wenn Mary Jane mit ihrer Schwester die Fifth Avenue entlangging, in der Nähe ihrer Wohnung, dann fühlte sie, wie die Leute sie anstarrten und instinktiv merkten, daß sie reich waren. Und über ihre sorgsam inszenierte Schlichtheit lachten und etwas gegen sie hatten.

Als sie dieses Leben hinter sich ließ – die glatten blonden Haare, die sich an den Spitzen aufbogen wie die von Doris Day oder Dina Merill, die kleinen weißen Perlenohrringe, die Schleife aus schwarzem Samt oder kariertem Seidenrips im Nacken – und statt dessen farbverkleckste Jeans trug und lässige Rollkragenpullover und ihr Haar sich (mit Hilfe einer Tonne Chemikalien) zu einem widerborstigen Strahlenkranz krauste (mehr als zehn Jahre, ehe diese Frisur unter den reichen und radikalen weißen Kids der Sechziger «in» war), da begriff sie, warum ihre Schwester und sie sich doch immer verrieten, so schlicht sie sich auch kleideten, so unauffällig sie sich zu geben versuchten. Sie verströmten einfach den Geruch von Wohlversorgtheit und Gesichertheit, der in den Welten, in denen sie nicht zu Hause waren, gar nicht erst entstand. Den Geruch der Oberschicht.

Eines Tages stieß Mary Jane in Eleanoras Tagebuch auf das Wort ‹M'Sukta›, das gleich mehrmals in flüchtiger Kritzelschrift am Rand einer Seite stand. Der Klang gefiel ihr, aber als sie den Rest des Tagebuchs durchblätterte, fand sie es nicht wieder. Zu ihrem nächsten Besuch bei ihrer Großtante nahm sie ein paar Fotos aus der Eleanora-Burnham-Sammlung mit, damit die Greisin sie identifizieren sollte. Sie waren sichtlich sehr alt, eine Rarität und nicht mehr in bestem Zustand, und es wurde ihr erst gestattet, sie zu entführen, nachdem die Bibliothek einen gestrengen Anruf des Londoner Anwalts erhalten hatte. Mary Janes Argument, daß die Fotos ohne dokumentierende Angaben – zumindest Namen und Daten – bedeutungslos seien, waren bei der Bibliothekarin auf taube Ohren gestoßen.

Die Bibliotheksleiterin war der Meinung, daß die Fotos, soweit sie weiße Personen zeigten, hinreichend dokumentiert *waren,* denn schließlich standen die Namen der Weißen ja auf der Rückseite. Gelegentlich hatte auch einmal ein Diener oder Fährtenleser einen Vor- oder Spitznamen. So gab es da etwa einen «Chumby», was nicht sehr afrikanisch klang. Aber bei Dutzenden von Fotos, die nur Afrikaner und keine Weißen zeigten, war die Rückseite leer. Die Gesichter, genauso beeindruckend wie die auf den Indianerfotos von Edward Curtis aus dem neunzehnten Jahrhundert, rührten etwas tief in Mary Janes Innerem an. Die Kleidung dieser Afrikaner war fast durchweg interessant und manchmal geradezu imposant, und das überraschte sie und gefiel ihr. Die Frisuren der Frauen, mit den eingeflochtenen Kaurimuscheln und Federn, waren schlicht phantastisch und verliehen ihren Trägerinnen gleichzeitig etwas Heiter-Gelassenes, Majestätisches und Wildes. Und dann der Stoff, aus dem die Kleider waren! In einem Museum in der Nähe ihrer New Yorker Wohnung hatte Mary Jane einmal Kente-Tuch gesehen, aber nur in Form von schmalen Streifen und als Borte an einem Ärmel oder Saum. Auf diesen Fotos sah sie ein noch unglaublicheres Tuch, wie Kente aus Streifen zusammengesetzt, aber glitzernd wie von eingewirkten Goldfäden. Sie sah Afrikaner, deren Augen, Haut und Kleider *strahlten.* Vor Lebendigkeit, Intelligenz und *Gesundheit.* Dieses strahlend gesunde Aussehen war es, was Mary Jane am meisten faszinierte, denn es stieß sie darauf, daß Afrika im Bewußtsein der Welt ein so elender Erdteil war, daß man sich gesunde Afrikaner wie die auf den Fotos kaum vorstellen konnte. Es waren offenbar alles Menschen, die ihre Großtante gekannt hatte, denn die Augen, die in die Kamera schauten, waren ausnahmslos freundlich und kündeten von einem guten persönlichen Verhältnis. Aber wenn es Leute waren, die sie gekannt hatte, dann konnte Eleanora keine Auskunft mehr über sie geben. Sie starrte durch ein Vergrößerungsglas auf die Bilder, die Mary Jane ihr hinhielt, und die Tränen quollen ihr über die roten, dicken Unterlider. Erst beim letzten Bild – kein Foto wie die anderen, sondern ein gemaltes Bild, das einzig gebrochen wirkende Gesicht unter all den vielen, eine afrikanische Frau in den prächtigen Gewändern ihres Stammes, aber vor einem grauen, steinernen Interieur, das zu einer Kathedrale gehören mochte – brachte Eleanora ein Wort heraus. Und dieses Wort, eigentlich mehr ein Schluchzen, hieß «M'Sukta».

Die mürrische Bibliothekarin löste das Rätsel, ohne sich der Bedeutung ihrer Worte bewußt zu sein. All diese Aufnahmen», erklärte sie Mary Jane, als die die Fotos wieder zurückbrachte, «stammen von Lady *Eleandra* Burnham *Peacock*. Von *der* haben Sie sicher noch nichts gehört. Sie vermachte ihre persönliche Habe ihrer Nichte, Lady *Burnham*. So kommt es, daß die Bilder sich in ihrer Sammlung befinden.» Den zweiten Satz kommentierte sie mit einem kleinen verächtlichen Schnauber. Während sie die Fotos mit einer Hand an sich nahm, knallte sie mit der anderen ein kleines Buch auf den Tisch. «Da ist etwas, was Sie vielleicht interessieren könnte», sagte sie.

Als Mary Jane die Hand danach ausstreckte, postierte die Bibliothekarin die karminroten Nägel ihrer druckerschwärzeverfärbten Finger auf dem Einbanddeckel.

«Zuerst müssen Sie den Leihzettel ausfüllen», sagte sie mit der leisen Gehässigkeit aller Bürokraten dieser Welt.

Dieses Tagebuch hatte einen verschossenen roten Samteinband und ein völlig ausgeblichenes grünseidenes Lesebändchen. Die Blätter waren vergilbt und wasserfleckig, und viele der Wörter in der verkrampft-gleichmäßigen Handschrift einer jungen Frau, die bei Taschenlampenlicht unter der Bettdecke schreibt, ließen sich nur schwer entziffern. Aber es hatte der – soweit Mary Jane wußte – ersten Eleandra gehört, und sie öffnete es mit klopfendem Herzen.

Ich bin eben mit meinem Vetter T. spazieren gewesen, der mich so erheitert, daß ich wünschte, wir wären nicht Cousin und Cousine. Seine großen grünen Augen blitzen so lustig in seinem frischen Gesicht, und seine Lippen sind so fein gemeißelt wie die einer römischen Statue. Ich necke ihn immer damit, daß ich ihn so gern heiraten möchte. Das ist natürlich nur ein Scherz. Ich drücke mich nun schon so viele Jahre ums Heiraten. T. weiß, daß ich malen will, so wie ich weiß, daß er sich nichts aus Frauen macht. In der ganzen Familie sind offenbar nur wir beide aus der Art geschlagen. Die anderen schaffen es alle prächtig, sich einzupassen und, ohne mit der Wimper zu zucken, die Langeweile zu ertragen, zu akzeptieren und sogar, wie ich hier einmal zu behaupten wagen darf, zu etwas Höherem zu verklären. Wie glühten unsere Gesichter vor Wonne, gestern abend bei dem Ballett, einer ungezügelten, wilden Darbietung, die Mutter so sehr schockierte, daß Vater auch so tun mußte, als sei er entsetzt, obgleich es doch weiter nichts war als die getanzte Geschichte unserer frühen Vorfahren, noch geprägt vom Einfluß der dunkel-urtümlichen Bewohner dieser Inseln vor ihnen, *lebendig,* wie es zweifellos alle diese Völker waren, ehe die Gallier und Römer über sie hereinbrachen. Wo sind sie geblieben, die Indianer Britanniens? Das Ballett begann mit der unvermeidlichen Jungfrau mit den Beerenzweigen auf dem Kopf, und sie fing auch brav an zu singen, aber bald schon trug sie ihr eigener Gesang zurück in dunklere Zeiten, oder besser, trug er das Publikum genau an jene Zeitenwende, da Neu und Alt sich zum letzten Abschiedsreigen gegenüberstanden. Und der Wert des Alten den Menschen noch im Bewußtsein war. Das ist es, was der Tanz symbolisch zum Ausdruck brachte. Auch wenn es der Jungfrau bestimmt war, sich aus diesem Dasein davonzutanzen – die moderne Welt wußte, was ihr verlorenging. Es war dieser Tanz, ausgeführt von einer jungen Frau, solo und überaus knapp gewandet, der Mutters Mißfallen erregte. T. und mir gefiel es sehr. Der geneigte Rotschopf des Mädchens, der Schwung ihrer elfenbeinfarbenen Schenkel, kräftig wie Baumstämme, der gewölbte Bauch, weiß und fest. Ich hielt seine Hand fest zwischen meinen Händen, und ich bin mir sicher, daß meine Augen *Perlen* waren.

Meine Mutter erhob sich von ihrem Stuhl, die Würde in Person, und stolzierte langsam durch den Mittelgang hinaus, wobei die Moiré-Schleife hinten an ihrer Taille flatterte wie ein Schmetterling. Mein Vater folgte ihr diskret hüstelnd nach, wobei er sich noch ein-, zweimal flüchtig in Richtung Bühne umsah. Ich fürchtete, sie würden stehenbleiben und mir bedeuten, daß ich mitkommen sollte, und wenn T. nicht bei mir gewesen wäre, hätten sie es auch gewiß getan. Wir saßen beide ganz steif und prüde und wohlanständig da und hofften, daß man uns die Begeisterung nicht an den Augen oder an der erregten Spannung unserer Körper ansehen konnte. Oh, wie aufregend war es, unsere Geschichte getanzt zu sehen, von *Italienern,* und so stürmisch und leidenschaftlich. Man hätte meinen können, unsere frühen Sitten und Gebräuche seien auch die ihren gewesen. Ich meine die Freudenfeuer und Tänze zur Feier des Frühlings, der ersten sprießenden Rebblätter und Kornhalme.

T. verdanke ich es, daß ich überhaupt irgendwelche interessanten Dinge zu sehen bekomme. Den ganzen langen Sommer eingeschlossen in Morley Crofts! Aber auf den Sommer folgt ja zum Glück der Winter, und London im Winter!

Gestern hatte ich ein gespenstisches Wintererlebnis, unheimlicher als alles, was mir je widerfahren ist, und wieder war es ein Geschenk – wenn auch gewiß ein eher irritierendes – meines Cousins, meines lieben Vetters T. Es schneite und war drinnen fast so finster wie draußen und trübselig dazu, weil uns anscheinend niemand mehr besuchen kommt. Mutter sagt allerdings, das stimmt nicht. Sie sagt, ich bin es, die die Leute nicht sehen will, die zu uns kommen – vor allem die mit hoffnungsvollen, heiratsfähigen jungen Männern im Schlepptau. Nun, ich habe mit allen mir zu Gebote stehenden Mitteln klarzustellen versucht, daß ich *nicht* heiraten werde. Wenn sie es leid sind, mich im Hause zu haben, brauchen sie sich nur eine Alternative auszudenken. Wenn ich heiraten würde, dann hätte ich, das weiß ich sicher, binnen vierzehn Tagen mir oder ihm die Kehle durchgeschnitten. Aber *warum,* Eleandra? jammern meine Eltern. *Warum?* Das ist alles, was sie tun. Und ich *weiß* doch nicht, warum. Nur, daß es doch noch mehr im Leben geben muß als Opulenz und die Freiheit von materiellen Sorgen, mehr als Dienstboten und feiste Pferde und noch feistere Männer, die anderer Männer Töchtern und feisten Gattinnen schöne Augen machen. Ich kann nicht – aber, ach, was nützt es, Phantasien zu spinnen? Sie werden mich doch narkotisieren und einem reichen Türken zur Frau geben, ehe ich mich's versehe. Aus der Richtung sei nichts zu befürchten, erklärt T. zuversichtlich. Er meint, es wird eher ein reicher Grieche sein, einer aus dem Schiffahrtswesen, um genauer zu sein. Das ist die Sorte reiche Ausländer, die mein Vater kennt. Er hat es vernünftigerweise aufgegeben, unter den Einheimischen einen Mann für mich zu finden. Manchmal kommen sie auch tatsächlich abends zu uns zum Essen, diese Griechen, dunkelhaarig und dunkeläugig, mit mehr Glut im Leib als irgendein englischer Mann, das muß man ihnen immerhin zugute halten. Trotzdem würde ich mich lieber mit T. davonstehlen ... Er will nicht zulassen, daß ich ihn «Theodore» nenne: Viel zu gottverdammt fromm! schreit er auf.

Aber ich wollte ja von unserem Ausflug ins naturgeschichtliche Museum berichten. T. hatte mich abgeholt. Wir müssen uns immer alle möglichen Lügen ausdenken, wohin wir gehen, und doch ist es immer ganz unschuldig, was wir unternehmen, zumindest bei Tag. Und heute war es Tag. Nachts, das ist wahr, konnte man uns schon in gewissen übel beleumundeten «Häusern» antreffen, aber das kommt daher, daß T. und ich darauf bestanden haben, unsere Studien zu treiben, wo immer es sich anbietet, und das gilt auch für Studien im Bereich des Geschlechtslebens. Er hat mir Kleider – Hosen und Überrock, wie er sie trägt – anfertigen lassen, und ich verstaue mein lästiges langes Haar unter einem von mehreren geräumigen Hüten, die ich besitze, und weg sind wir. Denn, wie T. so richtig sagt: Wie soll ich eine große Malerin werden, wenn ich nie etwas *sehe*? Und mit T. an meiner Seite habe ich manchmal das Gefühl, ich muß es alles gesehen haben: Männer und Frauen, Männer und Männer (T.s Augen leuchten auf!), Frauen und Frauen (interessant), sämtliche Varianten mit Tieren, Obst und Gemüse. Wir «konsumieren» nie im eigentlichen Sinne. Wir zahlen, um zu gucken, zu studieren, zu betrachten. Mich faszinieren die Augen der Frauen, ihr kühner, anpackender Blick, das geschäftsmäßige Taxieren. Sie absolvieren die Bewegungen ganz professionell, wälzen und tummeln sich wie Zeitlupen-Akrobaten, während ein großes Untier von einem Mann sie von der Seite, von vorn oder von hinten pfählt – und sind dabei noch in der Lage, zum nächsten Kandidaten hinüberzuschauen und zu kalkulieren, ob sie oder die nächste Frau ihn übernehmen werden. Zweifelsohne geht in diese Kalkulation auch ein, wieviel Geld noch für Johnnys Schuhe bleibt und für Susies Milch. Manchmal sind die Frauen schwanger, mit riesigen Bäuchen, und dann kommen erwachsene Männer, oft grauköpfig, bärtig und großväterlich, die dafür zahlen, daß sie an ihnen herumlutschen dürfen. Gegen ein Entgelt kann man sich das alles ansehen. Ich muß sagen, das scheint es zu sein, woran die Frauen am meisten Spaß haben, und ihr Vergnügen spricht wiederum mich an und, wenn ich die Vermutung einmal wagen darf, selbst T.

Aber ich wollte ja von dem erzählen, was heute passiert ist, im Museum für Naturgeschichte. Also: als wir hinkamen, war es schon ziemlich spät und daher fast dunkel, die flackernde Innenbeleuchtung gab jedenfalls nicht viel her. T. führte mich herum, zu den Vitrinen mit Fossilien und vorbei an den humanoiden Wandzeichnungen (wie ich sie nenne) vom mühsamen Weg der Menschheit die Evolutionsleiter hinauf. Es war nicht mein erster Besuch in diesem Museum, und wie immer galt es, mich loszueisen, sobald ich einmal vor der wundersamen Kollektion der Neuerwerbungen stand – alten Federumhängen, die, wenn ich mich recht entsinne, *Moas* heißen, nach dem Vogel, enorme Grünsteinschnitzereien, die aussahen wie Jade, ungeheuerlich schöne, prachtvoll bemalte Kanus aus dem erst jüngst erforschten, eroberten und offensichtlich weitgehend geplünderten Neuseeland. Da gab es Bilder von üppigen, lächelnden polynesischen Frauen und kräftigen, nicht lächelnden Männern. «Komm weiter», sagte T. «Wenn dir das hier gefällt, wird dir das, was jetzt kommt, erst recht gefallen.» Ich folgte ihm durch Korridore und über Treppen, bis wir in einen Teil des Museums kamen, wo ich noch nie gewesen war. «Augen zu», sagte er, während er langsam die Tür öffnete.

Als ich die Augen wieder aufmachte, sah ich, daß T. mich in einen mittelgroßen Raum geschoben hatte (die meisten Säle im Museum waren riesig), mit Fenstern ganz oben unter der Decke. In der Luft lag ein sonderbarer Geruch. Zuerst sah das Ganze aus wie die Nachbildung eines afrikanischen Dorfs. Da standen drei Hütten, mit den Öffnungen zueinander, wie sie immer gebaut werden, um einen gemeinsamen Wohnvorplatz zu bilden (das habe ich in einem Buch gelesen), aber ein wenig im Winkel gegeneinander versetzt, der Privatsphäre wegen. Außerdem gab es noch einen Kornspeicher und ein Stück Umrandungsmauer, aus Lehm, wie alles andere auch. Diese Lehmmauer zog sich um die ganze Anlage, mit Ausnahme einer Stelle, wo man sie eigens aufgeschnitten hatte, damit der Betrachter die Aktivitäten des «Dorfes» besser sehen konnte. Ein Blick nach oben belehrte mich, daß das Museum in seinem Bemühen um lebensechte Wirkung sogar einen blauen Himmel darüber gemalt hatte. «Komm», sagte T. und zog mich näher an die kleinen Behausungen heran, denn ich war gleich nach dem Betreten des Raums wie erstarrt stehengeblieben und seltsam erschrocken, als ich die Tür hinter mir zufallen hörte. Eine Gänsehaut hatte mich überlaufen, und ich fürchtete mich plötzlich ein wenig vor T. Waren anomale Männer nicht gefährlich? Aber er lächelte mit einer eigenartigen, bemühten Bonhomie, die er für jemand anderen aufgesetzt zu haben schien. Ich hatte jedenfalls noch nie eine solche Grimasse auf seinem hübschen Gesicht gesehen. Die Hütten und die Ornamente auf den Wänden waren in Farben gehalten, wie ich sie noch nie gesehen hatte, außer auf Malereien aus dem amerikanischen Westen. Gänzlich abstrakte, völlig stilisierte Formen und Figuren in leuchtenden Gelb-, Orange- und Brauntönen, und dazwischen Schwarz und Weiß, so grell abstechend wie auf einem Zebrafell. Es war so gänzlich ungewohnt, daß es schwerfiel, es aufzunehmen. Ich meine, es in der Weise aufzunehmen, wie man das Bild eines englischen oder europäischen Malers aufnimmt, auch wenn es noch so ungewöhnlich ist. Es war, als fehle einem dafür der innere Bezugsrahmen. Ich vermochte weder die emotionale Tönung noch die Bedeutung zu erfassen. Es drängte sich auf, zuerst darüber nachzudenken, was daran «nicht stimmte». T. lachte über meine Miene, zweifellos ein konsterniertes Stirnrunzeln. «Freu dich einfach nur daran», sagte er. Und ich trat näher, noch immer ein wenig irritiert durch den Geruch. Nicht, daß er widerwärtig gewesen wäre. Nein, er hatte etwas beinahe Vertrautes. Mir war, als hätte ich ihn schon gerochen, wenn auch mit

Sicherheit nicht in den Straßen, Wohnungen oder herrschaftlichen Häusern Londons und auch gewiß nicht in Morley Crofts. Und dann war mir, als müsse ich ihn im Traum gerochen haben, denn der ganze Raum hatte jetzt etwas Traumhaftes – der strahlend blaue Himmel obendrüber, wie von der Sonne erhellt, die heimeligen kleinen Hütten. Ich setzte mich auf einen der lehmgemauerten, terrassenartigen Vorsprünge. «Vorsicht», sagte T., «der Lehm ist staubig.» Und prompt war mein Rock, als ich aufstand, voll mit feinem Staub. T. klopfte mich ab. Er lächelte immer noch dieses grimmig-milde Lächeln, das sich so bizarr ausnahm. Mein Blick wurde jetzt jedoch von den prächtigen gewebten Stoffstreifen angezogen, die über hölzernen Wandhaken am Eingang einer der Hütten hingen. Eine Figur, die sehr lebensecht wirkte, saß, kaum richtig erkennbar, mit dem Rücken zu uns hinter der Öffnung auf dem Boden, offenbar mit Spinnen beschäftigt.

«Weißt du, was ich denke?» sagte ich zu T. «Das hier ist ja so *viel* zivilisierter als das, was sie in manchen anderen Ländern machen. Ich habe gerade einen Artikel in der *Times* gelesen – vielleicht hast du ihn ja gesehen – über die Deutschen – oder waren es die Belgier? –, jedenfalls diese Leute, die in Südamerika siedeln, und da stand, daß sie von allem, was sie bisher dort entdeckt haben, zwei Exemplare heimgebracht haben: Fische, Leoparden, Vögel. Und sogar ein Indianerpärchen. Die Menschen kamen in Scharen herbeigeströmt, um sie zu sehen. Aber die armen Dinger – es waren noch Kinder – zitterten und bebten die ganze Zeit nur, und als dann der Winter kam, *puff!* waren sie tot.»

In diesem Moment blickte ich zufällig zu T. auf. Er schaute unverwandt ins Innere der Hütte, dorthin, wo die Figur saß und spann. Aber die Figur spann nicht mehr. Sie stand im Eingang.

M'Sukta war klein, nur knapp einsfünfzig, schlank wie ein Schilfrohr und so schwarz, wie ich noch nie einen Menschen gesehen hatte. Sie schien alterslos – sie hätte ein Kind sein können, eine Halbwüchsige oder auch eine alte Frau, die sich gut gehalten hatte. Sie war prächtig gekleidet, in Tuch aus Hunderten von Streifen, wie sie die Holzhaken am Hüteneingang zierten, und ich sah, daß diese Streifen Farben, Motive und Symbole der Lehmwände aufnahmen. Ihr Haar war zu Dutzenden halb rückenlanger Zöpfe geflochten, deren Enden je ein Stück Muschelschale schmückte. Ihre kleinen Füße steckten in bunt mit Perlen bestickten, leichten Schuhen aus weichem Leder. Sie kam auf uns zu, die Spindel in der Hand und am Arm einen großen Korb mit Baumwolle, aus der sie Garn spann.

Sie nahm kaum Notiz von uns. Nein. Sie nahm überhaupt keine Notiz von uns. Sie schien einfach nur zu wissen, daß wir da waren, und das schien ihr Stichwort dafür zu sein, herauszukommen, sich in ihrem prächtigen, offenbar selbstgemachten Gewand vor uns hinzusetzen, und mit einer Demonstration dieser Seite des dörflichen Lebens zu beginnen. Ich sah mich um, ob noch weitere Stammesmitglieder zum Vorschein kämen, aber es erschien niemand mehr.

Man hätte mich nur anzutippen brauchen, und meine Knie hätten nachgegeben.

«Das Museum läßt sie hier drinnen leben», sagte T., das Gesicht, auf dem noch immer das starre Lächeln lag, der Frau zugewandt. Ich hatte noch nie zuvor bemerkt, wie seicht er war, wie hohl und oberflächlich. Die Frau gab durch kein Zeichen zu erkennen, daß sie etwas hörte oder sah oder sich in irgendeiner Weise um unsere Anwesenheit kümmerte. Aber der Geruch verstärkte sich kaum merklich. Es war, wie mir aufging, der Geruch von *Angst*. Dieses winzige, kindhafte Geschöpf hatte Angst vor uns! Vor *mir*! Ich fühlte mich plötzlich in den Blickpunkt gerückt. Tiere im Zoo hatten Angst vor mir als einem unter vielen menschlichen Wesen, die kamen, um sie anzustarren, aber das hier war irgendwie anders. Wenn sie Angst vor mir hatte, dann war es eindeutig *meine* gesamte Existenz, an der etwas «nicht stimmte», und nicht die grellen Farben ihrer Kleidung oder ihres Hauses.

«Wie meinst du das: sie *lassen* sie hier leben? Woher *kommt* sie?» Auf diese Frage gab mir T.s Gesichtsausdruck die stumme Antwort: Eine so schwarze Frau, woher *soll* die schon kommen? «Aber wo lebt sie *in Wirklichkeit*?» Ich drängte jetzt verzweifelt auf eine Antwort, fühlte mich plötzlich in meinem ganzen Sein betroffen, einem Sein, das weiter zurückreichte als meine Erinnerung. Vielleicht war es ja eine Eigenart von mir, so zu reagieren? *War* es das? fragte ich mich. Wenn ja, beängstigte mich das nur um so mehr. Wo war die *Welt* dieser Frau? Wie konnte sie so enden, als Ausstellungsstück für uns! Schwarze Menschen sind zwar in den Straßen Londons nichts gänzlich Unbekanntes, aber doch selten. Es gibt einige wenige Männer, die man gelegentlich zu Gesicht bekommt, aber *keine* Frauen. Vielleicht, dachte ich jetzt, lebten sie auch in einem Teil Londons, den ich noch nie gesehen hatte, einer Art Unterwelt. Selbst in den Bordellen gibt es keine richtig schwarzen Menschen, nicht so schokoladenschwarz und feingliedrig wie diese Frau. Nur Inder und gelegentlich ein paar dunkle Araber, die aussehen, als schämten sie sich ihrer selbst.

T. lächelte. «Sie lebt schon seit zehn Jahren hier», sagte er durch die Zähne, von denen ich jetzt bemerkte, wie gerade, sauber und glänzend sie waren. Sie strahlten wie Perlen hinter seinen roten Lippen. Sie erinnerten mich an T.s Liebe zum Essen, daran, wie er aß und aß, anstatt zu reden, wenn ihm ein bei Tisch angeschnittenes Thema unbehaglich war. Und solche Themen gab es viele. Noch ein paar Jahre, dachte ich, und T. wird ordentlich fett sein. Das Fett des Schweigens, das Fett des Schweigens, das Fett ... Ich konnte nicht aufhören, das zu denken, selbst dann nicht, als ich mich mühsam auf das zu konzentrieren versuchte, was T. sagte.

«Zuerst war sie im Hauptgebäude untergebracht, aber nach einem Jahr oder so erlitt sie eine Art Zusammenbruch. Der Junge, der bei ihr war, starb. Vielleicht war es die Kälte», sagte er, wobei er zu der leuchtendblauen, «warmen» Zimmerdecke emporsah. «Diese alten Gemäuer sind zugig und feucht, eigentlich nur etwas für Gespenster. Jedenfalls: nach dem Tod des Jungen, von dem manche Leute glaubten, er ginge auf ihre Rechnung oder auf seine eigene, zog sie sich so sehr in sich zurück, daß alle annahmen, sie würde ihm bald nachfolgen. Man beobachtete sie rund um die Uhr, wie einen kranken Elefanten. Aber als sie ihr dann ein wenig Ruhe zugestanden – sie und der Junge waren unten im großen Saal ausgestellt worden, alle Tage, außer donnerstags, weil da das Museum geschlossen war, und natürlich nachts –, da erholte sie sich wieder.»

«Hat sie nie versucht zu fliehen?» fragte ich T., während ich zusah, wie das schmächtige Geschöpf gebeugt über seiner Spindel saß und seine kleinen schwarzen Finger, von denen einer mit einem winzigen, bunten Baumwollfadenring geschmückt war, nur so flogen. Sie benutzte eine simple, hölzerne Spindel, ähnlich denen, die die ganz alten Schäfersfrauen auf dem Land um Morley Crofts noch in Gebrauch hatten. Webrahmen in verschiedenen Größen – darunter auch ein kleiner Handrahmen für die bunten, zollbreiten Streifen – lehnten an der Wand neben dem Platz, wo sie arbeitete.

T. schien über meine Frage erstaunt. «Aber wo sollte sie denn hingehen?» meinte er. «Wenn ich es recht verstanden habe, existiert ihr Stamm in Afrika gar nicht mehr. Stammesfehden, Sklavenaushebungen und all diese Dinge. Sie ist die Letzte ihres Volkes.» In seiner Stimme schwang ein Hauch von Abscheu mit, der sich auf «all diese Dinge» bezog. Ich vernahm ihn erfreut, denn schließlich habe ich T.

gern. «Außerdem», sagte er, um meine Freude sofort wieder zu ersticken, «sind Frauen ja, wie du weißt, sehr häuslich. Hier hat sie doch alles, was sie braucht, ihre Hütte, ihren Kornspeicher – es ist sogar Getreide darin –, ihre häuslichen Pflichten, genau wie daheim im Busch. Sie ist bemerkenswert talentiert, wie du siehst. Sie fertigt all ihre Kleider selbst und auch noch Sachen zum Verkauf, was dich sicherlich freuen wird.» Er sah mich an und griff nach einem der gewebten Stoffstreifen an den Holzhaken. In den Augen der Frau flackerte es kurz, als er den Streifen nahm, aber das war ihre ganze Reaktion. Er band ihn um mein Haar, zu einem Stirnband, wie es die Indianer tragen. Er legte einen Schilling in eine Schale, die ich noch gar nicht bemerkt hatte. Ich verneigte mich tief in Richtung der Frau. Aber das Ding war völlig durchtränkt mit dem Geruch. Ich werde es viele Male waschen müssen.

Und am Rand der Seite standen, offenbar von einem wesentlich späteren Zeitpunkt datierend – die Tinte war dunkler und andersfarbig als auf der Seite selbst und die Schrift größer und von festerer Hand –, jene Worte, die Mary Jane als Ausdruck des legendären Humors ihrer Großtante wertete: «Und so begegnete ich M'Sukta, jener kleinen Frau, die mich nach Afrika führte!»

MARY JANE FUHR jetzt eifrig zweimal die Woche nach Guildford. Sie fühlte sich schon fast wie ein Stück Inventar des Eleanora Burnham-Raums. Die Tagebucheinträge setzten sich fort, und sie las gespannt weiter.

M'Suktas Fleiß in der Einsamkeit ihrer Gefangenschaft beeindruckte mich zutiefst. Ich kam mir plötzlich so schrecklich *un*kultiviert vor. Genauso seicht wie Theodore. Genauso oberflächlich. Genauso dekadent. Ich war schließlich Mitte Zwanzig, fast schon zu alt, um zu heiraten, selbst wenn sie mich dazu zwingen wollten. Die selbst schon vollreifen griechischen Kaufleute, die zum Essen in unser Londoner Haus kamen, starrten mich nicht mehr mit gespielter Verzückung an. Sie machten sich nach dem Essen rasch davon, weil sie längst jüngere, hübschere Dinger im Kopf hatten. Das war eine Erleichterung. Wenn auch jetzt das neue Schreckgespenst irgendeiner Art von klösterlichem Dasein auftauchte. Meine Mutter hielt mir häufiger vor, daß man zu ihrer Zeit längst versucht hätte, mich bei den Nonnen unterzubringen.

Ich ging Konfrontationen mit meinen Eltern möglichst aus dem Weg, indem ich meine alten Lehrer besuchte. Ich war immer zu Hause unterrichtet worden – von Gouvernanten, Hauslehrerinnen, bezahlten Dienstboten, die mir mit der Zeit, so dachte ich, fast Freundinnen geworden waren. Ich sah mir jetzt ihr Leben draußen in der Welt an. Ihre kleinen Wohnungen, ihre fleischlosen Mahlzeiten, ihre abgewetzten Pelerinen. Ihr Pflichtgefühl, ihre Zielstrebigkeit, ihre Tüchtigkeit. Denn sie hatten ja alle *etwas*, diese armen Menschen, die von meiner Familie so oft als eine Stufe über dem Haushund und eine unter der Köchin stehend behandelt worden waren. Aber andererseits: Was konnte das, was sie hatten, schon wert sein, wenn seine ganze Bestimmung darin lag, zur Unterrichtung von jemandem wie mir zu dienen?

Vorher hatte ich ihren Hang zu unbestimmten Ausflüchten gar nicht bemerkt. «Wie soll ich leben?» fragte ich. «Worauf hat Ihre Erziehung mich vorbereitet?»

Die Gefragte sah mich erstaunt an. In ihrer Miene konnte ich Verwirrung lesen. Sie war blaß wie eine Kartoffel. Und auch genauso stumm.

«Nun, Miss», sagte sie allenfalls, wenn sie etwas sagte, «wir haben sie darauf vorbereitet, eine Lady zu sein.»

Eine Lady.

Offenbar dachten auf der ganzen Welt nur T. und ich, daß alle Ladies erschossen gehörten.

Ich weiß nicht genau, warum ich so empfand, und es war auch nicht durchweg so. Aber da war etwas so Künstliches am Dasein einer Lady, etwas so von anderen und von der Welt Abgeschnittenes. Die Ladies, die man sah, schienen in ihren langen Röcken gefangen. Sie stolperten auf dem Trottoir vor sich hin, in ihren engen Schuhen, mit den enormen Federhüten, die auf ihren Köpfen thronten. Und sie besahen sich in Schaufensterscheiben und bewunderten sich selbst. Das war einfach zuviel! Ich merkte, daß in mir ein Haß auf Frauen – oder besser, Ladies – flammte, den ich kaum im Zaum halten konnte. Am heftigsten machte er sich dann bemerkbar, wenn ich den Überrock, die Hosen und das Hemd, die T. mir geschenkt hatte und in denen ich mich so wohl fühlte und meine Füße sehen konnte, wieder ausziehen und in die Gewandung der Lady schlüpfen mußte, in der ich mir vorkam wie ein Hund an einer nur allzu sichtbaren Kette.

«Sie verstehen etwas von Geschichte», stotterte meine Hauslehrerin, «von Geographie, Naturwissenschaften, Literatur und Sprachen. Sie sind gewiß eine der besterzogenen jungen Damen in London», verstieg sie sich sogar zu behaupten. «Es gibt sehr wenig, was Sie nicht tun können, wenn Sie es sich vornehmen.»

Natürlich wußte ich all diese Dinge, aber nichts davon nutzte mir etwas, wenn ich zu M'Sukta ging, was ich nach jenem ersten Besuch mit T. regelmäßig zu tun begonnen hatte. Die Geschichte, von der ich etwas verstand, war nicht die ihre. Die Geographie, in der ich mich auskannte, setzte eine Elefantenherde an die Stelle, wo ihr Dorf gestanden hatte. Die Naturwissenschaften, die ich kannte, lehrten mich nicht, Färbefarben herzustellen und Medizin und all die anderen Dinge, die M'Sukta herstellen konnte.

Die Literatur, die ich kannte, sprach von Wilden und von Mohren, höflichstenfalls. Die Sprachen, die ich kannte, versagten mir jeden Dienst, wenn ich vor ihr stand. ME TAO ACHE DAKEN SOMO TUK DE. Das stand in die Umfriedungsmauer geritzt, nahe dem Eingang zum Kornspeicher. Ich rätselte jedesmal daran herum, wenn ich dort war. War das Latein? Griechisch? T. meinte einmal lachend, ich sähe ganz schrullig aus, wenn ich mich so bemühte, diese Inschrift zu entschlüsseln. Dann zeigte er mir die Broschüre, in der die Übersetzung stand. Es war ein altes Sprichwort des Volkes, aus dem M'Sukta stammte, eines Volkes, das ständig aus irgendwelchen Gründen im Belagerungszustand gelebt hatte. SIE KÖNNEN UNS NICHT TÖTÉN, DENN OHNE UNS STERBEN SIE. Nicht eben das, was man sich von der primitiven Philosophie der «Wilden aus dem Magazin» erwartet hätte. So nannte ein Lokalblatt M'Sukta, wobei es ignoranterweise das Museum mit einer Bibliothek gleichsetzte. Jetzt stand ich vor einer neuen Frage: Welche Art Volk konnte ein solches Wort zum Leitspruch erheben? Je mehr ich darüber nachdachte, desto größer wurde das Rätsel.

Hier zeigte das Tagebuch plötzlich nur allzu deutliche Spuren jahrelanger Feuchtigkeit, gefräßiger Mottenzähne und eines unbequemen Daseins auf dem Grund von Koffern und Reisekisten in fernen Ländern. Ganze Seiten waren der verblaßten Tinte wegen unleserlich, manche Passagen buchstäblich weggeknabbert. Mary Jane versuchte, die Enttäuschung zu mildern, indem sie sich sagte, daß sie ja gar nichts von der Existenz eines Tagebuchs dieser Eleandra gewußt hatte, ja noch nicht einmal von der Existenz Eleandras selbst. Sie zwang sich nach Kräften, dankbar für die kleinen Stückchen zu sein, die sie lesen konnte.

Nur mein Mallehrer... unleserlich, unleserlich, unleserlich – dieser Teil war völlig verblaßt... reagierte offen gereizt. Ich hatte ihn immer für einen mürrischen Menschen und indifferenten Maler gehalten. Ich lamentierte, daß ich als Frau nicht die Möglichkeit hätte zu malen. Ich konnte beispielsweise nicht nach Italien reisen wie er, und dabei war er doch arm! «Ergehen Sie sich bitte nicht in Selbstmitleid», sagte er scharf. «Ich kann deshalb nach Italien gehen, weil ich tagtäglich mit Leuten wie Ihnen» (hier verneigte er sich!) «arbeite, meinen gesamten Verdienst spare und von Zwieback lebe. Ich kann genau zwei Monate bleiben. Ich kann malen, was ich will, ganze zwei Monate lang. Sie sind eine Frau, aber Sie sind reich. Die Leute werden vielleicht lachen, aber weiter wird Ihnen nichts zustoßen, wenn Sie malen. Sie können den ganzen Tag malen. Sie können monatelang malen, sogar jahrelang. Was immer Sie wollen. Und...» (er milderte seinen scharfen Ton jetzt keineswegs, sondern schien mich im Gegenteil mit noch tieferem Abscheu zu betrachten) «Sie haben Talent.»

«Aber was habe ich denn je Gutes zustande gebracht?» fragte ich. Ich malte, weil ich es gern tat, nicht weil ich je davon geträumt hätte, gut zu sein. Er erinnerte mich an ein kleines Bild, das mich in der Tat selbst verblüfft hatte, als es fertig gewesen war. Ein Stilleben – wie alle meine Bilder – mit dem Titel «Grabstein und Früchte». Ein Grab, ein Stein, der Grabhügel bedeckt mit Blumen. Ich hatte keine Ahnung, woher mir dieses Bild gekommen war. Ich sagte es ihm.

«Es kam aus Ihnen selbst. Aus Ihrem Inneren. Ein Versuch Ihres Inneren, Ihnen etwas zu sagen.» Bei diesem Mann, mittelalt und, wie ich jetzt erkannte, nicht unattraktiv, hatte ich drei Jahre lang gelernt. Ich hatte ihn nie wirklich wahrgenommen. Seinen gelblichen Teint, seine weißen, weißen Hände und seine kräftigen Handgelenke. Den Blick in seinen Augen. Er hatte für meine Familie gearbeitet, für *mich*, während der Traum von der eigenen künstlerischen Entwicklung und Entfaltung ihm immer weiter entglitten war. Zwei Monate Italien! Ich wußte, sie waren sein eigentliches Leben. Das also war die Macht, die Leute wie wir hatten. Die Macht, andere zu versklaven und ihre Träume zunichte zu machen. Und ich hatte meine Malerei nicht einmal ernst genommen, während er sein – von Zwieback genährtes – Leben langsam dahingeblutet hatte.

Und eine andere, arg ramponierte Seite:

«Diese Worte waren das einzige, was mich aufrechterhalten hat», sagte M'Sukta Jahre später, als wir uns stockend zu unterhalten vermochten. «Sie waren die wichtigste Mitgift, die ich von meinen Vorfahren erhalten hatte. Nicht einmal das Singen hat mir soviel bedeutet – obwohl ich die ganze Zeit gesungen habe, nur um meine Sprache zu hören – und auch nicht das Wissen, wie das Tuch unseres Stammes gewebt wird. Das Tuch, an dem der Zauber hängt, daß der Stamm besteht, solange es gewebt wird, und daß auch das einzelne Stammesmitglied weiterexistieren wird, solange es weiß, wie es gewebt wird. Diese Worte sind mir nie langweilig geworden (‹lagen mir schwer im Kopf wie Reiskörner in einer Kürbisflasche›), all die Jahre, die ich im Museum (‹Kornspeicher für Menschen›) gelebt habe. Diese Worte holten mich zurück, wenn Krankheit und Traurigkeit (‹Schwere mitten in der Brust›) mich zu überwältigen (‹meine Seele aufzufressen›) drohten. Es ist ein Wunder (‹das Ende des Regenbogens›), daß sie überhaupt dort standen, auf der Mauer neben dem Eingang zum Kornspeicher, denn mein Volk las und schrieb nicht, sondern setzte sein Vertrauen (‹offene Brust, Sonnenschein›) darein, daß das Gedächtnis (‹Kopf-Getreidespeicher›) der Menschen (‹der einzigen Wesen auf der Welt, die darüber nachdenken, was gerecht ist› – gerecht: ‹zwei Hände mit gleich viel Korn›) seine Geschichte (‹Küsse und Fußtritte für die Vorfahren›) bewahrte. Nach seiner Überzeugung ruht alles, was je geschehen ist, als Erinnerung im Gedächtnis der Menschen oder im Kopfkornspeicher der einzigen Wesen auf der Welt, die darüber nachdenken, was gerecht ist. Das Leben meines Volkes ist Erinnern; jeder Kopfkornspeicher ist voll. Das Leben eures Volkes ist Vergessen; eure Sachen-Kornspeicher (‹Museen›) sind voll, aber nicht ihr selbst. Ich will dir ehrlich (‹mit stetem Blick und ruhigem Herzen›) sagen, die Begegnung mit eurem Volk war für mich ein großer Schock (‹kleine Kinder, die davonrennen›). Ihr fürchtet euch vor dem, was ihr gewesen seid; ihr glaubt nicht, daß es genausogut oder besser war als das, war ihr jetzt seid. Das ist nicht unsere Art (‹Pfad›). Wir waren nicht nur von Anfang an so gut, wie wir jetzt sind, wir sind noch immer die gleichen (‹zwei Sandkörner, eins genau wie das andere›).»

Als sie mir das erklärte, mußte ich an den Abend in London denken, vor langer Zeit, als ich mit T. das Ballett sah, jene skandalöse Darbietung, bei der Mutter und Vater den Saal verließen. Ich hatte geglaubt, es sei nur die «wilde» Dissonanz der Musik gewesen, die mich erregte, die donnernde, dem Stampfen einer Herde ähnelnde Kakophonie des Tanzes, der gewiß kein Ballett war, nicht jene Aneinanderreihung formaler, präziser, unnatürlicher Bewegungen, die ich gewohnt war. Ich glaubte, es seien die bizarren Kostüme. Knapp, aber zugleich unerhört in den Formen und Farben. So barbarisch, so wild. Aber vielleicht reagierten wir beide, T. und ich, ja auch darauf, daß wir zum erstenmal eine Ahnung davon bekamen, wer wir waren, ehe wir und ganz Britannien, ganz Europa, in die Formen gepreßt wurden, die die Zivilisation für uns bereithielt. Vielleicht schlug die Jungfrau, die sich bei ihrer «Hochzeit» mit der Sonne zu Tode tanzte, ja eine verborgene Saite tief in uns an. Vielleicht brachte sie ja ein Naturgefühl zum Ausdruck, das englische Menschen fürderhin nur noch in höflich-gezügelter Form in ihren Gärten und ihrer Vorliebe für große Parks auslebten.

Wo aber war dann das inbrünstige Lobpreisen der Schöpfung geblieben? Bestimmt nicht in der Kirche, weder der katholischen noch der Church of England. Die römischen Eroberer schienen es uns ausgetrieben zu haben, und doch, dachte ich, konnte man im Tanz der jungen, jungfräulichen Tänzerin noch einen Hauch von dem spüren, was wir englischen Menschen ursprünglich waren. Da war unsere Leidenschaftlichkeit und Wildheit, ehe sie gezähmt wurde. Aber sie war gar nicht gezähmt worden, nur unterdrückt, und die Naturverehrung hatte sich ins Gegenteil verkehrt, und das Ergebnis waren die Plünderung und Verwüstung der Wildnis, Menschen in Ketten und eine kleine schwarze Frau, eingesperrt im Museum unter einem imitierten Himmel.

Es war Sir Henry Rowanbotham gewesen, der die Worte, die M'Sukta am Leben erhielten, in die Mauer neben dem Kornspeicher hatten ritzen lassen. Er war als hoher britischer Offizier nach Afrika entsandt worden, um dort die Interessen der Royal Colonial Exploitation Company zu wahren. Die Truppen, die er befehligte, sicherten die Routen jener englischen Entdeckungs- und Geschäftsreisenden, die, wenn sie lange genug am Leben blieben – denn es gab da Widrigkeiten wie Fieber, Treibsand und Mambas –, bald prahlen konnten, wie rasch sie es in Afrika zu Reichtümern gebracht hatten, indem sie mit den Eingeborenen Handel trieben und riesige Ländereien an sich rissen, samt Erzen und Diamanten und allem, was sie sonst noch bergen mochten. Der Sklavenhandel war noch nicht tot, wenn er auch, zumindest was den Westen anging, in den letzten Zügen lag, und auch da war noch Geld zu verdienen. Rowanbotham war sehr beeindruckt von den Abenteuern seines Offizierskollegen Sir Richard Burton, den er sich in Sachen Land und Leute zum Vorbild nahm. Er soll, genau wie Burton, eine Eingeborene – nur in seinem Fall eine Afrikanerin und keine Perserin – geliebt haben, und wie jener, nur auf andere Weise, tauchte er tief in das Leben und Treiben der Landesbewohner ein. Er war, wiederum genau wie Burton, überaus sprachbegabt und sprachbegeistert und vertrieb sich die langen, feuchten tropischen Abende der Regenzeit an seinem Fenstertisch im Royal Colonial Club damit, ein Alphabet der Eingeborenensprache zu erstellen.

Aus seinen Aufzeichnungen gewann ich allmählich einen ersten Eindruck von M'Suktas Volk und seiner Geschichte, über das hinaus, was ich von ihr selbst erfuhr. M'Suktas Stamm, die Balawyua oder, im kolonialistischen Sprachgebrauch, die Ababa, waren seit undenklichen Zeiten ein Matriarchat gewesen. Rowanbotham, in Ost-London mit einer Mutter und drei Schwestern großgeworden, die ihn über alle Maßen vergötterten, hatte eine besondere Affinität zu matriarchalen Ordnungen. Er war es gewesen, der M'Sukta gerettet hatte, nachdem ihr ganzer Stamm in die Sklaverei verkauft oder getötet worden war, und der dafür gesorgt hatte, daß sie im Museum für Naturgeschichte Unterschlupf fand. Und weil sie als einzige noch die Geschichte ihres Volkes und seiner uralten Lebensformen weitergeben konnte und weil außer ihr und dem Knaben, der mit ihr gekommen war, niemand mehr ihre Sprache verstand, hatte er sie zum afrikanischen «Stein von Rosette» erklärt.

Hier zeigte sich erneut in ärgerlichster Weise das Werk winziger Zähne. Der Rest der Seite war von den Motten weggefressen, und was noch folgte, begann sich bereits in Form einer Staubwolke in der Luft rings um Mary Janes Lehnstuhl auszubreiten. Sie mußte niesen. Das war es also. Alles, was sie je über

Eleandra Burnham Peacock erfahren würde, jedenfalls aus deren eigener Feder.

Aber es gehörte doch wohl zu den Kennzeichen seelischer und moralischer Reife, auch für ein halbes Geschenk dankbar sein zu können? An diesen Gedanken klammerte sich Mary Jane, als sie später in derselben Woche am leeren Bett ihrer Großtante Eleanora stand. Sie war gestorben, während Mary Jane in «ihrem» Zimmer in der Bibliothek gesessen und in ihren Sachen gestöbert hatte.

Bei der Beerdigung waren nur Mary Jane und die Bibliothekarin, die Pflegerin und der Londoner Anwalt anwesend. In der Zeitung erschien ein ziemlich langer Nachruf auf Eleanora Burnham, in dem es vor allem – ihre Bücher wurden mit einer halben Zeile abgetan – um ihre Zeit in Afrika ging, aber auch um ihre Ähnlichkeit mit einer früheren Lady Burnham, ihrer Tante Lady Eleandra Burnham Peacock. In diesem Zusammenhang erwähnte der Verfasser zwei weitere Engländerinnen, die «ihre Zeitgenossen schockiert hatten», indem sie in grandios-antiviktorianisch-englischem Stil «unter die Eingeborenen gegangen» waren: Lady Hester Stanhope und die faszinierende und betörend schöne Lady Jane Digby-El Mezrab. Das Allerbemerkenswerteste am Leben der letzteren war offenbar die Tatsache gewesen, daß sie nicht nur England verlassen und Arabien zu ihrer Heimat erkoren, sondern sogar einen Araber geheiratet hatte.

Am Tag nach Lady Burnhams Beisetzung vermeldete die Zeitung, daß sie den größten Teil ihres Besitzes einer amerikanischen Großnichte vermacht habe, einer gewissen Mary Ann Haverstock, die jedoch nicht mehr am Leben sei. Der Artikel schilderte sie als «Radikale mit einem Faible für Schwarze und Psychotikerin mit einem Faible für Drogen». Erleichtert, daß dieses mißratene Geschöpf nicht mehr existierte, schloß der Verfasser rasch die Information an, daß Lady Burnhams Besitz nunmehr einem anthropologischen Fonds in Afrika zufallen würde, der der Verstorbenen sehr am Herzen gelegen habe.

In England waren die Nachrufe amüsanter als in Amerika, dachte Mary Jane. Aber woher hatte Eleanora überhaupt von ihrer Existenz gewußt? Vielleicht hatte ihre Großtante etwas mitbekommen, als sie in Amerika für Skandale gesorgt hatte, und vielleicht hatte irgend etwas an den Berichten – die Schilderungen ihrer bloßen, schwärzlichen Füße, ihrer ungepflegten Mähne, ihrer Herumtreiberei mit farbigem Gesindel – ihr Wohlwollen geweckt.

Als sie zum letztenmal in der Bibliothek war, entdeckte sie in einem Regal gleich mehrere komplette Ausgaben aller fünf Bücher Eleanoras, deren Seiten noch nicht aufgeschnitten waren. Sie nahm einen Satz heraus, ließ die fünf Bände in ihre geräumige Umhängetasche gleiten und lächelte sich an der inzwischen etwas aufgetauten Bibliothekarin vorbei. Mary Jane wußte, daß sie auf dem Weg nach Afrika war, und sie mußte an die beiden Eleandras denken: die eine so voller Erfahrungshunger, die andere kleinmütig im Ehedasein verschwunden. Sieben Jahrzehnte hatten die Verachtung, die ihre Zwillingsschwester deshalb für sie empfand, nicht zu mildern vermocht. Sie dachte auch an Eleanora, deren Bücher ihr, so hoffte sie, einiges über sie offenbaren würden, so wie das Tagebuch Eleandras, der «Lady Peacock», ihr Entscheidendes über sie selbst offenbart hatte.

Auf dem Weg zum Hafen – ihr Schiff ging um Mitternacht – suchte sie noch ein Künstlerbedarfsgeschäft auf, wo sie einen Jahresvorrat an Pinseln, Terpentin und Farben erstand.

— VIERTER —
TEIL

Er – denn es konnte keinen Zweifel an seinem Geschlecht geben, wenngleich die Mode der Zeit es eher verkleidete –, er also war gerade dabei, Fechthiebe gegen einen Mohrenkopf zu führen, der von den Dachsparren hing. Der Kopf hatte die Farbe eines alten Fußballs und mehr oder weniger auch dessen Form, bis auf die eingesunkenen Wangen und ein paar Haarsträhnen, so grob und vertrocknet wie die Fasern einer Kokosnuß. Orlandos Vater, oder vielleicht sein Großvater, hatte ihn im Land der Barbaresken Afrikas einem hünenhaften Heiden vom Rumpf gehauen, der plötzlich im Mondlicht vor ihm aufgetaucht war; und nun schwang der Kopf immerzu sanft in dem Luftzug, welcher unablässig durch die Dachräume dieses weitläufigen Hauses strich, das dem hochadligen Herrn gehörte, der ihn abgeschlagen hatte.

Virginia Woolf, Orlando

Schau dir genau an, wie die Gegenwart aussieht, an der du mitbaust. Es sollte die Zukunft sein, die du dir wünschst.

–Ola

BEI CARLOTTA WAR einfach keine Substanz dahinter», hatte Suwelo eben, Miss Lissies Rücken zugewandt, erklärt. Es war die Zeit, ehe er Onkel Rafes Haus verkauft hatte und wieder nach San Francisco zurückgekehrt war, ein Novembersonntag, und frühmorgens war jetzt in Baltimore bereits eine Kälte zu spüren, die ihn an Nordkalifornien erinnerte. Er saß auf einem Hocker vor dem kleinen Arbeitstischchen in der Küche und war eifrig dabei, einen Haufen gekochter Maryland-Krebse aus den Schalen zu pulen. Mr. Hal stand vor einer der Arbeitsflächen und schnitt mit tränenden Augen Zwiebeln und Paprika, und Miss Lissie rührte aufmerksam das langsam vor sich hin bräunende Mehl für eine Mehlschwitze. Es verbreitete einen butterigen, an verbranntes Brot erinnernden Geruch, von dem Suwelo nicht recht wußte, ob er ihn mochte. Er konnte sich nicht vorstellen, wie eine Soße aus angebranntem Mehl an einem Eintopfgericht gut schmekken sollte.

«Da lebst du in San Francisco, wo es Meeresfrüchte in Mengen gibt, und hast noch nie Gumbo gegessen?» Mr. Hal konnte es gar nicht fassen.

Suwelo hatte sie übers Wochenende zu sich eingeladen. Wahrscheinlich tat er in der Tiefe seines Herzens so, als seien sie seine Eltern, aber das war ihm egal. Sie waren gleich früh am Morgen in Mr. Hals Kleinlaster vorgefahren und hatten ein halbes Dutzend Tüten und Taschen voller Fressalien hereingeschleppt: Tomaten, Paprika, Zwiebeln, *zweierlei* Gumboschoten, ein paar Hühner, dicke Scheiben Speck und Rindfleisch, ein Riesenstück Schweinefleisch, lange, schlauchförmige, dunkle, würzig riechende Würste, einen schier überquellenden Korb mit Krebsen, einen buntbedruckten Sack mit Reis und diverse Krüge mit fertiger Limonade und Eistee.

Sobald sie anfingen, in der Küche herumzuwerken, Schubladen aufzuziehen, Messer zu schärfen, sich zu beklagen, daß «dieser vermaledeite Salzstreuer» *noch nie* funktioniert hatte, wurde Suwelo klar, daß sie hier zu Hause waren. Miss Lissie kickte ihre Schuhe von sich und tappte nun barfuß herum, und Mr. Hal machte es sich bequem, indem er sein kurzärmliges weißes Hemd aufknöpfte, wobei darunter ein pfirsichfarbenes T-Shirt zum Vorschein kam, das quer über die Brust die Aufschrift «Ecstasy Is Forever» trug. Sein Haar war jetzt weißer und länger als bei ihrer ersten Begegnung, und mit seinen sanften braunen Augen und seinen gepflegten Manieren, die er selbst in der Küche wahrte, wirkte er wie ein gelöster, gütiger und ringsum glücklicher George Washington Carver.

«Mit ‹keine Substanz dahinter› meine ich, daß sie nur äußere Erscheinung war. Sie war nur äußere Erscheinung, als ich sie zum erstenmal sah, als ich sie kennenlernte und auch ...»

«Als du mit ihr im Bett warst», führte Miss Lissie den Gedanken an seiner Stelle zu Ende. «Gib mir die Schalen rüber, wenn du fertig bist. Ich muß sie noch auskochen, für die Brühe.» Suwelo reichte sie ihr.

Er hatte den beiden ab und zu ein bißchen von sich erzählt, obwohl sie nie Fragen gestellt hatten. Er hatte das Gefühl, daß er sie besser kannte als seine eigenen Eltern – die während seiner Collegezeit bei einem Autounfall umgekommen waren, Folge der betrunkenen Raserei seines Vaters – und wenn er nicht versucht hätte, ihnen etwas von sich mitzuteilen, wäre er sich wie ein Dieb vorgekommen. Außerdem brauchte er Hilfe in Sachen Fanny.

«Als Fanny damals das erste Mal aus Afrika wiederkam», sagte Suwelo, «war uns beiden klar, daß das nichts werden konnte mit unserer Ehe, wenn sie sie gar nicht wollte. Sie *haßte* den Gedanken, verheiratet zu sein. Sie *haßte* die Ehe als Institution. Sie meinte, der Ehering am Finger sei ein Symbol dafür, daß die Ehe eigentlich eine Kette sei. Sie haßte nicht *mich*. Das zumindest begriff ich allmählich. Als sie aus Afrika zurückkam, wo sie sechs Monate gewesen war – die einzige Zeit in ihrem Leben, die sie bei ihrer Mutter und ihrem Vater verbracht hatte –, da war es ganz offenkundig, daß sie mich liebte. Wir versanken in einer wochenlangen Versöhnungsorgie. Aber das war überhaupt nur möglich geworden, weil ich ihr gleich am Flughafen sagte, daß ich sie liebte und daß wir uns von mir aus scheiden lassen könnten.»

«*Mmm hmmm ...*» sagte Miss Lissie. Sie schwenkte die Pfanne so, daß Suwelo das dunkle Karamelbraun der Mehlschwitze sehen konnte. Mr. Hal kam zu ihr herüber, die Hände voller Zwiebelwürfel und Paprikastreifen, die er in den Topf gab. Es zischte und brutzelte, und Miss Lissie sagte: «Ach, verflixt, die Gumboschoten hätten eigentlich zuerst reingemußt. Aber was soll's», setzte sie gleich hinzu, «Gumbokochen ist genau wie Musikmachen: es lebt von der Improvisation.» Sie goß sich ein Glas Wein ein und nippte beim Rühren ab und zu daran.

«Und außerdem war uns klar», fuhr Suwelo fort, «daß wir nicht weiter an der Ostküste leben konnten, in einem dieser fürchterlichen Vororte von New York. Ihr müßt euch vorstellen: Wir wohnten dort in so einer inselartigen, kleinen Mittelschichts-Bastion namens Forest Hills. Die Häuser waren hübsch, und es gab Bäume und große Grünflächen, aber die Leute wollten unbedingt, daß alles älter aussehen sollte, als es war – die Häuser, die Bäume. Ich hatte manchmal den Verdacht, daß unsere Nachbarn nachts heimlich draußen herumliefen und mit Prügeln auf die Hauswände eindroschen und an den Büschen und Bäumen zerrten, damit sie größer und imposanter wurden. Sie waren alle scharf darauf, ihre Adresse durch den Namen irgendeiner berühmten Persönlichkeit zu adeln, die dort geboren worden war, aber das war nicht so leicht, weil in der Gegend immer schon ein ständiges Kommen und Gehen geherrscht hatte. Schließlich taten sie einen berühmten Baseball-Spieler auf, der dort einmal ein Haus gemietet hatte, und es war die Rede davon, daß eine Gedenktafel angebracht werden sollte. Unser Haus war tatsächlich eins der ältesten in der Gegend. Es war kein Problem, es loszuwerden. Wir brauchten nur verlauten zu lassen, daß wir verkaufen wollten, und schon gab es etliche Leute, sogar aus der Nachbarschaft, die sich etwas Nobleres – weil Älteres – leisten wollten. Wir haben schließlich an eine andere schwarze Familie verkauft, weil wir wußten, daß unsere Nachbarn unser Haus auch deshalb haben wollten, um zu verhindern, daß Schwarze nachzogen.

Aber wohin sollten wir gehen? Fanny hatte schon mal einen Sommer in Iowa verbracht und wußte daher, daß sie im Mittleren Westen nicht atmen konnte. Zu weit vom Meer weg, meinte sie. Und dieser Spruch, daß die Prärie auch wie ein Ozean ist, ist einfach Quatsch. Der Rest richtige Prärie, den es noch gibt, reicht gerade zum Pissengehen.

Ich war mal fünf Minuten in Wyoming gewesen. Und noch mal fünf Minuten in Montana. Auf einer Busfahrt nach Seattle, zur Hochzeit eines Freundes. Zu abgelegen. Zuwenig Farbige. Und zuviel Natur.

Was uns gereizt hat, war Oakland. Nicht San Francisco. Dort war ja, wie jeder wußte, alles voll von Schwulen, in den Parks lungerten lauter Perverse herum, und außerdem war es im Sommer kalt. Aber wir kannten Leute aus Oakland, und jedesmal, wenn sie im Osten waren, schienen sie sich richtig darauf zu freuen, wieder heim nach Oakland zu kommen. Das hat uns sehr beeindruckt. Wir hatten nämlich immer richtig Bammel davor, wieder nach New York zurückzukommen. Die Leute auf der Straße waren so aggressiv. Die Taxifahrer unmöglich. Sobald wir aus der Wohnungstür traten, waren wir total angespannt.

Aber was war in Oakland? Wir fanden keine Wohnung. Fanny war es zu heiß, und die Straßen erinnerten sie an L.A., wo sie einmal gewesen war und das sie *gräßlich* fand. Also wagten wir uns wohl oder übel über die Bay Bridge. Der Nebel über der Stadt lüftete sich gerade. Wie von einer Riesenhand weggezogen. Die Sonne leuchtete auf den weißen Gebäuden, daß wir richtig geblendet waren. Rings um uns war Wasser. Die Luft war frisch, und alles lag in einem eigenartig hellen Licht. ‹Und wir sahen auf unsere Hände, und unsere Hände sahen aus wie neu, und wir sahen auf unsere Füße, und auch sie waren neu!› » Suwelo sang diese Zeile aus dem alten schwarzen Spiritual über die Erlösung, und Miss Lissie und Mr. Hal lachten.

«Wir fanden eine große Wohnung an der Broderick Street, ganz oben, mit Blick auf ein Stückchen Golden Gate Bridge, die in Wirklichkeit *rot* war, und sogar die dahinterliegenden Hügel, die, wie wir herausfanden, nicht zu San Francisco gehörten, sondern zu Marin County, waren noch zu ahnen. Uns kamen gleich lauter neue Ideen, was wir alles machen könnten: Tai Chi, Wandern, Segeln lernen am Lake Merced. Dabei rückte unsere Scheidung immer näher, aber wir waren richtig glücklich. Dann war sie da und endgültig, und mich packte das heulende Elend.

‹Ich habe keine Frau mehr!› jammerte ich.

‹Du hast eine Freundin›, sagte sie. ‹Und deine Freundin wird ab jetzt in ihren eigenen Zimmern wohnen.›

‹Was?› sagte ich.

‹Weißt du noch, wie schlimm du es gefunden hast, als ich wollte, daß wir uns scheiden lassen?› fragte sie.

‹Ja!› sagte ich.

‹Na, also›, sagte sie. ‹Da war die ganze Leiderei doch auch völlig umsonst, oder nicht?›

‹Aber, aber, aber›, sagte ich.

‹Aber was?› Sie lächelte.

‹Heißt das, daß wir dann gar nicht mehr zusammen schlafen?›

‹Deine erste Sorge›, seufzte sie. ‹Nein. Ich hoffe, es heißt, daß wir, *wenn* wir zusammen schlafen, nicht jeder für sich schlafen.›

Aber ich war sauer. Ich war verwirrt. Ich war tief gekränkt. Ich fühlte mich ausgetrickst. Ich fühlte mich verstoßen.

Ich versuchte, sie dazu zu kriegen, daß sie mir versprach, nicht in ‹ihre Zimmer› zu ziehen – sie wollte die drei hinteren Räume nehmen und mir die sonnigeren, einsameren, vorderen Zimmer überlassen –, ehe ich nicht entwöhnt war. Sie lachte. Ich versuchte, das Ganze ins Komische zu ziehen.

‹Nur bis ich *entwöhnt* bin›, sagte ich, wobei ich mich in ihren Armen verkroch und mit den Händen unter ihre Bluse fuhr. Ich liebte ihre Titten.» Suwelo sah zu Miss Lissie hinüber, die stirnrunzelnd in den Gumbo-Topf guckte. «Ich konnte den Gedanken nicht ertragen, daß sie einfach auszogen.»

Miss Lissie nahm die ausgepulten Krebsschalen und das Krebsfleisch. Suwelo sah zu, wie sie beides in verschiedene Töpfe gab. Mr. Hal war jetzt dabei, Rindfleischwürfel in einem kleinen Mehlhäufchen zu wenden. Miss Lissie streckte Suwelo ein Messer und einen der Wurstschläuche hin. Er säbelte ein penisgroßes Stück ab.

«Du Unschuldslamm», sagte Miss Lissie.

Was meinte sie damit? fragte sich Suwelo. Klang es so, als ob Fanny ihn nicht liebte? Als ob sie nicht mit ihm zusammensein wollte? Meinte sie, daß er ein unschuldiges Opfer war? Klang es, als sei Fanny lesbisch?

«Wißt ihr, um uns herum war alles voller Lesben», sagte Suwelo, und seine Stimme klang, als sehe er dem Schlimmsten ins Auge. «Tolle Frauen, zum Teil wirklich ganz tolle Frauen, auch wenn manche nicht so umwerfend aussahen. Es konnten einem schon die Tränen kommen, wenn man sie sah, wie sie zusammen unterwegs waren, auf die Hügel stiegen, sich in den Parks sonnten, lautstark an den größten Tischen in den Restaurants von Berkeley saßen und aßen. Sie hatten sich von uns *abgewandt*. Himmel noch mal, sie waren so stur, diese Weiber, sie hatten sich sogar von *Gott* abgewandt! Das war die Zeit, als sie gerade auf den Trip mit der Göttin kamen, und es ging die ganze Zeit Göttin hier und Göttin da. Einmal fragte ich eine schwarze Frau auf der Straße, wo die nächste Bushaltestelle sei – der Teil unserer Straße, wo bisher die Haltestelle gewesen war, wurde gerade aufgerissen –, und sie guckt mich nur achselzuckend an und meint lässig: ‹Weiß die Göttin.› Ich war völlig baff.»

‹Ha›, sagte Miss Lissie.

«Deshalb hatte ich Angst, sie könnte mich wegen einer Frau verlassen», sagte Suwelo. «Ich meine, da bin ich nicht allein. Das ist der Trend der Zeit, falls ihr es noch nicht mitbekommen habt. Die einzigen Männer, die davon noch verschont sind, sind Steinzeitmenschen, die in Höhlen leben oder irgendwo im Busch und ihre Frauen nachts an ihren Nasenringen festbinden.»

Mr. Hal lachte.

Suwelo merkte selbst, wie aufgeregt er war. Er lehnte sich zurück, nahm einen Schluck von dem Bier, das Miss Lissie ihm eingeschenkt hatte, und versuchte, ruhig zu atmen. Das war gar nicht so leicht, wenn er daran dachte, wie er gelitten hatte.

«Und Fanny zog *ständig* mit diesen Frauen herum», sagte er.

«Mit *welchen* Frauen?» fragte Miss Lissie, die jetzt die Rindfleischwürfel in Öl anbriet, in das sie vorher dünne Knoblauchscheibchen gegeben hatte. «Doch sicher nicht mit denen an den Nasenringen?»

Mr. Hal lachte schallend los.

«Nee, Lissie», sagte er. «Mit den *anderen*. Mit denen, die sagten, Scheiß auf die ganze Nasenring-Geschichte.»

«Ach, mit *denen*», sagte sie lächelnd.

Seltsamerweise hatte Suwelo gerade jetzt zum erstenmal das Gefühl, daß Miss Lissie und Mr. Hal ihn mochten, nicht weil er mit Onkel Rafe verwandt war, sondern einfach nur, weil er *er* war.

Er fing jetzt selbst an, die ganze Geschichte auch von der komischen Seite zu sehen.

Mr. Hal meinte, er glaube ... er hoffe, daß er keine leeren Versprechungen mache, aber ihm sei, als hätte er vielleicht irgendwo noch ein bißchen ... Gras.

Aber er fand nichts.

«Na gut», sagte er zu Suwelo, «dann muß die Operation eben ohne Betäubung weitergehen.»

«Eigentlich habe ich mit ‹Unschuldslamm› gemeint», sagte Miss Lissie, «daß ich mich frage, was du wohl die ganze Zeit gemacht hast, als Fanny in Afrika war. Als richtiger Mann –» sie sagte «Mann», als meinte sie «Hund» – «hast du dich doch sicher solange anderswo umgetan.»

«Ich habe mich auf Pornos verlegt», antwortete Suwelo ohne Umschweife. «Ich war *einsam*. Ich habe es mit Nutten versucht. Aber dafür bin ich zu weichherzig. Ich wollte immer alles über ihr Leben wissen – die, die mir am besten gefiel, hatte *fünf* Kinder –, und schließlich habe ich mir dann noch ein hübsches Präsent geholt.»

Die Formulierung «ein hübsches Präsent geholt» gefiel ihm; sie klang, als hätte sie aus Mr. Hals oder Miss Lissies Mund kommen können.

«Auweh!» sagten beide im Chor.

Und Suwelo dachte: Wann habe ich das letzte Mal jemanden «auweh!» sagen hören? Dieser Ausdruck war ihm seit seiner Kindheit nicht mehr begegnet. Ihm war, als hätte er etwas Kostbares geschenkt bekommen – ein altes Foto, einen alten Brief oder eine duftende Essenz aus einer entschwundenen Zeit.

«Fanny habe ich natürlich nichts davon erzählt. Wozu auch? Zum Glück war ich rechtzeitig wieder kuriert, ein paar Wochen, ehe sie wiederkam. Das mit den Nutten habe ich sein lassen. Oder besser, mein zuständiger Körperteil hat es für mich sein lassen: er hat sich geweigert, in Territorium vorzudringen, das womöglich verseucht war. Aber ich war auf den Geschmack gekommen, was die anderen Sachen anging: Sex-Magazine, nackte Frauen in Glas-Guckkästen, Fessel-Sex-

Filme und ‹Live›-Akte auf der Bühne. Wenn ich mir überlegte, was ich von diesen sechs Monaten hatte, die Fanny in Afrika war, dann dachte ich: daß ich Spaß an all diesen Dingen haben konnte, ohne daß ich ein schlechtes Gewissen zu haben brauchte. Meine Frau hatte mich allein gelassen und mir weggenommen, was mir zustand. Sie hatte es auf einen anderen Kontinent entführt, wo es für meinen Schwanz absolut unerreichbar war, und mich auf dem trockenen sitzenlassen. Aber ich kam auch ohne sie über die Runden. Es gab ja genügend andere Frauen auf der Welt. Das war meine Einstellung.»

«Noch ein Bier?» sagte Miss Lissie kurz angebunden.

«Ich habe dieses Laster überwunden», sagte Suwelo. «Betrachtet mich nicht mit allzu großem Abscheu. Es hat zwar eine Weile gedauert, aber...»

«Was mich fertig macht», sagte Miss Lissie, «ist, daß Männer immer glauben, Frauen kriegen nichts mit.»

«Fanny *hat* nichts mitgekriegt», sagte Suwelo. «Aber ihr kennt sie ja nicht. Fanny –» Suwelo dachte lange und angestrengt nach, wie er Fanny mit kurzen Worten so schildern konnte, daß die beiden alten Leutchen es verstünden – «Fanny ist... na ja, sie ist so eine Art Traumtänzerin.»

Miss Lissie zerteilte gerade eins der Hühner. Das gelbe Fett lag auf einem kleinen Häufchen neben ihrer Hand. Gerupfte Hühner erinnerten Suwelo immer an nackte Babies, und er wandte den Blick ab.

«Du bist ein Geist in vielen Körpern und bewegst dich auf diese Weise durch Zeit und Raum», sagte Suwelo. «Fanny aber ist ein Körper mit vielen Geistern, die andauernd überallhin davonschwirren. Wenn sie gerade in einen russischen Dichter verliebt war, der als Kämpfer für die große Revolution sein Leben gelassen hatte, dann kümmerte es sie herzlich wenig, wenn ich einmal im Monat abends wegging, um ‹mit ein paar Freunden einen draufzumachen›. Wobei das mit den Freunden nicht stimmte», setzte er rasch hinzu. «Nachdem sie wieder da war, zog ich immer allein los, heimlich und verstohlen. Ich las ja diese ganzen Frauen-Sachen, über politische Fragen und über *Männer*. Ich wußte ja, daß das, was ich da nebenher noch machte, verpönt war. Himmelherrgott, ich wußte sogar, daß es nicht richtig war. Ich spürte es. Aber eines Abends war ich so sauer, weil Fanny wieder einmal so abwesend war, daß ich eine junge Frau in einem Glaskasten regelrecht anfiel. Ich sah, daß sie mich überhaupt nicht beachtete, trotz allem Gestöhne und allen Verrenkungen und lüstern gespitzten Lippen. Ich wußte, wenn sie wirklich hingeguckt hätte, dann wäre ich ihr so groß und schwarz und bullig erschienen, daß sie es mit der Angst gekriegt hätte. Sie war nämlich fast noch ein Kind, halb weiß, und hockte da mit einem Kaugummi im Mund, nackt und zweifellos vollgedröhnt bis obenhin, in ihrem schmierigen, kleinen Käfig. Ich fing an, an dem Kasten zu rütteln und die Zähne zu fletschen wie King-Kong. Sie hatte eine Mordsangst. Ich glaube, sie hat vor Schreck ihren Kaugummi verschluckt.

Aber Carlotta war auch eine Traumtänzerin, auf ihre Art», sagte Suwelo, während er noch einen Schluck von seinem Bier nahm. «Sie war so hyperweiblich, auf die traditionelle Art, daß man meinen konnte, sie hatte überhaupt noch nicht mitgekriegt, daß Frauen auch anders sein konnten. Sie trug immer diese superhochhackigen Schuhe, tagein, tagaus. Versteht ihr, solche richtigen Pfennigabsätze. Sogar beim Kochen – das sah ich dann später, als sie mich mit zu sich nahm. Diese Zehn-Zentimeter-Absätze sind doch eigens dafür erfunden worden, Männern das Gefühl zu geben, daß ein kleiner Schubs genügt, um die Frauen aufs Kreuz zu legen. Zehn-Zentimeter-Absätze sagen ‹Fick mich›. Carlotta unterrichtete in solchen Schuhen Frauenliteratur – und Fanny bezweifelte, daß sie je welche gelesen hatte. Sie trug Pullover, die jede Kurve ihres Körpers betonten. Oberteile, bei denen man in den Ausschnitt gucken konnte. Enge Röcke. Kurze Röcke. Make-up. Ohrringe. Manchmal auch falsche Wimpern. Ihr Mann, ein Musiker – seinen Namen hat sie mir nie verraten –, hatte sie verlassen und war aus den Staaten weggegangen. Sie hatte weder Verwandte noch Freunde. Nur ihre beiden Kinder, einen Jungen und ein Mädchen. Ich führte die Kinder aus, ins Ballett, zum Fußball. Sie hingen schon bald sehr an mir. Fanny war wieder in Afrika. Mir war klar, daß Carlotta gern wollte, daß wir heirateten. Sie wußte, daß ich verheiratet war, und wir beide, Fanny und ich, erzählten niemand von der Sache mit der Scheidung, warum auch? Das ging doch nur uns an. Und Carlotta kannte Fanny. Das College, wo Carlotta und ich unterrichteten, war ein total verknöcherter Laden. Fanny hatte ihren Halbtagsjob in der Verwaltung aufgegeben, nachdem sie eine Zeitlang gegen diese verknöcherten Strukturen angerannt war, und ein Stück weiter die Straße hinunter einen kleinen Massage-Salon aufgemacht. Alles ging zu ihr, Studenten wie Lehrkräfte. Auch Carlotta. Fanny hat nie gemerkt, daß Carlotta sie nicht leiden konnte. In dem Jahr war Fanny gerade auf dem Trip, daß Jesus Masseur gewesen war und die Bibel *das* meinte, wenn sie von Heilung durch Handauflegen sprach! Sie hatte es mit dem Handauflegen. Sie machte Kurse an der Massage-Schule von San Francisco. Und sie lernte Akupressur.

Carlotta mißfiel Fannys ganze Art. Fanny hatte soviel hinter sich gelassen, woran Carlotta noch festhielt. Den respektablen Job, die Kleider und Röcke, den Schönheitssalon und den Friseur – Fanny trug ihr Haar ganz kurzgeschnitten –, die hohen Absätze, den Lippenstift. Sie ging in T-Shirts, Sandalen und Pluderhosen. Fanny spazierte im Geist in Jerusalem herum, am Toten Meer, in Galiläa. Etwa eineinhalb Jahre lang war sie damit zugange, daß sie Christus sein wollte. Oder vielmehr, wie sie sagte, ‹*ein* Christus›, denn das konnte ihrer Meinung nach jeder sein. Alle genossen ihre Massagen, weil sie selbst soviel Spaß daran hatte. Sie hörte nie zur festgesetzten Zeit auf, sondern machte immer noch weiter, manchmal endlos lange. Sie sagte, manche Körper inspirierten sie, wenn sie an ihnen arbeitete. Dazu lief leise, sanfte Musik, bei der man nie wußte, von wem sie war, nur, daß man sie sonst nirgends zu hören bekam. Räucherstäbchen brannten, der Raum war schön warm, und auch Fannys Hände waren warm und glitschig von den duftenden Ölen, die sie benutzte. Ich mochte das Mandelöl am liebsten. Ich ging auch zu ihr, vor allem nach Dozenten-Versammlungen. Nach diesen Besprechungen war ich immer von Kopf bis Fuß verspannt. All diese weißen Fachbereichsleiter, die immer so taten, als ernteten die Weißen nur, was sie durch Leistung verdient hatten. Und *selbstverständlich* war ihr College nicht rassistisch, nur weil noch nie jemand etwas von George Washington Carver gehört hatte, wie konnte man so etwas nur denken?

Fanny hatte wirklich alles hinter sich gelassen, seit langer, langer Zeit. Sogar ihre geliebten Bücher!

Wißt ihr, was sie gesagt hat? ‹Ich lese lieber in den Bäumen. Bücherverbrennungen sind nicht das Schlimmste. Viel schlimmer ist es, wenn die Bäume verschwinden.›

Sie hörte auch keine Musik mehr, außer beim Massieren. Nicht mal mehr Mozart, für den sie so schwärmte. ‹Ich habe gemerkt, daß mir die Stille gefällt›, erklärte sie. ‹Für mich ist sie Musik. Ich mag das Ewige daran. Stille ist Musik, die man im Leben hören kann und im Tod.›

Als dann ihr Vater starb, ging sie wieder nach Afrika. Das war eine schlimme Zeit für sie. Sie hatte ihn ja gerade erst kennengelernt, ihn und ihre Schwester. Und sie mochte ihn gern. Er war lustig und unbeugsam und ein Rebell. Er brachte sie zum Lachen. Sie sagte, ihre Mutter, die als junge Frau viele Jahre in Afrika Missionarin gewesen war, hätte ihr erzählt, die Afrikaner seien eher traurige Menschen. Sie fand, daß ihr Vater ihr sehr ähnlich war. Es war eine aufregende Erfahrung für sie, dort draußen in der Welt etwas von sich selbst in einem anderen Menschen wiederzufinden. Und er war ihr Vater! Sie hatte gar nicht gewußt, daß sie einen Vater hatte.

Carlotta konnte nicht begreifen, daß Fanny mich so lange allein ließ. Sie sagte, ich täte ihr leid. Sie warf mit einer Kopfbewegung die Haare zurück, die ihr immer vor die getönten Brillengläser fielen, und reckte den Busen vor. Sie machte mit den

Fingern an ihrem Brustansatz herum. Sie streckte ihre Beine mit den Zehn-Zentimeter-Absätzen noch länger. Ich hatte Frauen wie sie in Magazinen gesehen und nackt auf der Bühne, genauso geschmeidig, hellbraun, mit schmaler, flacher Taille und straffen Brüsten. Irgendwie sah ich, wenn ich sie anguckte, immer diese anderen Frauen. Als sie mich das erste Mal küßte, war mein Gesicht hinterher ganz voll Lippenstift.

Aber daran gewöhnte ich mich. Es kam sogar soweit, daß ich ganz wild nach ihrem Parfüm wurde, obwohl es so penetrant war wie ein Messing-Türklopfer. Ich ging nach dem Unterricht zu ihr in ihre billige kleine Wohnung und sah ihr zu, wie sie auf ihren klackenden Absätzen in der Küche herumwirtschaftete und Essen machte, und manchmal zog ich sie einfach an mich, und dann landeten wir schließlich auf dem Küchenfußboden. Ich glaube, sie hat dabei überhaupt keinen Spaß gehabt. Aber damals dachte ich, es gefiele ihr vielleicht doch. Sie blieb ziemlich ungerührt, und einmal kam mir der Gedanke, daß sie sich mit dem Lippenstift ein Lächeln aufmalte, das früher mal dagewesen war, aber ich verscheuchte den Gedanken gleich wieder und stieß um so heftiger in sie. Ich hatte keine Ahnung, wie schwer es für eine Frau ist, sich sexuell gehenzulassen, wenn ihre Kinder in der Nähe sind. Und ihre waren gleich über den Flur. Man konnte zwar die Küchentür zusperren, und wir taten es auch, und ich war schnell fertig, aber trotzdem muß es für Carlotta eine Tortur gewesen sein. Sie liebte ihre Kinder und war noch dazu sehr religiös. Und die Kinder sahen sie sicher als fromme, gottesfürchtige und sittsame Person, schon deshalb, weil sie dauernd am Beten und Kerzenanzünden und Händeringen und Weinen war. Aber meint ihr, sie hätte mir je erzählt, was sie bedrückte? Nix zu wollen.

‹Erzählst du mir was über deine Leute zu Hause?› fragte ich sie einmal nach dem Sex, als wir nackt im Bett lagen, in das ich sie buchstäblich geschleppt hatte.

‹Ich habe keine›, sagte sie. Aber die Tränen liefen ihr zu den Seiten der Nase herunter.

‹Ach, komm›, sagte ich. ‹Jeder Mensch hat doch so was!›

‹Ich nicht›, sagte sie.

‹Dann erzähl mir von deinem Vater›, sagte ich. Es war tatsächlich schwer zu sagen, welcher Nationalität sie sein mochte. Vielleicht hatte sie *wirklich* nicht so etwas wie Leute, zu denen sie gehörte.

‹Ich habe keinen Vater.›

Das schien dann doch höchst unwahrscheinlich.

‹Erzähl mir von deiner Mutter. Man munkelt ja›, sagte ich, um sie zu necken, ‹daß selbst Gott so was gehabt haben soll.›

‹Ich habe keine Mutter›, war ihre Antwort.

‹Erzähl mir vom Vater deiner Kinder›, versuchte ich es weiter.

‹Sie haben keinen Vater›, sagte sie.

Sie war also einfach nur ein Körper. Von mir aus konnte es ruhig so bleiben. Nach dem Sex mit ihr dachte ich sowieso immer an Fanny. Ich folgte ihr im Geist nach und durch Afrika und versuchte mir vorzustellen, was sie alles sah.

Erst wenn ich sie heiratete, würde Carlotta mir – vielleicht – sagen, wer sie war. Wer ihre Leute waren, ihr Vater, ihre Mutter. Wer ihr Mann war. Ich wußte nicht mal, ob sie geschieden waren. Das war der Handel, den sie im Sinn hatte. Wenn ich sie heiratete, konnte sie mir ihre Geheimnisse anvertrauen. Aber der unverheiratete Zustand gefiel mir ganz gut. Vor allem der unverheiratete Zustand mit Fanny. So komisch es klingen mag, ich hatte das Gefühl, daß wir uns jetzt freier lieben konnten. Und das lag nicht nur daran, daß ich nebenher Carlotta bumste.»

«Männer sind *Hunde*», sagte Miss Lissie leidenschaftslos, während sie mit einem Holzlöffel in dem schwarzen Gumbo-Topf rührte. Es roch jetzt immer köstlicher. Mr. Hal fand sein Gras, und sie rauchten jeder ein paar gute Züge.

«In Nord-Kalifornien würde es euch bestimmt gut gefallen», sagte Suwelo. «Wir ziehen das Zeug in unserem Garten.»

Ihr «Garten». Freunde hatten ihnen jeweils über die Sommermonate eine kleine Jurte vermietet, zu der fünf Morgen Land gehörten. Sie hatten sofort einen Garten angelegt, mit Paprika, Tomaten, Zwiebeln, verschiedenen Kohlsorten und Marihuana. Sie schleppten Wasser für den Garten aus dem nahe gelegenen Naturpark heran und Dünger von den Schafen der Nachbarn. Ihre Marihuanapflanzen waren groß, dunkel und würzig. Sie nannten sie ihre «starken Frauen». Ein Zug, und sofort war alles am richtigen Platz, man selbst und alles andere auch. Locker. Das war ein Wort, das Suwelo und Fanny viel benutzten.

«In Afrika ist es gar nicht so locker», hatte Fanny in einem ihrer Briefe geschrieben. «Die hiesige Droge ist eine schaumige, selbstgebraute Brühe, die einen umhaut, und die Leute rauchen gräßliche amerikanische Zigaretten, die die Luft verpesten und von denen sie aus dem Mund stinken und ganz krank werden. Ich habe das Gefühl, daß ich schon seit drei Wochen nicht mehr richtig geatmet habe.»

Die Trauerfeier für meinen Vater – die erste von insgesamt dreien, die es geben sollte – war eine sehr eindrucksvolle Veranstaltung», schrieb Fanny. «Sie fand in einer der früher nur für Weiße bestimmten Kirchen der Hauptstadt statt, drei Straßenecken vom Kulturministerium entfernt. Ich hatte keine Ahnung, was man zu einer so hochoffiziellen Trauerfeier in Afrika anzuziehen hatte, aber als ich mit meiner Mutter in Georgia telefonierte – die eigentlich auch hatte kommen wollen, aber dann doch zu Hause bleiben mußte, weil die Arthritis in ihrer Hüfte sich so verschlimmert hat – und ihr erzählte, wo die Feierlichkeiten stattfinden sollten, sagte sie: ‹Da mußt du natürlich Schwarz tragen.› Als ich ihr dann berichtete, daß noch zwei weitere Trauerfeiern im Heimatdorf meines Vaters geplant waren, meinte sie, an der einen, der für die Männer des Dorfes, würde ich ohnehin nicht teilnehmen können, und bei der anderen sollte ich Weiß tragen, die Trauerfarbe der Olinka. Ich sollte mir auch das Gesicht weiß anmalen und ebenso die Hände und alles, was man von meinem Körper sonst noch sehen konnte. Aus irgendeinem Grund heiterten mich diese Auskünfte auf, obwohl mir die weißen Sachen, die ich dabeihatte, eine schlichte Bluse und ein Rock, zu salopp für einen so formellen Anlaß erschienen. Außerdem hatte ich auch nichts, um mich weiß zu schminken.

Die große, offizielle Trauerfeier fand im Beisein einer Menge nationaler und internationaler Würdenträger (unter anderem aus Kuba, Nicaragua, Angola, der DDR, Schweden und Dänemark) statt. Während ich sie über mich ergehen ließ, war ich mit einem Teil meiner Gedanken schon bei der nächsten und bei der Frage, woher ich weiße Schminkfarbe nehmen sollte.

Meine Schwester Nzingha saß neben mir, ihr Mann Methudi an ihrer anderen Seite. Während einer der langatmigen Trauerreden sah sie mich an. Sie lächelte. Ich lächelte zurück. Dort vor uns, auf der Altar-Erhöhung, stand Olas Sarg. Er war nach seinem eigenen Entwurf gefertigt: ein großes, nur minimal geglättetes und poliertes Stück Mahagoni-Stamm, dessen Enden sich leicht nach oben einbogen wie die Pantoffelspitzen eines Kalifen, mit einem länglich-ovalen Deckel, der sich in das Unterteil fügte wie ein Topfdeckel.

In alten Zeiten hätte man Olas Leichnam in Rindenstoff gehüllt und unter einen Baum im Wald gelegt. Jetzt mußte er begraben werden, aber vielleicht ja wenigstens nicht so tief. Ich konnte den Gedanken nicht ertragen, daß irgend etwas meinen Vater, wie die Rastas sagen, ‹runterdrückte›.»

Suwelo, der jetzt allein in dem Apartment an der Broderick Street wohnte, freute sich immer auf Fannys Briefe, die sich wie ein moderner Afrika-Abenteuerroman in Fortsetzungen lasen. Auch wenn er sich ihr manchmal ganz nahe fühlte, trennten sie doch Welten. Er saß an seinem Schreibtisch am

Fenster, das auf die belebte Straße hinausging, und hob öfters den Blick von den Briefseiten, um ihn einen Moment lang auf «ihrem» Stückchen Golden Gate Bridge ruhen zu lassen, das kühle Nebelschwaden umflorten. Ihre Welt war in diesem Augenblick heiß und feucht, dachte er, und erfüllt von den Farben und der Lebendigkeit, die der seinen fehlten. Er versuchte, sich Fanny Nzinghas Gesicht zu vergegenwärtigen und im Geist seinen Platz bei den verschiedenen Trauerfeiern für Ola einzunehmen.

«Während die Leichenredner nicht aufhörten zu salbadern, fragte ich mich, ob Nzingha wohl an den Tag dachte, als unser Vater uns ganz unbefangen miteinander bekannt gemacht hatte», schrieb Fanny. «Sie war seine Assistentin im Kulturministerium, und als er Mutter und mich das erste Mal mit dorthin nahm, erklärte er mir, er hätte eine tolle Überraschung für mich, jemanden, der mir auffallend ähnlich sei. Wer denn? fragte ich. Meine junge Assistentin, antwortete er. Als wir durch die Tür traten, sah ich sofort, was er meinte, obwohl Nzingha, wie auch seither stets, ein voluminöses, traditionelles Gewand und einen dazu passenden Kopfputz trug. Sie hatte die gleichen Augen wie ich, und ich bemerkte zum erstenmal und mit Freude, daß die Augen der jüngeren Afrikaner, der Generation nach der meines Vaters, klarer waren als die der Alten, nicht so gelb vom Rauch der offenen Feuer in den Hütten und Baracken, nicht so rotgeädert. Außerdem hatte sie auch meine Nase, die gleiche Apachennase, derentwegen meine Klassenkameradinnen in der High-School mich immer ‹Cochise› gerufen haben. Und auch in ihren Bewegungen und ihrer Mimik hatte sie etwas von mir. Nur daß sie, offenbar mit Stolz, wie ich später merkte, eine gewisse übertriebene Förmlichkeit pflegte, die mir unnatürlich vorkam. Als wir auf sie zutraten, war sie gerade dabei, einer Subalternen Anweisungen zu erteilen – so wirkte es zumindest. Man hatte das Gefühl, daß sie nicht mit ihrer Sekretärin oder Assistentin redete, einer Frau, von der sie allenfalls ihre Bildung und ihr Gehalt unterschieden, sondern mit einem untergeordneten Wesen, einer Dienerin im alten, kolonialen Sinn.

Nachdem sie die Frau, die ihr mit gesenktem Kopf und abgewandtem Blick zuhörte, lang und breit und für mein Empfinden sehr von oben herab instruiert hatte, streckte Nzingha Ola das Gesicht entgegen, um sich von ihm einen lauten Schmatz geben zu lassen, den sie hinnahm, ohne ihn zu erwidern.

‹Meine beiden Nzinghas!› rief er überschwenglich aus, wobei er vor Freude sogar die Arme in die Luft warf. Fiel es ihm denn kein bißchen schwer und war es ihm nicht peinlich, fragte ich mich später, uns auf diese Weise zusammenzuführen? ‹Endlich lernt ihr euch kennen!›

Dank ihrer Übung im Begrüßen ausländischer Würdenträger völlig gelassen, streckte sie mir die Hand hin. Unsere Haut hatte genau die gleiche Farbe, ein kräftiges Kaffeebohnenbraun. Ich nahm ihre Hand in meine.

Sie sah erst mich an, dann meine Mutter und dann ihren Vater, der auf uns beide herabstrahlte, und zwischen ihren Augenbrauen zeigten sich kleine Falten.

‹Aha›, sagte Ola, der nicht umsonst bei den Leuten aus dem Volk auch ‹der Spötter› hieß, ‹das freudige Stirnrunzeln des Erkennens!›

Wir waren beide sichtlich perplex. Ich sah meine Mutter an. Sie lächelte und schien ganz ruhig. Offenbar war sie auf etwas Derartiges gefaßt gewesen. Natürlich, dachte ich, es wäre ja auch eher ein Wunder gewesen, wenn mein Vater nicht wieder geheiratet und noch andere Kinder gezeugt hätte. Er war schließlich Afrikaner. Vielleicht hatte er sogar mehrmals geheiratet, eine ganze Reihe Frauen gehabt, viele Kinder in die Welt gesetzt. In meinem Kopf nistete sich der Gedanke ein, daß ich womöglich ein halbes Dutzend Geschwister hatte. Wie würde ich das finden? Ich wußte es nicht. In der Zwischenzeit umklammerte ich Nzinghas Hand und sie meine. Mir war, als schaute ich als Afroamerikanerin (in Jeans, weiter Bluse und

Sandalen) in einen Spiegel, und das Spiegelbild zeigte nur den afrikanischen Teil.

‹Ihr seid Schwestern, meine Töchter›, sagte unser Vater. ‹Darf ich vorstellen, Fanny Nzingha, Nzingha Anne.› Das war seine große Überraschung, und er genoß sie, wie er jede Überraschung, jeden Anlaß zum Feiern und jede unerwartete Begegnung irgendwo auf der Straße genoß.

Ihr gelang es zuerst, die Arme auszubreiten und mich an sich zu drücken, so vorsichtig, als seien wir beide zerbrechlich und in Seidenpapier verpackt.

Nach einigen höflichen Nettigkeiten zu unserem Aufenthalt in ihrem Land und artigen Komplimenten an meine Mutter wegen ihres schicken blauen Hosenanzugs entschuldigte sich Fanny Nzingha, um dann majestätisch den Flur entlang zu entschwinden. Später erzählte sie mir, daß sie zum Waschraum gegangen war, sich aufs Klo gesetzt und geheult hatte.

Sie hatte sich immer bemüht, für ihren Vater alles zu sein: schön, eine blitzgescheite und disziplinierte Schülerin, eine engagierte Streiterin für die Wiederbelebung der Landeskultur. Sie hatte sogar früh geheiratet, um ihm Enkelsöhne zu schenken. Und jetzt mußte sie erkennen, daß sie ihm gar nicht alles hatte sein können, weil da ja noch meine Mutter war, eine gebildete Frau, und ich, eine schöne und gebildete Tochter. Wir kamen in seinem Leben zuerst, vor ihr und ihrer Mutter, allerdings weniger emotional als zeitlich gesehen.

Ich kapierte das alles nicht.

Eines Abends, als wir beide bei einem Drink in ihrer gemütlichen, farbenfroh eingerichteten Wohnung ganz in der Nähe des Ministeriums saßen, wo an allen Wänden von Dorffrauen gefertigte Wandbehänge und Gemälde hingen, erklärte sie es mir in aller Ruhe.

Wir hatten alle zusammen gegessen, und sie hatte ihre beiden Söhne, meine kleinen Neffen, zu Bett gebracht. Ich sah, daß es sie völlig schaffte, sich auch noch um die Kinder kümmern zu müssen, und daß sie in Methudi keine große Hilfe hatte. Er hatte gleich nach dem Essen irgend etwas von einem Treffen gemurmelt und sich davongemacht.

‹Wir versuchen, in den Leuten wieder das Bewußtsein zu wecken, daß zwei Elternteile dazu gehören, ein Kind großzuziehen›, sagte sie, während sie erschöpft ihre Schuhe von sich kickte und aufs Sofa sank. ‹Diese Überzeugung ist den Afrikanern abhanden gekommen, wie so vieles andere auch. Das, was heute überall im Land passiert, wäre früher undenkbar gewesen: die Männer machen den Frauen Kinder, und darin erschöpft sich ihr Beitrag. Keinen Cent rücken sie heraus für Nahrung, Kleidung oder Schulbildung. Es ist wirklich eine Schande. Selbst Männer wie Methudi denken, es sei mehr als genug, wenn sie Geld beisteuern. Sie liefern einen Teil ihres Einkommens ab, und weg sind sie. Männer, die *überhaupt* etwas zahlen, gelten als *gute* Männer. Jede Frau möchte so ein seltenes Juwel ergattern.›

Ihr Akzent war bezaubernd. Selbst wenn sie so bittere Dinge sagte, entlockte mir die Art, wie sie es tat, doch ein Lächeln.

‹Ach, ja, deswegen zu heulen nützt wohl auch nichts›, sagte Nzingha, ‹aber trotzdem ist mir manchmal danach zumute. Und ich bin oft *so frustriert,* weil die Männer die ganze Zeit davon reden, wie die Weißen alles zerstören, und nicht auf die Idee kommen, sich ihre eigenen Familien anzugucken und das Leben ihrer Kinder und sich zu sagen, daß dort genau der Zerstörungsprozeß stattfindet, den der Weiße Mann vorantreibt. Und unterdessen krepieren die Frauen schier, weil der Plan des Weißen Mannes so gut klappt und ihre eigenen Männer sie nicht unterstützen.›

‹Genau das gleiche passiert bei uns in den Vereinigten Staaten auch›, sagte ich, ‹nur, daß es dort alle Familien trifft. Es gibt viel mehr weiße Frauen und Kinder, die auf staatliche Unterstützung angewiesen sind, als schwarze. Auch wenn die Medien und die Regierung es anders darzustellen versuchen.›

‹Die Männer stecken genauso in den Mühlen des Systems wie wir›, sagte Nzingha.

‹Ja›, sagte ich. ‹Der Unterschied ist nur, daß sie dabei mithelfen, das System aufzubauen. Jedenfalls den Teil, der die Frauen unterdrückt.›

‹Das stimmt›, sagte sie. ‹Das hat mir das Leben meiner Mutter gezeigt.›

Nzingha ging im Zimmer herum und knipste die Lampen aus. ‹Du hast den Mond nicht gesehen, wenn du ihn nicht in Afrika gesehen hast›, sagte sie, und tatsächlich ging draußen gerade ein riesiger gelber Mond auf, der schon bald erst in die Fensteröffnung und dann in den ganzen Raum sein kühles gelbes Licht ergoß.

‹Meine Mutter hat den Mond verehrt›, sagte sie nachdenklich, als sie sich wieder hinsetzte, ‹immer schon, seit sie ein Kind war. Und sie konnte bei Mondlicht so gut sehen wie andere Leute bei Sonnenschein. Die Ironie des Lebens wollte es, daß sie deswegen eine besonders gute Guerillakämpferin wurde. Immer, wenn Freiwillige für Nachtaktionen gesucht wurden, war sie es, die sich meldete. Aber ich will dir ihre Geschichte lieber der Reihe nach erzählen. Magst du noch Kaffee?› fragte sie, während sie mir schon nachschenkte. ‹Der wächst nämlich bei uns›, sagte sie, indem sie die Tasse in die Höhe hielt. Sie versäumte keine Gelegenheit, für die Erzeugnisse des Landes zu werben.

Mich entzückte die Tasse. Sie war handgetöpfert, leuchtend kobaltblau glasiert und außen mit kleinen Krokodilköpfen bemalt. Ich drehte sie bewundernd in den Händen hin und her, während meine Schwester weitererzählte.

‹Meine Mutter›, sagte Nzingha, ‹war vom Dorf, aus dem Busch. Sie war ungebildet und abergläubisch. Das heißt, sie sprach keine andere Sprache als ihre Stammessprache und kannte keine andere Art zu leben als die der Leute in ihrem Dorf. Sie konnte kein Englisch und wußte nichts vom christlichen Glauben›, faßte sie es noch genauer. ‹Als die Unterdrükkung unerträglich wurde, lief sie davon, um sich den Mbele anzuschließen, der Untergrundorganisation. Sie war eine hervorragende Kämpferin – ihr Tarnname war Harriet, wie Harriet Tubman, das wird dich sicher amüsieren –, aber sie war keine Gelehrte und keine Intellektuelle und noch nicht mal gewandt im Umgang mit Menschen. Sie war sehr still, eine Einzelgängerin, und sie sprach lieber durch Taten als mit Worten. Sie sagte wenig, und wenn sie etwas sagte, hatte man das Gefühl, daß es ihr eine Last war. Sie rettete meinem Vater das Leben und vielen anderen Menschen auch, aber ohne Waffe in der Hand oder Handgranate am Gürtel war sie völlig verloren. Nachdem das Volk sich das Land zurückerobert hatte, gab es für sie nichts Rechtes mehr zu tun, weil die althergebrachte Gesellschaftsordnung nicht mehr existierte. Jedenfalls sah sie es so. Mein Vater hatte sie geheiratet, als sie beide noch geächtete Rebellen waren. Mich hatte sie irgendwann in einer Kampfpause empfangen. Nach dem Sturz des weißen Regimes stieg mein Vater plötzlich steil im Kurs, weil er bei den Missionaren westliche Lebensart und Bildung mitbekommen hatte. Man schickte ihn nach Schweden, damit er noch mehr lernte. Sie versuchten sogar, ihn nach Rußland zu schicken. Und er ging auch hin, aber nach zwei Wochen kam er wieder. Das konnte nur Ola fertigbringen, so schnell wieder abzureisen. Die jungen Studenten, die wir heute nach Rußland schicken, kämen nie auf die Idee, eine solche Möglichkeit nicht zu nutzen, egal, wie kalt es dort ist und wie unfreundlich sie manchmal von den Russen behandelt werden. Es würde ihnen nie einfallen, heim zu wollen, ehe sie nicht das zu Ende gebracht haben, weshalb sie dort sind. Und das ist auch gut so: unser Land braucht die Fähigkeiten, die sie dort erwerben. Trotzdem: zu kalt, erklärte Ola. Das Gehirn sei ihm eingefroren und alles andere auch.› Sie lächelte. ‹Der Staat schickte ihn nach Schweden. Er war mehrere Jahre weg, um zu studieren und zu lernen, damit er seinem Land nützlich sein konnte. Meine Mutter sorgte für mich und wartete. In der gleichen kleinen, von ihr selbst gebauten Hütte, in der er sie zurückgelassen hatte. Und als er wiederkam, erinnerte er sich an nichts mehr: nicht daran, wie sie ihm das Leben gerettet hatte, und nicht daran, wie heroisch sie war. Oder wenn er sich daran erinnerte, dann so, wie Schriftsteller sich an Dinge erinnern. So, als wären sie jemand anderem passiert. Als sei man an die *Fakten* nicht gebunden.› Sie schwieg einen Moment. ‹Manchmal versuche ich, mir vorzustellen, wie er uns wohl gesehen hat, nach dieser Zeit in Schweden. Schweden sei auch sehr kalt gewesen, hat er gesagt, aber die Frauen seien schön und warmherzig.›

Nzingha schwieg wieder, barg beide Hände unter dem Kinn, rieb sie, als wären *sie* kalt, und runzelte leicht die Stirn. ‹Meine Mutter hatte keinerlei Schulbildung, aber sie war sehr hellsichtig›, fuhr sie fort. ‹Sogar, was politische Dinge betraf, und das gibt es selten. Sie wußte, daß mein Vater noch so viel studieren und Menschen anderer Kulturen nacheifern konnte und sich noch so sehr bemühen, einen ‚modernen' Menschen aus sich zu machen – er würde trotzdem in Konflikt mit dieser Regierung hier bei uns geraten, auch wenn sie es war, die ihn und andere junge Männer ins Ausland schickte. Meine Mutter hatte dieser Regierung – unter ungeheuren Risiken und großen persönlichen Opfern – an die Macht geholfen, aber einmal im Sattel, hatte die Regierung sie ganz schnell vergessen. Und das galt für alle Frauen: sie waren in Vergessenheit geraten. Zu der Zeit kamen unsere Männer noch gar nicht auf die Idee, daß sie vielleicht auch anders mit Frauen umgehen könnten, als sie es gewohnt waren. Nur im Krieg, da legen die Männer natürlich immer für eine Zeit die traditionellen Verhaltensweisen ab. Frauen waren zum Kinderkriegen da, Frauen waren für den Sex da, Frauen – ach, weißt du, in unserer Sprache ist das Wort für Frau das gleiche wie für Saatgetreide-Speicher. Die Frauen, denen es genauso ging wie meiner Mutter, waren so wütend, so verletzt. Und mein Vater kam aus Schweden zurück und schaute uns an. Ich erinnere mich noch genau daran, obwohl ich erst fünf oder sechs war. Er kam in einem dicken Auto, mit Chauffeur. Er brachte Geschenke mit. Für meine Mutter hatte er ein Teeservice aus Porzellan, leuchtend blau und weiß, mit einer wattierten Teemütze, und für mich eine riesige blonde Puppe namens Hildegard.

Unsere Hütte war ordentlich und sauber und, wie ich fand, auch sehr hübsch, weil meine Mutter sie nach althergebrachter Weise bemalt hatte, mit geometrischen Mustern in kräftigen Farben. Aber sie hatte sich nicht damit begnügt, sondern auch noch überall Giraffen hingemalt – kleine Giraffen, die durch die abstrakten Räume zu schweben schienen.

Mein Vater sah gequält aus. Er saß mit meiner Mutter auf einer Bank draußen vor der Hütte und unterhielt sich mit ihr in Olinka, aber ab und zu sagte er etwas in einer anderen Sprache – Englisch, wie mir später aufging –, die offenbar außer ihm nur der Chauffeur verstand. Anscheinend sprach er diese Sprache für ihn. Der Chauffeur war auch jemand, den mein Vater noch aus den Kampfzeiten kannte. Ich spielte mit der großen, blauäugigen, gelbhaarigen Puppe, und ich merkte, daß meine Mutter – die nie eine Puppe besessen hatte – auch ganz entzückt von ihr war, viel mehr als von ihrem Teegeschirr. Noch nie hatten wir so etwas gesehen. Meine Mutter hatte schon weiße Menschen gesehen, aber nicht viele und nur, wenn sie gerade dabei war, ihre Häuser oder Kraftwerke in die Luft zu sprengen. Etwas so Weißes und Prächtiges wie diese Puppe war uns beiden noch nie unter die Augen gekommen.

Ich bemerkte, daß sie von Zeit zu Zeit zu mir herüberschauten und daß mein Vater offenbar unzufrieden war.

Später begriff ich dann, daß er sich darüber ärgerte, daß ich so viele Löcher in den Ohren hatte – drei in jedem – und daß ich keine Bluse trug. Aber von den Frauen und Mädchen bei uns trug niemand im gewöhnlichen Alltag eine Bluse. Wozu auch? Jeder wußte doch, daß es bei dem feuchten Klima viel angenehmer war, nichts auf der Haut zu haben.

Von da an kam er regelmäßig. Er schrieb Theaterstücke gegen den Imperialismus. Zu der Zeit war er bei der Regierung gut angeschrieben. Er sonnte sich in der Anerkennung und schien ganz zufrieden. Jedenfalls war er voller Optimismus, daß seine Stücke als Instrument der Veränderung wirken könnten und daß die Regierung diese Veränderung begrüßen und unterstützen und vor allem praktisch fördern würde. Aber er war ein kinderloser Mann, jedenfalls für seine Freunde in der Regierung, weil es nicht offiziell bekannt war, daß er verheiratet war. Und offensichtlich machte ihm das langsam zu schaffen. Jedesmal, wenn er kam und wieder wegging, wurde meine Mutter trauriger. Wir schliefen immer auf einer Matte, und manchmal merkte ich, wenn ich nachts aufwachte, daß sie weinte. Meine Mutter war eine Frau, die monatelang und sogar jahrelang draußen in den Bergen, Höhlen und Schluchten Seite an Seite mit Männern kämpfen und Kraftwerke in die Luft jagen konnte und sich dann in solchen Nächten dankbar von ihrer fünfjährigen Tochter in die Arme nehmen und trösten ließ.

Und eines Tages kam mein Vater dann, um mich und Hildegard mitzunehmen. Meine Mutter kämpfte nicht darum, daß wir dableiben konnten, und das nahm ich ihr übel. Sie erklärte mir, es sei nur zu meinem Besten – was ich natürlich gar nicht einsah! –, und ich müsse fleißig lernen, damit ich unserem Land von Nutzen sein könne. Sie war Matriotin und liebte dieses Land, obwohl die Männer, die es regierten, für sie nur tatenlose Schwätzer waren.›

Nzinghas Stimme versagte plötzlich, und sie rieb sich die Augen, in denen jetzt ungeweinte Tränen glänzten. ‹Wir ließen sie einfach in ihrem Dorf verrotten›, sagte sie schließlich. ‹Zuerst vermißte ich sie schrecklich. Ich kannte meinen Vater ja gar nicht, und es war sehr verwirrend für mich, als ich dann, sobald wir in der Hauptstadt ankamen, merkte, daß alle anderen Leute ihn kannten. Daß er berühmt und beliebt war und in einem Haus wohnte, das mir genauso riesig erschien wie sein Auto. Er steckte mich in eine Internatsschule, die von weißen Nonnen geführt wurde, eine eher wunderliche Einrichtung in diesem neuen Staat, in dem es, wie ich jetzt merkte, offenbar genauso viele Weiße wie Schwarze gab. Aber das war nur in den großen Städten so. Mein Vater war damals völlig blind für den Widerspruch, den die Tatsache mit sich brachte, daß er mich zu den Nonnen schickte. Zumindest tat er so. Er wollte sicherstellen, daß ich Englisch lernte. Die Zukunft unseres Landes hinge davon ab, daß seine Bewohner wenigstens zwei Sprachen sprächen, meinte er immer. Diese Einstellung trug auch nicht dazu bei, das Eis zwischen ihm und meiner Mutter zu brechen. Einmal, bei einem meiner seltenen Besuche, sagte ich ein paar Worte auf englisch zu ihr. Sie bekam einen regelrechten Tobsuchtsanfall, warf mit Sachen um sich – allerdings gab es in unserer Hütte nicht viel, womit sie werfen konnte – und stampfte mit den Füßen auf. Ich dachte schon, sie würde auf mich losgehen. Sie trank von dem Bier, das sie selber braute, um es zu verkaufen, und rauchte eine Zigarette. Sie war so anders als die Mutter, die ich verlassen hatte! Ihre Augen waren rot, ihr Haar verfilzt und zerzaust. Sie hatte etwas Rüdes und dabei zugleich Träges an sich, wie ich es noch nie bei ihr gesehen hatte und wie ich es mir bei meiner sanften Mutter nie hätte vorstellen können. Ich ahnte damals noch nichts von den Persönlichkeitsveränderungen, die Kummer bewirken kann. Sie war schlampig und gleichgültig. Der Regen hatte eine Ecke der Hütte weggespült, und die Giraffen, die sie sonst jedes Jahr zu Beginn der Trockenzeit nachgemalt hatte, waren so verblichen, daß sie aussahen wie Geistertiere, Schattenwesen, die über die Wände der Hütte huschten.

Danach war ich, solange sie lebte, nur noch einmal dort. Ich fuhr hin, stieg aber nicht aus dem Auto. Sie kam heraus zu mir und setzte sich neben der Wagentür auf einen Stuhl. Ich gab ihr ein paar Sachen, die mein Vater ihr schickte. Ich erinnere mich, daß eins der Geschenke ein Buch war, über die Eingeborenenkultur in Kamerun. Es enthielt eine Menge Fotos von den Häusern der Menschen dort – Häuser aus Lehm, die in bunten Farben bemalt waren –, ihrer Kleidung und ihren Musikinstrumenten. Sie nahm es sofort zur Hand und schaute sich sogar mehr als nur die erste Seite an, ehe sie es lustlos auf den Boden warf. Sie hatte das aufgedunsene, verwahrloste, konturlose Aussehen, das Leute annehmen, wenn sie keine Möglichkeit haben, sich selbst zu sehen. Ich glaube, sie besaß nicht einmal einen Spiegel. *Diese* Frau da kannte ich nicht.

Als ich sechzehn war, starb sie an einer schleichenden Krankheit. An Krebs vielleicht. Oder an Herzschwäche. Oder an gebrochenem Herzen. Bei uns im Dorf benannte man keine Todesursachen. Nur die tieferen Gründe. Sie war sehr müde, sagten die Leute, sehr einsam. Es gab nicht genug zu tun für eine Frau wie sie, jetzt, wo Frieden war und das Land von Schwarzen regiert wurde. Sie sagten das nicht mit der Ironie, mit der meine Mutter es gesagt haben würde.

Aber inzwischen waren mein Vater und ich Arbeitsgefährten, Bundesgenossen im Kampf für eine bessere Zukunft unseres Landes. Er schrieb satirische Stücke, in denen es um das Verhalten der Arbeiter an ihrem Arbeitsplatz und um die Notwendigkeit besserer Produktionsleistungen ging. Ich begleitete ihn in die Fabriken, wo seine Stücke gespielt wurden. Weil er so ehrlich war und seine Stücke leichtverständlich waren – manchmal sogar regelrecht simpel –, mochten ihn die Arbeiter. Er war immer noch ein sehr populärer Mann, auch bei den Machthabern. Und ich war sein Liebling! Ich war sehr stolz auf ihn!

Aber schon bevor meine Mutter starb, begann er, sich zu verändern. Er genoß die Bewunderung, die ihm von allen Seiten zuteil wurde, nicht mehr so wie früher. Meine Mutter sah er nicht mehr, höchstens einmal oder zweimal durch Zufall, weil er in unserem Dorf zu tun hatte. Mein Vater hatte veranlaßt, daß eine Wasserleitung vom Fluß zum Dorf gelegt wurde, und die Dorfbewohner, die vorher das Wasser immer auf dem Kopf vom Fluß herbeigetragen hatten, priesen ihn dafür. Aber ich glaube trotzdem, daß sie während der Zeit, in der er nichts mehr mit ihr zu tun hatte, immer größeren Raum in seinem Denken einnahm. Vielleicht ist das bei Schriftstellern einfach so. Wenn sie dich nicht sehen, liegt ihnen viel an dir. Weil sie dich ganz besitzen können. Du bist ihr Geschöpf. Du bist unter Kontrolle. Du bist, wenn du so willst, schöngefärbt.›

Nzingha, die bis jetzt zurückgelehnt und mit ausgestreckten Beinen auf der Couch gesessen hatte, zog jetzt fröstelnd die Füße unter sich. Es wurde langsam kühl im Zimmer. Ich zog ebenfalls die Beine an und bedeckte sie mit meinem langen Rock. Sie angelte sich ein größeres, erdfarben gestreiftes wollenes Umlegetuch – von der Art, wie sie in den vom Kulturministerium betriebenen Kooperativen hergestellt und in den Touristenläden verkauft werden – von einem Hocker neben der Couch und breitete es über unsere Knie. Der Kaffee hatte mich wach gemacht, aber auf eine ruhige Weise wach, so daß ich mich passiv ihrer sanften, vertrauten Stimme überließ. Zwischendurch war mir, als spräche ich selbst zu mir.

‹Schriftsteller›, sinnierte sie weiter. ‹Gibt es irgendwelche anderen Leute, die auf lange Sicht so viele Scherereien und Probleme machen wie die Schriftsteller? Aber mein Vater würde sagen: Schriftsteller machen keine Probleme, sie beschreiben sie. Wenn sie einmal beschrieben worden sind, fangen die Probleme an, für alle Leute sichtbar zu existieren. Aber solange sie nicht beschrieben und sichtbar gemacht worden sind, sind nur wenige in der Lage, sie zu sehen. Trotzdem sind die Schriftsteller eine Sorte für sich …› Nzingha lachte. ‹Wie die Russen gerade feststellen müssen, sind Schriftsteller verdammt schwer umzuerziehen. Ich glaube, daß sie einfach eine Extra-Windung im Gehirn haben. Sie kommen mit einer bestimmten Sichtweise auf die Welt und mit dem Drang, diese Sichtweise anderen zu vermitteln. Bei anderen Menschen fehlt diese Gehirnwindung einfach. Ich weiß auch nicht, warum.

Das Stück, das mein Vater über meine Mutter schrieb, kostete ihn schließlich das Vertrauen der Machthaber und spaltete Volk und Regierung in zwei Lager. Das lag vielleicht daran, daß das Volk aus Männern und Frauen bestand, die Regierung aber nur aus Männern. Natürlich wurde unter den Leuten aus dem Volk auch über die Dinge gestritten, die in dem

Stück zur Sprache kamen. Es gab heftige Kontroversen, Auseinandersetzungen, Zusammenstöße. Aber obgleich das Stück bestimmte Verhaltensweisen der Leute unbarmherzig anprangerte, nahmen sie es nicht als persönlichen Angriff, als Bloßstellung. Sie wußten ja auch zuviel über meinen Vater und das, was er machte, um es so zu empfinden. Sie sahen sich in seinem Stück selbst, und zwar zum erstenmal im großen und ganzen so, wie sie waren. Nicht überdeckt von Revolutions-Patina, antiimperialistischen Losungen oder irgendwelchen Ermahnungen zur Produktivitätssteigerung. Und sie reagierten, wie jemand reagiert, der hysterisch ist und von jemand anderem, den er gut kennt und gern hat, eine saftige Ohrfeige verpaßt kriegt. Und was daraufhin alles herauskam, war wirklich höchst interessant, über vieles hatten sie offenbar noch nie nachgedacht, zum Beispiel über die Frauen und darüber, ob sie nicht vielleicht auch menschliche Wesen mit eigenen menschlichen Rechten waren. Da brannte die Ohrfeige am meisten. Was mein Vater ihnen da vor Augen führte, über die Unterdrückung der Frauen, der schwarzen Frauen, und zwar durch schwarze Männer, die doch eigentlich mehr Mitgefühl hätten haben müssen – nachdem sie sich so lange über den fühllosen Umgang der Weißen mit schwarzen Menschen empört hatten –, war den Leuten unangenehm, aber es setzte letztlich doch auch etwas in ihnen in Bewegung. Die Stücke meines Vaters waren immer zu einem gewissen Grad Lehrstücke: sobald er zu irgendeiner Einsicht gelangt war, zögerte er nicht, sie anderen zu vermitteln. Die Leute sahen – nachdem mein Vater es schließlich selbst gesehen hatte –, wie meine Mutter zuerst alles dafür gab, an vorderster Front gegen die Unterdrückung und Kolonialisierung durch die Weißen zu kämpfen, wie sie dann als Ehefrau und Mutter genauso hart zu kämpfen hatte, allein gelassen und ohne Vorbilder bei der Suche nach neuen Lebensformen, und zum Schluß dann ihre tiefe Enttäuschung über die Männerregierung, die nach dem Sieg die Macht im Land übernommen hatte. Mein Vater stellte seine eigenen Fehler schonungslos dar. Man sah seine Frauengeschichten in Schweden und wie er eine dieser Frauen mit seinem Kind sitzenließ, man sah sein dickes Auto, sein pompöses, im europäischen Stil erbautes Haus. Man sah seine lieben Freunde auf den Ministersesseln, die nichts anderes interessierte als Bier, Frauen und Fußball. Man sah sein Hausmädchen, ein verschüchtertes junges Ding aus dem Dorf, das ihn behandelte wie einen Gott und das Publikum immer wieder an seine abgeschobene Frau erinnerte. Bei der Szene, in der das in der Leidenschaft des revolutionären Kampfes gezeugte Kind seiner völlig gebrochenen Mutter weggenommen wird, konnte ich nicht hinschauen. Wie er so etwas schreiben konnte, und auch eine spätere Szene, die den Verfall der Mutter und ihren Tod zeigt, war mir ein Rätsel. Paradoxerweise wurde er, während er an dem Stück schrieb und auch noch danach, als es aufgeführt wurde, immer fröhlicher, unverfrorener, rebellischer, man könnte fast sagen, strahlender.

Das Stück war meiner Mutter gewidmet. Er bekannte sich nun endlich öffentlich dazu, daß er mit ihr verheiratet war. Zum erstenmal war es mir nicht mehr völlig unmöglich, sie mir zusammen vorzustellen, in einem Raum, an einem Tisch, in einem Bett. Langsam wurde es für mich denkbar, daß da vielleicht doch einmal Liebe zwischen ihnen gewesen war.

Aber wie gesagt: es war das erste Stück meines Vaters, das verboten wurde.

Er lachte Tränen, als er es erfuhr. Wenn ihn etwas schmerzte, reagierte er immer damit, daß er lachte wie ein Wahnsinniger. Dann zog er mit seinem Stück über Land und führte es jedesmal in einem anderen Dorf auf, bis sie ihn einholten. Sie verurteilten ihn zu einer Geldbuße, steckten ihn eine Woche ins Gefängnis und nahmen ihm sein Haus weg. Das war der Anfang vom Ende. Aber immerhin, wie er sagte, *war* es ein Anfang.›

Es war schon sehr spät, als meine Schwester ans Ende ihrer Geschichte kam, und deshalb machte sie mir ein provisorisches Bett auf der Couch zurecht. Sie schob mir ein besticktes Kissen unter den Kopf und breitete das erdfarbene, wollene Tuch über meine Beine und Füße. Und als letztes und schönstes beugte sie sich, ehe sie in ihr Schlafzimmer ging, zu mir herunter und küßte mich auf die Stirn. Wie durch ihren Kuß verzaubert, fiel ich fast sofort in einen tiefen, erholsamen Schlaf, der nur einmal unterbrochen wurde, als Methudi in den frühen Morgenstunden nach Hause kam. Nachdem er ins Bett gefunden hatte, war ich gleich wieder weg, und das nächste, was ich registrierte, war, daß die Uhr zehn zeigte und ich mich allein in der Wohnung befand. Die Jungen waren in der Schule und Nzingha und Methudi schon bei der Arbeit.»

UNSER VATER HAT vieles falsch gemacht, vor allem aus Unwissenheit», sagte Nzingha, «aber im Grunde seines Herzens war er furchtlos.»

Sie waren an dem Tag zu einem Picknick ans Ufer des Wanza-Sees gefahren. In der Ferne zeichneten sich bläuliche Hügel ab, und auf dem See schaukelten wettergegerbte Fischerboote, deren ockerfarbene Segel im Wind schlugen. Es war ein schöner, warmer Tag, am Himmel kreisten große Vögel, und die Luft war erfüllt von jenen Tönen der Stille, die wie ein Summen sind.

Fanny hatte davon erzählt, wie es war, in einem Haus aufzuwachsen, in dem es keinen Vater gab und in dem nie auch nur die Rede davon war, daß einer existierte. Sie hatte über ihre beiden Großmütter gesprochen, Big Mama Celie und Mama Shug, und über die Geborgenheit, die es mit sich brachte, wenn einen zwei so warmherzige Frauen lieben. Sie lachten beide, als Fanny wiedergab, was ihre Mutter ihr von ihrer Namensgebung erzählt hatte. Mama Celie hatte sie Fanny genannt, weil sie selbst gern so geheißen hätte. Denn dann, so meinte sie, wäre ihr ein schickeres Leben beschieden gewesen, ein Leben voller Reisen und Abenteuer. Sie fand, daß allein der Name «Fanny» nach Abenteuer klang. Fanny glaubte, für Mama Celie sei in diesem Wort etwas Unbotmäßiges und Rebellisches mitgeschwungen, weil es identisch war mit einem englischen Wort für Hinterteil und sie sich wohl oft gewünscht hatte, jemandem zu sagen, er könne sie «am Arsch lecken», vor allem als Kind und junge Frau, als alle um sie herum sie ausgenutzt und mißbraucht hatten. Deshalb hatte sie sofort «Fanny!» gesagt, als Fanny das Licht der Welt erblickte. Und Fannys Mutter, Olivia, hatte erzählt, sie habe sich so überrumpelt gefühlt und solche Angst gehabt, ihre Mutter würde gleich noch mit einem zweiten komischen Namen wie Lou oder Jean herausplatzen, daß sie ganz vergaß, wie schwach sie noch von der Geburt gewesen war, und gleich geschrien hatte: «Nzingha!» Worauf Mama Celie und Mama Shug im Chor gefragt hatten: «Wie bitte?» Und dann hatte Olivia ihnen von Anne Nzingha erzählt, der Herrscherin von Angola, die vierzig Jahre lang gegen die Portugiesen gekämpft hatte, von jener Frau, die den Titel «Königin» zurückgewiesen und verlangt hatte, daß ihre Untertanen sie «König» nannten, und die wie Jeanne d'Arc Männerkleider getragen und ihre Truppen in die Schlacht geführt hatte. Die alles gleichzeitig gewesen war: Frau, Mann, König, Königin, Strategin und Kämpferin, Tochter, Mutter, Heidin und Katholikin, erhabene Herrscherin und listenreiches Weib. Wie Fannys Mutter oft erzählt hatte, interessierte Celie von all den Dingen, die Olivia über Afrika zu erzählen wußte, am meisten diese Geschichte, wenn sie es auch nie gelernt hatte, den Namen Nzingha richtig auszusprechen. Sie sagte immer «Zinga», wenn sie das Wort überhaupt in den Mund nahm. Das geschah nur, wenn sie sie tadelte, was sie gelegentlich in mildestem Ton tat. Gewöhnlich sagte sie «Fanny» zu ihr. Wie in «Fannniiiie, Schätzchen, komm zu Big Mama. Hab dich ja schon 'ne Ewigkeit nich mehr gesehn, du kleiner

Mops, du! Komm, gib Big Mama ein Knallbonbon!», worauf eine ordentlich feste Umarmung und ein schallender Schmatz auf die Wange folgten.

«Ich habe gehört, daß es in den Vereinigten Staaten Schwarze gibt, die immer so sprechen», sagte Nzingha. «Stimmt das wirklich?»

Fanny bejahte und gab einen längeren Monolog in Mama Celies Ausdrucksweise zum besten.

«Ich sehe sie richtig vor mir», sagte Nzingha lachend. «Das sagt so viel, die Art, wie sie redet. Meine Mutter war auch so. Wenn sie etwas gesagt hat, hatte man immer das Gefühl, eine unumwundenere Sprache kann es gar nicht geben.» Sie hatte eine gut gekühlte Flasche einheimischen Palmwein geöffnet und versicherte Fanny, dies sei das einzige alkoholische Getränk in Afrika, nach dessen Genuß man sich richtig wohl fühle und keinen Kater bekomme.

Fanny lachte.

«Mein Vater hatte ja einen solchen Bildungsfimmel», fuhr Nzingha fort, während sie von ihrem Wein kostete und genießerisch mit den Lippen schmatzte, «es fiel ihm schwer einzusehen, daß Erziehung durch Menschen, die auf einen herabsehen, ebenfalls ein Stück Unterwerfung ist. Er hat es zwar für sich selbst zu einem gewissen Grad begriffen, aber sobald es um mich ging – da mußte er eben, wie er es ausdrückte, die beste aller mangelhaften Lösungen suchen, und was sich hier in Olinka nach der Oberschule an Bildungsmöglichkeiten anbot, ließ viel zu wünschen übrig. Das war selbst mir klar. *Und trotzdem.* Du weißt nicht, was Elend ist, solange du nicht als Afrikanerin fortgeschickt worden bist, um *im Westen* zu studieren.»

Fanny sah ihre Schwester vor sich, klein und schwarz und ganz allein, auf dem Weg zu diesem mythischen Bestimmungsort. Wahrscheinlich hätte sie überhaupt keine warme Kleidung dabeigehabt. Sie kippte einen großen Schluck Palmwein hinunter, um das Bild zu verscheuchen.

«Ich wurde nach Frankreich geschickt», sagte Nzingha,

«nach Paris, an die Sorbonne.» Sie zog eine Grimasse. «Ich bin vermutlich die einzige Frau auf der Welt, die Paris haßt! Es war so eine kalte Stadt, in mehr als einer Hinsicht. Die Leute dort waren so abgestumpft, innerlich tot. Nichts schien ihnen wirklich zu Herzen zu gehen. Das einzige, was sie wirklich beschäftigte, waren künstliche Dinge – zum Beispiel schrecklich abstrakte Theaterstücke, in denen es um noch abstraktere Ideen ging. Mode fesselte sie. Nichts, aber auch gar nichts konnte ihnen ein Lächeln entlocken. Ich weiß noch, wie ich einmal die Champs-Élysées entlangging und jedem, der mir entgegenkam, ins Gesicht schaute, ob nicht wenigstens einer dabei war, der lächelte. Ich fand keinen, und es waren Hunderte von Leuten an einem wunderbaren, warmen Tag. Ich konnte das Grau nicht ertragen und die schwerfällige Architektur. Es gab keine wilden Bäume. Ich konnte die *Pieds Noirs* in den Läden nicht ertragen und die zitternden kleinen Afrikaner, die im Bois irgendwelchen Schnickschnack verkauften. Schließlich fand ich ein paar Freunde unter den Dogon. Es gab ein kleines dogonesisches Restaurant in der Nähe der Rue des Trois-Portes, nicht weit von Notre-Dame. Dorthin ging ich, sooft ich konnte. Und dort fand ich endlich, was ich vermißte: lächelnde Gesichter, Wärme, Liebenswürdigkeit, eßbares Essen. Denn ob du es glaubst oder nicht: das französische Essen schmeckte mir nicht! Obwohl zu Hause immer alle davon geredet hatten, als sei es der reinste Götterschmaus, vor allem die Leute, die es selbst nie probiert, sondern bloß von anderen davon gehört hatten. Ich fand die schweren Saucen gräßlich, und auch die leichten mochte ich nicht. Alles, was mit Milch oder Sahne gemacht war, vertrug mein Körper nicht. Das ist übrigens typisch für Afrikaner, aber ich wußte es nicht. Ich wußte nur, daß mich fast alles, was ich aß, krank machte. Ich fühlte mich innerlich zugeklebt. Und das war ich auch! Uuh! Und dann das überhebliche Gehabe der Kellner und der Serviererinnen, wenn man etwas bestellte. Ich habe in manchem Pariser Restaurant gesessen und vor Ärger keinen einzigen Bissen runtergekriegt.»

Nzingha füllte ihre Gläser nach, trank einen Schluck Wein und quittierte den einheimisch-vertrauten Geschmack mit einem glücklichen Lächeln.

«Ich fand einfach alles gräßlich», sagte sie düster, den kurzen Moment der Seligkeit bereits wieder hinter sich lassend. «Ich war durch nichts zu besänftigen, wie eine Dreijährige. Ich haßte den Louvre! Da stellten sie ihre gesammelte Beute aus fremden Ländern aus. Das ist es nämlich, wozu die meisten Museen da sind. Statt nur für sich selbst und ihr eigenes Haus stehlen diese Räuber eben für ihr Land, ihren Kontinent, ihre Rasse. Es war nicht auszuhalten. Und dann habe ich mich in diesem Louvre auch noch verlaufen. Ich fand nicht mehr heraus, und die Museumswächter waren genauso wenig hilfsbereit wie alle anderen Pariser. Schließlich entdeckte ich ein offenes Fenster, im zweiten Stock. Ich kletterte auf den Sims und wollte schon springen! Keine Sekunde länger konnte ich es da drinnen aushalten! Aber ein Museumsbesucher, ein Amerikaner, steckte zufällig den Kopf aus dem Fenster, und als er mich so an die Wand gepreßt dastehen und runtergucken sah, sagte er: ‹Puh, die Luft hier drinnen ist wirklich nicht die beste.› Zu allem Überfluß stank es da drinnen auch noch! All diese toten Dinge. All die armen Seelen, die sich nie hätten träumen lassen, daß ihre sterblichen Überreste einmal in Paris landen würden, unter Glas. Der Louvre roch wie das, was er war: ein Grab. Ich mußte lachen. Und nachdem er sich suchend umgeguckt hatte, sagte er: ‹Wie kommt man denn da raus?› Weil ich weder mit ihm den Sims teilen noch wirklich springen wollte, sagte ich: ‹Lassen Sie mich zuerst wieder rein.› Er war einer von diesen großen, schlaksigen Burschen, wie man sie in amerikanischen Filmen sieht, die in Texas spielen. Aber er war, wie sich herausstellte, aus Georgia, aus dem Süden, über den ich nur wußte, was ich in *Vom Winde verweht* gesehen hatte. Aber das sei nicht sein Georgia, meinte er. Er sei arm; seine Familie sei immer arm gewesen. Weißt du, für Afrikaner ist das schwer zu glauben – daß es arme Südstaatler gegeben hat oder gibt. Wir schauen die Leute komisch an, wenn sie so etwas sagen, und denken insgeheim: ‹Was? *Arm?* Nach allem, was war!›»

Fanny lachte. Sie fühlte sich gut von dem Wein, und unter diesem Blickwinkel hatte sie die Sklaverei noch nie betrachtet.

«Seine Familie sei immer *anständig* gewesen. Das sollte ich unbedingt wissen», sagte Nzingha, die jetzt anfing, ein bißchen zu nuscheln und in jenen leicht polemischen Tonfall zu verfallen, in dem Afrikaner gern reden, wenn sie mit jemandem trinken, den sie mögen, aber etwas zu erzählen haben, was ihnen gegen den Strich geht. «Das war das Codewort für: *anständig* zu Farbigen, zu *deinen* Leuten. Er war auch in Paris an der Universität, als Stipendiat. Danach verbrachten wir viel Zeit zusammen. Ich mochte Jeff wirklich gern. Ich empfand eine Art Zärtlichkeit für ihn, wie man sie für ein Kind empfindet oder für jemanden, der selbst verloren in der Welt herumläuft, aber fest daran glaubt, daß er schon dabei ist, den richtigen Weg zu finden und ihn dann anderen zeigen zu können. Und doch gab es so viel, was er nicht verstehen konnte.

Als er von zu Hause weggegangen war, war der ganze Ort auf den Beinen gewesen, um ihn zu verabschieden – allerdings nicht die Schwarzen, zu denen sie immer alle so anständig gewesen waren! Und vom ersten Tag an hatte ihn Paris begeistert. Die muffige Luft im Louvre war bisher noch sein unangenehmstes Erlebnis gewesen. Er verstand nicht, welche Qual mir die Lehrveranstaltungen bereiteten, in denen Afrika so völlig ignoriert wurde, als ob es nicht existierte und nie existiert hätte, und wo der Professor, wenn er von Punt oder Kyrene als afrikanischen Handelspartnern der antiken Welt sprach, fast immer die Wörter ‹sagenumwoben› oder ‹geheimnisvoll› benutzte. Es wollte den Professoren offenbar einfach nicht in den Kopf, daß die Kyrenaika in Libyen liegt oder daß die alten Ägypter schwarz waren. Das schien ihnen genauso unvorstellbar zu sein wie die Tatsache, daß die Sahara nicht immer eine Wüste war oder daß Ägypten zu Afrika gehört. Ich frage mich, was sie glaubten, wo der kleine, schwarze König Tutenchamun wohl herkam! Wenn sie über Afrika sprachen, dann immer mit Blick auf seine Probleme und seine ‹Rückständigkeit› und nie hinsichtlich seiner kulturellen Leistungen oder seiner jahrhundertelangen Knechtung durch die Weißen – nicht zuletzt durch diese blasierten, selbstgerechten Franzosen, die auch jetzt noch, während wir da saßen und afrikanische Geschichte studierten, ohne daß je ein Wörtchen über die französische Kolonialherrschaft fiel, der algerischen Widerstandsbewegung mit übelsten Mitteln den Garaus zu machen versuchten. Es war so entwürdigend, da zu sitzen und sich das anhören zu müssen.»

In Nzinghas Stimme schwang jetzt ein solcher Zorn mit, wie er Fanny in ihrer ganzen Zeit in Olinka noch irgends offen entgegengeschlagen war. Sie sann, nicht zum erstenmal, über die angestaute Wut der afrikanischen Frauen nach, die so lange geschwiegen hatten. Ihr erschien diese Wut als ein gewaltiges Energiereservoir, und sie fragte sich, ob die Frauen sich dieses Potentials wohl bewußt waren. Zorn kann auch eine Art Reichtum sein, dachte sie.

«Aber irgendwann kam der Tag, an dem ich endgültig genug hatte», sagte Nzingha, die jetzt alarmierend rasch trank und auch Fannys Glas immer wieder nachzufüllen versuchte, damit sie mithalten konnte. «Wir saßen in einer Lehrveranstaltung in Geschichte, und der Professor sprach über die Wurzeln der westlichen Zivilisation und Kultur im *Griechentum*. Er zeigte ein Dia, vorn auf der Leinwand, eine Darstellung von Perseus' Kampf mit Medusa. *Natürlich*. Es war ein Teil von einem Relief gewesen, irgendwo an einer Mauer – ich glaube, in Melos –, und Plünderer hatten einfach ein Stück abgeschlagen, das ihnen interessant erschien und handlich genug, um es abzuschleppen.» Sie lachte bei der Vorstellung, und Fanny stimmte ein. «Aber jedenfalls: da war also Perseus in seinem Kampfwagen, und in seiner Hand baumelte das abgeschlagene Haupt der Medusa. Ihre schlangengleichen Haarlocken waren als richtige Schlangen dargestellt – überall in

Afrika das Symbol für Fruchtbarkeit und Weisheit –, und sogar aus ihren Mundwinkeln ringelten sich zwei dieser Tiere. Ihr Gesicht war grauenhaft verzerrt, so wie es deins oder meins auch wäre, wenn man uns gerade den Kopf abgehackt hätte. Der Rest ihres großen, fraulichen Körpers kniet noch daneben, und wenn man das Relief nicht mit westlichen Augen betrachtet, dann merkt man, daß sie aussieht wie ein Engel. Weil sie nämlich ein Engel *ist*. Sie ist die *Mutter* der Engel des Christentums. Sie ist Isis, die Mutter des Horus, die Schwester und Geliebte des Osiris, die Göttin der Ägypter. Die Göttin, die, lange bevor sie Isis wurde, in ganz Afrika als die Große Mutter bekannt war, die Schöpferin und Hüterin allen Lebens, die Bewahrerin der Erde. *Die* Göttin schlechthin.

Ich wußte das alles –» und hier brach Nzingha, angesichts der Absurdität des Ganzen, in schallendes Gelächter aus – «von den Nonnen bei uns zu Hause. Und langsam verstand ich während meines Studiums an der Sorbonne, warum diese Nonnen in meinem Land bleiben durften, während so vielen anderen Weißen *dringend nahegelegt* wurde zu verschwinden.» Nzingha ahmte pantomimisch und unter heftigem Grimassieren das Bemühen nach, einen großen, schweren und widerspenstigen Gegenstand wegzuwälzen. Fanny fand das eine sehr gelungene Darstellung der Unterdrückung, und beide lachten, bis ihnen die Tränen in die Augen traten.

«Es gab etliche Nonnen bei uns», fuhr Nzingha fort, nachdem sie ihr Gleichgewicht soweit wieder gefunden hatte, wie dies ein ziemlicher Schwips zuläßt, «die in der Ruhe und Abgeschiedenheit Afrikas, weit weg von der europäischen Mutterkirche und ihrer Indoktrinierung, alles über Bord geworfen hatten, was ihnen an verdummender, frauenfeindlicher und rassistischer Ideologie eingeimpft worden war.

‹Habt ihr euch noch nie Gedanken darüber gemacht, wo die Engel herkommen?› fragte eine der Schulschwestern – meine Lieblingsnonne, Schwester Felicity – eines Tages sanft unsere Klasse. ‹Nun, wenn ihr euch mit der Kunst und dem Leben der

Ägypter beschäftigt, werdet ihr sehen, wo sie herkommen. Sie stammen von den Göttern und Göttinnen Afrikas ab.› »

Ein entzücktes «Ach!» war alles, was Fanny hervorbrachte.

«Afrikanische *Engel,* das ist es! Das ist doch genau das, was uns immer gefehlt hat, stimmt's?» sagte Nzingha mit funkelnden schwarzen Augen, eine Hand in die Hüfte gestemmt.

«Ich sah sie gleich vor mir», fuhr sie fort, «und mitten unter ihnen meine Mutter, aber nicht so, wie sie zum Schluß war, sondern so, wie sie war, als wir noch auf einer Matte schliefen. Mit ihrem lieben Gesicht, ihrem wohlriechenden Atem und ihrer zärtlichen Stimme. Ihrem hellsichtigen Gespür für Ereignisse und Menschen in vielen hundert Meilen Entfernung. Ich wußte, daß Notre-Dame an der Stelle erbaut worden war, wo sich früher ein Heiligtum der Isis befunden hatte, die später die Schwarze Madonna genannt wurde, und ich ging gleich nach meiner Ankunft in Paris dorthin, weil mir die Nonnen gesagt hatten, ich müsse diesen Ort unbedingt sehen. Natürlich ist dort keine Spur mehr von Isis zu finden, und auch sonst nirgendwo in Paris und schon gar nicht in den Seelen der Menschen, die dort wohnen. Aber wenigstens stand ich dort, in der Kirche Notre-Dame, an der gleichen Stelle, wo einst in der alten Zeit, oder wohl noch eher in der Vorzeit, Isis' Anbeter gestanden hatten. Nur hatten sie dort noch den Erdboden unter den Füßen gehabt und die Bäume über sich, und dieses Gefühl des Eingebettetseins in das Universum fehlte mir sehr. Notre-Dame wirkte auf mich nicht anders als der Louvre. Sie war zum gleichen Zweck erbaut. Nur diente sie der Kolonisierung der spirituellen Überreste einer entmachteten Göttin, während der Louvre der Kolonisierung der materiellen Überreste vernichteter Kulturen diente.

Ich schickte den Nonnen pflichtschuldig eine Postkarte von diesem düsteren Bauwerk, und sie schrieben mir zurück und erinnerten mich daran, daß die Göttin nicht auf die Stätten angewiesen sei, die die Menschen vorgeblich für sie schufen, in Wahrheit aber für sich selbst errichteten; daß *Sie* – der Geist der Mütterlichkeit und der Schöpferkraft, des All-Behütenden und All-Bewahrenden – in uns lebte und weder an Heiligtümer noch an ein bestimmtes Zeitalter gebunden sei.

Aber», sagte Nzingha, «zurück zu meinem Professor. In *seiner* Geschichte ist das Antlitz der afrikanischen Göttin so abschreckend häßlich, mit seiner Dreadlocks-Frisur – Schlangen, iiih! –, daß jeder, der es anschaut, zu Stein erstarrt. Darum übernimmt der tapfere weiße Held Perseus die Aufgabe, sie zu erschlagen, wie er es mit jedem anderen ‹Drachen› auch tun würde, weil sich der Weiße allem Mächtigen offenbar nur auf eine Weise nähern kann: indem er hingeht und es tötet. Er schlägt ihr also den Kopf ab, und später heißt es in allen Geschichten über ihn nur, ihr Antlitz sei gräßlich gewesen, ihr Haar schlangengleich, und ansonsten sei nichts Gutes von ihr zu vermelden.»

Nzinghas Gesicht verriet jetzt tiefe Traurigkeit. «Aber», flüsterte sie, «wenn du aus Afrika kommst, dann siehst du in Medusas Flügeln die Flügel Ägyptens und in ihrem Haupt das Haupt Afrikas, und dann merkst du, daß das Bild, das du vor dir hast, die Erinnerung der abendländischen Welt an jene vorgeschichtliche Epoche versinnbildlicht, in der die weiße, männliche Welt des Griechentums die schwarze, weibliche Kultur der Göttin/Mutter Afrikas enthauptete und vernichtete.» Sie schwieg für einen Moment, und beide hingen diesem Gedanken nach. «Und tatsächlich», sagte sie dann versonnen, «hatte Athene in ihrer frühesten Gestalt, obwohl sie eine griechische Göttin war, noch Schlangenhaar. Erst später bekam sie dann die wallenden blonden Locken, die ihr die schwarzhaarigen Griechen heute noch zuschreiben.» Nzingha trank achselzukkend ihren letzten Schluck Wein aus, wobei sie, nur für einen flüchtigen Moment, sehr französisch aussah. «Ich war also kaum noch überrascht», sagte sie, «als ich bald darauf in einem Kurs über klassische abendländische Literatur herausfand, daß Athene nur eine Handlangerin eben der Männerordnung war, die sie erschaffen hatte. In der *Orestie* ist es eine ihrer ersten Amtshandlungen, zu leugnen, daß zwischen Mutter und Kind – über das Verhältnis von Brief und Umschlag hinaus – irgendein besonderes Band besteht. Als über den Muttermörder Orest Gericht gehalten wird, sagt sie, die Frau trage nur den Samen aus, und das Kind sei allein die Frucht des Vaters. Sie selbst, so erklärt sie, habe nicht nur keine Mutter gehabt, sondern auch keiner bedurft, weil sie schon fix und fertig der Stirn ihres Vaters Zeus entsprungen sei!»

Nzingha setzte sich ganz auf und umfaßte die Knie fest mit den Armen. Einen Augenblick lang sah sie Ola erstaunlich ähnlich. Obwohl sie, dachte Fanny, beide bislang noch keinen Kater hatten, war doch offensichtlich, daß die Euphorie, die der Wein hervorzurufen vermochte, nicht allzulange anhielt. Was Nzingha erzählt hatte, erinnerte sie an die Universitäten in den Staaten und an all die Lügengeschichten, die ihr im Hochschulbereich untergekommen waren und sie soweit gebracht hatten, daß sie ihre Massage-Praxis eröffnete.

«Was blieb mir also übrig», sagte Nzingha müde, wobei sie sich jetzt auch ein bißchen so anhörte wie Ola, «als mich hinzustellen, dort in der Sorbonne, einer der Bastionen der abendländischen Kultur, und den Versuch zu machen, zu sagen, was ich dachte: daß Athene deshalb schon ‹fix und fertig› aus Zeus Kopf entsprungen war, weil sie eine Idee war, die die griechischen Männer ihrem Gott unterschoben. Und daß diese ‹Idee› darin bestand, die afrikanische Göttin Isis auszuschalten, indem man sie in die griechische Göttin Athene verwandelte. Aber da die Leute an der Sorbonne noch nie von Isis gehört hatten, konnten sie sie auch nicht mit Athene in Verbindung bringen. Sie müssen mich für eine dieser verrückten Schwarzen gehalten haben, die wirres Zeug reden.

Ich habe Frankreich noch am gleichen Abend verlassen. Ich habe mich geweigert, mir noch länger erzählen zu lassen, daß ‹Schwarz›-Afrika nichts mit dem ‹farbigen› Afrika, das heißt, mit Ägypten zu tun habe. Ich wollte mir nicht mehr anhören müssen, daß eine Zivilisation, die sich auf die Vernichtung der schwarzen Frau als der Göttin ihrer Welt gründete, dem überlegen war, was wir bei uns zu Hause hatten – so ‹rückständig› und arm wir auch sein mochten.»

«Recht hattest du», sagte Fanny mit Nachdruck und küßte Nzingha auf die Wange.

«Für Vater war es natürlich eine schlimme Enttäuschung», sagte Nzingha bedauernd. Sie hatte die Finger auf die Stelle gelegt, wo Fanny sie geküßt hatte. «Er hatte ja so große Pläne mit mir! Ich sollte nicht nur Französisch und Englisch lernen, sondern auch Deutsch. Deshalb hat er zuerst ziemlich daran zu schlucken gehabt, als er merkte, daß ich nicht bereit war, je wieder zurückzugehen. Ich habe dann gelernt, mir auf die Weise Wissen anzueignen, wie ich denke, daß es früher üblich war. Sooft ich einem Menschen begegnete, der sich auf einem Gebiet auszukennen schien, das mich interessierte, und außerdem eine gewisse Zufriedenheit mit sich und seinem Leben ausstrahlte, bat ich ihn, mir beizubringen, was er oder sie wußte. Und so sagte ich eines Tages auch zu meinem Vater: ‹Zeig mir, wie du deine Theaterstücke schreibst. Nimm mich mit, damit ich lernen kann, wie sie inszeniert werden. Sag mir, was ich mir aneignen muß, damit ich mithelfen kann, unsere Kultur weiterzuentwickeln.› Und zu den Leuten in den Dörfern sagte ich: ‹Erzählt mir vom Krieg, erzählt mir von den alten Zeiten. Zeigt mir, wie ihr Dinge gemacht habt. Erzählt mir eure Geschichten, damit sie nicht verlorengehen.› Eins steht jedenfalls fest», sagte Nzingha entschieden. «Wenn du von den Alten lernst, bleibt für Pessimismus gar kein Raum. Du hast es in deiner Zeit immer leichter, als sie es hatten. Du guckst sie an und siehst ihre Schönheit und Weisheit und kannst nicht umhin, ihnen nachzueifern. Es ist wohl so eine Art Mut-Osmose, die da stattfindet.» Sie schwieg und sah minutenlang auf den See hinaus, der jetzt im flach einfallenden Licht der untergehenden Sonne kastanienfarben schimmerte.

«Und *du* gibst *mir* Mut, Nzingha», sagte Fanny nach einer Weile.

Nzingha seufzte und sah sie an, ohne jede Spur von Groll auf die plötzlich aufgetauchte Schwester, wie Fanny ihn ein paarmal in ihren Augen bemerkt hatte. Sie lächelte.

«Das Stück über *deine* Mutter ließ Ola dann zu sich finden», sagte sie. «Er dachte daran, wieviel er von den Missionaren gelernt hatte, aber er erinnerte sich auch, wie minderwertig er sich gefühlt hatte, weil er von ihnen lernte und nicht von Angehörigen seines eigenen Volkes. Das hatte ihn in vielen Dingen blindwütig aggressiv gemacht, vor allem gegenüber Frauen, über die er herrschen konnte, weil er so groß war und weil er ein Mann war. Als ich anfing, mit ihm zu arbeiten, zuerst als seine Schülerin, was das Stückeschreiben anging, und dann als seine Assistentin im Kulturministerium, begann auch ich, wie alle anderen Leute, ihn Ola zu nennen.»

Nzingha sammelte die Essensreste und die diversen leeren Weinflaschen ein und packte alles wieder in den Picknick-Korb. Fanny erhob sich von ihrer Matte und machte sich daran, sie zusammenzurollen.

Isis, Athene, Ägypten, Griechenland. Hier fiel es leicht, solche Dinge zu denken, am Ufer des gewaltigen Wanza-Sees, wo Ägypten selbst, gleich hinter dem schimmernden Horizont, wie ein guter Schutzengel schien, der allen zulächelte, die der Bestärkung bedurften. Der Bestätigung ihrer Schönheit, ihrer Würde und ihres Wertes. Ihres Platzes in der Geschichte. Und doch dachte und sagte Fanny zu Nzingha, während sie einander die Röcke abklopften: «Daß sie uns so nahegehen, diese schwarzen und gemischtrassigen Ägypter, verdanken sie in erster Linie nicht ihren Herrschern oder ihren Göttern und ihrer Religion, sondern ihren Künstlern. Ihre Malerei ist großartig», murmelte sie, «und bestimmt war ihre Musik auch wunderschön.»

Wegen der weißen Bemalung hätte sie sich keine Sorgen zu machen brauchen. Sie zog die schlichten, bequemen weißen Sachen an, die sie dabeihatte, und fuhr mit Nzingha und Methudi ins Dorf ihres Vaters. Als sie ankamen, nahmen sich die Frauen des Dorfes ihrer sogleich an, und kurze Zeit später waren Fannys Gesicht, Hände und Beine mit weißem Schlamm bedeckt.

«Bei uns zu Hause», erklärte sie Nzingha, «hat meine Großmutter mit diesem Zeug den Kamin geweißt.»

An Nzinghas verdutztem Blick merkte Fanny, daß sie sich darunter nichts vorstellen konnte.

«Ach, laß gut sein», sagte sie.

Bei dieser Trauerfeier lösten die Gesänge und Sprechgesänge einander ebenso endlos ab wie bei der offiziellen die Reden. Fanny gefiel diese besser. Es war ihr schwergefallen, die ganze Zeit stillzusitzen, während ein hohes Tier nach dem anderen salbungsvoll Olas «kühnes», «revolutionäres» Werk beschworen hatte. Sie war das Gefühl nicht losgeworden, daß die meisten von ihnen schlicht froh waren, daß er soviel Takt besessen hatte, zu Hause an einem Herzanfall zu sterben – mitten in der Arbeit an einer Tirade gegen die Regierung, wie sie erfahren hatte – und nicht blutüberströmt auf dem Fußboden einer ihrer Gefängniszellen.

«Ich merke», hatte sie Nzingha zugeflüstert, «daß es keine Regierung auf dieser Welt gibt, die meine Sympathie oder mein Vertrauen hat. In meinen Augen sind sie allesamt Auswüchse, chauvinistische Männer-Vereine.»

Nzingha gähnte. «Ja», sagte sie, ohne den Versuch zu machen, ihre Unruhe zu verbergen, «und inzwischen sind wir die ganze Sache so leid, daß wir keine Lust mehr haben, selbst einzusteigen.»

WÄHREND DAS GUMBO ein wenig abkühlte, hatte Mr. Hal den Tisch gedeckt. Darauf prangte ein erlesenes Sortiment an Tischwäsche, Gläsern und Eßbesteck aus den Beständen von Onkel Rafe, das Suwelo noch gar nicht gesehen hatte. Als erstes kam ein dickes, schneeweißes Tischtuch, darüber dann eine alte, viereckige, cremeweiße Decke aus handgeklöppelter Spitze. Dazu die passenden, spitzengesäumten Servietten. Geschirr aus Knochenporzellan, das aussah wie Alabaster und anhaltend tönte, wenn man mit dem Löffel daranschlug. Suwelo probierte es mit der verzückten Miene eines Kindes immer wieder an seiner Teetasse aus. Dazu blaue Pokalgläser aus Kristall, die ebenfalls hell klangen, überall dazwischen funkelndes Silber, in dem sich vervielfacht die Kerzenflammen des schweren Silberkandelabers widerspiegelten, den Miss Lissie zur Krönung auf den Tisch gestellt hatte.

Suwelo saß auf dem Platz oben am Tisch, der sonst bei einer solchen Gelegenheit Onkel Rafe zugekommen wäre. Miss Lissie und Mr. Hal saßen ihm seitlich gegenüber. Sie erhoben ihre Gläser mit Eistee und Limonade auf Onkel Rafes Seelenheil und machten sich dann genüßlich und mit unverhohlenem Heißhunger ans Essen. Rafe war, wie Miss Lissie sagte, auch kein Kostverächter gewesen, wenn es Gumbo gab.

Das Gumbo, das, wie Mr. Hal Suwelo versicherte, morgen noch besser schmecken würde, und übermorgen erst und überübermorgen, war so köstlich, daß Suwelo kaum begreifen konnte, wieso er noch nie welches gegessen hatte. Es schmeckte so, daß man das Gefühl hatte, das ganze Leben auf der Zunge zu spüren. Fast schon erotisch. Suwelo gefiel die glitschig-gummiartige Konsistenz, die abgerundete Würze. Keine der einzelnen Zutaten war mehr herauszuschmecken.

Eine Stunde später, nachdem der Abwasch erledigt war, saßen die Freunde – noch immer beglückt von ihrem gelungenen Gumbo, das noch an Köstlichkeit gewann, weil sie es gemeinsam zubereitet hatten – im Wohnzimmer und versuchten, sich gemeinsam eine Tageszeitung zu teilen. In den Meldungen ging es wie üblich um Mord, Vergewaltigung, Folter, Kriege, verwahrloste und ausgesetzte Kinder, demolierte Wohnungen und neue Autos. Miss Lissie warf als erste ihren Teil zu Boden.

«Heute kann ich an diesem ganzen Wahnsinn sowieso

nichts mehr ändern», sagte sie. «Und wenn ich nur daran denke, kriege ich schon Verdauungsbeschwerden.»

«Recht hast du», sagte Mr. Hal. Er faltete seinen Teil säuberlich zusammen und legte ihn neben sich auf die Couch.

«Ich möchte lieber noch mehr über dich und Fanny erfahren.»

«Ja», sagte Mr. Hal, «wenn sie uns schon in die Luft jagen oder uns im Dunkeln verhungern und erfrieren lassen, dann können wir's uns auch bei einer guten Geschichte gemütlich machen.»

Diesmal fand sich Suwelo in dem Sessel gleich neben dem Fernseher. Mit einer Geste, deren ritueller Charakter ihm bewußt war, drehte er sich ein wenig zur Seite, um schnell an den Ecken des blauen Tuchs zu zupfen, das eigentlich gar keiner Korrektur bedurfte. Er setzte sich wieder zurecht und begann zu sprechen.

Vorher hatte Suwelo gedacht, falls er je auf dem «heißen Stuhl» neben dem Fernseher landen würde, würde er niemals so über sein Leben reden können wie Mr. Hal und Miss Lissie über ihres. Sein Leben kam ihm viel zu modern vor, zu gegenwärtig – wer wußte denn schon, wie die Geschichte von ihm und Fanny enden würde? – und zu ... persönlich. Ihn überkam eine Verlegenheit, die ihn schon als kleinen Jungen gelähmt hatte, wenn er einem Erwachsenen etwas von sich hatte erzählen sollen, und er fühlte sich in einer Weise exponiert, wie er es vorher in der Küche, beim gemeinsamen Kochen, nicht empfunden hatte. Da war die Unterhaltung mit ihnen irgendwie indirekt verlaufen. Jeder von ihnen war mit seiner Arbeit beschäftigt gewesen. Er hatte sich gefühlt, als spräche er eigentlich mit den Krebsen vor sich auf dem Tisch und als hörten Miss Lissie und Mr. Hal nur zufällig zu. Er räusperte sich und strich sich mit den langen Fingern ein paarmal über die kordbedeckten Oberschenkel. Aus seinem Blick war jetzt jede Selbstvergessenheit verschwunden, er war offen und gefühlvoll.

«Die Jurte, in der Fanny und ich wohnten», sagte er mit fester, klarer Stimme, «und unsere fünf Morgen Land lagen auf einem Hügelkamm, über einem Tal mit Schaffarmen und Weingärten. Der Eingang zeigte nach Osten, so daß uns jeden Morgen die aufgehende Sonne weckte. Wir wohnten zwar auf einer kleinen Lichtung, aber ringsherum war Wald, und wir teilten unser Grundstück mit Rehen, Eichhörnchen, Kaninchen, Waschbären und allen möglichen Vogelarten. Da gab es riesige Falken, die über uns im Wind spielten – eigentlich suchten sie Nahrung, aber sie kreisten und standen in der Luft, daß es schien wie ein Spiel –, dazu elegante Geier mit riesigen Schwingen und Eulen – mit denen ich, wie Fanny fand, Ähnlichkeit hatte; vielleicht waren sie deshalb meine Totemtiere – und manchmal auch Möwen, weil das Meer nicht allzu weit entfernt lag. Wenn ihr je in den Westen kommt, was ich sehr hoffe, dann möchte ich euch diesen Ort gern zeigen. Er ist wirklich etwas Besonderes. Wir waren nicht die ersten, die so dachten: wir fanden öfters Stücke von behauenen Feuersteinen und ab und zu auch Tonscherben.

Fanny meinte hin und wieder, sie hätte Indianer gesehen. Ich traf nur einmal welche. Sie kampierten drunten im staatlichen Naturpark, wie tausend andere Leute auch. Aber das waren nicht die, die Fanny meinte. Jedenfalls nicht die, die sie bei uns oben in den Bergen sah. ‹Gleich dahinten am Wasser›, sagte sie einmal zu mir, als wir am Fluß waren und sie ein Stück in den Wald hinein gegangen war, um die Quelle eines kleinen Bachs aufzuspüren, der in den Fluß mündete. ‹Was genau glaubst du denn gesehen zu haben?› fragte ich sie. Auf ihrem Gesicht stand dieser konzentrierte, ein wenig entrückte, aber fröhliche Ausdruck, der sich manchmal einfach so, ohne Grund, darauf zeigte. Jedenfalls, ohne daß ich einen Grund dafür sehen konnte. Sie deutete flußabwärts. ‹Gleich da unten, am Ufer, zwei junge Pomo-Indianer, ganz reglos, mit erhobenen Speeren, beim Lachsfang.› ‹Doch nicht zu dieser Jahreszeit›, sagte ich pedantisch. Es war Sommer und sehr heiß, und der Fluß führte nur noch ganz wenig Wasser, auf keinen Fall genug für

Lachse, denn das sind ja Riesenbrocken. Doch Fanny ließ sich nicht irritieren. Sie war schon daran gewöhnt. Gewöhnlich hörte sie einfach auf, mir von ihren Erlebnissen zu erzählen, wenn ich diesen Ton anschlug. Aber diesmal nicht. Sie beschrieb mir die beiden: braune Haut, lange, schwarze Haare, mit runden ‹Mondgesichtern›, sagte sie. Und Lendenschurz. ‹*Lendenschurz?*› frotzelte ich. Sie nickte. ‹So lautlos wie zwei Rehe›, erklärte sie, ‹und auch genauso schwer zu entdecken.›

Ich kannte solche plötzlichen Phantasieschübe nicht und konnte sie deshalb nicht nachvollziehen, aber wenn ich mich nicht gerade über diese zweifelhafte Gabe ärgerte, dieses merkwürdige – wie soll ich es nennen? – ‹zweite Gesicht›, dieses ‹dritte Auge› oder wie immer ihr wollt, dann konnte ich mich einfach daran erfreuen. Es gehörte zu dem, was mich an Fanny faszinierte. Und im Sommer, wenn ich keine Lehrverpflichtungen hatte und wir beide einfach ‹aus der Welt verschwinden› konnten, wie sie es nannte, dann war es sogar ein wichtiges Moment unserer Unterhaltung. Das war für sie immer die glücklichste Zeit, dieses ‹Verschwundensein›, weil sie sich dann dem Gefühl hingeben konnte, daß sie nur noch für sich selbst existierte und manchmal nicht einmal mehr das. Ich habe nie einen Menschen gekannt, den der Gedanke so sehr entzückte, sich zu verflüchtigen, unsichtbar zu sein, nur noch Ruhe zu haben wie eine Kröte unter einem großen Pilz.» Suwelo mußte lachen, weil er dieses Bild so plastisch vor sich sah. Fanny unter ihrem braunen Pilzdach als zufriedene, glückliche Kröte.

«Was ich genausowenig verstand, war die Art, wie sie sich Wissen aneignete. Sie hatte jede Form systematischer Lektüre aufgegeben. Die Informationen, die sie brauchte, flogen ihr einfach zu. Es konnte sein, daß sie eine Freundin besuchte oder auch jemanden, den sie kaum kannte, und dabei eine Vase umstieß, so daß sich das ganze Wasser auf einen Stapel Bücher auf dem Fußboden ergoß. Wenn Fanny dann unter tausend Entschuldigungen auf dem Boden herumkroch und alle Bücher sorgsam wieder trockenwischte, stieß sie prompt irgendwo auf der nassesten Seite auf das, wonach sie die ganze Zeit vage gesucht hatte. Sie brauchte die Seite nur noch vor dem Kaminfeuer zu trocknen, und schon präsentierte sich vor ihr, was immer sie gerade wissen wollte. Sie ließ ihre Augen eine Minute auf dem Text ruhen, bis sie die Informationen aufgesogen hatte, und war dann schon wieder woanders. Ich habe das bestimmt ein paar hundertmal miterlebt, und es war manchmal wirklich verrückt. Wenn *ich* mir dagegen etwas aneignen wollte, mußte ich schwer schuften und Wochen oder sogar Monate in irgendwelchen muffigen Bibliotheken hocken, unter lauter halbverschimmelten, dicken Schwarten.

Und genauso war es mit ihren Wünschen! Fanny konnte sich fast alles wünschen: Essen, Kleider, ein tolles Erlebnis, eine Fahrkarte irgendwohin, einen Anruf von einer Freundin oder meinetwegen auch, daß es im Fluß mehr Otter geben sollte, daß sie einen Hirsch mit einem richtig großen Geweih zu sehen bekam. Jeden September, wenn die Jagdzeit beginnt, werden die männlichen Hirsche routinemäßig aufgespürt und abgeschlachtet, und trotzdem hat Fanny nicht nur einen mit einem Riesengeweih gesehen, sondern gleich zwei! Ja sie konnte sich sogar wünschen, größer zu sein, als sie war. Sie wuchs tatsächlich um gut zwei Zentimeter, während sie zweimal die Woche zu einem Kampfsport-Kurs ging... Was immer sie sich wünschte, trat ein. Auf diese Weise kamen wir auch zu unserer Jurte, einer richtigen Jurte, Marke Eigenbau, die irgendeine moderne Hexe aus Amsterdam auf ihrem Weg nach Weißgottwo dort hinterlassen hatte. Ich hätte mir nie träumen lassen, daß ich je auch nur einen Tag in einer solchen Behausung wohnen würde. Ich hatte überhaupt erst einmal Jurten gesehen: im *National Geographic,* auf Fotos aus der Äußeren Mongolei. Und die waren aus Yak-Häuten genäht gewesen. Aber die Jurte, die Fanny für uns vorschwebte, sollte rund sein, mehr oder weniger jedenfalls, und aus Holz. Mit einem kleinen Herd an einem seitlich ins Freie führenden Ofenrohr und einem Schindeldach. Und überall Fenster. Sie war irgendwo gewesen und hatte in so einem Ding geschlafen, nachdem sie monatelang davon geträumt hatte. Sie war begeistert gewesen. Wir brauchen unbedingt eine Jurte, erklärte sie. Es dauerte keine Woche, bis Freunde anriefen und uns ihre anboten. Sie hatten sich ein richtiges, viereckiges, modernes Haus gebaut, das Fanny unbeschreiblich häßlich und völlig seelenlos fand, und waren kurz davor gewesen, ihre Jurte abzureißen. Wir nahmen sie. Der Platz reichte gerade, um sich umzudrehen, aber da wir ja sowieso nur im Sommer dort waren, hielten wir uns die meiste Zeit draußen auf. Und nachts hatte sie gerade die ideale Größe, daß man dicht aneinandergeschmiegt darin auf dem Futon liegen und zu den Sternen hochschauen konnte.»

An diesem Punkt seiner Geschichte hielt Suwelo plötzlich inne. Er stand auf und ging nach oben. Als er zurückkam, hielt er ein kleines Fotoalbum in der Hand. Er reichte es Mr. Hal und Miss Lissie, die es stumm durchblätterten. Es enthielt Schnappschüsse von Suwelo, auf denen er, am Boden hokkend, offenbar wilde, eßbare Pflanzen zubereitete und dabei dreinsah, als handele es sich um einen Jux. Außerdem war da eine ulkige Behausung zu sehen, die sie an die kleinen Hutzelhäuschen in Kindermärchen erinnerten, und eine wohlgestaltete, sonnengebräunte junge Frau mit einem Ausdruck intensiver, hoffnungsvoller Erwartung auf dem Gesicht. Dieses Gesicht schien davon auszugehen, daß sich ihm die gesamte Schöpfung rückhaltlos erschließen würde. Es schien ja zu sagen, nicht einmal, sondern stets von neuem. Es glich den Gesichtern von Menschen, die als Säuglinge und Kleinkinder genug gehätschelt worden sind. Obgleich ihre Arme auf den Bildern herunterhingen, schienen sie ausgestreckt und geöffnet zu sein wie zu einer Umarmung oder zur Erwiderung einer Umarmung.

«Könnt ihr euch dieses Gesicht bedrückt oder niedergeschlagen vorstellen?» fragte Suwelo mit einem leisen Lachen.

Er konnte es sich selbst nicht vorstellen und hatte es doch oft genug erlebt.

«‹Ich will einen Garten›, erklärte Fanny. Aber von Mai bis November gab es auf unserem Grundstück keinen Tropfen Wasser. Was wir nicht eigenhändig aus dem Park heraufschleppten, sickerte aus einer langen, schwarzen Plastikleitung, die an einen Brunnen angeschlossen war und bei deren Verlegung uns die beiden Frauen auf dem nächsten Hügel, die Wein anbauten, geholfen hatten.

Manchmal war ich ganz erschüttert, weil gleich ein regelrechter Schwall von Ereignissen über mich hereinbrach, die mir wirklich ziemlich magisch erschienen. Das ging schließlich so weit, daß ich glaubte, alles, was Fanny sich wünschte, würde eintreten, und alles, was ihr im entferntesten nicht paßte, hätte keine Chance. Das bewirkte natürlich, daß mir jede erboste Auseinandersetzung mit ihr Angst einflößte. Ihr kennt ja das Wort von den Blicken, die einen zu Stein erstarren lassen können. Ich glaube fest daran, daß Fannys Blick das konnte. Zum Glück lag ihr daran aber nicht. Ihre Methode war es, einen zu ignorieren, sich zurückzuziehen. Wenn sie etwas borniert fand, war sie einfach plötzlich nicht mehr zu erreichen. Und wenn sie dann wieder zurückkehrte, hatte sie immer noch etwas ganz Distanziertes, als wollte sie sagen: ‹Wir sind nun mal verschieden. Ich bin, wie ich bin, und du bist offensichtlich, wie du bist. Wir werden also einfach koexistieren. Wenn ich mein Terrain mit Rotluchsen, Hirschen, Ottern und Schlangen teilen kann, dann werde ich zweifellos auch mit dir leben können.› Das ging vielleicht eine Woche so. Dann sprachen wir uns aus. Wir lachten. Und stellten fest, daß meine Ignoranz und ihre Sturheit uns daran hindern würden, den bevorstehenden Vollmond zu feiern. Das konnten wir nicht zulassen! Und so ging das Leben wieder weiter.

Jetzt muß ich lachen, wenn ich daran denke, was ich euch vorhin erzählt habe: daß Fanny nichts von meinen Bumsgeschichten merkte, weil sie eine Traumtänzerin war. Das war nicht der Grund. Sie hat es nicht gemerkt, weil sie mir vertraute. Deshalb war sie einfach für viele Signale nicht so empfänglich, wie sie es sonst vielleicht gewesen wäre. Und außerdem gab es ja so viele andere Signale überall um sie herum, die sie aufnahm und zu entschlüsseln versuchte. Was bedeutete es beispielsweise, wenn ein Vogel langsam und vorsichtig rückwärts eine große Eiche auf unserer Lichtung heruntermarschierte, zu Fanny herübergehüpft kam, sie anschaute, an ihr hinaufkletterte und sich auf ihren Kopf setzte? *Natürlich* mußte sie da an die Königin Nut denken und an das Ideogramm des Geiers auf ihrem Kopf. Vielleicht wollte Nut ihr etwas sagen? Wer konnte das wissen? Und in diesem Fall *wollte* Nut ihr etwas sagen, wie sich dann im Gespräch mit einer Freundin von uns herausstellte, die die Göttin anbetet und außerdem Ägyptologin ist. Als wir gerade eine Nut-Darstellung auf einer Tarotkarte betrachteten, sagte unsere Freundin, am besten gefalle ihr der Ausspruch der Königin: ‹Alles, was ich umfange, wird.› ‹Das ist es!› sagte Fanny. ‹Das ist was?› fragte ich. Sie setzte es mir nicht weiter auseinander. Aber heute denke ich, sie meinte, wir alle sollten uns ganz dem zuwenden, was wir wollen, im Leben, in der Liebe, auf der Erde, und Verstand genug haben, alles, was wir nicht wollen, wenigstens in Ruhe zu lassen. Aber damals habe ich das noch nicht verstanden.

Ich weiß noch, wie ich versucht habe, sie dazu zu kriegen, ein bißchen aufregendere Unterwäsche zu tragen. Fanny hat einen wunderschönen Körper. Aber man merkt nicht viel davon. Ich wußte, daß sie mindestens ebenso gut hätte aussehen können wie die Frauen in meinen Phantasien. Aber sie steckte sich immer von Kopf bis Fuß in die reizlosesten Hüllen, die man sich vorstellen kann. Lange Nachthemden, *dicke* Dinger aus Flanell, hochgeschlossen. Und sie trug lange Unterhosen. *Lange Unterhosen.* Die waren aber wenigstens noch witzig. Sie färbte sie in allen möglichen Farben. Rot, Gelb und Orange. Trotzdem sah sie darin eher lustig aus als sexy.

‹Aber in diesem Zeug, das dir so gut gefällt, friere ich›, sagte sie. ‹Und ich komme mir albern vor. Das ist doch viel zu chichi, um es zu tragen. Warum willst du, daß ich das anziehe?› fragte sie mich mit einem so durchdringenden Blick, daß ich das Thema am liebsten fallengelassen hätte.

Widerstrebend zog sie eine rote Satin-Netz-Kreation an, die ich ihr gekauft hatte, und kam aus der Jurte, um sich mir zu präsentieren.

‹Ich komme mir vor wie eine Neon-Reklame›, sagte sie.

Und ich mußte zugeben, daß sie hier im Wald, mitten im Nichts, auch wirklich so aussah.

‹Aber Neon macht an›, dachte und fühlte ich.

Hinterher, wie es in den Romanen des angehenden zwanzigsten Jahrhunderts immer heißt, fühlte ich mich gut. Jedenfalls meinte ich mich gut zu fühlen. Sie fühlte sich ganz schrecklich. Sie weinte und sagte, sie komme sich so erniedrigt vor. Die rote Satin-Netz-Kreation sah ich nie wieder.

Aber dieser ganze fruchtlose Kampf – um die Reizunterwäsche und ihren mangelnden Spaß daran – zog sich über Jahre hin. Mein heimliches anderweitiges Sexualleben wirkte sich natürlich auf mein Intimleben mit Fanny aus. Das mußte sie merken, und ich bin mir sicher, daß es ihr weh getan hat. Einmal fuhr sie sogar mitten in der Nacht aus tiefem oder vermeintlich tiefem Schlaf hoch. ‹Wer sind alle diese Frauen hier in unserem Bett? Wer sind sie? Wer sind sie?› schrie sie und fing an, weinend mit dem Kopfkissen auf mich einzudreschen. Aber dann machten wir einen Jux daraus. Weil sie nicht zu wissen hatte, was ich tat, und ich nichts zu tun hatte, was sie nicht wissen sollte.

Aber irgendwann war ihre Geduld schließlich erschöpft. ‹Paß auf, Suwelo›, sagte sie, ‹du stehst auf dieses Zeug, also trag es.› Und sie kaufte mir tatsächlich so ein kleines rotes Bikinihöschen mit einem keilförmigen Ausschnitt vorn, wie ein kleines V, und ich stolzierte fröhlich damit herum. Und von da an trug ich, enge, knappe, knallbunte Slips, weil es mir gefiel, und sie machte Anstalten zur Besserung in der Auswahl ihrer Sachen, aber alles, was sie sich kaufte, war geschmackvoll, dezent, nonnenhaft. Ich mußte mich der Tatsache stellen, daß es Fanny ziemlich egal war, wie ihre Nachthemden und ihre Unterwäsche auf mich wirkten. Sie wollte bequeme, warme, haltbare Kleidungsstücke in ordentlicher Qualität. Tatsächlich kaufte sie Sachen wie Pullover oder Stiefel sogar lieber in der Herrenabteilung, weil sie fand, daß sie dort bequemer geschnitten und von der Qualität her besser waren. Manchmal leistete sie sich aber auch etwas, was uns beiden gefiel, meistens Sachen, die ziemlich teuer waren und sehr sexy, aber nichts mit einer Neon-Reklame gemein hatten.

Also doch, ja, ich glaube, sie hat es gewußt. Wie ich Fanny kenne, hat sie es sogar schon vor mir gewußt. Vielleicht ist sie ja überhaupt nur so lange in Afrika geblieben, um mir die Freiheit zu lassen, in der Gegend herumzuvögeln.

Diese Freiheit hatte ich nie gehabt. Dabei war ich schließlich mit dem *Playboy* großgeworden, wo jeder richtige Mann nur bestrebt ist, so viele Frauen wie möglich umzulegen, und wo Verstand oder kreative und berufliche Fähigkeiten bei Frauen nur als zusätzlicher sexueller Reiz geschätzt werden und sonst gar nicht. Es gab da diesen dummen Witz, der mir so gut gefiel und der wohl auch eine Frucht dieser *Playboy*-Mentalität war: Was macht man mit der Wissenschaftlerin, die ein Medikament gegen den Heuschnupfen entdeckt hat? Man legt sie im Heu flach. Haha.

Es war ja nicht so, daß sie nicht auch die Freiheit gehabt hätte, mit anderen Männern herumzumachen. Sie hätte es gekonnt. Und sie verliebte sich ja auch im Handumdrehen in alle möglichen Leute, nicht nur in Geister. Aber mit ihnen zu schlafen schien ihr nicht so wichtig zu sein. Sie versuchte, mir das zu erklären, und zwar am Beispiel ihres Verhältnisses zu den Planeten. Jawohl, den *Planeten*. ‹Ich lebe auf der Erde›, sagte sie. ‹Ich liebe die Erde; ich sehe, daß sie mich braucht, egal ob ihr das bewußt ist oder nicht.› Sie lächelte. ‹Ich weiß zwar, daß es irgendwo da draußen noch all die anderen tollen Planeten gibt und daß sie vielleicht sogar viel aufregender sind, aber die Erde ist mein Zuhause, und je länger ich mich mit ihr befasse, desto interessanter und aufregender wird sie für mich. Wir wissen fast nichts über die Erde. Das ist dir doch klar, oder?› Und zufällig gestand mir Fanny bei demselben Gespräch, sie hätte noch nie einen Orgasmus erlebt, wenn wir miteinander geschlafen hatten. Und da bildete *ich* mir ein, der *vollendete* Liebhaber zu sein. Solange sie nur das passende Kostüm für ihre Rolle trug! Sie erlebte zwar regelmäßig etwas, was sie mir später als ‹eine Art Ekstase› beschrieb, aber keinen Orgasmus. Mit anderen Worten: Ich wußte sichtlich so gut wie nichts über die ‹Erde› und sollte es mir deshalb lieber verkneifen, nach fernen ‹Planeten› zu streben.»

«Die Frauen sind ein Rätsel», bemerkte Mr. Hal aufmunternd. Suwelo empfand das als die einzig angemessene Antwort.

Miss Lissie sagte gar nichts.

«Und was ich auch sehr merkwürdig fand», sagte Suwelo, den es inzwischen richtig beglückte, mit ihnen reden zu können, «war die Tatsache, daß so viele ihrer früheren Liebhaber immer noch irgendwie ‹da› waren. Selbst ihr High-School-Freund, der bei einem Bootsunglück vor der Küste von South Carolina ertrunken war. Ich glaube, niemand, der ihr einmal wichtig war, hat sie je ganz und gar verlassen, und sie konnte auch nie wirklich traurig sein, wenn jemand starb. Sie war vielleicht traurig darüber, *wie* Leute starben oder weil sie krank waren, aber irgendwo machte Fanny keinen großen Unterschied zwischen Lebenden und Toten, weil sie in ihren Augen offenbar alle fast gleichermaßen gegenwärtig waren.

Das hat mich natürlich verunsichert. Manchmal, wenn *sie* gerade nicht anwesend war und ich es genau merkte, obwohl ihr Körper ganz friedlich neben mir im Sessel saß, war ich mir plötzlich nicht mehr sicher, ob *ich* wirklich da war. Ich hatte das Gefühl, Fanny ständig hinterherzujagen, selbst wenn ich sie fest in den Armen hielt. Carlotta konnte das nicht verstehen; wer hätte es schon gekonnt? Ich zog Fanny immer damit auf, daß im Zusammensein mit ihr das Wort ‹Fesselsex› eine ganz neue Bedeutung bekam. Manchmal fühlte ich mich so enttäuscht, so bemitleidenswert und jämmerlich, so *verheiratet* – aber auf ganz andere Weise, als man sich das Verheiratetsein gewöhnlich vorstellt –, daß es mich ganz krank machte. So viele Nächte bin ich jetzt schon in diesem Haus herumgegeistert –» Suwelo sah in Richtung Treppe – «und habe über all diese Dinge nachgedacht! Andere Männer heiraten und behaupten, daß sie ihre Frauen lieben, und nach fünf Jahren kann man genau sehen, daß die Trennung längst stattgefunden hat, auch wenn die beiden noch zusammenleben. Seelisch verbindet sie nichts mehr und körperlich in Wahrheit genausowenig. Was sie statt dessen zusammenhält, sind die Hypothekenraten für das Haus, das Auto, die Kinder, gesellschaftliche Rücksichten oder weiß der Himmel was. Fanny und ich, wir haben nach und nach all diese äußerlichen Gemeinsamkeiten abgestreift. Die Scheidung war nur der erste Akt. Danach war es, als müßten wir einfach probieren, wie weit wir kommen würden. War es zum Beispiel möglich, sich jedesmal neu zu begegnen? ‹Ich könnte es nicht ertragen, wenn mich bei deinem Anblick die Langeweile überkäme›, sagte sie. Und ich konnte den Gedanken nicht ertragen, daß sie ihre Freiheit und Autonomie und damit ihren Zauber verlieren könnte. Denn mit der Zeit liebte ich diese Seite an ihr immer mehr.

Sie zog zuerst aus unserem Schlafzimmer aus und in den rückwärtigen Teil der Wohnung. Dann zog sie ganz aus. Einige unsere Freunde bewerteten das als sicheres Trennungszeichen. Und sie wußten noch nicht einmal von unserer Scheidung. Aber nein, die getrennten Sphären förderten die Harmonie zwischen uns nur. *Letzten Endes.* Ich will es nicht leichter hinstellen, als es war. Zwischendurch war es oft die Hölle. Wir hatten inzwischen eine erste Ahnung von einer Lebensart, bei der wir beide gleich viel Sonne abbekamen, um es mal so auszudrücken. Keiner von uns wollte, daß der andere in seinem Schatten leben mußte. Und doch wollten wir eine gewisse Stabilität und Geborgenheit. Wir wollten der Baum sein und der Wald. Die Möglichkeit zur eigenständigen Entfaltung, die uns in dem förderte, was wir jeder für sich entwickelten und in dem, was wir gemeinsam zustande brachten im Lauf unserer... *Reise*. Das war es, was wir anstrebten.

Die Ehe war für uns nicht das Richtige. Fanny dachte, daß sie das wohl für niemanden sein könnte. In ihren Augen war sie unnatürlich. Ich war mir da nicht so sicher. Als Mann in einem patriarchalischen System sah ich darin auch Vorteile. Sie fand, daß die Worte ‹Was Gott zusammengefügt hat, das soll der Mensch nicht scheiden› am Kern der Sache vorbeigingen. Für sie war die Ehe eine seelische Verbindung, die *ohnehin* ewig hielt. Deshalb war es aus ihrer Sicht reine Anmaßung, überhaupt zu meinen, irgend jemand könnte sie scheiden. Außerdem stand bei der Eheschließung der Priester vor einem als angeblicher Vertreter Gottes, während er doch in Wirklichkeit den Staat repräsentierte. Diese scheinheilige Heuchelei fand sie empörend. Zudem war für sie die Verbindung zweier Menschen ein so heiliger Akt, daß es ihr völlig unangemessen schien, ihn in Gegenwart anderer Leute zu vollziehen. Noch dazu, wenn darunter ein Haufen völlig fremder Menschen war, Freunde von Freunden, Verwandte, die man nicht leiden konnte, also Leute, die die Bedeutung dieses Augenblicks gar nicht zu würdigen vermochten.

Ihr seht sicher schon, daß es uns nie an Gesprächsstoff mangelte. Manchmal gingen unsere Meinungen so weit auseinander, daß ich schier verzweifelte. Sie schien immer nur alles herunterzumachen, die Menschen und ihre kleinen Gewohnheiten und Gebräuche. Hinter allem sah sie gleich eine *Institution*, und dazu noch eine, die sie sich nie ausgedacht haben würde. ‹Warum liebst du mich überhaupt, falls du mich überhaupt liebst?› jammerte ich. Sie überlegte einen Moment und sagte dann: ‹Ich liebe dich um deines Atems willen.› Typisch! Das am wenigsten Substantielle an mir! ‹Und das am wenigsten Kolonisierte›, entgegnete sie sanft. Etwas Unscheinbares, ja, etwas Unsichtbares gar. Nicht mein Verstand, nicht mein Schwanz, nicht mein Herz – nein, mein Atem. Aber für sie stand mein Atem, wie sie mir erklärte, nicht nur für das Leben in mir, sondern für die Lebenskraft überhaupt; und das hieß für den Alltag, daß sie mich ständig küssen konnte und es auch tat. Wir küßten uns stundenlang. Wirklich stundenlang. Sie hielt meine Zunge in ihrem Mund und sog, unter Lustschauern, die noch ganz anderes in mir in Bewegung brachten, meinen Atem ein. Ihr eigener Atem, süß, köstlich, die Essenz ihrer Lebensenergie, strömte in mich hinein. Ehe ich es mit Fanny erlebte, hatte ich keine Ahnung, wie süchtig einen diese Art des Küssens mit der Zeit machen kann. Anfangs küßten wir uns wie alle anderen Leute auch, eine Minute oder auch zwei, aber dann ... Was einen dabei verbindet, ist im Grunde Luft, *nichts*, jedenfalls nichts, was man sehen kann oder aufbewahren oder an- und abstellen, und trotzdem ist es das stärkste Band, das ich kenne. Es war wirklich lustig, und wir mußten beide darüber lachen, wie versessen wir aufs Küssen waren. Das Ineinanderfließen unseres Atems brachte uns, spätestens in der zweiten Halbstundenrunde, wie wir es nannten, oft fast bis zum ... äh ... Höhepunkt.»

«Wir haben von diesem Phänomen schon gehört», sagte Miss Lissie sarkastisch, und Mr. Hal lachte.

— FÜNFTER — TEIL

Das Evangelium nach Shug

WOHL denen, die ihre eigenen Rassismus bekämpfen: sie werden in Harmonie mit den Bewohnern dieser Welt leben und nicht mit denen der Welt ihrer Vorfahren, die entschwunden ist und nie zurückkehren wird.

WOHL denen, die Kinder der Liebe sind: vom Vater gezeugt in Zärtlichkeit, von der Mutter empfangen im Orgasmus; selbst wenn man viele unter ihnen «illegitim» nennen wird, werden sie diejenigen sein, deren Geist keine Grenzen kennt, auch nicht zwischen Himmel und Erde, und in deren Augen der Funke der Liebe leuchtet, aus dem sie entsprungen sind.

WOHL denen, die zu gern leben, um sich mit ungerechten Angriffen abzugeben: auf ihren Wegen werden sie Geheimnisse entdecken, die fesselnd genug sind, um sie von jedem Schlag abzulenken.

WOHL denen, die zu jeder Stunde Wunderbares in der Schöpfung zu entdecken wissen. Ihre Tage werden mit Schönheit gesättigt sein, und noch der finsterste Kerker wird ihnen etwas zu geben haben.

WOHL denen, die nur nehmen, um zu geben: ihr Haus wird erfüllt sein vom Kreislauf der Energie, die aus der Großherzigkeit erwächst, und ihr Herz die Geburtsstätte eines neuen Zeitalters, da es keiner Schlüssel mehr bedürfen wird, um die Herzen zu öffnen, und keiner Schlösser, um Türen zu sichern.

WOHL denen, die den Fremden lieben, denn darin sind sie Spiegel der Liebe der Schöpferkraft und der der Mutter.

WOHL denen, die es zufrieden sind, sie selbst zu sein: das

Leben wird ihnen stets Mysterium genug sein, und die Freuden der Selbst-Entdeckung werden für sie niemals versiegen.

WOHL denen, die den ganzen Kosmos lieben und nicht nur ihr eigenes kleines Land, ihre kleine Stadt oder ihr kleines Stückchen Grund und Boden, denn ihnen wird sich das lückenlose Netz des Lebens offenbaren und die Bedeutung des Wortes Unendlichkeit.

WOHL denen, die ein ruhiges Leben führen, fernab von Markennamen und Moden, denn sie werden jeden Tag leben, als wäre er ein Stück Ewigkeit, und jeder Augenblick wird für sie erfüllt sein.

WOHL denen, die andere lieben, ohne sie von ihren Fehlern und Schwächen zu trennen: ihnen wird ein klarer Blick beschieden sein.

WOHL denen, die etwas Schöpferisches vollbringen, worin es immer bestehen mag: sie werden das Wunder ihrer eigenen Zeugung noch einmal durchleben und eine aktive Rolle in der Schöpfung übernehmen, die sie verantwortungsbewußt und fröhlich macht.

WOHL denen, die Mutter Erde wie ihre leibliche Mutter lieben und bereit sind, Leiden auf sich zu nehmen, damit sie nicht stirbt: vor Trauer über ihren Schmerz werden sie Ströme von Blut weinen, und vor Freude über ihre Liebe werden sie mit den Bäumen Zwiesprache halten.

WOHL denen, deren Taten ein Gebet um Harmonie innerhalb des Universums sind, denn sie sind es, die das Gleichgewicht auf unserem Planeten wiederherzustellen suchen. Ihnen wird die Erkenntnis zuteil werden, daß jede gute Tat an gleich welchem Ort des Universums den Boden für das Leben eines Tieres oder eines Kindes bereitet.

WOHL denen, die um anderer willen Risiken auf sich nehmen: ihnen werden immer neue Möglichkeiten zuteil werden, immer mehr zu riskieren. Sie werden die Welt als einen Ort erleben, an dem kein Geschenk verschmäht oder unbeachtet bleibt.

WOHL denen, die sich darum bemühen, ihren Zorn zu überwinden. Ihr Lohn wird darin bestehen, daß sie in jeglicher Auseinandersetzung nicht gleich an Gewalt oder Krieg denken werden.

WOHL denen, deren Taten ein Gebet um Frieden sind; mit ihnen steht und fällt die Zukunft der Welt.

WOHL denen, die verzeihen; ihr Lohn wird sein, daß sie alles vergessen, was ihnen an Bösem angetan worden ist. In ihrer Macht steht es daher, das Bild einer neuen Erde zu entwerfen.

WOHL denen, denen sich das Wunder der Schöpfungskraft innerhalb des Universums offenbart; sie werden in unablässigem Staunen und Entzücken leben.

WOHL denen, die reinen Herzens lachen können; ihnen wird die Gesellschaft der Unbefangenen, Fröhlichen und Gerechten beschieden sein.

WOHL denen, die an den Menschen alle Farben lieben, wie sie die Farben der Tiere und Pflanzen lieben; keins ihrer Kinder und keiner ihrer Vorfahren und kein Teil ihrer selbst wird aus ihrem Bewußtsein verbannt bleiben.

WOHL denen, die die Lesbierin, den Homosexuellen, die heterosexuelle Frau und den heterosexuellen Mann lieben, wie sie die Sonne, den Mond und die Sterne lieben. Keins ihrer Kinder, keiner ihrer Ahnen und kein Teil ihrer selbst wird aus ihrem Bewußtsein verbannt bleiben.

WOHL denen, die das Zerbrochene und das Heile lieben; keins ihrer Kinder, keiner ihrer Ahnen und kein Teil ihrer selbst wird ihrer Verachtung anheimfallen.

WOHL denen, die sich nicht von der wütenden Menge mitreißen lassen; ihnen wird die Erkenntnis zuteil werden, daß zornige Gewalt in blindem Mord endet.

WOHL denen, die den Mut finden, jeden Tag wenigstens eine Kleinigkeit zu tun, um einem anderen Wesen die Existenz zu erleichtern – sei es die einer Pflanze, eines Tiers, eines Flusses oder eines Menschen. Eine Vielzahl von Zaghaften wird es ihnen nachtun.

WOHL denen, die ihre Angst vor dem Tod überwinden;

ihnen ist es beschieden, sich die Zukunft in einem Grashalm vorstellen zu können.

WOHL denen, die lernen, daß das vorsätzliche Spiel mit dem Leiden genauso ein Bumerang ist wie das vorsätzliche Spiel mit der Freude.

WOHL denen, die des Lebens Vielfalt lieben und für sie eintreten; sie werden sich in ihrem Anderssein sicher fühlen können.

WOHL denen, die da *wissen*.

ARVEYDA LAS DAS Faltblatt mit dem *Evangelium nach Shug* immer wieder durch. Carlotta saß still neben ihm. Sie glaubte nicht, daß sie ihn noch liebte, und wollte eigentlich auch gar nicht darüber nachdenken. Sie fühlte sich immer noch angezogen von all den Dingen, die er wußte, und von der Art, wie er sie wußte, und natürlich von seiner Musik. Sie war zu Besuch in dem neuen Haus, das er sich nach seiner Rückkehr aus Mittel- und Südamerika gekauft hatte: einem geräumigen, niedrigen, akustisch ideal konzipierten Bungalow, der aus einem der Hügel oberhalb von Berkeley hervorragte und von den Entwürfen Frank Lloyd Wrights inspiriert war. Im Erdgeschoß befand sich ein schalldichtes Aufnahmestudio mit allem technischen Komfort. Von seinen Fenstern aus sah man die Golden Gate Bridge in ihrer ganzen dunstverhangenen Pracht, und von allen Stockwerken aus kam man in den Genuß der herrlichsten Sonnenuntergänge.

Carlottas eigenes Haus schien im Vergleich dazu verbaut, vollgerümpelt, heruntergekommen und für drei Menschen lächerlich klein. Außerdem stand es im weniger schicken Oakland. Er hatte ihr und den Kindern angeboten, sie sollten doch zu ihm ziehen, aber davon wollte sie nichts wissen. Sie hatte festgestellt, daß es ihr gefiel, in ihrem eigenen Chaos und dem ihrer Kinder zu leben.

«Wer ist Shug?» fragte Arveyda. Er hatte ein Bein angewinkelt auf dem anderen Knie liegen. Wie es seine Gewohnheit war, wippte er mit dem überhängenden Fuß, was ihn ungeduldig erscheinen ließ.

Carlotta kickte ihre Schuhe von sich und zog einen Fuß unter. Sie genoß diese Besuche, die ihr vorkamen, wie sie sich Besuche beim eigenen Vater oder älteren Bruder vorstellte. Bei Arveyda erwartete sie immer eine luxuriöse Umgebung und frisches, gesundes Essen. Beide Kinder waren derzeit von halb neun bis halb vier in der Schule, und da das College gerade Frühjahrsferien hatte, brauchte sie in dieser Woche nicht zu unterrichten.

«Während du weg warst», sagte sie, «bin ich öfters zur Massage gegangen, in Fannys Massagesalon. Das ist gleich beim Campus.» Fannys Massagen waren berühmt.

Sie holte tief Luft. Aber welchen Grund hatte sie, zu zögern oder sich nur im mindesten zu scheuen? «Sie war die Frau dieses Mannes, für den ich mich damals interessiert habe und über den du mich ausgeforscht hast. Suwelo.»

«Suwelo?» fragte Arveyda. «Wie die Rune?»

«Genau», sagte Carlotta. «Wie die Rune für Ganzheit. Aber ich glaube nicht, daß der Name zu Suwelo besonders gut paßt – jedenfalls bestimmt nicht in der Zeit, als ich ihn kannte.»

«Warum sagst du das?»

«Weil er ganz gebrochen war.»

Arveyda warf ihr einen fragenden Blick zu, den Carlotta jedoch ignorierte. Irgendwann vielleicht, wenn es ihr paßte, würde sie ihm von *ihren* anderweitigen intimen Erlebnissen erzählen. Aber nicht jetzt.

«Shug war wohl, soweit ich es verstanden habe, Fannys Großmutter oder so was Ähnliches. Sie hat eine Kirche gegründet, genau wie deine Mutter.» Was genau mochte das heißen, fragte sie sich. Sie versuchte, sich Arveydas Mutter vorzustellen, diese Frau, die ihn nach einem Stück Seife benannt hatte. War sie massig und dunkel gewesen, wie manche dieser älteren schwarzen Frauen, die sie auf der Straße sah? Nein, er hatte ja davon gesprochen, wie schick sie gewesen war. Aber die massigen schwarzen Frauen waren oft die schicksten. Hatte sie eine richtige Kirche gehabt, mit bunten Glasfenstern und allem, was dazugehörte? Carlotta war noch nie aus eigenem Antrieb in einer Kirche gewesen. Zedé hatte sie früher eine Zeitlang mit in die katholische Kirche gleich um die Ecke genommen. Sie hatten aber beide kaum etwas verstanden und es dann nach und nach wieder aufgegeben. Zedé wollte nicht gelten lassen, daß es so etwas wie Heiden gab. Trotzdem hatte es sich bei Carlotta bald mit dem Katholizismus.

Arveyda betrachtete sie lächelnd, während sie an jene Zeit zurückdachte. «Ja», sagte er, «aber meine Mutter hat nie ihre eigenen Seligpreisungen verfaßt!»

«Ich ging zu Fanny, weil ich sie vom College her kannte. ‹Kannte› ist wohl übertrieben, aber ich hatte sie ab und zu gesehen. Sie war aus New York hierher in die Bay Area gezogen, zusammen mit Suwelo. Sie waren beide Dozenten. Er für amerikanische Geschichte, sie für Frauenstudien. Aber dann fand sie das Unterrichten zu frustrierend, deshalb wechselte sie in die Verwaltung über. Wieso sie glaubte, daß es dort besser wäre, ist mir ein Rätsel. Natürlich war es nicht besser. Sie lief die ganze Zeit mit einem so gequälten Gesicht herum, daß es schon fast komisch war. Als nächstes hörte ich dann, daß sie das College ganz verlassen und sich an der Massage-Schule eingeschrieben hatte. Sie eröffnete schließlich eine eigene Praxis, nur ein kleines Stück vom College die Straße entlang, und viele ihrer ehemaligen Kollegen, die sich weiter mit dem ganzen Stress abplagten, den sie hinter sich gelassen hatte, wurden Stammkunden bei ihr.

Von dem Moment an, als ich von dir und Zedé erfuhr, litt ich unter Migräne, und mein ganzer Körper war nur noch ein einziges, hartes, verkrampftes Bündel Schmerz.» Das sagte Carlotta ganz langsam und kaum hörbar. Danach wurde ihre Stimme wieder lebhaft, fest und unbefangen. «Anfangs hatte ich es gar nicht auf ihren Mann abgesehen – der eigentlich schon gar nicht mehr ihr Mann war, aber das wußte ich nicht. Sie waren ständig zusammen. Wo man einen traf, da traf man so gut wie immer auch den anderen.» Carlotta kicherte. «Es war diese Nähe zwischen ihnen, die mich anzog. Heute sehe ich das. Wie absurd das Leben doch manchmal ist! Die beiden zusammen verkörperten für mich Heim, Familie, Wärme, das Gefühl, irgendwo hinzugehören. Ihr Massagesalon lag günstig», fuhr sie nun wieder sachlicher fort, «ihre Preise waren akzeptabel. Sie verteilte Gutscheine unter ihren Freunden und den früheren Kollegen am College. Also ging ich hin. Sie behandelte mich wie alle anderen Leute auch. Nach einer zweistündigen Massage, zu der auch eine Dreiviertelstunde Akupressur gehörte, war ich süchtig.

Sie praktizierte in einem kleinen Gartenhaus, dem sogenannten ‹Schwiegermutter-Häuschen› irgendwelcher Leute. Um hinzukommen, ging man einen gewundenen Plattenweg entlang, mitten durch blühende Kletterpflanzen und Sträucher – Hibiskus und Jasmin, glaube ich. Ich erinnere mich jedenfalls an leuchtende Farben und einen wundervollen Duft, aber es kann auch sein, daß sie nicht gleichzeitig blühten. Ich verstehe nichts von Pflanzen. Aber es gefiel mir, daß sie welche hatte. Ihr Massagetisch war umrahmt von grünen Hängepflanzen, die eine Art lebenden Vorhang bildeten und mir immer das Gefühl gaben, im Freien zu sein, an einem Wasserfall. In einer Ecke hatte sie einen kleinen Ofen mit einem Holzfeuer, auf das sie gelegentlich ein Sandelholz-Räucherstäbchen oder ein Büschel Süßgras gab. Sie legte einem immer einen riesigen Kristall ans Kopfende und zwei kleinere an die Füße. Ich wußte damals noch nichts über Kristalle, und was sie mir über ihre lindernden und heilenden Eigenschaften erzählte, ging völlig an mir vorbei. Ich hatte einfach zu nichts Verbindung, verstehst du. Nicht zu meinem eigenen Körper, nicht zu meinen Kindern und schon gar nicht zu irgendwelchen unbelebten Gegenständen. ‹Wenn es Ihnen bessergeht›, sagte sie eines Tages, während sie mir einen kleinem Amethyst in die Hand gab, ‹werden Sie seine Energie spüren können.› Für mich war das alles nur Hokuspokus. Unser Verhältnis wurde nie besonders herzlich, noch nicht einmal freundschaftlich. Es war freundlich, so kann man wohl sagen. Ich konnte nicht begreifen, weshalb sie sich so einen minderwertigen Dienstleistungsjob ausgesucht hatte, bei ihrer Qualifikation. Ich fragte sie einmal danach, in aller Höflichkeit, ohne mein Befremden zu zeigen. Sie meinte nur achselzuckend: ‹Ach, die *akademische Welt.*› Das war alles.

‹Warum haben Sie sich gerade für diese Arbeit entschieden?› fragte ich sie ein andermal, als sie gerade dabei war, die verkrampften Sehnen an meinen Beinen zu lockern.

Ihre Antwort wirkte so völlig absurd, angesichts dieser heiteren Umgebung und ihrer ruhigen, gelassenen Miene: ‹Ich habe mich dafür entschieden, weil sie mich zwingt, Leute sanft und freundlich zu berühren, auch wenn ich sie nicht leiden kann, und ihre körperlichen Probleme und ihren Schmerz zur Kenntnis zu nehmen. Sonst›, erklärte sie, ‹hätte ich Angst, daß ich anfangen könnte, sie umzubringen.›

Mein Körper muß sich sofort sichtlich und spürbar verkrampft haben. Wem wäre das nicht so gegangen? Da lag ich, nackt und völlig in ihrer Hand. Ich, die ich es auf ihren Mann abgesehen hatte, auch wenn sie Suwelo anscheinend nie als solchen betrachtete. Aber was wußte ich schon? Vielleicht kam es ihr ja schon komisch vor, daß wir uns so oft zufällig am Wasserkühler trafen.

Aber sie arbeitete einfach nur weiter an meinen Beinen und versuchte, meine völlig verkrampften Zehen aufzubiegen. Sie waren so häßlich, meine verkrümmten Zehen. Vorher war mir das noch nie aufgefallen.

‹Sie sollten diese hochhackigen Schuhe in den Müll werfen, wissen Sie das?› sagte sie.

Aber das hatte sie mir schon öfters gesagt.

‹Ich weiß›, sagte ich, wie die anderen Male auch.

‹Sie tun wohl Buße, hm?› fragte sie.

‹Ich verstehe nicht, was Sie meinen›, sagte ich. Was *konnte* sie meinen? Sie kannte dich doch gar nicht, wußte doch gar nichts von uns. Von Zedé. Konnte doch nicht die leiseste Ahnung von dem haben, was gewesen war. Trotzdem war ich mir nicht sicher. Manchmal hatte ich das Gefühl, andere Leute könnten mir einfach ansehen, was mit mir passiert war. Es war, als hätte ich einen schrecklichen Unfall erlitten, der Narben hinterlassen hatte. Ich mußte mich oft damit beruhigen, daß meine Narben wenigstens unsichtbar waren. Aber was ist für eine Masseuse schon unsichtbar?

‹Ach, wissen Sie›, sagte sie, ‹Frauen tragen solche Sachen, die ihnen weh tun, um für die Sünde zu büßen, daß sie jemanden lieben, den sie nicht lieben sollten. Jemanden, der es in ihren Augen vielleicht gar nicht wert ist, von ihnen geliebt zu werden. Man nennt es auch Hörigkeit›, setzte sie grimmig hinzu.

Vielleicht hat sie ja recht, dachte ich. Ich trug die Art Schuhe, die dir an mir gefielen, obwohl sie mir weh taten und du mich wegen meiner Mutter verlassen hattest, die immer nur flache Schuhe trug.» Das war zum Lachen, und Carlotta lachte. «Das Ganze ist wie aus einer *Seifenoper*», sagte sie. «Es war blödsinnig, diese Schuhe zu tragen. Sie waren einfach mörderisch. Aber obwohl sie mir die Füße kaputtmachten und mir dabei noch die Beine verkrüppelten, wollte ich es auf keinen Fall lassen. Ich genoß es, wie mich die Männer ansahen, wenn ich hohe Absätze trug. Ihr Blick ließ mich vergessen, wie einsam ich war. Wie verstoßen ich mich fühlte.»

«Und was hast du gesehen, wenn du zurückgeguckt hast?» fragte Arveyda traurig dazwischen.

«Ach, Gott», sagte Carlotta, «*darüber* dachte ich gar nicht nach ... Wenn Fanny anfing, einen zu massieren, hatte man schon nach kurzer Zeit wieder das Gefühl, im Besitz des eigenen Körpers zu sein. Und *sie* sah dann so zufrieden aus, als hätte sie einen Sieg errungen, der sie zutiefst freute, auch wenn er noch so flüchtiger Natur war, und man konnte sich gar nicht mehr vorstellen, daß diese sanfte, freundliche Frau etwas von Mordgelüsten gesagt haben sollte.

Irgendwann später habe ich Suwelo danach gefragt. Er antwortete sehr ausweichend. Er erzählte etwas von einer Therapie, die sie mache, meinte aber, sie sei im Grunde eins dieser Opfer des Rassismus, die einfach zu sensibel seien und ihn deshalb überstark wahrnähmen. Er habe sich ihr vor die Augen gelegt wie Schuppen oder wie ein Schleier. Deshalb sehe sie überall, wo sie hinguckte, Rassismus. Das löse bei ihr Gewaltphantasien aus, und die machten ihr zu schaffen. Aber sie sei dabei, daran zu arbeiten.

Jedenfalls hatte sie einen ganzen Stapel von diesen Traktätchen auf einem Tisch bei ihrer Eingangstür liegen, und jeder, der hereinkam, wurde gleich aufgefordert, sich eins zu nehmen. Sie tat mir leid, weil sie offensichtlich in den Sog dieser Religion ihrer Großmutter geraten war und ihren Frieden darin fand, diese fast schon niedere Arbeit zu verrichten, und dazu noch auf engstem Raum. Jawohl, sie tat mir leid. Wenn ich Buße tat, indem ich hohe Absätze trug, dann büßte sie erst recht, indem sie meine verkrampften Beine und Zehen bearbeitete. Trotzdem gab es ein paar Sachen an diesem Shug-Evangelium, die ich gar nicht übel fand. Zumindest erging sie sich nicht darüber, wie selig die sind, die da arm sind. Und besonders gut gefiel mir dieser vorletzte Absatz, über die, die die Vielfalt lieben, sich dafür einsetzen und sich deshalb in ihrem Anderssein sicher fühlen können. Aber die letzte Zeile ist mir zu hoch. Die da *wissen. Was* wissen, frage ich mich. Und ich denke, daß ich jedenfalls nicht *weiß,* und frage mich, ob sich das je ändern wird.» Das letzte sagte Carlotta mit fast kindlicher Patzigkeit.

Arveyda sah seine Frau an, die ihn, ohne es zu wissen, wieder auf das Rätsel gestoßen hatte, das seine eigene Mutter umgab, und der er, obgleich sie Kinder von ihm hatte, nie in Liebe nahewesen war. Und er dachte – einfach deshalb, weil ihr gerade das Wunder gelungen war, eine fast schon vergessene Katherine Degos wieder heraufzubeschwören –, daß es nichts gab, was sie nicht schaffen konnte.

«Du fängst an zu *wissen,* Carlotta», sagte er mit einer Zärtlichkeit in der Stimme, die sie beide erröten ließ. Und dann: «*Wie gut es dir bekommt!*»

Hinter den Worten auf diesem kleinen Faltblatt, dessen Vorder- und Rückseite mehrere große, heiter-aufmerksame Elefanten zierten, diesem sonderbaren Traktat, das Carlotta vor ewigen Zeiten aus einem Massagesalon mitgenommen hatte, der einer Frau gehörte, deren Mann ihr Liebhaber war, und das sie ihm so beiläufig gegeben hatte und das er so beiläufig gelesen hatte – hinter diesen Worten erkannte Arveyda eine Seele, die der seiner Mutter verwandt war. Seine Mutter. Jede Erinnerung an sie schmerzte. Deshalb dachte er nie an sie. Dieses *Evangelium* war seit jener ewig zurückliegenden Begegnung mit Zedé für ihn der erste Anstoß, mehr über seine Mutter erfahren zu wollen, sich zu wünschen, etwas von ihr in der Welt verkörpert zu finden. Warum hatte seine Mutter ein Foto geliebt? Wer war darauf? «Dein Vater», hatte sie immer gesagt, aber jetzt, da er selbst Vater war, wußte er, wieviel sich da noch versteckte. Warum hatte sie es von seinem Nachttisch genommen? Warum war sie ein «tanzender Derwisch» geworden? Warum hatte sie all das, was er war, nie gutheißen können? Warum hatte sie eine Kirche gegründet? Und war diese Kirche auch so etwas gewesen wie das hier? Wie Shugs kleine Faltschrift? Kein Gebäude oder Monument irgendeiner Art, nur ein paar Worte, die an ihrem Erdenweg liegengeblieben waren wie ein paar spirituelle Reiskörner?

Ein Juan-Fuentes-Poster für Nelson Mandela hing im Fenster eines Bilderrahmen-Geschäfts, nicht weit von der Praxis der Therapeutin. Es war schön und kraftvoll in den Farben, mit vielen kleinen Bildern von Mandelas lächelndem Gesicht vor einem riesigen roten Band. Es war ein Band von der gleichen Art, wie Fanny eines an ihrem Jeans-Mantel trug, um ihre Solidarität mit dem Kampf gegen die Apartheid zu bekunden. Sie beschloß, das Poster auf dem Heimweg zu erstehen.

Ihre Therapeutin hieß Robin Ramirez. Fanny mochte sie. Sie war klein, ruhig, aufmerksam – und zum Glück dunkelhaarig. Als eine Freundin sie ihr empfohlen hatte, hatte Fanny als allererstes gedacht: Ist sie dunkelhaarig oder nicht? Denn in den Phantasien, die sie verfolgten und in den Wahnsinn zu treiben drohten, waren es nie dunkelhaarige Köpfe, die sie abschlug.

Sie gestand es Robin, gleich als sie das erste Mal bei ihr war.

«Na, da ist es ja doch noch einmal ein Glück für mich, daß ich Chicana bin», sagte Robin. Dann forderte sie Fanny auf, mehr darüber zu erzählen.

«Viel ist da nicht zu sagen», meinte Fanny. «Außer, daß in meinen Phantasien Blondinen offenbar nicht bevorzugt werden. Und blonde Männer auch nicht.»

«Warum gerade blonde Menschen?» fragte Robin, die schon öfters erwogen hatte, sich das Haar bleichen zu lassen. Hatten die Leute denn nicht mehr Achtung vor dem, was blonde Menschen sagten und taten? Bei vielen Chicanos, die sie kannte, war es jedenfalls so. Bei ihren anderen Klienten beispielsweise.

«Ich glaube, weil sie für die Weißen stehen, für den Inbegriff von Weiß, und damit für Unterdrückung.»

«Sie meinen, für die Ausübung von Herrschaft?»

«Ja. Ich meine Nazis, Ku-Klux-Klan-Leute, all die Weißen und ihre Kinder, vor denen man auf der Hut sein muß, sobald man vor die Tür geht.»

«Kannten Sie denn als Kind irgendwelche blonden Kinder?»

Als Fanny über diese Frage nachdachte, ging ihr auf, daß seltsamerweise die einzigen blonden Menschen in ihrer Kindheit andere Kinder gewesen waren. Alle weißen Erwachsenen, an die sie sich erinnerte, hatten braune Haare gehabt.

«Da gab es Tanya», sagte sie. «Viel weiß ich nicht mehr über sie. Sie wohnte in der Nachbarschaft meiner Großmutter, bei der meine Mutter und ich einen Teil meiner Kindheit verbrachten. Wir spielten manchmal zusammen. Sie war ganz in Ordnung», schloß Fanny achselzuckend.

«Hatte Tanya Brüder? Eltern?»

«An die Eltern erinnere ich mich. Ihr Vater war Farmer und immer auf dem Feld oder, wenn Sonnabend war, in der Stadt. Ihre Mutter war immer zu Hause. Sie buk ständig Plätzchen und brachte uns welche nach draußen. Ich durfte im Garten mit Tanya spielen, aber nicht ins Haus. Es gab auch noch eine Großmutter.»

«Wie haben Sie sich dabei gefühlt? Wenn sie Tanyas Haus nicht betreten durften.»

«Es war eine Bruchbude», sagte Fanny, «soviel ich mich erinnere. Ich glaube, ich habe nicht viel darüber nachgedacht. Aber ich erinnere mich, daß ich nicht hinein durfte, also muß es mir wohl aufgefallen sein.»

«Da bin ich mir sicher», sagte Robin. «Konnten Sie sich vorstellen, weshalb Sie nicht ins Haus durften?»

Fanny überlegte. «Es war komisch, wissen Sie. Das Haus meiner Großmutter war viel schöner als ihres. Auf seine schlichte Weise war es richtig elegant. Natürlich, immerhin wohnten dort ja drei erwachsene, kreative und talentierte Frauen – meine Mutter und meine beiden Großmütter. Tanyas Familie war fast schon das, was man als ‹armes weißes Gesindel› bezeichnet. Fast, aber nicht ganz. Sie strebten nach Höherem.» Sie lachte. «Wissen Sie, ich glaube, die Weißen im Süden müssen sich insgeheim alle verschworen haben, dafür zu sorgen, daß jedes von Weißen bewohnte Haus einen Außenanstrich hatte – weiß, wenn möglich – und jedes von Schwarzen bewohnte Haus nicht. Meiner Meinung nach war das ein Grund, weshalb sie den Schwarzen kaum soviel bezahlten, daß es reichte, um Leib und Seele zusammenzuhalten: Sie hatten Angst, die Schwarzen würden, sobald sie nur das kleinste bißchen Geld übrig hätten, ihre Häuser anstreichen. Sie wußten ja, wie sehr wir Schwarzen Farben lieben und wie gut wir darin aussehen. Aber auch so fabrizierten die Schwarzen Farbe aus Wäscheblau und weißem Schlamm, mit der sie ihre Kamine leuchtend hellblau anstrichen. Es gab im ganzen Umkreis nur zwei von Farbigen und Schwarzen bewohnte Häuser, die einen Außenanstrich hatten. Eins davon war das meiner Großmutter.»

«Hat Tanya... wieso hieß sie überhaupt Tanya? Das ist doch kein Südstaaten-Name, oder?» Robin stellte diese Frage in einem Ton, der besagte: Ich weiß zwar überhaupt nichts über diese seltsame Weltgegend, aber dieser Name klingt selbst in meinen Ohren ausgefallen.

«Nein», sagte Fanny. «Er ist so urrussisch wie Wladimir. Kaum jemand sprach ihn je richtig aus. Ich immer. Die meisten sagten ‹Tän-ja›. Sie und ihre Mutter konnten das gar nicht leiden und beklagten sich immer darüber. Ich schlug vor, sie sollten doch das erste ‹a› durch ein ‹o› ersetzen, damit klar war, daß es als ‹a› ausgesprochen werden mußte, aber sie zogen es vor, es sich zur Lebensaufgabe zu machen, andere Leute zu berichtigen. Wenn ich später an diese Halsstarrigkeit zurückdachte, erschien sie mir als typische Südstaatler-Eigenschaft. Ein Wesenszug, den Schwarze und Weiße teilten.

Als ich auf der High-School war, sah ich im Fernsehen die Berichte über die Rassenintegration an der Universität von Georgia», fuhr Fanny fort. «Ich sah die Bilder von jener Nacht, in der es schien, als ob der ganze Campus in Flammen aufgehen würde. Ich sah, wie die Weißen gegen die Immatrikulation zweier superhellhäutiger schwarzer Studenten wüteten. Ich verfolgte die Integration an der Central High School von Little Rock. Ich sah, wie die schwarzen und weißen Bürgerrechtler in Mississippi zusammengeschlagen wurden. Ich erinnere mich noch genau an das Gesicht eines jungen weißen Mannes, der dabei sein Leben ließ. Ich sah, wie eine ganze Masse Schwarzer und ihre weißen Mitstreiter gedemütigt, brutal geprügelt oder umgebracht wurden. Es schien, als würden die integersten

Leute einfach ermordet. Ich wuchs in der Überzeugung heran, daß Weiße Gesundheit und Ganzheit bei anderen Leuten einfach nicht ertragen konnten, genauso wenig wie sie es ertrugen, daß Menschen unter ihnen lebten, die anders waren als sie selbst. Mir schien, daß nichts und niemand und schon gar nicht andersfarbige Leute in ihrer Mitte leben und dabei gesund sein konnten. Sie schienen es zu brauchen, daß andere Menschen schlecht dastanden – arm, zerlumpt, schmutzig, ungebildet. Nur das schien ihnen das Gefühl zu geben, selbst gut dazustehen.»

«Und das alles haben Sie schon als Kind gedacht?»

«Nein», sagte Fanny. «Meine Kindheit war ziemlich idyllisch. Ich lebte bei zwei Großmüttern, die jede Menge interessante Freunde hatten. Ich war ihr Augapfel. Ich kann mich nicht erinnern, jemals irgendwelche Weißen bei uns zu Hause gesehen zu haben.»

«Dann hatten Sie also, abgesehen von Tanya, gar keine Erfahrung mit Weißen?»

«Keine direkte. Aber Mama Shug hatte sie oft bis obenhin satt. Nämlich jedesmal, wenn sie in die Stadt ging und prompt – was anscheinend unausweichlich war – mit irgendeinem Stiernacken aneinandergeriet und fürchterlich schimpfend und fluchend nach Hause kam.» Fanny lachte. «Aber gleichzeitig versuchte sie, wie sie es nannte, mit beiden Füßen auf dem gottverdammten Weg zu bleiben.»

«Was war das für ein Weg?»

«Ach», sagte Fanny, «meine Großmütter gründeten ihre eigene Kirche, eine alte Tradition unter schwarzen Frauen. Nur daß sie sie nicht ‹Kirche› nannten. Sie nannten sie ‹Band›.»

»Band?»

«Ja, wie Gruppe oder Schar. Manchmal war es eine Schar von Gläubigen, manchmal eine Schar Engel und manchmal eine Schar Teufel. ‹Band› war die traditionelle Bezeichnung für solche von schwarzen Frauen gegründeten Splitterkirchen. Es bedeutet eine Gruppe von Menschen, die sich miteinander verbunden fühlen und gemeinsame Ziele verfolgen und deren spirituelle Vorstellungen radikal von den gängigen oder herrschenden abweichen. Aber Mama Shug war früher eine berühmte Sängerin gewesen und Mitglied einer Musik-Band. Deshalb lag es nahe, daß sie auch Mitglied einer spirituellen Band sein wollte.»

«War es denn nicht etwas ungewöhnlich, daß Ihre beiden Großmütter in einem Haus lebten und Sie mit aufzogen?»

«Nur die eine war meine leibliche Großmutter, die Mutter meiner Mutter. Die andere war ihre beste Freundin.»

Robin zog eine Braue hoch.

Fanny lachte. «Wenn Sie wüßten, wie viele Augenbrauen ich mit meinen Geschichten über meine Großmütter schon in die Höhe getrieben habe.»

«Aber das war doch im Süden... in den fünfziger Jahren? Wollen Sie etwa sagen, sie lebten zusammen, als...»

«Lebensgefährtinnen», sagte Fanny. «Sie waren sehr glücklich, obwohl sie oft verschiedener Meinung waren und sich zwischendurch immer mal anderweitig umtaten. Außerdem gab es zwischen ihnen unglaubliche Streitereien, die mir immer wie Unwetter vorkamen. Sie liebten es beide, mit Sachen zu schmeißen, und jedesmal zuckten ‹Blitze› in Gestalt von fliegendem Porzellan durchs Haus. Von ihrer Art her waren sie sehr verschieden – Shug sehr direkt, Celie eher ein bißchen verschlagen. Sie sind beide sehr alt geworden und dann im Abstand von nicht einmal einem Jahr gestorben. Zuerst starb meine Großmutter, Celie. Shug verwandte ihre letzten Monate auf die Arbeit an ihren Seligpreisungen, die ihr meine Mutter dann in eine Sprache übersetzen half, die etwas ‹biblischer› klang als ihre eigene. Mama Shug hätte eher gesagt: Regel Nummer eins: steck deine Nase nicht in anderer Leute Angelegenheiten, dann steckt auch keiner seine in deine!» Fanny lachte. «Sie fand vor allem, Spiritualität sei etwas viel zu Kostbares, um sie den Männern und ihren verdrehten Deutungen zu überlassen.»

«Vielleicht hat sie ja das Schwert in Ihre Hände gelegt?»

«Vielleicht», sagte Fanny. «Aber woher wissen Sie, daß es ein Schwert ist? Es *ist* eins, mit einem goldenen Griff und einer funkelnden Klinge. Aber es ist in meinen Augen, nicht in meiner Hand. Ich schaue die Blondschöpfe nur an, und zack, kullern die Köpfe in den Rinnstein.»

«Und dann?» fragte Robin. «Was dann? Fühlen Sie sich danach besser?»

«Nein», sagte Fanny. «Ich fühle mich immer davor besser. Aber der richtig grausige Teil kommt erst.»

«Und worin besteht der?»

«Daß ich im Rinnstein herumkrieche, mir den Kopf schnappe und den Körper packe, der immer noch weitermarschiert, und ihm hektisch den Kopf wieder aufsetze. Ich will keine Rassistin sein», sagte Fanny grimmig. «Ich will keine Mörderin sein. Ich will nicht mit ihnen machen, was sie mit den Schwarzen gemacht haben. Lieber sterbe ich.»

Lieber würde sie sterben. (Und manchmal hatte sie das Gefühl, daß sie bereits dabei war.) Das Schwert in ihrem Blick würde zuerst sie selbst blenden. Nichts auf der Welt konnte verhindern, daß ihr eigener Kopf in den Rinnstein rollte. Soviel wußte sie. Und als sie dann mehr wußte und sich an ihren Phantasien trotzdem nichts änderte, packte sie die Panik.

Es kam vor, daß sie zu Suwelo ins Bett gekrochen kam und sagte: «Nimm mich in die Arme, bitte.» Und er dachte, sie wollte mit ihm schlafen. Aber nein. Sie lag nur zitternd und weinend in seinen Armen.

«Was ist denn?» fragte er.

Es dauerte immer eine ganze Weile, bis sie antworten konnte. Dann sagte sie: «Ich habe Angst, daß ich jemanden umbringe.»

Anfangs versuchte er, sie zur Vernunft zu bringen. «Nur wegen dieser Arschlöcher am College? Ach was! Die sind es gar nicht wert, daß man ihretwegen einen Mord begeht.»

«Es sind nicht nur die», flüsterte sie, während ihre Tränen auf seinen Hals rannen.

«Wer denn noch?» fragte er sie. «Doch hoffentlich nicht ich.»

«Du nicht.»

Und eines Nachts sagte sie: «Wenn es stimmt, daß man schon Ehebruch begeht, wenn man es in Gedanken tut, ist es dann wohl mit Mord auch so? Wenn man zuguckt, wie ein Flugzeug startet, und sich einfach so vorstellt, daß es explodiert? Zählt das auch? Sind wir alle verantwortlich für irgendwelche Katastrophen, weil wir sie uns im Geist ausmalen und sie dadurch heraufbeschwören? Haben denn heutzutage alle Menschen automatisch Mörderaugen?»

«Warum kommen dir nur solche Gedanken?» sagte er; er hielt sie immer noch eng umschlungen, aber sein erotisches Interesse war geschwunden.

«Kommen die denn nicht uns allen? Jetzt, wo wir merken, wie trügerisch diese Freiheit ist, für die wir so hart gekämpft haben.»

«Nein», sagte er. «Mir nicht. Gut, manchmal schon. Aber ich weiß, daß es nur Phantasien sind. Ohne Bedeutung.»

«Ich glaube nicht, daß Phantasien ohne Bedeutung sind. Sie sind genauso bedeutsam und mächtig wie Träume.»

«Du bist doch so sanftmütig», sagte er.

«Ich fürchte, das ist nur Fassade.» Sie seufzte. «Dahinter steckt eine tobende, rasende Irre. Manchmal sehe ich mich in den Gesichtern der weinenden, schreienden, völlig durchgedrehten Frauen, die sie jeden Tag im Fernsehen zeigen. Eine Bombe hat ihr Hausdach durchschlagen, ihre Kinder verbluten, es gibt keinen Krankenwagen für sie. Ich hasse die Weißen», sagte sie. «Ich stelle mir vor, wie sie von der Erde gefegt werden und wie die Erde sagt: Ah, endlich kann ich wieder atmen!»

«Aber das kannst du doch nicht herbeiführen. Wenn jemand bewirkt, daß sie von der Erde gefegt werden und wir alle gleich dazu, dann sind sie es selbst. Sie sollten solche Schreckvisionen haben und nicht du!»

«Aber warum habe *ich* sie dann?»

«Sicherlich deshalb, weil wir die Erde mit ihnen teilen.»

«Sie wollen die Erde doch gar nicht mit uns teilen. Nichts wollen sie mit uns teilen, noch nicht mal Dörfer und Städte, Flüsse, Strände oder Bushaltestellen», sagte sie.

«Nein, sie wollen es nicht», sagte Suwelo. «Aber sie werden es müssen. Die Alternative ist Teilen oder Vernichtung.»

«Ich glaube, daß sie zu klug sind, um sich vorsätzlich selbst zu vernichten», sagte Fanny. «Aber nicht klug genug, um zu verhindern, daß es versehentlich passiert.»

«Und wir sind mit dran», sagte Suwelo.

«Und wir sind mit dran», wiederholte Fanny. «*Ich ertrage es nicht!* Nach allem, was wir durchgemacht haben –» und sie mußte an Nzinghas Reaktion auf den jungen Südstaatler Jeff denken: «Was? *Arm?* Nach allem, was war!» – «sollen wir einen schrecklichen Tod sterben, nur wegen ihre pharaonenhaften Selbstüberhöhung. Ich fühle mich so verlassen», sagte Fanny. «Als ob mein eigenes Selbst mich im Stich ließe.»

«Die ganze Welt ist ausgerastet», sagte Suwelo, «nicht nur du, nicht nur wir. Früher glaubten wir wenigstens noch, daß eine bessere Zukunft auf uns wartete, daß wenigstens unsere Kinder die Freiheit erleben würden, wenn schon nicht wir. Inzwischen haben sie endgültig dafür gesorgt, daß unsere Kinder nie das Leben in Freiheit und Gesundheit leben werden, das sich so viele Generationen unterdrückter Menschen für sie erträumt haben. Mir kommt sehr oft der Gedanke an Gewalt, aber jede Form von Gewalt, die ich zu diesem Zeitpunkt üben könnte, käme mir so unerheblich vor und wäre es auch.»

«Du bist groß und kräftig», sagte sie. «Du bist ein Mann. Wenn du Gewalt antun willst, dann kannst du das irgendwie abreagieren. Du kannst direkter damit umgehen. Und du gestattest dir, das Gefühl zu empfinden. Frauen gestattet das niemand.»

«Selbstverteidigung befürworte ich», sagte Suwelo.

«Ist es etwa keine Selbstverteidigung, sie von der Erde zu fegen?» fragte sie. «Ich habe so viel demonstriert und bin so oft verhaftet worden, daß ich es wirklich allmählich leid bin.»

Suwelo lachte. «Ein netter kleiner wohltätiger Wind, der sich aus dem Nichts erhebt, und all die Gottlosen sind plötzlich der Schwerkraft entzogen und segeln davon in den Äther. Du weißt aber doch auch genausogut wie ich, daß nicht alle Weißen dafür können, wenn Plutonium, um nur ein Beispiel zu nehmen, auf dem Schwarzmarkt zu hohen Preisen gehandelt wird oder wenn es langsam, aber sicher in unser Trinkwasser gelangt... Was ist mit deinen Freunden? Mit Karen und Jackson und John...»

«Ja, ich weiß. Georgia O'Keeffe und van Gogh und alle künftigen O'Keeffes und van Goghs. Pete Seeger und Dr. Charlie Clements wiegen eine Menge auf. Rassismus und Habgier sind es, die es zu bekämpfen gilt. Nicht die Weißen. Aber kann man sie denn von ihrem Rassismus trennen?» Fanny seufzte. «Kann man mich von meinem trennen? Und wieviel Zeit bleibt uns?»

«Aber deiner, Fanny, spielt sich, im Gegensatz zu ihrem, nur in deinem Kopf ab. Deine Phantasien, Träume und Alpträume können ihnen nichts anhaben. Rassistische Unterdrückung und Nuklearterrorismus sind Dinge, gegen die selbst deine Gedankenmagie nichts ausrichten kann. So leid es mir tut, aber du kannst dir noch so lange vorstellen, daß sich die Tore von Pollsmoor öffnen, und Mandela kommt deshalb trotzdem nicht frei.»

«Aber vielleicht kann ich ja die rassistische Unterdrückung in mir selbst aufhalten, ehe sie sich breitmacht?» Und am nächsten Morgen hatte sie ihren ersten Termin mit Robin ausgemacht.

Das waren schwere Zeiten für sie beide gewesen. Die Angst vor der Mörderin in ihr trieb Fanny dazu, sich, soweit nur irgend möglich, allen Kontakten mit Menschen zu entziehen. Sie gab das Unterrichten auf: zu provozierend. Jeden Tag rollten Köpfe. Bornierte, naive Kindsköpfe, die zu Hause nie gelernt hatten, daß man sich im Leben nicht wie die Pest aufführte. Sie wechselte zuerst in die Verwaltung über. Bürokratie und Rassismus waren eine tödliche Kombination. Die silberne Klinge fuhr unablässig durch die Luft. Sie dachte, daß sie es nie schaffen würde, das ganze Blut von ihren Knien zu schrubben. Ihr Blutdruck stieg, wie der so vieler schwarzer Menschen, in alarmierende Höhen. Eines Tages hatte dann ihre Mutter, von Suwelo über ihren Zustand informiert, überraschend angerufen und ihr zugeredet, mit ihr eine ruhige, erholsame und besinnliche Reise nach Afrika zu machen. Dort würde sie ihren Vater kennenlernen, den sie nie gesehen hatte und der mitgeholfen hatte, seinem Land die Freiheit zu erkämpfen.

DAS IST EINE interessante Frage», hatte Ola gedankenverloren vor sich hin gemurmelt, als Fanny und ihre Mutter schon ein paar Monate da waren und sie eines Tages gemütlich beim Nachmittagstee zusammensaßen.

«Was ist eine interessante Frage?» erkundigte sich Fanny, der über ihrem Tee und ihren Gedanken an Suwelo entfallen war, worüber ihr Vater und sie geredet hatten. Jetzt musterte sie ihn ein bißchen beunruhigt. Er hatte den Vormittag damit zugebracht, mit einem ungebildeten Staatszensor um eines seiner Stücke zu feilschen: Er sah abgespannt und grau aus nach dieser Strapaze und so, als würde er diese Idiotie nicht mehr lange ertragen können.

«Ob diejenigen, die selbst ihre Erfahrungen mit den Weißen gemacht haben, überzeugtere Kämpfer sind», sagte Ola. «Ich kannte mal eine prachtvolle Kämpferin, die noch nie in ihrem Leben einen Weißen gesehen hatte, jedoch ihre Unterdrückung in allen Lebensbereichen spürte und deshalb tausend Meilen zu Fuß zurücklegte, um sich dem Kampf gegen sie anzuschließen.

Sie war einfach großartig. Voller Neugier, was die Weißen als Menschen anging. Jedenfalls kam es mir so vor, weil sie ständig alles mögliche wissen wollte, über ihre weiße Haut und ihre Kinder und ihre Lebensweise. Aber unerschütterlich wie ein Felsen, wenn es gegen sie ging. Und erbarmungslos.»

«Was meinst du mit erbarmungslos?»

Ola runzelte die Stirn. «So, als ginge es darum, irgendeinen üblen, unangenehmen Dreck loszuwerden.»

«Und wie war sie sonst?»

«Oh, sehr still. Sanft. Ein wunderbarer Mensch, wirklich. Sogar im Umgang mit Tieren; von all den Geschichten, die in den Bergen, Schluchten und Höhlen des Exils an unseren Feuern erzählt wurden, mochte sie am liebsten die von Sandino und den Affen. Kennst du sie?»

Fanny schüttelte den Kopf.

«Es ging darum», sagte Ola, «daß seine Guerillas in dem Wald, wo sie sich versteckt hielten, kleine Affen fingen, um sie zu essen. Sandino trat mit glühenden Worten für die Affen ein; unter anderem erinnerte er seine Leute daran, daß die Affen sie mit ihrem Geschrei jedesmal vor feindlichen Überraschungsangriffen warnten. ‹Sie sind unsere kleinen Brüder›, erklärte Sandino. ‹Wie könnt ihr auch nur auf den Gedanken kommen, sie zu essen?›» Ola hielt inne, in Gedanken wieder bei der Frau. «Die kleinen Kinder vergötterten sie. *Ich* vergötterte sie. In ihrem Traum von einer besseren Zukunft nach dem Sturz des Regimes der Weißen hatten alle und alles Platz. Deshalb mochte sie Sandino; obwohl er genauso ausgehungert war wie seine Männer, hielt er an seiner Vision von der Zukunft fest, die er sich wünschte und in der auch die Affen ihren Platz hatten.»

«Diese Frau», sagte Fanny, «hat sie dir nicht angst gemacht?»

«Sie *hat* mir angst gemacht», sagte Ola. «Aber mir wurde klar, daß sie *ich* war. Wir waren fast wie Spiegelbilder. Ich wollte auch kein Mörder sein. Ich wollte nicht erbarmungslos sein. Aber es gab offenbar keinen anderen Weg. Die Weißen hatten uns schreckliche Dinge angetan; später behaupteten viele, das stimme gar nicht, nur, weil sie nichts davon wußten. Aber es war nicht nur das, was sie uns Erwachsenen antaten: sie brachten unsere Kinder um. Vor unseren Augen starben sie – ihre Körper, ihre Seelen, ihre Träume. Wir bekämpften den weißen Mann, wie wir eine Seuche bekämpfen würden.»

«Vielleicht ist es ehrlicher, so zu kämpfen, wie ihr es getan habt», sagte Fanny. «Bei uns in den Vereinigten Staaten haben wir diese verwirrende Illusion der Freiheit, ohne die handfeste Seite. Nie ist diese Freiheit greifbar, eindeutig, unwiderruflich. So viel hängt von diesen gräßlichen Politikern ab, die von der weißen Mehrheit gewählt werden. Ich denke, die Schwarzen haben das verrückte Gefühl, ewig auf der Stelle zu treten.»

Ola nickte. «Aber», sagte er, «das könnte auch einfach heißen, daß ihr bleibt, wer ihr seid. Und das ist nichts Schlechtes.»

«Ich weiß nicht, ob es so ist», sagte Fanny. «Mir scheint, wir verlieren eher unsere Identität. Wir verstehen die Weißen nicht; das ist der springende Punkt. Nicht daß wir es noch wirklich wollten, es ist zu beängstigend. Wir begreifen sie einfach nicht. Wir tun zwar manchmal so, aber nur zu unserer eigenen Beruhigung. Wenn wir je die Angst, von so vielen Menschen umgeben zu sein, deren ganze Art einem unverständlich ist, an uns heranlassen – ich weiß nicht, was dann passiert. Sie tun nichts so, wie wir es täten. Egal, ob sie diese Riesenhäuser bauen, unter denen die Erde erstickt» (sie dachte an die Indianer, die schon ein Tipi für zu schwer hielten und in ihren Gesängen mahnten: «Rückt euer Tipi weiter, Stammesverwandte, damit Mutter Erde Sonne bekommt!»), «oder alles ausgraben, was im Boden ruht, und es mit Beschlag belegen. Menschenknochen und Grabbeigaben, Gold, Diamanten, Silber und weiß Gott, was noch alles – Uran, Plutonium. Die meisten dieser Dinge hätten farbige Menschen gar nicht gefunden, weil es ihnen nicht eingefallen wäre, danach zu suchen.» Fanny zuckte die Achseln. «Aber wir sind eben Wilde, wie Häuptling Seattle gesagt hat, was wissen wir schon?»

«Es gibt da eine Evolutionstheorie, die dir gefallen wird», sagte Ola, der wohl wußte, daß es vielen Afroamerikanern gar nicht paßte, sich die Bewohner des alten Afrika als frühe Industrielle vorstellen zu sollen. «Das erste Eisen wurde, soviel man weiß, in Afrika hergestellt. Folglich hat es wohl, theoretisch zumindest, doch ein paar Leute gegeben, die hier herumgegraben haben, denn die Grundstoffe für Eisen müssen nun einmal aus dem Boden geholt werden. Diese Leute fanden allerdings wenig Zustimmung. Genau wie die Hopi bei euch betrachteten die meisten Bewohner des alten Afrika die Erde als einen Organismus, der all seine Organe und Knochen braucht, um richtig funktionieren zu können. Besagter Theorie zufolge wurden die Erzgräber verjagt. Sie gingen nach Norden.»

«Ja», sagte Fanny stirnrunzelnd, «und so um 1492 zogen sie dann leider nach Westen weiter.»

Sie schrieb an Suwelo:

«Ich komme mir vor wie ein Kind, wenn ich meinen Vater frage, was ich tun soll. Aber ich muß gestehen, es ist sehr erleichternd, einen Vater zu haben, dem man Fragen stellen kann.

Weißt Du, was mir meine Mutter rät? ‹Vergib ihnen, Fanny›, sagt sie. ‹Meinst du, sie wissen, was sie tun, wenn sie uns so schlecht behandeln? Meinst du, sie wissen, was sie tun, wenn sie auf der einen Seite der Welt das ganze Öl aus der Erde pumpen und sich dann beklagen, daß sich auf der anderen Seite Erdbeben ereignen? Meinst du, sie wissen, was sie tun, wenn sie den Himmel mit Weltraumschrott anfüllen und Raketen hochschießen, deren hochwichtige ‚Mission', andere Planeten auszukundschaften, für neunundneunzig Prozent aller Menschen und für hundert Prozent aller Pflanzen und Tiere auf der Erde völlig belanglos ist? Meinst du, sie wissen, was sie tun, wenn sie all die Dinge erfinden, die sie erfunden haben, und sie der Welt aufzwingen, vor allem unseren Erdteilen? Lauter Dinge, die uns krank machen? Die uns töten? Nein, mein Herz. Sie wissen nicht, was sie tun. Aber du hast Glück, du lebst in einer Zeit, in der selbst sie allmählich dahinterkommen. Als ich jung war›, sagt sie, ‹war das Wort des weißen Mannes – dem er mit dem Gewehr Nachdruck verlieh – Gesetz, sein Zukunftstraum das Heil der Welt. Wir wagten nicht, ihm zu widersprechen, selbst wenn er erklärte, wir seien nur dazu da, ihm als Sklaven zu dienen. Er war allmächtig. In Angst und Schrecken schauten wir überall auf der Welt aus unseren Hütten auf ihn. Manche von uns auch voller Gier. Wir glaubten, weil er es auch zu glauben schien, daß er uns etwas Besseres bringen würde als das, was wir hatten. Aber das geschah *nie*. Immer wurden wir nur ärmer, bekamen eine schlechtere Meinung von uns selbst. Er zerstörte die Bande zu unseren Vorfahren, zu unserer alten Lebensweise. Die war nicht durchweg gut gewesen, aber *wir* hätten sie ändern müssen, und zwar so, wie es *uns* besser schien. Er mußte uns in Angst und Schrecken und bitterer Armut halten, damit er sich mächtig fühlen konnte. Niemand, der sich sicher ist, daß er etwas darstellt, würde mit solcher Macht darauf bestehen, daß ein anderer ein Niemand ist und nichts taugt. Er konnte nicht die Klänge hervorbringen, die wir hervorbrachten, und weder unsere Bewegungen imitieren noch unser Tuch oder unsere Speisen. Die Hitze setzte ihm böse zu. Um nämlich der Hitze zu entgehen, hatte sein Stamm vor Jahrtausenden Afrika verlassen.

Der weiße Mann ist unser Bruder: das haben wir immer gesagt. Er ist der verlorene Sohn Afrikas. Wir erkannten ihn gleich, als er wiederkam, und brieten das gemästete Kalb. Aber es war ihm nicht genug. Er ist so leer, so gierig nach allem, was wir haben und er nicht, daß das gemästete Kalb ihm kaum als Appetithappen genügte. Er machte sich daran, uns und unsere Kinder zu verschlingen, unsere Seelen und unsere Leiber. Gesunde Menschen benehmen sich doch nicht so. Und mit Kranken muß man nachsichtig sein.›

Aber während meine Mutter noch redet, denke ich: Und was ist mit mir? Ich bin die erste, die zugibt: Ich bin krank. Die Welt hat mich mit ihrem Rassismus angesteckt; ich war schon als Kind infiziert, noch ehe ich wußte, was Rassismus ist. Jetzt hole ich in meinen Phantasien aus, um zuzuschlagen. Aber wenn ich zuschlage, wenn ich meine Phantasien Wirklichkeit werden lasse, wird man dann auch nachsichtig mit mir sein? Und wichtiger noch: werde ich es sein?

‹Wir sind viel zu leicht bereit zu verzeihen›, sage ich zu Mom. ‹Langsam fange ich schon an, das bloße Wort zu hassen.›

‹Nein›, flüstert sie (wir führen solche Gespräche oft im Bett), ‹das kann man gar nicht sein. Verzeihen schafft die Grundlage sowohl für Gesundheit und Glück als auch für jeden Fortschritt, der Bestand haben soll. Ohne Verzeihen gibt es kein Vergessen des Bösen, und ohne Vergessen droht immer weiter Gewalt. Und Gewalt löst überhaupt nichts; sie erhält sich nur selbst am Leben.›

Wie konnte sie nur so denken, nicht reaktionär zwar, dachte ich, aber so wirklichkeitsfremd. ‹In den Vereinigten Staaten›, sagte ich, ‹gibt es, wenn es so weitergeht, bald mehr Schwarze in den Gefängnissen als auf den Straßen. In Südafrika lebt die gesamte schwarze Bevölkerung in Gettos und in sogenannten Homelands, die sie verachtet. Schau dir doch an, was mit den Indianern passiert ist und immer noch passiert. Schau dir die Aborigines in Australien an, die Maori in Neuseeland. Nimm Indonesien unter den Niederländern. Die Karibik. Mit solchen Verbrechen kann überhaupt keine Großmut mithalten.›

‹Wie wird denn ein Mensch vernichtet?› flüsterte meine Mutter mit ihrem eigenartigen Missionarstonfall. ‹Weißt du das? Als meine drei Eltern› (so nennt sie ihre Adoptiveltern Corrine, Samuel und Nettie) ‹damals nach Afrika kamen, lehrten sie das Evangelium, das wir von den Juden haben, die die ersten Christen waren und deshalb glaubten, man solle die andere Wange hinhalten und dem Kaiser geben und so weiter. Aber mit der Zeit fanden sie heraus, daß ihre Wangen bluteten und Kopf und Körper dazu, weil der Kaiser alles forderte und vereinnahmte. Er vereinnahmte das Land und alles, was sich darauf und darunter befand; er vereinnahmte das Wasser. Er forderte den Luftraum über dem Land. Er vereinnahmte die Kinder, damit sie auf seinen Feldern und in seinen Bergwerken arbeiteten. So zerstörte und vereinnahmte er ihre Kultur. Er raubte ihnen die Bande zu ihren Vorfahren und zum Universum – etwas Schlimmeres gibt es nicht. Er raubte ihnen ihre Zukunft.

Meine Eltern haben dauernd Menschen sterben sehen.› Meine Mutter hielt inne. ‹Erinnerst du dich vielleicht an das, was Haydée Santamaria zu der Gefängniswärterin sagte, die ihr zuerst das Auge ihres Bruders Abel und die Hoden ihres Geliebten brachte und dann erneut zu ihr kam, um ihr mitzuteilen, ihr geliebter Bruder, einer der jüngsten und hübschesten unter den jungen kubanischen Revolutionären, sei tot? Und sie, diese Frau, die sich zwanzig Jahre später das Leben nehmen sollte, sie sagte: Er ist nicht tot; wer für sein Land stirbt, wird ewig leben.›

‹Das ist sehr schön ausgedrückt›, antwortete ich. Wenn ich es je gelesen hatte, war es mir entfallen; vielleicht hatte ich es auch vergessen, weil es so schmerzlich war.

Du und ich, Suwelo, wir sind schließlich unter dem Eindruck der Morde an all unseren Führern erwachsen geworden. Als Abel Santamaria starb, hatten wir es schon irgendwie verkraftet, daß Patrice Lumumba und viele andere nicht mehr da waren. Oder wurde er erst nach Abel umgebracht? ‹Eliminiert›, wie es in den CIA-‹Thrillern› im Fernsehen so schön heißt. Wie Ausscheidungen aus dem dicken Hintern des Imperialismus. Aber während ich noch an all das Morden, all die Trauer, all das Leid und all die *Tränen* denken mußte – und ich kann es nicht aushalten, daran zu denken –, fuhr meine Mutter schon flüsternd fort.

‹Meine Eltern haben vielen Menschen beim Sterben Beistand geleistet›, sagte sie. ‹Sie haben dabei festgestellt, daß manche ganz und gar starben. Sie waren weg, spurlos verschwunden. Nichts von ihnen blieb. Aber das war nicht bei allen so.›

‹Wie meinst du das?› fragte ich.

‹Manche Leute starben im Zustand der Verzückung. Oft die, denen die schlimmsten Dinge angetan worden waren. Manche starben mit der gleichen Leidenschaftlichkeit, mit der sie gelebt hatten, und zuletzt schienen sie zu sehen, wie ihnen die Seelen all derer, denen sie die Treue gehalten und deren Werk sie im Leben weitergeführt hatten, entgegenkamen, um sie willkommen zu heißen. Liebste Tochter›, sagte meine Mutter, ‹manche, viele von ihnen starben als *die, die sie waren*. Als wären sie *bei sich angekommen*. Sie starben als ganzheitliche Menschen. In deren letzten Stunden ging es nicht darum, wer das Silber kriegt und wer das Auto erbt, wer im Testament erwähnt wird und wer nicht, wie im Fernsehen; dergleichen kümmert nur Menschen, die nicht wissen, wozu sie auf der Welt sind. Diese Leute, diese Revolutionäre wie Haydée und ihr Bruder Abel, gaben ihr Leben hin und behielten es zugleich, weil es bis zum Schluß ihr Leben war, ungebrochen und unkorrumpiert. Das ist es, was sie uns hinterlassen haben.

Als Abel starb, konnte er nicht ahnen, daß ich Jahre später hier liegen und meiner einzigen Tochter von seinem Tod erzählen würde, in der Hoffnung, daß sie daraus lernt und daß es ihr ebensoviel Kraft gibt wie ihrer Mutter. Ich bin keine Nationalistin›, sagte meine Mutter, ‹und Haydée Santamarias Worte bewegen mich nicht deshalb, weil sie von Menschen spricht, die für ihr Land starben. Nein, ich will dir sagen, was mich daran bewegt: wenn jemand als ganzheitlicher Mensch stirbt, dann geht davon eine große Kraft aus, eine wunderbare Furchtlosigkeit angesichts des Todes, die bei anderen um so tiefer empfundene Lebensfreude weckt. Das müssen alle Folterer erfahren, und ich glaube, es ist auch der Grund, warum es die Folter überhaupt gibt. Stell dir vor, du hast schon deine Augen, Brüste oder Hoden verloren und bist ganz diesen Menschen ausgeliefert, die so gebrochen sind, daß ihnen, wenn ihre Zeit kommt, nichts anderes übrigbleibt, als ganz und gar zu sterben, ohne ein Jota Inspiration, Ermutigung oder Stärkung zu hinterlassen, und du redest nicht, verrätst nichts, nennst keine Namen, leckst ihre Stiefel nicht, nimmst ihr Gold nicht, tust nicht, was immer sie von dir wollen. Und noch wenn sie dich brechen und du ihnen die Stiefel leckst, weißt du, wie krank sie sind, daß sie es nötig haben, sich die Stiefel lecken zu lassen. Du siehst sie als Kinder, als kleine Kinder, die niemand vor dem Erwachsenen beschützte, der sie zwang, ihm die Stiefel zu lecken. Die niemand genügend liebte und denen ein Gefühl der Sicherheit zu geben niemand die Kraft aufbrachte. Wenn du einem Menschen die Zunge herausreißt, hast du für den Rest deines Lebens eine Zunge in der Hand. Und für alles, was dieser Mensch vielleicht noch hätte sagen können, stehst du ein. Die Folterer, die das begreifen, sind diejenigen, die sich ändern. Es gibt welche, die sich ändern.›

‹Willst du damit sagen›, fragte ich sie, ‹daß alles Böse wie Rassismus oder Sexismus aus Krankheit erwächst?›

‹Nicht nur das›, flüsterte sie. ‹Jeder wird als Erwachsener anderen das antun, was ihm als Kind angetan worden ist. So sind wir Menschen nun mal beschaffen. Mich schaudert, wenn ich mir Hitlers Kindheit vorstelle›, sagte sie. ‹Und trotzdem kann jeder sehen, daß die Palästinenser und ihre Kinder sie heute unter den Israelis noch einmal durchleben.›

‹Aber hör mal›, sagte ich, ‹das gilt doch nicht immer. Ich meine, manche Menschen hatten eine schreckliche Kindheit und sind trotzdem als Erwachsene nicht gemein.›

‹Woher weißt du das?› fragte sie.

‹Ein Paradebeispiel ist deine Mutter, Big Mama Celie. Einen sanftmütigeren und liebevolleren Menschen kann man sich doch kaum vorstellen.›

Es herrschte eine ganze Weile Schweigen, ehe Mom weitersprach.

‹Eins der Dinge, die mich an den Schwarzen im Süden am meisten erschüttert haben, als wir gegen Kriegsende nach

Hause zurückkehrten, war die Art, wie sie mit Tieren umsprangen – gedankenlos, gemein und gefühllos. Deine Großmutter machte da keine Ausnahme. Sie hatte einen Hund – jeder hatte eine ganze Meute Hunde –, der hieß – lach nicht – Creighton. Er vergötterte sie; er war ihr sklavisch ergeben. Er hatte einen so schmerzerfüllten, traurigen Blick, die ausdrucksvollsten Augen, die ich je gesehen habe. Aber in die hat ihm meine Mutter offenbar nie geschaut. Sie strafte ihn mit gleichgültiger, brutaler Mißachtung. Ihr Umgang mit Creighton war Anlaß für die, soviel ich mich erinnere, einzige Prügelei zwischen Miss Shug und meiner Mutter. Miss Shug liebte Tiere genauso, wie sie die Menschen liebte. Sie konnte es nicht ertragen, wenn Celie, die ihrerseits so lange von ihrem Mann Albert geprügelt worden war, bis sie, Miss Shug, das abgestellt hatte, den am Boden kriechenden Hund schlug, ja gnadenlos auf das Tier eindrosch, das noch im Moment, wo sie mit einem alten Gürtel von ihrem Mann oder sonst jemandem anrückte, vergeblich versuchte, ihr die Hand zu lecken. Sie scheuchte den Hund mit Fußtritten aus dem Weg, wenn er ihr gar nicht im Weg war.

Ich beobachtete dieses seltsame Verhalten eine ganze Zeit lang, ehe mir aufging, was ich da sah. Ehe ich es wahrnahm. Sie war meine Mutter, und Mama Nettie hatte mir erklärt, wieviel sie in ihrem Leben durchgemacht hatte. Sie war wunderbar zu mir und zu Adam und Tashi und ihrem Sohn Benny. Sie war lustig, ausgelassen, voller Ideen und komisch. Und so harmlos. Oft sagten Leute von ihr: ‚Miss Celie, die kann keiner Fliege was zuleide tun!' Klar, daß sie Millionen von Fliegen auf dem Gewissen hatte, wie jeder in einem so heißen Klima. Aber wie sie Creighton mißhandelte, das schien niemandem aufzufallen. Ganz im Gegenteil. Weil sie so fies zu ihm war, waren andere es auch. Alle machten gemeine Scherze auf seine Kosten; wenn etwas fehlte, hatte er es stibitzt, und wenn es eine Haarbürste oder eine Garnrolle war! Wenn jemand etwas umgeworfen oder verschüttet hatte, war er schuld. Alle hielten ihn für dumm, faul, ungeschickt, häßlich und nichtsnutzig. Er war eben ein Streuner, der sich, wie sie sagten, einfach bei ihnen einquartiert hatte. Woher er kam, wußte keiner. Ich weiß nicht mal, wie er zu dem Namen Creighton kam.›

‹Was ist aus ihm geworden?›

‹Miss Shug›, flüsterte meine Mutter mit amüsierter Bewunderung in der Stimme. ‹Sie hat ihn befreit.›

‹*Nein*›, sagte ich.

‹*Doch*. Sie nahm ihn mit nach Memphis. Sie hatte dort ja noch die ganze Zeit ihr eigenes Haus.›

‹Und was hat sie mit ihm gemacht?›

‹Sie waren einen ganzen Sommer lang weg. Ich weiß nicht, was sie gemacht hat. Aber als sie zurückkamen, hatte Creighton seine Würde wiedererlangt.›

‹*Nein*›, sagte ich.

‹*Doch*›, sagte Mom. ‹Creighton war kein Sklave mehr; er war ein Hund. Und vor allem: Creighton war sich über den Unterschied im klaren. Das nächste Mal, als Mama Celie ihn schlagen wollte, biß er sie. Und Miss Shug lachte. Mama Celie traute sich nie mehr, Creighton zu schlagen oder zu demütigen. Ich glaube, es war Miss Shugs Lachen, das sie davon abhielt. Das Lachen eines Menschen, den Miss Celie mit jeder Faser ihres Herzens liebte, das war es, was den Panzer darum sprengte. Sie fing an, *allem* Mitgefühl entgegenzubringen, der Ameise, der Fledermaus und der plattgewalzten Kröte auf der Straße.›»

WIESO HEISSEN SIE eigentlich Robin?» fragte Fanny.

«Weil das nicht mexikanisch klingt. Meine Mutter heißt Esperanza. Als sie hierherkam und für die *gringos* – wie sie sie nannte, ein Wort, das ich als professionelle Analytikerin natürlich auf keinen Fall gebrauchen darf – zu arbeiten begann, da meinten die, sie könnten sich diesen Namen nicht merken oder ihn nicht aussprechen und er bedeute doch sowieso das gleiche wie ihr Wort ‹Hope›, nicht wahr? Also sagten sie Hope zu ihr. Wenn wir unter uns waren, nannte mich meine Mutter Alamo, das heißt Pappel. Und zu Hause heiße ich immer noch so. Aber genug über mich geredet», sagte Robin. «Haben Sie sich schon einmal hypnotisieren lassen?»

«Ja», sagte Fanny. «Sozusagen. Eines Sommers in Ohio suchte ich Arbeit – da war ich auf dem College –, und für Leute wie mich gab es nicht viel. Da las ich eine Anzeige in der Zeitung, daß die medizinische Fakultät Versuchspersonen für ein Experiment suchte, bei dem es um die Auswirkungen von Hypnose ging.»

«Ach ja?» sagte Robin. «Und was geschah?»

«Ich wurde in mein sechstes Lebensjahr zurückversetzt. Ich sollte schreiben, wie ich damals geschrieben hatte. Als ich aus der Hypnose erwachte, sah ich meinen Namen auf dem Blatt Papier stehen, das sie mir gegeben hatten, und es war tatsächlich meine Zweitkläßler-Krakelschrift.»

«Und wußten diese Leute, was sie Sie fragen wollten, während Sie unter Hypnose standen?»

«Natürlich nicht», sagte Fanny. «Es waren junge weiße Männer, die wahrscheinlich noch nie mit einer anderen schwarzen Frau gesprochen hatten als mit der, die bei ihnen zu Hause saubermachte.»

Es war ein Gefühl, als fiele sie mit großer Geschwindigkeit in sich selbst hinein; als wären die Innenseiten ihrer Brust und ihres Rückens die korallenroten und blaß indigofarbenen Wände eines Wüstencanyons. Innen drin, dachte sie träumerisch, bin ich wüstenfarben. *Wie hübsch*. Da war kein Boden, auf den sie aufschlug. Nur Raum. Dunkler, wohliger Raum.

«Was denken Sie über die Weißen?» fragte Robins Stimme. Aber für Fanny war es die Stimme Gottes.

Ihre Stimme schien nicht mehr ihr zu gehören. Jedenfalls entschlüpften ihr die Worte ganz ohne eigenes Zutun. War *sie* das, die da sprach? «Ich habe Angst vor ihnen», lautete die Antwort.

«Wenn Sie sie anschauen», sagte die Stimme, «wie erscheinen sie Ihnen dann?»

«Fett», sagte sie. «Sie sind dauernd am Essen. Wo man hingeht – sie sitzen da und essen. In Paris sind sie am Essen. In London sind sie am Essen. In Rom. Sie essen und essen. Es macht mir angst.»

«Warum macht es Ihnen angst?»

«Wenn ich sie essen sehe, fühle ich mich völlig ausgehungert. Nur noch Haut und Knochen. Und ich spüre ihre Zähne an meinem Bein. Aber wenn ich dann runtergucke, sind es manchmal nicht ihre Zähne, es ist nur eine kalte Kette. Ich glaube, als sie uns ‹Kannibalen› nannten, war das eine Projektion.»

«Aber warum haben Sie solche Angst? Wenn es nur eine Kette ist, da an Ihrem Bein, und nicht ihre Zähne? Eine Kette kann man doch sprengen. Man kann sie auffeilen.»

«Manchmal sehe ich mich, wie ich mich zu ihnen setze und ebenfalls esse, esse, esse. Und wir sind alle aufgedunsen und fett. Das Kinn hängt uns bis aufs Brustbein, wir können vor lauter Fett nicht mehr aus den Augen schauen. Aber die, die ich vorher war, ist auch noch da. Gleich neben dem Tisch, wo sie das Essen riechen kann. Und sie ist genauso arm und ausgemergelt wie eh und je. Sie und ihre kleinen Kinder. Nichts als Haut und Knochen. Und ich habe Angst, weil ich sie so sehr liebe und sie mein verlorenes Selbst ist. Und das ganze Essen führt nirgendwohin. Es ist eine endlose Prasserei ohne jeden Sinn. Und ich habe Angst, weil – sind das nicht *meine* Zähne da an ihrem Bein?»

Du musst wissen», hatte Ola gesagt, «die ewigen Fragen kannst du nur mit Unterstützung der Menschen angehen. Deshalb ist eine Widerstandsbewegung so unschätzbar wertvoll.» Er und Fanny saßen schon eine Weile auf der Veranda und hatten gefrühstückt: Papayasaft, Früchte, Kaffee, Butterbrot mit verschiedenen Sorten Marmelade. Ola schienen die besten Gedanken beim Essen zu kommen. «Da hockst du in einer unwirtlichen und, wie du hoffst, versteckten Höhle draußen in der Landschaft, bei Graskuchen und Eidechsentee; deine Haut ist von Moskitos zerstochen, die Schuhe verrotten dir wegen der Feuchtigkeit an den Füßen, aber trotzdem bist du manchmal sehr glücklich, weil alle die gleichen Fragen haben, die *dich* bewegen. Oder ähnliche. Weißt du, was Guerillas in erster Linie tun? Schießereien und Kämpfe füllen nur einen sehr kleinen Teil ihrer Zeit aus. Sie *reden.*» Ola hielt lange genug inne, um einen Löffel Fruchtfleisch zum Mund zu führen. «Reden», fuhr er rasch kauend und schluckend fort, «ist der Schlüssel zur Befreiung, unsere Zunge die Machete der Freiheit. Es heißt, wir Menschen sind die einzigen Lebewesen, die intelligent genug waren, die Sprache zu erfinden. Aber wir haben sie nur erfunden, weil wir viel weniger intelligent sind als die meisten anderen Lebewesen und viel eher dazu neigen, katastrophale Fehler zu begehen, und weil deshalb für unser Gemeinschaftsleben die Sprache so notwendig ist.»

Fanny biß in ein kleines, hartes Brötchen, von dem Krümel auf ihre Bluse bröselten.

«Wir brauchen eine Weltsprache», sagte Ola, während er ihr über den Tisch hinweg die Krümel abklopfte und sie sich fühlte wie ein kleines Kind, «ehe wir den Weltfrieden haben können. Aber stell dir nur vor, wie die Leute darum streiten werden, welche Sprache das sein soll!» Er lachte. «Es muß natürlich eine sein, die elegant ist und doch einigermaßen einfach, und es darf nicht möglich sein, darin Dinge zu sagen wie: ‹Ich verachte dich› oder ‹Ich achte deinen Gott nicht›. Kurzum, es sollte Olinka sein. Ich scherze natürlich», sagte Ola.

«Nein, das tust du nicht», sagte Fanny lächelnd.

«Dieses Gefühl, einfach die Schnauze voll zu haben von den Weißen», sagte Ola nachdenklich und ohne auf ihr Lächeln zu achten, «ist nur eine natürliche Reaktion auf das, was sie dir angetan haben, nicht nur dir als Einzelperson, sondern deinem Volk, deiner Rasse, deiner Kultur. Der Instinkt zur Selbstverteidigung und Selbsterhaltung ist angeboren, obgleich es eine Zeit gab, und das ist noch gar nicht lange her, da haben weiße Wissenschaftler tatsächlich Untersuchungen durchgeführt, die in ihren Augen ‹bewiesen›, daß diese Instinkte allen anderen angeboren seien, bloß uns nicht. Verstehst du, sie hatten uns so weit geduckt, daß sie dachten, wir würden nie wieder hochkommen, und deshalb verbreiteten sie Theorien über unseren angeborenen Wunsch, uns ducken zu lassen.» Er trank einen Schluck von seinem Kaffee, tat einen Tropfen Sahne hinein und runzelte die Stirn. «Ich habe mit dazu beigetragen, daß Weiße gestorben sind», sagte Ola. «Es hat mich nicht psychisch ‹befreit›, wie Fanon erwartete. Es hat mich aber auch nicht noch weiter geduckt. Ich habe mich einfach nur aus dem Gefängnis befreit, in das sie mich gezwängt hatten, und mir einen Platz in der Welt geschaffen, und meinen Kindern auch.»

Und Fanny dachte: Das stimmt. Noch vor fünfzehn Jahren hätte ich nicht hierherkommen können. Ich hätte im Land meines Vaters nicht in Frieden herumlaufen oder -fahren können. Er hätte mich nicht einfach an irgendeinem Flugsteig abholen können. Er hätte mich auf der Straße nicht vor der Gemeinheit der Weißen schützen können.

«Du mußt Harmonie in deinem Herzen schaffen», sagte Ola. «Wie, das kannst nur du selbst wissen; das ist bei jedem von uns anders. Dann erst kannst du, soweit das überhaupt je möglich ist, Harmonie in deiner Umgebung schaffen.» Er dachte einen Moment nach und seufzte. «Was immer du tust», sagte er, «halte dich von Leuten fern, die sich selbst bemitleiden. Menschen, die ständig jammern, haben den fatalen Hang, ihren Bleiarsch jedem anzuhängen.»

Fanny lächelte.

«Außerdem mußt du versuchen, nicht nach Dingen zu streben», sagte Ola, «denn der ‹Dingismus› ist das größte Hindernis auf dem Weg zum Frieden. Wenn du, sooft du einen Baum siehst, ein *Ding* daraus machen willst, wird auf der Erde bald niemand mehr Luft zum Atmen haben. Bei Bäumen, die schon tot sind, ist das in Ordnung», sagte er. «Alte Stämme, die jemand aus dem Dreck gebuddelt hat, sind okay.» Er lachte leise in sich hinein, wie über einen Witz, den nur er verstand.

«Mach Frieden mit denen, die du liebst oder mit denen, die du lieben möchtest. Sie sind deine *compañeros,* wie die Lateinamerikaner sagen. Und vor allem widersteh der Versuchung, das, was dir zu schaffen macht, für etwas ganz Besonderes und Einmaliges zu halten. Vertraue darauf, daß alles, was dein Bewußtsein beschäftigt, sich dem Bewußtsein aller vermitteln läßt. Und oft dort auch schon dort präsent ist.»

«Auch bei denen, die im Drogensumpf versunken sind?» fragte Fanny skeptisch.

«Gerade bei denen», sagte Ola. «Die ewigen Fragen, die, auf die der junge Rebell oder Revolutionär nicht mit Zwanzig eine schlüssige Antwort findet, wenn er noch glaubt, daß alle Probleme lösbar sind – die Gedanken, die dir so zusetzen, diese ewig wühlenden Plagegeister sind doch wohl schuld daran, daß so viele von uns den Boden unter den Füßen verloren haben. Aber diese Leute können wieder aus dem Sumpf herausgezogen werden. Wenn sie nicht an ihrer Sucht sterben – an dem Versuch, sich gegen die Erkenntnis zu sperren, was wirklich mit der Welt passiert, indem sie den fauligen Lotosduft ihrer ‹Flucht› in sich aufsaugen –, dann werden sie erkennen müssen, daß sie sich umbringen. Ihre Zähne nagen an ihren eigenen Beinen.»

SUWELO WAR SCHLIESSLICH doch von San Francisco heraufgefahren, um Fanny zu sehen. Sie lebte jetzt allein in der kleinen Jurte, die sie früher im Sommer zusammen bewohnt hatten.

«Mein *Vater*», sagte Fanny, als sie sich an dem kleinen Feuer wärmten, in dem ab und zu die Kiefernzapfen knackten, «hat mir kurz vor seinem Tod aufgetragen, ich solle mein Verhältnis zu dir ins reine bringen.» Als sie an Ola dachte, fühlte sie sich wie Zindzi Mandela, die Tochter Nelson Mandelas, der sie kürzlich im Radio dabei zugehört hatte, wie sie versuchte, die Worte *ihres* Vaters lebendig zu halten, der seit fünfundzwanzig Jahren im Gefängnis saß. «Natürlich gehören dazu zwei», sagte sie mit fester Stimme, während sie ins Feuer schaute. «Aber ich soll mich mit dir auseinandersetzen und darauf vertrauen, daß es für uns einen Weg geben muß, wie wir miteinander ins reine kommen können. Das hat nichts damit zu tun, ob wir miteinander schlafen oder nicht.»

Suwelo seufzte. Was für eine schwierige Frau!

«Und was sagt deine *Mutter*?» fragte er sarkastisch. Fanny wirkte sehr klein und jung, trotz der Silberfäden an ihren Schläfen, die sich eingestellt hatten, seit er sie das letzte Mal gesehen hatte.

Fanny lächelte. «Wie du weißt, rät meine Mutter dazu, zu verzeihen. Weil es eine Rizinuskur für die Seele ist.»

«Und warum ist gerade das ihre Botschaft an uns?» fragte Suwelo wenig hoffnungsvoll. «Warum sagen sie nicht etwas, was ein kleines bißchen erfolgversprechender wäre?»

Fanny zuckte die Achseln. «Laß uns den Dingen ins Auge sehen, Suwelo», sagte sie. «Weil wir die sind, die wir sind, und nicht jemand anderes. Wir sind zum Beispiel nicht weiß. Das ist nicht nur die Botschaft meiner Eltern, sondern die Botschaft seit jeher. Sie geht zurück auf unser ursprüngliches Verhältnis zur Sonne.»

«Was du nicht sagst», sagte er. «Zur *Sonne*?»

«Wir haben die Sonne nie als Feindin betrachtet», fuhr Fanny ernst fort, «nur am Anfang vielleicht als Göttin. Und später dann, zweifellos unter Zwang und indem wir unsere Phantasie aufs äußerste strapazierten, als Gott. Wir haben bis vor kurzem, bis vor nicht einmal tausend Jahren, keine Kälte gekannt. Weil wir diese Beziehung zur Sonne haben, glauben wir tief in unserm Herzen, daß wir einfach nur deshalb geliebt werden, weil wir da sind. Wir haben keine Veranlassung, uns selbst zu hassen. Jemand hat einmal gesagt: Daß Leute die Sonne zur Gottheit erheben, leuchtet mir ein, weil sie einen ihrerseits erhebt. Unser besonderes Verhältnis zur Sonne ist die Grundlage unseres Gefühls der Sicherheit in der Welt. Wir haben unser Melanin, wir haben unser Schutzpolster aus wolligem Haar. Wir sind für den Strand gerüstet. Uns kann nichts passieren.» Fanny lächelte.

«Aber hast du denn keine Angst», sagte Suwelo, «daß sie dich versengen könnte? Die Sonne ist schließlich auch nicht mehr, was sie mal war.» In Wirklichkeit wollte er wissen, ob sie den Mut hatte, ihn zu lieben, wankelmütig, wie er war.

«Die Sonne hat sich nicht verändert», sagte sie, den Blick ins Feuer gerichtet. «Sie ist uns Menschen gegenüber dieselbe geblieben und wird es noch unvorstellbar viele Generationen lang sein. Wir haben unsere Beziehung zu ihr verändert. Der weißhäutige Afrikaner kam ohne Melanin auf die Welt, oder nur mit unglaublich winzigen Mengen. Er muß das als einen Fluch Gottes empfunden haben. Später hat er dann dieses Gefühl auf uns projiziert und versucht, uns einzuimpfen, wir seien von Gott verflucht, weil wir schwarz sind; aber Schwarz ist eine Farbe, die die Sonne liebt. Der weiße Afrikaner konnte schlecht mit der Sonne hadern, nicht ohne sich lächerlich zu machen, aber mit der Zeit konnte er die anderen Menschen daran hindern, sie zu verehren. Er konnte einen neuen Gott an ihre Stelle setzen, der ihm selbst ähnlicher war: kalt, unbeteiligt, mit einem Hang zu wilden Wutausbrüchen und Eifersuchtsanfällen. Er mußte einen neuen Gott erschaffen, da der, den die übrige Welt verehrte, so grausam zu ihm war. Ihn versengte. Ein Glück für ihn, daß er schließlich im Mittelmeerraum landete, in Europa. Die Kühle muß ihm köstlich vorgekommen sein. Und was uns angeht», sagte sie, «nein, ich habe keine Angst davor, dich zu lieben. Endlich sehe ich dich als das, was du bist. Ich sehe das Kind in dir, das zum Mann wurde und jetzt in raschem Tempo zum Menschen reift. Deine Sünden sind nicht schlimmer als meine. Ich habe mich jahrelang meinen Gewaltphantasien hingegeben, ehe ich mich bemühte, mich zu verändern, so wie du dich deinen sterilen, ausbeuterischen Beziehungen zu Frauen hingegeben hast. Ich konnte nicht einsehen, wieso *ich* diejenige sein sollte, die auf Rache verzichtet, warum gerade ich auf dem schwarzen Peter der Gewalt sitzenbleiben sollte, ohne ihn weiterzugeben. Und außerdem: Mußte ich denn einzig und allein aus mir selbst heraus das erschaffen, was ich werden wollte? Beim Tarot gibt es eine Karte, die neunte, die besagt: Was du dir erhoffst, das fürchtest du auch. So war es bei mir.

Ich habe mich als Mensch durch deine Geschichten mit anderen Frauen nicht sonderlich betrogen gefühlt, auch nicht wegen Carlotta. Du und ich, wir leben jeder sein eigenes Leben, und darin gibt es zwangsläufig auch noch andere wichtige Menschen. Ich glaube nicht an die Ehe ... Aber trotzdem habe ich mich betrogen gefühlt, und zwar als Frau.»

«Betrogen, als Frau? Aber ich habe dir doch erklärt», sagte Suwelo, «wie wenig mir Carlotta bedeutet hat. Sie ...»

«Ich weiß», sagte Fanny. «Gesagt hast du, sie bedeute dir *absolut* nichts, bei ihr sei keine Substanz dahinter. Als ich das hörte, habe ich dich gehaßt. Dich als Mann gehaßt.»

«Aber warum?» rief Suwelo aus. «Ich wollte dir nicht weh tun. Dir klarmachen, daß keine Frau mir mehr bedeutet als du.» Er hielt einen Augenblick inne und fuhr dann mit einiger Bitterkeit in der Stimme fort: «Ich hatte wohl vergessen, daß ich es mit einer hundertprozentigen Emanze zu tun habe.»

«Nein», sagte Fanny, «du hast vergessen, daß du es mit Carlottas Masseuse zu tun hattest.»

«Was?» fragte er.

«Ich habe versucht, ihre Beine zu entkrampfen, ihre Kniegelenke zu lockern, die Knoten in ihrem Rücken auszustreichen, ihren Unterkiefer zu lösen, ihren Nacken wieder geradezurichten, ihre Zehen wieder beweglich zu machen. Die Migräne wegzukriegen, die sie seit einem Jahr hatte. Sie war klein, aber so hart und schwer wie Blei. Ich kenne den Körper der Frau, von der du gesagt hast, bei ihr sei keine Substanz dahinter. Carlottas Substanz, das war Schmerz. Und dafür, daß du das nicht gemerkt hattest oder daß es dich, falls du es gemerkt hattest, nicht kümmerte – dafür habe ich dich verachtet.

Ich wußte nicht, was sie erlebt hatte. Ich fragte mich manchmal, ob du überhaupt etwas über ihr Leben wüßtest. Aber jedesmal, wenn ich an ihr arbeitete, verblüffte mich der Schmerz, den ich spürte, der mir entgegenschlug wie eisige Wellen, der ganze Schmerz eines Körpers, der immer wieder und noch vor kurzem mißhandelt worden war. Eines ängstlich zusammengekrümmten Körpers.»

Fanny waren die Tränen gekommen, und sie wischte sich ärgerlich mit dem Ärmel über die Nase. Suwelo wußte, wie sehr sie es haßte zu weinen, wenn sie wütend war.

«Männer müssen Erbarmen mit Frauen haben, Suwelo», sagte sie kalt. «Sie müssen ihren Körper fühlen, so wie eine Masseuse ihn fühlt, und sie nicht nur oberflächlich streicheln und benutzen, als wären sie Kalender-Pin-ups, doppelseitige Aktfotos oder Papierpüppchen. Welche Frau könnte einem Mann noch vertrauen, der aus den Armen einer anderen Frau kommt und so etwas sagt? Ich jedenfalls nicht.»

«Ich habe dich gehaßt, weil du mich verlassen hast», sagte Suwelo, indem er ihr sein Taschentuch hinhielt. «Warum hast du es mir nicht erklärt?»

«Ich hatte es satt, immer alles zu erklären», sagte Fanny ermattet. «Am College mußte ich meinen Studentinnen und den Verwaltungsleuten alles über Schwarze erklären; dir und anderen Männern mußte ich alles über Frauen erklären. Keiner von euch scheint in der Lage zu sein, seine eigenen Augen und sein Einfühlungsvermögen zu benutzen, um Dinge und Menschen selbst zu verstehen. Außerdem hättest du es sowieso nicht begriffen.»

«Klar», sagte Suwelo, «alle Männer sind Trottel. Natürlich. Woher *weißt* du, daß ich es nicht verstanden hätte? Hat denn nur die weibliche Hälfte der Menschheit ein Gehirn zum Denken?»

«Ich hatte es schon so oft versucht», sagte sie, «als wir noch zusammenlebten. Mit Büchern», sagte sie. «Mit Schallplatten. Du wolltest nicht lesen, du wolltest nicht zuhören. Alles, was dir neu war, schien dich zu erschrecken. Es erschien mir sinnlos.»

«Sinnlos!» rief er aus, und plötzlich hatte er das Gefühl, daß alles in ihm hellwach war und er nicht den Nebel im Kopf hatte, der dort bei Auseinandersetzungen mit Fanny sonst immer herrschte. «Nach allem, was wir gemeinsam durchgestanden haben? Teufel noch mal, wir haben zusammen die Verschleppung überstanden, den Transport im Zwischendeck, den Sklavenmarkt. Was weißt du denn», schleuderte er ihr entgegen. «Vielleicht war ich ja mal deine Mutter.»

«Meine *was*?» sagte Fanny verblüfft. «*Verzeihung,* Leidensgefährte, aber...»

«Oder jedenfalls Muttermilch für dich. Ach, Scheiße», sagte er, und er dachte an Lissie und Hal und alles, was er von ihnen gelernt hatte und was er Fanny am liebsten auf der Stelle weiterberichtet hätte, «wir haben das Leben in New York gemeinsam überstanden. Streite dich mit mir», sagte er. «Schrei. Du hast schöne große Zähne; *beiß mich.*» Fannys hübscher Mund formte erschrocken die Worte nach: *«Beiß mich?»* «Aber verkriech dich nicht in dir selbst, und geh nicht einfach davon aus, daß ich zu begriffsstutzig bin, um dir folgen zu können. Wofür hältst du mich eigentlich?» Wie er es genoß, entrüstet zu sein! Und zu fühlen, daß er das Recht hatte, sich zur Wehr zu setzen, wo er bislang immer geglaubt hatte, daß das nur den Frauen zustand. Um seiner Erregung noch freieren Lauf zu lassen, sprang er auf und fing an, in dem kleinen Raum auf und ab zu laufen. Etwas ging heiß und leidenschaftlich in ihm auf, und zwar nicht in seiner Hose, sondern in... seiner Brust. «Ich bin aus Fleisch und Blut», sagte er entschieden. Und zum erstenmal hatte er wirklich das Gefühl, daß er aus Fleisch und Blut *war. Menschlich,* genau wie die Frauen. «Nein, ich bin nicht irgendein superintegerer alter Rebell, der vor hundert Jahren gelebt hat und den du lieben kannst, ohne daß es dich manchmal in Widerspruch zu dir selbst bringt. Aber ich kämpfe jeden verdammten Tag den gleichen verdammten Kampf wie du.» Fanny sah ihn an, als hätte er den Verstand verloren. «Warum bist du so sauer?» fragte sie.

«Ich bin nicht sauer», sagte Suwelo. «Ich bin außer mir. Ich bin außer mir über den Schwachsinn, daß Menschen, die sich lieben, nicht einmal miteinander reden können. Denn reden», sagte er und erinnerte Fanny sehr an Ola, «ist das *Afro*-disiakum der Liebe.»

Sie lachte und legte ihm die Hand auf den Arm. Wenn Suwelo sonst ärgerlich wurde, fing er gewöhnlich an zu stottern und zu murmeln und gab nichts Sinnvolles mehr von sich. Wenn sie Streit bekamen, während sie im Auto saßen und er fuhr, war die Gefahr groß, daß sie von der Straße abkamen.

«Und darf ich diese... hm... *Erklärung* so verstehen», sagte Fanny, «daß wir hier einen kleinen Afro haben, der gern wieder heimkommen möchte?»

«Ja», sagte er und stimmte in ihr Gelächter ein, «laß uns gemeinsam streiten.»

ICH WAR BEI EINER Ausstellung mit Bildern von Frida Kahlo, im Mexikanischen Museum», sagte Fanny. «Ich schwärme für Frida Kahlo, wie so viele Frauen. An dem Tag waren Scharen von Frauen dort, und jede hatte zu jedem Bild eine Menge zu sagen, aber noch redseliger wurden sie vor den Fotos von Frida und Diego Rivera, die bei den Bildern hingen. Nachdem ich einen ersten Rundgang gemacht hatte, setzte ich mich auf eine Bank mittendrin, um die wunderbare Kraft der Bilder einfach auf mich einströmen zu lassen.

‹Oh›, ‹Uuh›, ‹Brrr›, kam es aus der Gruppe, die sich vor dem Foto von Frida und Diego an ihrem Hochzeitstag drängte. ‹Er ist so riesig!› sagte eine Frau. ‹Und so ein Klotz.› ‹Und sie ist so winzig›, sagte eine andere. ‹Ich mag mir gar nicht vorstellen...› setzte eine weitere an. ‹Tu's nicht!› sagte ihre Partnerin. ‹Bei ihren Schmerzen!› stöhnte eine kleine, dunkelhaarige Frau, die mich übrigens an Sie erinnerte, Robin.»

«Ich finde es sehr schmeichelhaft, daß Sie noch an mich denken, wenn Sie hier aus der Tür sind», sagte Robin.

«Oh», sagte Fanny. «Ich denke viel an Sie.»

«Ich habe die Ausstellung auch gesehen», sagte Robin. «Ich bin selbst ein Kahlo-Fan. Und ich habe auch vor dem Foto gestanden und vor mich hin sinniert und gemurmelt. Wissen Sie, wie ihr Vater die beiden nannte? ‹Der Elefant und die Taube.›»

«Wie konnten ihre Eltern zulassen, daß sie ihn heiratete?» sagte Fanny. «Sie wußten doch von ihrem zertrümmerten Becken. Aber wahrscheinlich konnte sich niemand, auch nicht ihre Eltern, Frida in den Weg stellen, wenn sie etwas wollte, und sie wollte Diego. Und warum wollte sie gerade Diego? Ich glaube, sie wollte ihn, weil sie selbst malen wollte.»

«Weil sie malen wollte? Deshalb heiratet sie einen Maler?» sagte Robin. «Doch, da mag etwas dran sein. Und daß er so ein Klotz war, war ja nicht alles, was sie an ihm sah, auch wenn er nicht malte. Sie war entzückt von seiner kindlichen Direktheit. Er war immer sehr direkt, egal, ob er es mit der kommunistischen Partei Mexikos zu tun hatte, mit den Rockefellers oder seinen zahllosen Geliebten. Nur seiner Frau gegenüber war er, wie so viele Ehemänner, natürlich unfähig, direkt zu sein. Frauen fällt es sehr schwer, das zu verstehen. Es verletzt sie zutiefst. Frida überwand diese Verletzung nie. Und zugleich dachte sie, es sei ihre Behinderung, die Diego in die Arme anderer Frauen trieb.»

«Jedenfalls», sagte Fanny, «saß ich dort im Museum und ließ

Fridas Genie einfach auf mich einströmen. Es war, als fiele die Sonne durch lauter Buntglasfenster auf mich – wenigstens das, was ich davon abbekam, denn Scharen von Frauen und ein paar Männer drängten sich langsam im Kreis an den Wänden entlang. Ich hörte eine Stimme sprechen, vor einem der Bilder. Dem, das Fridas Gesicht auf dem pfeilgespickten Körper eines Rehs zeigt. Ich schlenderte hinüber, angezogen von dem Bild, dem Entsetzen in Fridas Augen, aber auch von der Stimme. Sie gehörte einer weißen Frau mit einem Südstaaten-Akzent. Es war eine sanfte, gutmütige Stimme. Sie sprach unablässig. Die Frau war mit ihrer Mutter da, die offensichtlich irgendwo anders herkam, nicht aus San Francisco. Sie trug einen dieser pastellrosa Kunstfaser-Hosenanzüge und weiße Sandalen mit Strümpfen und eine riesige weiße Plastikhandtasche. Sie hatte graues Haar und eine Brille und musterte mit zusammengekniffenen Augen das Bild stückchenweise, als fiele es ihr schwer, das Ganze aufzunehmen.

‹Was ich dir zu dem hier erklären soll, weiß ich nicht›, sagte die Tochter.

‹Aber du brauchst mir gar nichts zu erklären, Brenda›, sagte die Mutter. ‹Sieh doch die Tränen da auf ihrem Gesicht. So habe ich mich auch oft gefühlt.›

Ich ging sofort nach Hause», sagte Fanny, «rief meine Mutter an und bat sie, über Tanyas Mutter herauszufinden, wo Tanya jetzt lebt. Sie rief mich am nächsten Tag zurück. Sie wohne in Oakland.»

«Tatsächlich?» sagte Robin.

«Ja. Als ich sie anrief, fragte ich: ‹Ist dort T*on*ya Rucker aus Hartwell?› Und sie sagte: ‹Hier ist T*än*ya.› Die totale Umkehrung.

Auf dem Weg zu ihr war ich ganz nervös. Die Frau, mit der sie zusammenlebt, eine Japano-Amerikanerin, die sich als Marie vorstellte, machte mir auf. Ich saß auf dem Sofa, vor dem ein Tisch voller gerahmter Fotos stand. Auf den meisten waren zwei braunhäutige Kinder zu sehen, ein Junge und ein Mädchen, vom Säuglingsalter an bis in die Teenagerjahre, und dann noch einmal beide zusammen, inzwischen groß, mit lächelnden Gesichtern bei der College-Abschlußfeier.

Um es kurz zu machen: Tanya sah genauso aus wie ihre Mutter. Von dem kleinen Mädchen, mit dem ich gespielt hatte, war nichts mehr zu sehen. Sogar ihre Augen waren anders. Dunkelgrau, nicht blau, wie ich sie in Erinnerung hatte. Ihr Haar war braun, mit grauen Strähnen darin. Sie war rundlich und mütterlich und bot mir alle paar Minuten Tee an oder ‹was zu knabbern›.

Ich nahm eins der Fotos in die Hand und sah es an.

‹Ihr Vater war schwarz›, sagte sie, als hätte sie es schon sehr oft gesagt. ‹Sie studieren jetzt beide. Wo Joe ist, weiß ich nicht. Wahrscheinlich immer noch in Atlanta.›

Joes Verbleib interessierte mich nicht allzusehr.

‹Ich habe mich immer gefragt, was du wohl machst›, sagte Tanya. ‹Wo du wohl steckst. Meine Mutter hat öfters deine Mutter gefragt und mir dann manchmal erzählt, was sie erfahren hatte. Ich wußte, daß du auf dem College warst und dann unterrichtet hast. Ich arbeite bei einer Firma, die Computer herstellt›, sagte sie. ‹Ich mache die Endabnahme, ehe sie zu den Kunden kommen. Das ist die Hölle für die Augen, aber inzwischen haben sich so viele, die die gleiche Arbeit machen wie ich, bei der Geschäftsleitung beschwert, daß sie hoffentlich etwas unternehmen werden, irgendeine Art von Blendschutz anbringen oder Spezialbrillen entwickeln.›

Ich hatte von meiner Arbeit so die Nase voll, daß ich es nicht über mich brachte, davon zu sprechen. Ich habe ihr geradeheraus erzählt, daß ich eine Therapie mache, um meinem Zorn auf die Weißen auf den Grund zu gehen. Ich erzählte ihr nicht, daß er sich vor allem gegen blonde Weiße richtet. Ich glaube, ich fürchtete, sie würde, wie so viele Leute, sagen: Na ja, die Nazis haßt doch jeder. Alle denken nämlich immer, das wäre es. Sie denken sofort an Hitlers reinrassige Arier, so wie sie im Fernsehen von Schauspielern mit blondgebleichten Haaren verkörpert werden. Aber ich weiß, daß das nur ein kleiner Teil ist.

‹Du hast alles Recht der Welt, zornig auf die Weißen zu sein›, sagte sie. ‹Ich bin selbst auch zornig auf sie. Ich wußte nicht, wie zornig, bis ich sah, was sie mit meinen Kindern anstellten. Von dem, was sie schon immer mit Joe gemacht haben, ganz zu schweigen.›

‹Joe›, sagte ich. ‹Deine Eltern haben bestimmt einen Anfall gekriegt.›

‹Und was für einen›, sagte sie. ‹Aber als sie es mitbekamen, konnten sie nichts mehr dagegen machen. Etwa fünf Jahre später, nachdem ich Joe geheiratet hatte und die Kinder da waren und scheinbar alles ganz gut lief, legte Daddy sich hin und starb vor lauter Gram. Als er tot war, kam Mama uns besuchen. Sie liebte die Kinder und brachte es schließlich sogar fertig, nett und herzlich zu Joe zu sein. Dann ging Joe weg, und ich ließ mich scheiden. Und dann mußte ich ihr sagen, daß ich lesbisch bin.› Tanya schwieg einen Moment. ‹Das hat sie immer noch nicht verwunden.›

‹Aber wie ist das alles nur gekommen›, fragte ich. ‹Du warst doch darauf programmiert, Miss Blütenrein zu werden.›

‹Ich weiß›, sagte Tanya. ‹Aber du weißt doch, was passiert ist. Die Bürgerrechtsbewegung. Selma. Die Universität von Georgia. Dr. King. Eines Abends, als ich einen Fernsehbericht über eine der Bürgerrechtsdemonstrationen sah, ging mir plötzlich auf, daß die Weltordnung, wie ich sie von klein auf kennengelernt und die ganze Zeit für ewig und gottgewollt gehalten hatte, *ungerecht* war. Ungerecht, so fühlte ich, bis ins kleinste rassistische Detail. Jeder, der diesen Schwarzen, die ich da im Fernsehen sah, und den erbärmlich wenigen Weißen, die mit ihnen marschierten, Achtung und Respekt versagte, konnte nicht normal sein.

Aber›, sagte Tanya, ‹ich traute mich nicht, das laut zu sagen. Wie so viele junge Südstaatler damals tat ich gar nichts. Und dann begegnete ich Joe – auf einem Ausflug hierher, mit dem kirchlichen Damenkränzchen meiner Mutter. Wir trafen uns am Fisherman's Wharf!› Sie lachte. ‹Und ich war wild entschlossen, ihn zu heiraten. Er hatte keine Chance. Unsere Kinder würden mein Protest sein. Natürlich mußte er das früher oder später merken. Joe, meine ich. Daß unsere Heirat für mich eine Art politische Abkürzung war, weil ich als Südstaatlerin nicht wußte, wie ich mich irgendwo in den langen Marsch einreihen sollte. Nachdem Joe meine Motive durchschaut hatte, lag eine Art Grauschleier über unserer Ehe, und obwohl ich ihn als Menschen liebte, konnte ich seiner Kultur nicht viel abgewinnen. Sie hatte nämlich nichts mit schwarzer Südstaatenkultur zu tun, sondern vor allem mit urbaner schwarzer Straßenkultur, obgleich seine Eltern hundertprozentige Repräsentanten der städtischen, oder besser gesagt, *vorstädtischen* schwarzen Mittelschicht waren. Sie wohnten in den El Cerrito Hills, du lieber Gott! Die übelsten Großkotze, die mir je begegnet sind. Sie waren für Nixon. Sie haßten Hippies. Sie stimmten für Gerald Ford.

Ich dachte, alle Schwarzen würden mehr oder weniger so leben, wie ich es von euch kannte.› Tanya lachte. ‹Daß bei ihnen zu Hause immer etwas los wäre. Musik oder Parties oder Sonnenanbetung oder sonstwas. Daß viele nette Menschen ab und zu hereinschauten. Und auch richtig interessante, verrückte Leute, mit den tollsten kreativen Fähigkeiten. Und daß es das beste Essen der Welt gäbe. Und daß sich dauernd alle küssen würden. Wie bei euch zu Hause.›

‹Bist du denn oft bei uns gewesen?› fragte ich.

‹Natürlich›, sagte sie. ‹Weißt du das denn nicht mehr? Ich habe mich oft heimlich von zu Hause weggeschlichen, um zu euch zu gehen. Dann mußte immer jemand von meinen Leuten, meistens meine Großmutter, kommen und mich wieder zurückschleppen. Ich habe mich immer unter Miss Shugs Bett versteckt! Wie kannst du das vergessen haben?

Und manchmal schwindelte deine Großmutter dann meine an: Nee, ham wir nich gesehen. Ich fand es immer wunderbar, wenn ich sie das sagen hörte. Wir beide, du und ich, verkrochen uns unter Miss Shugs Bett. Es war ein riesiges, silbernes

Trumm, das wie ein Löffel gewölbt war und etwas von einem Schiff hatte, und die Spitze ihrer Tagesdecke hing wie ein Netz vor unseren Gesichtern herunter. Wir aßen immer Teekuchen.

Zuerst hörten wir das schwere *Knursch, Knursch* der Schritte meiner Großmutter im Hof. Dann kam das dumpfe *Bumm,* wenn sie einen Fuß auf die unterste Treppenstufe setzte. Sie kam natürlich nie ins Haus. Sie stieg nicht mal bis zur Eingangstür hoch.

Ich suche Tanya, sagte sie dann.

Und Miss Celie antwortete: Tanya? Nee, die ham wir nich gesehen.

Und du und ich, wir kringelten uns vor Lachen in unserem Versteck.›

‹Wie sah sie aus, deine Großmutter?›

‹Sie war enorm dick›, sagte Tanya. ‹Und sie ging am Stock. Sie lächelte kaum und schien immer an etwas zu denken, was ihr gar nicht gefiel. Mein Großvater war schon lange tot, und es gab kein einziges Bild von ihm im ganzen Haus. Das einzig Nette an meiner Großmutter waren ihre schneeweißen Haare. Wie kannst du dich nicht mehr an diese Zeit erinnern?› fragte Tanya. ‹Ich könnte sie nie vergessen. Ich war in meinem ganzen Leben nie so glücklich.›

‹Ich kann mich erinnern, in eurem Haus gewesen zu sein›, sagte ich. ‹Dunkel. Oder besser gesagt, in eurem Garten.›

‹Ich konnte nicht verstehen, warum du nicht reinkommen durftest›, sagte Tanya. ‹Und immer, wenn ich fragte, sagte jemand von ihnen, meine Mutter, mein Vater oder meine Großmutter: Sie würde gar nicht reinkommen *wollen,* Schätzchen. Fordere sie nicht dazu auf, es könnte sie verletzen.

Dich zu verletzen war das letzte, was ich wollte. Also spielten wir draußen im Garten, hinterm Haus – vorn durften wir ja auch nicht spielen, es hätte uns jemand sehen können! Und ich forderte dich nie auf, reinzukommen. Und du hast auch nie gefragt, ob du reinkommen könntest, und schienst auch gar kein Interesse daran zu haben, unser Haus von innen zu sehen, das ja sowieso im Vergleich zu eurem ein Sklavenschuppen war. Und deshalb dachte ich, es stimmte, was meine Eltern und meine Großmutter sagten.›

Robin», fuhr Fanny mit einem komödiantischen Stirnrunzeln fort, «ich konnte mich an nichts erinnern. Tanya wußte alles noch ganz genau. Wie ist das möglich?»

«Menschen können sich oft an glückliche Situationen besser erinnern als an schmerzliche», sagte Robin. «Sie mußten Ihr Leid verdrängen, ‹vergessen›, um weiter mit Tanya spielen zu können. Obwohl ich glaube, daß es zu der Zeit schon kein ‹Spiel› mehr war.»

«Ja, das denke ich auch», sagte Fanny. «Meine Erinnerungen an die Situationen, wo wir zusammen waren, haben so etwas Unwirkliches, als wären sie ein Film oder jemand anderem passiert.»

«Das hat Sie Ihrem eigenen Körper entfremdet, Ihrem Selbst», sagte Robin. «Sie teilten sich in der Beziehung zu Tanya in zwei Fannys auf. Das fröhlich spielende kleine Mädchen, das die anderen sahen, und das verletzte, durch seine erste Begegnung mit irrationaler Ablehnung tief verwirrte Kind.»

Fanny fuhr fort: «‹Und dann war plötzlich alles zu Ende›, sagte Tanya. ‹Daran kannst du dich aber bestimmt noch erinnern?›

‹Was ist passiert?› fragte ich. ‹Hat deine Mutter versucht, mir alte Kleider von dir zu schenken?›

‹Von wegen›, sagte Tanya. ‹Du warst immer gekleidet wie eine kleine Prinzessin. Ich war es, die ständig darum gebettelt hat, Sachen von dir anziehen zu dürfen! Aber ich konnte deine Kleider und Haarschleifen und Medaillons – und Netzsöckchen! – immer nur bei euch anziehen. Jede kleinste Kleinigkeit, die ich von dir oder deiner Familie bekam, verschwand prompt, wenn ich sie mit nach Hause nahm. Willst du wirklich sagen, daß du dich nicht mehr daran erinnerst? Die ganzen

Jahre habe ich gedacht, du sitzt irgendwo und denkst an uns und verfluchst uns.›

Ach du Scheiße, dachte ich», sagte Fanny und beugte sich zu Robin vor. «Sobald Tanya das gesagt hatte, bekam ich Kopfschmerzen. Ich biß die Zähne zusammen und bohrte die Absätze in den Teppich. Ich musterte sie von unten bis oben – ihre Füße, die in beigen Hausschuhen steckten, ihre dicken Fußgelenke, ihren Bauch, auf den ihre Brüste hingen. Ihr Kinn. Ihre dunkelgrauen Augen. Ihr braunes Haar, die dicken grauen Strähnen.

Tanya seufzte. ‹Es war meine Großmutter›, sagte sie. ‹Sie ist übrigens inzwischen gestorben. Ganz normal. Nicht wegen dem, was sie dir angetan hat.›

‹Deine Großmutter›, sagte ich. ‹Sie hat mir etwas angetan?› Ich fing an, mich zu fühlen wie unter Hypnose. So, als fiele ich tief in mich selbst hinein.

‹Sie hat dich geschlagen›, sagte Tanya.

‹Daß ich Sterne sah?› fragte ich.

‹Ja!› sagte Tanya. ‹Du erinnerst dich also doch!›

‹Nein›, sagte ich. ‹Das war nur ein Witz.›

‹Weißt du, bei euch zu Hause haben sich immer alle geküßt. Das war der übliche Gruß und der übliche Abschied. Händeschütteln kam kaum je vor, es sei denn, es war jemand ganz Fremdes da. Ich war begeistert von der Küsserei. Bei uns zu Hause machte das niemand. Aber als ich meinen Eltern davon erzählte, waren sie gar nicht begeistert. Vor allem, daß erwachsene Frauen sich küßten, das wollten sie gar nicht hören. Heute ist mir klar, daß sie deswegen Familienrat hielten und zu einem Ergebnis kamen, das sie mir dann mitteilten. Da ich nun mal auf Küssen stand – und sogar schon anfing, *sie* zu küssen –, konnte ich, als Weiße, bei euch küssen, wen ich wollte. Aber ihr durftet mich auf keinen Fall küssen. Sie schickten mich mit dieser Verhaltensregel los und erwarteten selbstverständlich, ich würde dafür sorgen, daß sie eingehalten wurde. Ich habe es nicht mal versucht.

Aber dann erzählte ich deinen Leuten davon, und sie hörten schlagartig auf. Nicht nur, mich zu küssen, sondern mich überhaupt in irgendeiner Weise zu berühren. Punkt. Ich merkte bald, daß ich jetzt immer ein eigenes Glas und einen eigenen Teller bekam, wenn ich bei euch war.

Nur du hast nicht so prompt kapiert wie deine Mutter und deine Großmutter. Du kanntest es eben nicht anders: Gibst du mir einen Schmatz? Willst du einen Schmatz? Das schienen für dich die beiden wichtigsten Fragen im Leben zu sein. Eines Tages, als wir zusammen bei mir im Garten spielten, hast du mich auf die Wange geküßt. Und meine Großmutter sah es von der Hintertreppe aus, wo sie bevorzugt Wachtposten bezog, wenn wir spielten.›

‹Sie war wohl ganz schön böse?› fragte ich.

‹Sie hat getobt›, sagte Tanya. ‹Sie wog gut und gern eine Tonne, und sie wälzte sich zu uns herüber und verpaßte dir eine Ohrfeige, daß du zu Boden gingst, und als du dich wieder aufgerichtet hast, hast du dir den Kopf mit beiden Händen gehalten, als ob du Angst hättest, daß er dir abfällt. Und du hast gesagt: Ich sehe Sterne.

Und sie sagte: Wenn ich dich noch einmal dabei erwische, wie du Tanya mit deinem schwarzen Mund zu nahe kommst, dann schlage ich dir deinen kleinen schwarzen Kopf ab. Sprach's, drehte sich um und wälzte sich wieder die Stufen hinauf.

Du hast geweint und geweint. Du warst ganz außer dir. Ich habe gleich mitgeheult. *Ich* war auch außer mir. Aber aus irgendeinem Grund traute ich mich nicht, dich zu trösten; obwohl du es schließlich warst, die geschlagen worden war. Ich stand ganz starr da, wie versteinert. Du sagtest, du würdest gehen und es deinen Großmüttern erzählen, und ich wußte, daß Miss Shug uns alle umbringen würde, wenn sie es erfuhr. Ich flehte dich an, nichts zu sagen. Ich schämte mich so, und ich haßte meine Großmutter so sehr, aber noch mehr fürchtete ich mich davor, was passieren würde, wenn du es ihnen erzähltest.

Und ich glaube nicht, daß du je was gesagt hast›, sagte Tanya, ‹aber ich wußte es nie sicher, weil es das letzte Mal war, daß du mit mir gespielt hast.›»

«Und», sagte Robin, als Fanny zu Ende erzählt hatte, «was fühlen Sie dabei?»

«Ich fühle es immer noch nicht», sagte Fanny.

«Möchten Sie ein Papiertaschentuch?» fragte Robin.

Und Fanny fühlte die Tränen des Entsetzens auf ihrem Gesicht.

— SECHSTER — TEIL

Erinnern ist der Schlüssel zur Wiedergutmachung

– Inschrift eines Denkmals für die während des Zweiten Weltkriegs in den Konzentrationslagern umgekommenen Juden, Land's End, San Francisco

Lieber Suwelo», schrieb Mr. Hal in seiner großen, zittrigen Krakelschrift, «mit ungefüger Hand greife ich zur Feder, um Dir die traurige Nachricht zu übermitteln, daß meine geliebte Lissie, die Gefährtin fast all meiner Jahre, vor einer Woche, am 3. Juni, von uns gegangen ist. Es wird dich freuen zu hören, daß sie vorher nicht krank war, kein bißchen. Tatsächlich hat sie bis zuletzt gemalt, bis zu dem Nachmittag, an dem sie sich zum Sterben hinlegte. Bloß über Unruhe hat sie geklagt; sie ging die ganze Zeit im Haus herum und machte die Fenster auf und zu. In den letzten paar Wochen ihres Lebens wollte sie sowieso nich mehr viel im Haus sein, lieber draußen an der frischen Luft. Gott sei Dank war das Wetter fast durchweg gut (obwohl sie natürlich Unwetter auch sehr gern hatte), drum schleppten wir ihre Matratze hinaus auf die Veranda. Ihre Staffelei stand in der Ecke, und ab und zu legte sie sich hin, um sich ein bißchen auszuruhen und dann aufzustehen und weiterzumalen.

Ihre letzten Bilder sind unglaublich und ganz anders als alles, was sie je vorher gemalt hat. Ich meine, schon die Themen sind eigenartig. Ich lege ein paar Dias bei, damit Du selbst sehen kannst. Ich werde nicht schlau daraus.

Außerdem schicke ich Dir diese Tonbandkassetten, die Lissie für Dich aufgenommen hat und ich glaube auch für Fanny. Das Gesicht dieser jungen Frau hat es uns beiden gleich angetan.

Vor einer Woche konnte ich mir noch gar nicht vorstellen, wie ich ohne Lissie zurechtkommen sollte. Es schien mir leichter, ohne Atem auszukommen. Sie starb und wurde eingeäschert, und ihre Asche wurde binnen vierundzwanzig Stunden verstreut, wie sie es verfügt hatte. Es ging alles so schnell. Ich kam aus dem Garten, wo ich ihre Asche ausgestreut hatte, ins Haus und wollte gerade nach ihr rufen, um sie zu fragen, wo ich die leere Urne hinstellen sollte. Aber sobald ich den Mund aufmachte, wußte ich, daß es egal war. Und da dämmerte es mir, daß es verfrüht war, über Lissies Tod zu trauern.

Ich meine nicht, daß sie noch hier ist oder als Geist fortlebt, Suwelo. Sie ist gestorben. Sie ist weg. Aber sie ist trotzdem da, in mir. Und mir ist klargeworden, daß sie schon immer in mir war, bloß jetzt, wo mich ihre körperliche Anwesenheit nicht mehr ablenkt, spüre ich es deutlicher.

Wenn Du also an mich denkst, dann stell Dir vor, wie ich hier herumwirtschafte in unserem kleinen Haus, das die blauen Winden völlig überwuchern und der Hickorybaum vor der Sonne beschirmt. Es kommt mir jetzt groß vor, und ich habe Lissies Matratze vorerst auf der Veranda liegenlassen. Ich schaue durchs Fenster hin, und sie ist nur ein großer, weicher, wolkiger Flecken Weiß.

Lissie hat Dich sehr gern gehabt, Suwelo. Nicht nur, weil Du mit Rafe verwandt bist. Sie mochte Dich um Deinetwillen. Sie mochte die Art, wie Du gegen die Verwirrung ankämpfst. Lissie konnte Leute nicht leiden, deren Leben nicht so verwickelt war wie ein Knäuel Schnur.

Wenn Du je wieder nach Baltimore kommst, mußt Du mich besuchen. Ich werde uns eine gute Tasse Kaffee machen und Dir von mir erzählen. Ich stelle zwar fest, daß ich zu alt bin, um einsam zu sein, aber ich vermisse jüngere Gesichter. Meine Erinnerungen leisten mir Gesellschaft, und sie strömen jetzt mit Macht auf mich ein. Ich erinnere mich an die Jahre mit Lissie, als wir noch auf der Insel lebten. Ich erinnere mich an ihre Mama und den fischig riechenden kleinen Laden. Aber das war ein Paradies. Ich erinnere mich an die alte Hexe Granny Dorcy. Und an den kleinen Jack. Und an Lulu. Wir wußten gar nicht, wie uns geschah, ich und Lissie und Rafe, als Lulu nicht mehr aus Europa zurückkam. Ich versuche, nicht an *diesen* Teil zu denken. Jeden Tag, jede Minute, Jahr um Jahr warteten wir auf irgendeine Nachricht. Es kam keine. All unsere Hoffnungen. All unsere Liebe. Umsonst.

Als Dein Daddy zum Kriegsdienst einberufen wurde, waren wir alle froh. Zur Hölle mit den Deutschen. Ich glaube, wir dachten, er könnte Lulu ausfindig machen. Aber er fand sie nicht; er fand nur Gewalt und Brutalität, und davon gleich soviel, daß er mit seinem Arm auch ein Stück von seiner Seele verlor.

Nein, an diese Dinge denke ich nicht. Ich denke an Lulu, als sie noch ein Baby war. Ich denke daran, wie ich sie angezogen und gefüttert habe. Ich denke daran, wie ich ihr das Lesen beigebracht und zugesehen habe, als sie im Wald ihre ersten Schritte machte. Sie lachte und lachte, weil sie so klein war unter den großen Bäumen, aber genau wie die auf eigenen Beinen stehen konnte.

So strömen sie immer weiter, meine Erinnerungen, und jetzt will ich ihnen wieder nachhängen. Falls Du Lissies Bilder möchtest, wenn ich tot bin, kannst Du sie haben. Schreib mir eine Karte, dann setz ich es in mein Testament. Ich bin überzeugt, daß dieses Haus, wenn ich einmal sterbe, einfach zusammenfallen wird. Nur mein Atem und die blauen Winden halten es noch aufrecht. Sonst würde ich es Dir auch hinterlassen. Aber ich denke, daß unsere Nachbarn das leere Grundstück gut als Spielplatz für ihre vielen Kinder brauchen können. Drum hinterlasse ich es ihnen. Bitte gib mir Bescheid wegen der Bilder.

Dein Freund
Harold (Hal) D. Jenkins, Esq.

PS: ‹Ein Genie sein heißt, einen Draht zu Gott zu haben. Und es zu wissen.›

Jeden Tag fallen mir solche Sachen ein, die Lissie immer gesagt hat. Heute ist mir das eingefallen. Ich gebe es an Dich weiter, für den Fall, daß Du etwas damit anfangen kannst.

Und noch etwas: ‹Männer führen Krieg, um sich Aufmerksamkeit zu verschaffen.›

Und noch etwas: ‹Töten ist immer Ausdruck von Selbsthaß.›

Und zum Schluß noch etwas, was sie immer gern sagte, wenn jemand sich über sie lustig machte, und das kam oft vor: ‹Hal, über mich lachen immer die *komischsten* Leute!› »

SOWEIT DAS MÖGLICH IST», hatte Ola einmal gesagt, während er und Fanny sich nach einem mit Unkrautjäten in seinem Gemüsegarten verbrachten Vormittag im Gras ausruhten, «mußt du in der heutigen Welt so leben, wie du dir wünschst, daß alle Menschen in der morgigen leben sollen. So kannst du deinen Beitrag leisten. Sonst kommt die Welt, die du dir wünschst, nie zustande. Warum? Weil du darauf wartest, daß andere tun, was du nicht tust, und die anderen warten, daß du es tust, und immer so weiter. Und inzwischen geht es mit der Welt bergab.»

«Hast du deshalb eine weiße Frau geheiratet?» fragte Fanny, an einem Grashalm kauend, den sie zu ihren Füßen abgezupft hatte.

«Nein», sagte Ola überrascht. «Woher weißt du davon?» Er zuckte die Achseln. «Mary Jane habe ich geheiratet, um gewissen Leuten eins auszuwischen, allein deshalb. Ich habe lange genug versucht, es zu erklären, aber es hört ja keiner zu, wenn du etwas anderes sagst, als alle denken.»

Er zog das große Taschentuch, das aus seiner Gesäßtasche hing, hervor und wischte sich damit gründlich über das schweißfeuchte Gesicht. Als er fertig war, nahm Fanny das Tuch, suchte und fand einen trockenen Zipfel und tupfte sich damit behutsam die Stirn ab.

«Mary Jane?» sagte sie. «Das klingt aber nicht sehr schwedisch.»

«Mary Jane ist keine Schwedin», sagte Ola, während er das

Taschentuch wieder an sich nahm und auf den Boden warf. «Ach, jetzt verstehe ich. Du hast meine Stücke gelesen! Du solltest dich davor hüten, Stückeschreibern zu unterstellen, daß sie immer von sich schreiben.» Er schwenkte den erhobenen Zeigefinger. «Es stimmt, ich hatte in Schweden Liebschaften – es ist ein verdammt kaltes Land, und ich war einsam. Unglaublich einsam. Und es ist ja wohl nichts Schlimmes dabei, die Freundlichkeit zu erwidern, die einem in der Fremde entgegengebracht wird. Mit einer Frau namens Margrit habe ich zwei Jahre zusammengelebt. Einmal wurde sie schwanger, aber da sie ebenso praktisch veranlagt wie schön war – und sehr resolut, aber das nur nebenbei –, trieb sie das Kind ab. Ich konnte sie schlecht überreden, es zu behalten: schließlich war ich es, der sich weigerte, Kondome zu benutzen, selbst wenn sie welche parat hielt. Ich fand es fürchterlich rassistisch von ihr, daß sie darauf drang. Außerdem war ich es ja, der wieder weggehen und nach Hause zurückkehren würde. Und mitnehmen konnte ich sie nicht. Ich war nicht Seretse Khama aus Botswana, und sie war nicht Ruth Williams aus England. Beim Zusammenleben mit mir hatte sie – selbst in Schweden – erfahren, was weißer Rassismus ist. Sie konnte den Gedanken nicht ertragen, was das Kind zu leiden gehabt hätte. Die Ironie ist, daß ich vor kurzem in einem Artikel gelesen habe, daß braungoldene Kinder heutzutage sehr begehrt sind. Mir ist das reichlich suspekt. Ich denke mir, die Leute finden sie ...»

«Exotisch», sagte Fanny. «So wie Helga Crane in *Treibsand.*»

«Treibsand?» fragte Ola nach.

«Ja», sagte Fanny. «Das ist eine Art Sand, in dem man ertrinken kann, fast so wie im Wasser.»

«Oh», sagte Ola.

«Aber ich meine einen Roman, den ich in meinen Seminaren über Frauenliteratur behandelt habe. Die Autorin heißt Nella Larson und ist selbst Kind einer dänischen Mutter und eines westindischen Vaters.»

Sie merkte Ola an, daß ihn diese ihm unbekannte Schriftstellerin interessierte.

«Sie kam in Chicago auf die Welt», fuhr Fanny fort, «und als sie schon älter war, fuhr sie die Familie ihrer Mutter in Dänemark besuchen. Ihre Mutter hatte inzwischen einen ganz normalen weißen Amerikaner geheiratet, und Helga/Nella hatte es sehr schwer als das schwarze Schaf in der Familie.»

«Versteht sich», sagte Ola.

«Als sie nach Dänemark kam, stellte sie erstaunt fest, daß sie dort so etwas wie ein ‹Star› war. Alle ‹liebten› sie. Ein bekannter Maler aus der Gegend porträtierte sie und wollte sie heiraten. Aber sie konnte es nicht ertragen, ständig den Erwartungen der Dänen, wie eine so ‹exotisch› aussehende Frau zu sein hatte, entsprechen zu müssen. Sie konnte die schreiend bunten ‹afrikanischen› Kleider nicht ausstehen, die ihre Verwandten ihr kauften und die sie unbedingt tragen sollte. Es gefiel ihr nicht, vor Fremden zur Schau gestellt zu werden. Außerdem waren Land und Leute so ganz anders als alles, was sie in Harlem zurückgelassen hatte. Und sie merkte, daß ihr Harlem besser gefiel. Das verblüffte sie sehr. Das alte Harlem, das Harlem der zwanziger Jahre, muß etwas gehabt haben, was die Leute faszinierte», sagte Fanny nachdenklich. «Wahrscheinlich die tolle Musik, die Parties. Das Gefühl, daß die Sklavenbefreiung endlich wirklich stattfand.»

«Ich habe von Harlem gelesen», sagte Ola. «Bei Langston Hughes. Und bei ihm strahlte einem die Liebe zu diesem Ort aus jeder Zeile entgegen.»

«Aber wenn du die Schwedin nicht geheiratet hast», sagte Fanny verwirrt, «wen dann? Wer ist Mary Jane?»

«Eine Amerikanerin», sagte Ola. «Und eine interessante Frau. Du mußt sie unbedingt kennenlernen, ehe du zurückfährst.»

«Ich bin nicht den weiten Weg bis nach Afrika gekommen, um weiße Amerikanerinnen kennenzulernen», sagte Fanny trocken.

Ola lachte leise und lehnte sich zurück, wobei er sich auf einem Ellbogen abstützte. «Ich muß zugeben, ich war auch skeptisch, als ich Mary Jane das erste Mal traf. Das war zu einer Zeit, als man den Weißen nahelegte, das Land zu verlassen. Nicht allen, weißt du, aber denen, die keine ersichtliche Existenzgrundlage hatten außer ihren afrikanischen Leibeigenen. Es gab eine Unzahl von Parasiten in diesem Land, die es loszuwerden galt. Leute, die unter dem weißen Regime mit nichts hergekommen waren und jetzt riesige Pflanzungen besaßen oder zumindest hübsche Häuser und die lukrativsten Jobs. Es war landesüblich und sogar ein zentrales ‹Argument› der Werbung, die Weiße hierherlocken sollte, daß jeder Weiße, ob Mann, Frau oder Kind, mindestens einen afrikanischen Diener hatte. Die meisten Haushalte hatten zwei oder drei. Viele auch fünf. Sie zahlten diesen Leuten weniger als ein Prozent ihres eigenen Einkommens und ‹beglichen› den Rest mit alten Kleidern und Essensresten.

Ein Teil der Nahrungsmittel, von denen die Bevölkerung lebte, kam übrigens aus Amerika. Von denen die *Eingeborenen* lebten, meine ich. Das ist eine Tatsache. Ich habe selbst riesige Stapel von Säcken mit amerikanischem Getreide auf dem Kai liegen sehen. ‹Ein Geschenk des amerikanischen Volkes›, wie seitlich auf jedem Sack aufgedruckt stand. Sag bloß, du wußtest gar nicht, daß ihr uns durchgefüttert habt!» fragte Ola Fanny. «Bei uns im Untergrund witzelten die Leute immer über diese Getreidesäcke, in denen vor allem Mais war. Sie meinten, Amerika gebe Afrika einen Sack madigen Mais für einen Sack Gold und Diamanten und halte das für einen fairen Tausch.»

Fanny lachte.

«Wir forderten also die Weißen auf, das Land zu verlassen», fuhr Ola fort. «Wenn sie bleiben wollten, was viele vorhatten, mußten sie sich offiziell und mit gesetzlich bindender Wirkung verpflichten, die gesamten Kosten für die Gesundheitsversorgung, Schulbildung und menschenwürdige Unterbringung ihrer ehemaligen Arbeitskräfte und deren Kinder zu tragen. Sie mußten einem Siebenjahresplan zustimmen und am Ende nachweisen, daß die Leute, die so viele Jahre lang umsonst für sie gearbeitet hatten, in guter gesundheitlicher Verfassung waren, eine ordentliche Schulbildung hatten oder zu erwerben im Begriff waren und in anständigen Häusern wohnten, die ihnen selbst gehörten. Eine internationale Gutachterkommission wurde gebildet und zog von Haus zu Haus. Von Besitzung zu Besitzung. Von Plantage zu Plantage.

Das war natürlich in den Augen der meisten Weißen eine Unverschämtheit. Sie staunten nicht nur, daß dieser neue ‹Affenstaat›, wie viele ihn nannten, solche Forderungen stellte – die wahrhaftig nicht unbillig waren, wenn man den ganzen unverdienten Reichtum der Weißen sah, den sie jetzt verzweifelt außer Landes zu schaffen versuchten, und wenn man bedachte, daß sie jahrelang selbst ständig das Gespenst der totalen Enteignung an die Wand gemalt hatten –, sie staunten vor allem darüber, daß Gesundheit, Bildung und menschenwürdige Behausungen Dinge waren, auf die Afrikaner Wert legten! Für manche dieser Leute war es ein regelrechter Schock, als ihnen klar wurde, daß die Afrikaner, die für sie kochten und ihre Kinder hüteten, wenn sie sie anlächelten, *wider* ihre Natur lächelten.

Das war eine hektische Zeit. Es gab Leute, die ihre nicht eben kleinen Häuser auseinandernahmen und sie Stück für Stück in andere Länder verfrachteten. Sie rissen ihre Bäume aus und verwüsteten ihre Gärten. Sie steckten ganze Wohnviertel in Brand, genau wie die Schwarzen in Amerika während der Rassenunruhen in den sechziger Jahren.

Es gab Tausende von Weißen, die zu deprimiert waren, um weiterzumachen. Selbstmorde, vor allem unter den jungen Leuten, waren an der Tagesordnung. Und es gab Weiße, die keinen Hehl daraus machten, daß sie nach wie vor glaubten, irgendwo auf der Welt über schwarze Menschen zu herrschen sei einfach ihre Bestimmung. Sie wanderten scharenweise nach

Australien und Neuseeland aus, wo die schwarze Bevölkerung in der Minderheit und schwach ist.

Aber zurück zu Mary Jane... Eines Tages erschien sie in meinem Büro im Amt für Unterhaltung und Kultur – die Leute, die für dieses Ressort zuständig waren, bevor wir die Macht übernahmen, hatten eine besondere Vorliebe für einheimische Produktionen von Sachen wie *Show Boat, My Fair Lady* und *Der Nußknacker* oder, wenn es mal etwas Gewagteres sein sollte, auch *Cabaret.* Es gab damals noch kein Kulturministerium. Wir waren dem Innenministerium angegliedert, das zu der Zeit, kurz nachdem wir an die Macht gekommen waren, einem Mann unterstand, der während des Unabhängigkeitskampfes im Ausland gewesen war und jetzt, nach seiner Rückkehr, in allem, was er tat, von seinem schlechten Gewissen umgetrieben wurde. Er hatte sich an einer amerikanischen Universität verkrochen gehabt – so nenne ich es, aber es ist sicher nicht ganz gerecht – und war ein militanter Weißenhasser. Vor allem weiße Frauen konnte er nicht ausstehen. Mary Jane war wütend, weil dieser Mann ihr gesagt hatte, sie würde *mit Sicherheit* eine der ersten Weißen sein, die man, wie er sich ausdrückte, ‹dringend ersuchen› würde, das Land zu verlassen.

Sie erklärte mir, sie leite eine Kunstschule, die sie selbst gegründet habe, die M'Sukta-Schule. Ich hätte vielleicht schon davon gehört. Vielleicht schon davon gehört!» wiederholte Ola, wobei er sich mit einem Ruck aufsetzte und sich daranmachte, seine Sandalen auszuziehen. «Das war nicht nur die beste Kunstschule, die wir in Olinka hatten. Es war die einzige! Natürlich hatte ich davon gehört. Sie unterrichtete, wie sie sagte, auf eigene Kosten siebzig Jungen und Mädchen an ihrer Schule. Die Schüler wohnten auch dort. Ihr Ehrgeiz war es, daß die Arbeit dieser Künstler dazu beitragen sollte, Olinka in der Welt bekannt zu machen. Sie glaubte sogar, daß irgendwann dabei auch Geld für ihre Schüler und für das Land herausspringen würde.

Jedenfalls, sagte sie, habe sie ihr Leben ganz den Schülern, der Schule und diesem Land gewidmet, und da sie nicht mehr die Jüngste sei und nicht die mindeste Lust habe, nach Amerika zurückzukehren oder nach Neuseeland oder Australien auszuwandern, sehe sie jetzt keine Alternativen vor sich. Sie hatte ihr ganzes Geld in die Schule gesteckt, die jetzt, wie unsere Behörde ihr mitgeteilt hatte, beschlagnahmt werden sollte. Daraufhin hatte sie die Schule erst einmal offiziell den Leuten überschrieben, die dort arbeiteten.

‹Sie werden etwas dafür bekommen›, versicherte ich ihr.

‹Ja›, sagte sie, ‹das hat man mir schon mitgeteilt. Genug, um mir ein einfaches Ticket *heim* nach England kaufen zu können. Ich komme aber nicht aus England.›

An dem Abend bin ich hingefahren, um mir ihre Schule anzusehen, die M'Sukta-Schule. Sie lag ganz draußen am Rand der Stadt und war sehr bescheiden ausgestattet. Jungen und Mädchen schliefen in getrennten Baracken, und es gab ein riesiges Gemeinschaftsatelier, das fast nur aus Fenstern bestand. Die Betten waren ordentlich gemacht. Auf jedem lag am Fußende eine säuberlich gefaltete, nach einheimischer Art gewobene Wolldecke, wie die Pendleton-Decken in Amerika, die nach indianischen Vorlagen gefertigt sind. Da ging mir zum erstenmal auf, wie sehr sich die Muster und Symbole der amerikanischen und der afrikanischen Ureinwohner ähnelten. Neben jedem Bett stand ein kleines, buntbemaltes Schränkchen für die Habe der Schüler.

Es waren durchweg Kinder, die schwer gelitten hatten. Das war mir gar nicht klargewesen, bis ich sie sah. Viele hatten ihre Eltern bei den Kämpfen gegen das weiße Regime verloren, einige hatten die Prügel im Gefängnis um den Verstand gebracht. Eine ganze Reihe Schüler war körperlich schwer behindert. Sie hinkten, atmeten seltsam, blinzelten mühsam mit den Augen, oder es baumelten ihnen nutzlose Bein- und Armstümpfe am Körper. Es waren die am schlimmsten geschundenen und ärmsten Kinder unseres Landes. Mary Jane hatte sie größtenteils von der Straße aufgelesen. Und man muß wissen, was ‹Straße› bedeutete, in ‹unserem› Teil der Stadt.

‹Sagen Sie›, fragte ich sie, ‹sind Sie Nonne?›

Sie rauchte Zigaretten aus zusammengerollten Eukalyptusblättern. Sie zog an der, die sie in der Hand hielt, und blies den Rauch aus.

‹Warum?› sagte sie. ‹Sehe ich so aus?›

Tatsächlich sah sie aus wie eine Gangsterbraut aus einem dieser alten Dreißiger-Jahre-Hollywood-Filme. Aber so etwas tat nur eine Nonne. Sonst niemand.

Ich kam glänzend mit den Nonnen aus, die Nzingha unterrichteten», sagte Ola. «Sie waren ein radikales Völkchen, das von ganzem Herzen glaubte, Jesus sei ein glühender Revolutionär gewesen und Maria und Martha hätten ihm in nichts nachgestanden. Keine von ihnen hätte jemals eine Waffe benutzt, aber solange wir uns in den Bergen versteckt hielten, konnten wir darauf zählen, daß sie Waffen für uns schmuggelten. Das war meine Vorstellung von Nonnen.

‹Ich war einmal sehr reich›, sagte Mary Jane. ‹Und gleichzeitig sehr arm.› Und das war alles, was sie sagte.

‹Warum heißt Ihre Schule M'Sukta-Schule?› fragte ich sie. M'Sukta ist kein Olinka-Wort, sondern ein Ababa-Wort», sagte Ola erläuternd zu Fanny. «Die Ababa sind ein Schwesterstamm der Olinka. Und Mary Jane erzählte mir eine höchst erstaunliche Geschichte von einer Ababa-Frau, die nach England gebracht und fast fünfzehn Jahre lang im Britischen Museum für Naturgeschichte gefangengehalten worden war. Sie hatte ihre Zeit dort mit Weben zugebracht. Mary Janes Urgroßtante hatte sie herausgeholt – wie, das wußte Mary Jane nicht genau – und nach Ababa-Land zurückgebracht. Leider war sie die letzte Überlebende ihres Stammes gewesen. Mary Janes Großtante hatte die Tagebücher ihrer Urgroßtante geerbt, in denen diese Geschichte festgehalten war. Die Großtante war dann, als *sie* erwachsen war, ebenfalls nach Afrika gekommen. Sie hatte bei den Olinka gelebt und viel Gutes getan: etwa eine ganze Anzahl Frauen unterrichtet, die dann später Ärztinnen, Sozialarbeiterinnen, Landwirtschaftsexpertinnen oder dergleichen wurden. Erschütternd viele dieser Frauen sind im Kampf gegen das weiße Regime umgekommen. Die Großtante lebte in der Zeit hier, als die Weißen unsere Dörfer zerstörten und uns in Reservate pferchten. Wie die Indianerstämme bei euch. Wie die wilden Tiere bei uns.

Mary Jane hatte eine ordentliche Portion Schneid geerbt und die Einstellung, daß man kann, wenn man will. Sie kam nach Afrika und brachte sich selbst das Malen bei. Sie hatte, wie sie sagte, vorher schon ein bißchen herumgepinselt, einfach nur, um etwas Sinnvolles zu tun, aber jetzt war es ihr Ernst. Da sie etwas Geld hatte, kaufte sie sich Land, ein ganzes Stück außerhalb der Stadt – die dann aber leider, wie sie meinte, immer näher herangekrochen sei und sie schließlich geschluckt habe –, und machte sich in völliger Einsamkeit, ohne Dienstmädchen und ohne ‹Boy›, ans Malen. Manchmal zwölf Stunden am Tag. Sie hatte ein Pferd, und an Tagen, an denen sie nicht malte, ritt sie durch die Gegend. Bald kannte sie die Leute in der Umgebung und die Umgebung selbst sehr gut. Und allmählich gefielen ihr auch ihre Bilder.»

«Du sprichst so bewundernd von ihr», sagte Fanny ein bißchen brummig. Sie hatte angefangen, Yogaübungen zu machen, während sie Ola zuhörte. Jetzt nahm sie die Pflugstellung ein und dehnte ausgiebig und gründlich ihren Rücken.

«Ja», sagte Ola, der ihr bei ihren Übungen im Gras zusah, «warte nur, bis du sie kennenlernst. Sie sieht genauso aus wie diese eine Schauspielerin bei euch in Amerika, die mit der monotonen Stimme, den blonden Haaren und den grauen Augen, die mit diesem Mann verheiratet ist, der aussieht wie ihr eigener Zwillingsbruder. Sie könnte gar nicht weißer aussehen. Ich hatte immer gedacht, wenn ich jemals eine solche Amerikanerin träfe, würde es mir die Sprache verschlagen. Aber ganz im Gegenteil. Inzwischen hatte sie natürlich Leute, die ihr halfen, die Schule zu betreiben. Sie imponierten mir sehr. Sie hatte sie überallhin geschickt – nach Rußland, Saudi-Arabien, Berlin –, damit sie Kunst und Psychologie studierten und lernten, wie man eine erstklassige Heimschule für behinderte Jugendliche führt. Ihre Augen leuchteten vor Eifer, sie waren blitzgescheit und gingen sehr herzlich mit den Schülern und ihrer Schulleiterin um. Ich ließ mich rasch anstecken und war schon nach kurzer Zeit munter am Reden. Schon bald hatte ich einen persönlichen Grund gefunden, mich dafür einzusetzen, daß sie ihre Schule weiterführen konnte. Sie war nämlich ein hervorragender Ort, um meine Stücke zu proben und aufzuführen!

Ich hatte noch nie so etwas gesehen. Sagte ich schon, daß jeder Zoll Wandfläche, außen und innen, bemalt war? Wenn der Schule Papier und Leinwand ausgingen, was regelmäßig geschah, wie mir Mary Jane erklärte, dann weißten sie einfach ein altes Wandbild über und bemalten die Stelle neu. Sie sagte, die Schüler hätten sich anfangs darüber beschwert, daß ihre Schlafbaracken und das Gemeinschaftsatelier Lehmwände und ein Strohdach hatten. Es erinnerte sie zu sehr an die sterilen strohgedeckten Hütten, die das weiße Regime für ihre Eltern und Großeltern in den Reservaten hatte errichten lassen. Aber ihre Großtante, sagte Mary Jane, habe in ihren Büchern – sie sei nämlich nach Afrika gekommen, um Bücher zu schreiben – die Kunst geschildert, die die Menschen hier gepflegt hätten, ehe ihre Dörfer dem Erdboden gleichgemacht worden seien. Eine ganz beiläufig bei der alljährlichen Bemalung der Häuser gepflegte Kunst, mit der sich die Leute ganz selbstverständlich umgaben. Deshalb war es ihr richtig erschienen, die Häuser in dieser Weise zu bauen und zu dekorieren.

Um diese ausufernde Geschichte etwas zu straffen», sagte Ola, «wir, Mary Jane und ich, das siebenköpfige Lehrer-Team, der Koch und der Gärtner und einige Mütter von Schülern und, um es gerechterweise zu erwähnen, auch der eine oder andere ältere Bruder oder Vater, machten uns tagelang

Gedanken und kamen am Ende zu dem Schluß, daß es keinen anderen Weg gab, die Schule zu retten, als den, daß Mary Jane und ich heirateten.

Das mußte natürlich Ärger geben. Da war ich, einer der ‹herausragendsten› und prominentesten schwarzen Männer in Olinka, im Westen ausgebildet, mit einem hübschen Haus und einem schicken Wagen und allen möglichen Privilegien und, wie viele vermuteten und wenige wußten, mit einer Frau irgendwo draußen im Busch. Ich, einer der unangefochtenen Führer des Landes, der unbestechlich aufzeigte, was es brauchte und vollbracht hatte und wo seine Fehler lagen. Ich, der zwischendurch immer wieder die Untaten des weißen Mannes und seiner Frau mit wohlbegründeter Boshaftigkeit anprangerte. Wie konnte ausgerechnet ich eine weiße Frau heiraten? Und dann noch eine, die noch nicht mal jung und knakkig war wie die Mädchen in den Busen-Magazinen, die jetzt plötzlich auch die entlegeneren Landesteile überschwemmten.

Das war nämlich einer der vielen Tricks, die sich das geschlagene weiße Regime ganz zuletzt noch hatte einfallen lassen: der Einsatz des Körpers der weißen Frau. Nachdem er so lange absolut tabu gewesen war, tauchte er nun auf einmal überall auf, wurden seine intimsten Teile vor allen zur Schau gestellt. Die jungen Burschen trugen die Heftchen zusammengerollt hinten in der Hosentasche. Sie wurden zum Statussymbol, wie T-Shirts und Bluejeans. Es war Mode, sie bei sich zu tragen. Die Väter und Onkel der Jungen hatten ganze Stapel solcher Magazine unter Verschluß zu Hause unter ihrem Bett oder am Arbeitsplatz liegen. Es gab einen florierenden Schwarzhandel. Unsere Frauen wurden ermuntert, ihre Gesichter mit Bleichcremes aufzuhellen, sich die Haare blond zu färben. Auf einmal war Nacktheit kein Zeichen von Barbarentum mehr. Den gleichen Frauen, die fast gesteinigt worden waren, wenn sie ohne Bluse gingen, erklärte man jetzt, sie müßten die Bluse ausziehen, um modern zu sein.

Gleichzeitig beschloß die Regierung, die die meisten Gesetze des weißen Mannes abgeschafft hatte, weil sie der Unterdrükkung der eingeborenen Bevölkerung dienten, ein Gesetz auf jeden Fall beizubehalten: das Verbot von Mischehen. Daran siehst du, daß ihr Rassendünkel genauso groß war wie der der Weißen. Auf der anderen Seite hatten sie die Vielweiberei wieder zugelassen, gegen meinen Willen und gegen den der Frauen. Schließlich ist die Vielweiberei eine Vorstufe der Sklavenwirtschaft: der Ehemann ist der ‹Herr›, und die Ehefrauen sind die ‹Sklavinnen›. Diese Regierung war keine, die den Stimmen der Frauen Gehör schenkte. Das hatten inzwischen alle gemerkt.

Indem ich Mary Jane heiratete, konnte ich diesen Gesetzgebern in doppelter Hinsicht eins auswischen: Sie lehnten die Mischehe ab, aber sie billigten und propagierten die Vielweiberei. Ich würde mir eine zweite Frau zulegen, aber es würde eine Weiße sein.

Das vordringliche Motiv für diese Heirat war aber natürlich, Mary Jane die Staatsbürgerschaft zu verschaffen, damit eine Abschiebung nicht mehr möglich war und sie in Olinka bleiben und ihre Schule weiterführen konnte.

Die Regierung war sehr betrübt über meinen Entschluß. Mich kümmerte das nicht. Sie brauchten meine Stücke. Sie brauchten meine Popularität. Nur über meine Stücke konnte die Regierung dem Volk etwas über die neuen Lebensformen sagen, die unser Land durchzusetzen versuchte, ohne es völlig zu verschrecken.

Mary Jane durfte in Olinka bleiben; ihre Schule wuchs und gedieh. Das Volk reagierte nachsichtig auf meinen Schritt und verzieh mir letztlich, wie es seine Art ist. Außerdem erkannten die Leute auch, was Mary Jane für ihre Kinder und für die Zukunft ihres Landes tat. Aber die Regierung, oder eigentlich nur der Dummkopf, der das Innenministerium unter sich hatte, inspizierte die M'Sukta-Schule und verlangte, daß die Gebäude aus ‹modernen Materialien› neu errichtet werden müßten. Blech und Preßspanplatten. Das war sein hinterlistiger Gegenschlag. Die ganzen Wandgemälde der Kinder wurden zerstört, und mit ihnen der traditionelle Charakter der Schule. Mary Jane und ihre Leute verzagten dennoch nicht. O ja, sie weinten, wir alle weinten, wochenlang. Aber sie hatten eine genaue Vorstellung, wie die Zukunft aussehen sollte, auf die sie hinarbeiteten, und ihre Vision hatte große Ähnlichkeit mit dem, was sie jetzt schon tagtäglich gemeinsam lebten. Diese Energie war nicht so leicht zu zerstören. Ich war sehr froh, daß ich einen bescheidenen Teil dazu beitrug.

Und so kam es», schloß Ola mit einem tiefen Seufzer, indem er sich erhob und Fanny ansah, die nun, nachdem sie die Adler-Stellung aufgegeben hatte, ebenfalls wieder fest auf beiden Beinen stand, «daß ich auf einmal mit einer weißen Frau verheiratet war, die ich kaum kannte und die mir sehr rasch immer weniger weiß vorkam. Wir wurden treue Freunde und Verbündete und sind es bis heute geblieben.»

«Und du hast nie ... etwas anderes gewollt?» fragte Fanny lächelnd, aber getrieben von einer unersättlichen Neugier auf alles, was das Leben ihres Vaters ausmachte.

«Etwas anderes gewollt!» sagte Ola. «Das hätte ich nie gewagt. Mary Jane – warte nur, bis du sie kennenlernst! Ihr Blick allein kann einem schon weiche Knie machen.»

MARY JANE BRIDEN – allgemein Miss B. genannt – war tatsächlich eine perfekte Doppelgängerin von Joan Woodward in dem letzten Film, in dem Fanny sie gesehen hatte: der Geschichte eines Ehemannes, der sich in eine jüngere Frau verliebt, mit ihr ein heimliches Doppelleben führt und ein Kind hat und dann stirbt und es seiner Frau überläßt, mit dem ganzen Lug und Trug fertig zu werden. Sie hatte den gleichen breiten Mund, die gleichen flachen Zähne und dieselbe gleichbleibende, beherrschte Stimme, unter der für den Zuhörer allerdings die eine oder andere Schicht Hysterie zu ahnen war. Sie hatte kühle graue Augen. Ihr weißes Haar war zu einem Bubikopf geschnitten, der große Ähnlichkeit mit einer etwas schief sitzenden Perücke hatte, und in einer Art Enzianblau getönt.

«Ich war nicht bei Olas Beerdigung», sagte Miss B. «Ich konnte den Gedanken nicht ertragen, dazusitzen und mir anhören zu müssen, wie all diese Leute, die ihn haßten wie die Pest, salbadern, wie sehr sie ihn geschätzt haben und wie sehr er uns allen fehlen wird! Den Teufel wird er ihnen fehlen», sagte sie. Sie nahm einen Schluck aus dem Wasserglas mit Whiskey, das sie in der Hand hielt. «Vielen Leuten wird er fehlen, das stimmt. Jetzt ist niemand mehr da, der der Regierung Bescheid stößt, jedenfalls niemand, der eine gewisse Macht hat; die Frauen werden ja immer den Mund aufmachen und den Jungs sagen, was Sache ist ... Ich brauchte nicht zur Beerdigung zu gehen; Ola und ich, wir hatten schon Abschied genommen. Er ist hier gestorben, in meinem Haus. Wußten Sie das?»

«Nein», sagte Fanny, «das wußte ich nicht.»

«Er war mitten in den Proben für sein neues Stück, das über die schwarze und die weiße Mittelschicht in Olinka. Und über die Art und Weise, wie diese Leute mit dem Segen der Regierung dafür sorgen, daß die Klassenschranken das Land jetzt genauso strikt in Oben und Unten unterteilen wie unter den Weißen die Rassenschranken. Es sollte sein erstes richtig satirisches Stück werden, hat er gesagt.» Sie lachte. «Er hat immer behauptet, die Mittelschicht sei kein Gegenstand für ein ernsthaftes Drama, höchstens für eine Komödie und vielleicht auch nur für eine satirische Posse.

Davon sprach er auch gerade, als er den Herzinfarkt bekam. Ein harmloses Thema, könnte man meinen, aber ich vermute, daß dadurch sein eigenes Leben in Frage gestellt wurde.

Als wir ihn dann hierher ins Haus gebracht hatten – die Proben finden in der Turnhalle statt – und er dort auf dem Sofa lag, ja, genau da, wo Sie sitzen, da versuchte er immer noch, muntere Reden zu führen und Scherze zu machen. Aber ganz zum Schluß sagte er noch etwas sehr Ernsthaftes zu mir und zu den Schauspielern, die sich alle hier versammelt hatten. Er sagte, eben in diesem Moment werde ihm klar, wie endlos der ganze Kampf sei. Wie eine Zwiebel, lauter Schichten übereinander, und es stinkt, und man muß weinen, und jedesmal, wenn er anfange, ein Stück zu schreiben, merke er erstaunt und ein bißchen entmutigt, daß er nur zu einer neuen Schicht des ganzen stinkenden Übels vorgedrungen sei. Sie hätten so große Träume gehabt, seine Freunde und er, als sie sich den Mbele angeschlossen hatten. Sie hätten geglaubt, die Entmachtung der Weißen werde der krönende Abschluß ihres Kampfes für eine glückliche Zukunft des Landes sein. Statt dessen habe sich herausgestellt, daß sie erst der Anfang war. Kein geringer Anfang, das mache ihn froh. Aber eben nur ein Anfang.

Ihm sei inzwischen klargeworden, daß es nicht nur den Rassismus zu bekämpfen gelte, sondern auch Dummheit und Habgier, beides Übel, die die Menschheit leider schon sehr viel länger mit sich herumschleppe.» Miss B. schwieg einen Augenblick.

«Was ihn in den letzten Wochen vor seinem Tod besonders aufgebracht hat», sagte sie, um dann zuerst kurz die Lippen aufeinanderzupressen, als wollte sie lieber nicht fortfahren, schließlich aber doch weiterzusprechen, «das war das Gerücht, daß Westeuropa und die Sowjetunion heimlich Millionen Tonnen radioaktiven Müll an Dutzende armer afrikanischer Länder verkaufen, damit er dort vergraben wird, und daß zu diesen Ländern auch Olinka gehört.» Miss B. atmete tief durch. Sie sah Fanny an, um festzustellen, wie sie auf diese Hiobsbotschaft reagieren würde.

Fanny schossen Tränen des Schmerzes und der Wut in die Augen. Sie beruhigte sich keinen Moment lang damit, daß es ja vielleicht nur ein Gerücht war. Sie wußte sofort, daß es stimmte, genau wie Ola es wohl sofort gewußt hatte.

«Ola konnte es einfach nicht fassen, daß Afrikaner sich an einem Verbrechen beteiligen konnten, an dessen zerstörerischen Folgen ihr Kontinent und ihre Kinder und Kindeskinder lange, lange Zeit – letztlich bis in alle Ewigkeit – zu leiden haben würden», sagte Miss B. «Wenn es stimmt, waren der Ankauf und die Lagerung dieser Stoffe in seinen Augen ein noch schlimmeres Verbrechen an Afrika als der Verkauf von Afrikanern durch Afrikaner in den Zeiten des Sklavenhandels.» Miss B. sah Fanny an und richtete dann rasch den Blick durchs Fenster auf die Berge draußen. «Und die Motive der beteiligten weißen Staaten», setzte sie hinzu, «sind natürlich, wie immer, unsäglich niederträchtig.»

Fanny spreizte die Finger um den Rand des Sofapolsters, auf dem sie saß. Der Bezug war aus lohfarbenem Samt, wie das Fell eines Löwen. Sie dachte an Ola, wie er hier auf diesen Polstern gelegen und dabei noch gesprochen, vielleicht um Luft gerungen haben mochte.

«Wohin hat er geschaut?» fragte sie.

«Zum Fenster», sagte Miss B. «Er war oft hier und hatte seine Lieblingsplätze und Lieblingsaussichten. Er war ja mein Mann, vor dem Gesetz; wußten Sie das?»

Fanny nickte.

«Von diesem Sofa aus hat man einen ungehinderten Blick auf die Dgoro-Berge. Er liebte es, hier zu liegen, hinauszuschauen und über seine Stücke nachzudenken. Ich kochte dann oft Tee, und wir saßen einfach nur still da und tranken ihn.»

Fanny wischte sich eine Träne von der Wange. «Ihr Haar», sagte sie, nur um etwas zu sagen, «hat wirklich einen sehr ungewöhnlichen Blauton.»

«Ich weiß», sagte Miss B. lachend. «Aber ich kann Sie beruhigen: das ist nicht Natur. Ganz und gar nicht. Es ist eine Farbe, die ich schon immer geliebt habe, und als Malerin habe ich gelernt, sie selbst zu mischen. Das einzige, was ich an meinem alten Leben in Amerika wirklich mochte, war das tiefe Blau des Rittersporns in unserem Garten. Rittersporn wächst hier ja leider nicht, aber auf meinem Kopf macht sich die Farbe auch sehr gut. Sie gibt mir ein bißchen das Gefühl, daß ich ein

Rittersporn bin.» Sie lachte wieder. «Und meinen Schülern, vor allem den kleinen, die noch ganz neu bei uns und völlig verängstigt sind, noch nie irgendwo anders waren als hier auf diesen Vorstadtstraßen oder im Busch, gefällt sie. Sie mögen sie, weil sie so komisch ist. Wie ein Zebra auf zwei Beinen. Ich glaube, wenn uns Menschen etwas eigens als Spielzeug mitgegeben wurde, dann ist es unser Haar», sagte sie.

«Ich danke Ihnen für alles, was Sie meinem Vater gewesen sind», sagte Fanny. «Ich hätte mir im Leben nicht träumen lassen, daß mich je ein weißer Mensch, und noch dazu eine Frau, auf diese Art und Weise berühren könnte, so – zentral.»

Miss B. erwiderte Fannys forschenden Blick. Vielleicht merkte sie, dachte Fanny, was für einen gehemmten Blick Nordamerika sie gelehrt hatte, wenn es um andere Menschen ging, die möglicherweise weiß waren.

«Wir berühren einander ja alle, auf Arten und Weisen, von denen wir nichts ahnen», sagte Miss B. trocken.

«Ja», sagte Fanny. Sie erhob sich von dem lohfarbenen Sofa und schickte sich an zu gehen. Plötzlich spürte sie in ihren Kniekehlen die federnde Kraft der mageren Beine ihres Vaters. Sie schaute hinaus auf die Berge, die er geliebt hatte, und verabschiedete sich mit einem ehrfürchtigen Blick von ihnen.

Als sähe sie plötzlich Ola vor sich, nahm Miss B. sie in die Arme. Fanny war erschrocken und erfreut zugleich.

«Wie lange werden Sie in Afrika bleiben?» fragte Miss B.

«Ich muß bald abreisen», sagte Fanny. «Es gibt da einen Mann, drüben in Kalifornien, mit dem mich viel verbindet. Aber ich komme wieder. Vielleicht kommt er mit. Meine Schwester Nzingha will Olas Stücke inszenieren und wohl auch selber welche schreiben. Sie sagt, ich soll unbedingt zurückkommen und ihr helfen. Weil zwei Nzinghas besser sind als eine. Sie hat sich fest darauf eingestellt, auch vierzig Jahre lang gegen diese Regierung kämpfen zu müssen, so wie unsere Namensschwester damals gegen die Portugiesen.»

«Sie weiß, wovon sie redet», sagte Miss B.

«Glauben Sie, daß sie ihr schlimm zusetzen werden, wenn sie Olas Stücke aufführt?» fragte Fanny, indem sie sich stirnrunzelnd noch einmal umwandte.

Miss B. überlegte einen Moment. «Wohl eher nicht», sagte sie in ihrem tonlosen Amerikanisch. «Schließlich ist Ola tot. Seine Stücke werden davon, was die Haltung der Regierung angeht, eher profitieren. Um ihre Trauer über sein Hinscheiden zu demonstrieren und Eindruck bei seinen Freunden in aller Welt zu schinden, werden sie Nzingha vermutlich sogar bitten, zum Gedenken an ihn einige seiner Stücke zu inszenieren. Die, in denen es *nicht* um Besteuerung ohne politische Mitbestimmung geht, *nicht* um die Unterdrückung der Frauen, *nicht* um Gewalt gegen das Volk, *nicht* um die smarte Mittelschicht, *nicht* um die unwürdigen Lebensbedingungen der Armen, *nicht* um die Brutalität des Militärs, *nicht* um die Lagerung von Atommüll ... Hmm», sagte sie, «man darf wirklich gespannt sein, *was* sie aufgeführt sehen wollen.»

Fanny lachte. Diese Liste der verfemten Themen und die abschließende Bemerkung hätten auch gut von Ola kommen können.

«Wenn irgendwelche Stücke den Zorn unserer Zensoren – die allesamt mit Sicherheit noch nie im Leben ein einziges Theaterstück gelesen haben – auf sich ziehen werden, dann Nzinghas eigene. Oder Ihre, falls Sie sich entschließen, zurückzukommen und welche zu schreiben. Nichts ist für die männlichen Machthaber schlimmer, als mit dem konfrontiert zu werden, was die Afrikanerin weiß. Und es sich gleich von *zwei* Afrikanerinnen sagen lassen zu müssen!» Sie lachte.

«Hm», sagte Fanny, «das überzeugt mich! Bleibt nur noch eine Frage: Falls Nzingha und ich irgendwann Söhne und Töchter der mißliebigen Stücke unseres Vaters in die Welt setzen sollten, können wir sie dann in Ihrer Turnhalle aufführen?»

«Gewiß», sagte Miss B. Sie winkte Fanny lächelnd zu, als diese in einem der kleinen grauen Dienstwagen der Regierung davonfuhr. Wenn Fanny und Nzingha eines Tages ihre eigenen Stücke inszenierten, dachte sie, würde sie vielleicht auch eins schreiben. Zu ihrem eigenen Vergnügen. Nur für ihre Schüler und sich selbst. Nur um Nzingha und Fanny zu überraschen. Sie würde es vielleicht «Recuerdo» nennen, oder auch «Das kommende Zeitalter», oder vielleicht «Eleandra und Eleonora» oder «M'Sukta», oder «Die Wilde im Magazin», oder vielleicht «Zedé und Carlotta». Oder vielleicht – einfach nur «Carlotta».

HALLO, MEIN JUNGE.»
Es war Miss Lissies Stimme, aber tiefer und schwächer, *älter,* als Suwelo sie in Erinnerung hatte. Er regulierte die Lautstärke am Kassettenrecorder und setzte sich aufs Sofa, das Gerät vor sich. Links vom Sofa hatte er seinen Projektor aufgebaut und mit den Dias von Miss Lissies Bildern bestückt, die Mr. Hal ihm geschickt hatte. Wenn er zu Ende gehört hatte, wollte er sich die Fotos ansehen.

«Wenn du dieses Band hier bekommst», sprach Miss Lissies tiefe Stimme weiter, «bin ich schon woanders und jemand anders. Ich habe Hal gebeten, es dir zu schicken, aber erst nach meinem Tod, auf den ich mich schon beinahe freue, da ich ja weiß, daß er nicht das Ende ist, und da ich nun mal gern mit von der Partie bin, in welcher Gestalt auch immer. Trotzdem bedaure ich es, Hal verlassen zu müssen, und ich klammere mich an die Hoffnung auf ein Wiedersehen. Aber das ist auch alles, was ich bedaure, und ich glaube fest daran, daß wir uns wiedertreffen, und zweifellos schon bald. Denn Hal und ich, wir haben noch so viel zusammen vor, und obwohl wir schon so viele Jahre dabei sind und es wahrhaftig harte Arbeit war – wir haben doch gerade erst angefangen.

Erinnerst du dich an dieses Lied? Ich denke inzwischen, daß in Liedern die meiste Wahrheit steckt. Wenn es richtige Lieder sind, kein Tralala. Und manchmal steckt in Liedern sogar dann Wahrheit, wenn sie Tralala sind, aber es ist nicht die Wahrheit, von der die Sänger glauben, daß sie darin enthalten ist. Doch ehe ich von mir und Hal spreche, noch ein paar Bemerkungen zu dir.

Nachdem du uns im vergangenen Sommer verlassen hattest und nach Kalifornien zurückgekehrt warst, habe ich wieder an dich denken müssen und mir das Bild angeguckt, das ich von dir gemalt hatte. (Hal hat auch eins gemacht, das fast genauso aussieht.) Man sieht dich, wie du mitten unter all den schönen Dingen dieses Lebens – den Blumen, dem Korn, dem Efeu, den Bäumen, dem gastlichen Haus deiner beiden alten Freunde – daliegst und schläfst. Es war so, du *hast* geschlafen; von daher stimmen unsere Bilder, sind sie wirklichkeitsgetreu. Aber je öfter ich über dich nachgedacht habe, über die Zeit, die du in Rafes Haus verbracht hast, und die Zeit, die du mit uns zusammen warst, desto mehr habe ich überlegt, warum wir beide, Hal und ich, dich eigentlich als Schlafenden sehen und was dahintersteckt.

Sich an verstümmelte Menschen zu erinnern, indem man von ihnen spricht, ist hart, vor allem, wenn diese Menschen einst heil und schön waren. So ist es für dich mit deinem Vater. Der Krieg, die Zerstörung seiner Seele, der Verlust seines Arms. Die Folgen für deine Mutter, die daran kaputtgegangen ist. Was ich sagen will, Suwelo, ist: Es tut uns leid, Hal und mir, daß wir dich nicht ermuntert haben, mit uns über deine Eltern zu reden. Wir bedauern, daß wir dir nicht erzählt haben, an was wir uns erinnern – es ist leider nicht viel – und was wir gehört haben oder wissen. Wenn wir darüber nachdachten, kam es uns sehr merkwürdig vor, daß du nie über deine Eltern sprachst und auch nicht über diesen ‹Unfall›, der dich schon so jung zum Waisen gemacht hat. Ich weiß, daß du im Moment mit Fanny im Clinch liegst, und wir beide, Hal und ich, meinen auch, daß das jetzt die vordringliche Sache ist, an der du arbeiten mußt. Aber ein Teil der Arbeit, die du mit Fanny vor dir hast, ist die Arbeit an der Geschichte mit deinen Eltern. Du mußt sie dir zurückrufen, sie dir in Erinnerung rufen, *sie zu dir rufen.* Dir ins Bewußtsein rufen, wie sie gelebt haben, aber auch, wie und warum sie starben. Bis in jede Einzelheit, bis hin zur Marke und zum Modell des Wagens, in dem sie starben. Bis hin zur Frisur deines Vaters, zur Farbe des Kleids, das deine Mutter trug. Bis hin zu dem, was du gesehen hast, als du an ihren Totenbahren standest.

Wir, Hal und ich, hatten das Gefühl, daß du eine Tür zugeschlagen hast, um die Erinnerung und den Schmerz auszusperren. Eine sehr wichtige Tür. Und daß du schon davor zurückschreckst, auch nur den Schlüssel in die Hand zu nehmen, indem du die beiden Namen ‹Marcia› und ‹Louis› aussprichst. Und wir bitten dich dringend, diese Tür aufzuschließen, die Namen in den Mund zu nehmen, mit Fanny über deine Eltern zu sprechen, so oft und so offen wie möglich. Über alles, woran du dich erinnern kannst. Alles zu ihnen zurückzuverfolgen, was du in dir findest, und herauszufinden, was euch verbindet, dich und sie. Schließlich sind sie deine Befreiungsfront. Denn es ist wirklich so, Suwelo: Solange uns unsere Eltern nicht gegenwärtig sind, solange sie nicht in unser Bewußtsein eingetreten sind, bleibt uns so viel von uns selbst verschlossen. Es ist, als wäre unser Fleisch blind und taub und könnte sich selbst nicht wirklich fühlen. Wir verlassen uns nicht auf die Intuition, wir fürchten den Instinkt. Wir wissen nicht, worauf wir vertrauen sollen, weil uns die Erfahrung fehlt, etwas von uns außerhalb unseres eigenen Körpers vorgeführt zu bekommen. Genau aus diesem Grund tun adoptierte Kinder alles, um ihre richtigen Eltern zu finden. Und was noch wichtiger ist: die Türen zur Urvergangenheit, zum Urselbst, zum Ururstrom des Lebens selbst, bleiben uns verschlossen. Wenn das der Fall ist, dann stehen uns wichtige natürliche Gaben nicht zur Verfügung: es ist uns dann nicht gegeben, spontan zu lächeln, zu scherzen, Spaß zu haben, ernsthaft zu sein oder nachdenklich, gelöst zu sein.

Was Carlotta angeht, so ist die Aufgabe weniger schwer – vielleicht auch um so schwerer –, weil sie noch lebt. Ich weiß, du hältst es inzwischen für eine Sünde, den Körper eines anderen Menschen zu benutzen und dir dabei einzureden, bei diesem Menschen sei ‹keine Substanz dahinter›. Und damit hast du recht. Eine ‹Sünde› ist es, die Wirklichkeit eines anderen Menschen nicht wahrhaben zu wollen, nicht gelten zu lassen, wer und was er ist. Du kannst immer noch – und mußt um deinetwillen – zu ihr gehen und sie um Verzeihung bitten. Zeige ihr etwas von deinem eigenen Trauma, das wahrscheinlich auf das verlassene und leidende Gesicht deiner Mutter zurückgeht und auf die Angst, zuviel vom Schmerz der Frauen zu wissen. Erzähl ihr von dem, was du gelernt hast.

Das Wichtigste, wogegen wir angehen müssen, sind die Schranken zwischen uns und anderen – egal, ob diese anderen noch leben oder schon tot sind. Wir schotten uns gegen das ab, was uns weh tut, und glauben, uns so vor dem Schmerz verschanzen zu können. Aber langfristig leiden wir unter dieser Mauer, die uns daran hindert zu wachsen, mehr als unter dem Schmerz. Der Schmerz geht vorbei, wenn wir nur bereit sind, ihn auszuhalten. Er flutet über uns hinweg und verschwindet wieder. Die Erinnerung an den Schmerz hält an, aber er selbst, so wie er in dem Moment war, als wir meinten, wir müßten daran sterben, klingt früher oder später ab. Die Erinnerung ist alles, was von ihm bleibt. Mauern bleiben ewig. Sie setzen Moos an. Sie versperren uns den Weg zu anderen und zu abgeschnittenen Teilen unserer selbst.»

Miss Lissie räusperte sich.

«Ich rede so lange über diese Dinge, Suwelo, weil sie wichtig und wahr sind, aber auch deshalb, weil ich mich davor fürchte, dir zu erzählen, woher ich das alles weiß, dir zu sagen, was ich dir über mich zu sagen habe. Und das ist –» und hier holte sie tief Luft – «daß ich gelogen habe, als ich dir sagte, ich sei immer schon eine schwarze Frau gewesen und könnte mich nicht weiter zurückerinnern als ein paar tausend Jahre.

Natürlich war ich von Zeit zu Zeit auch eine weiße Frau, so weiß wie die Hälfte aller weißen Frauen allemal. Ich will dich nicht damit langweilen, dir in aller Ausführlichkeit zu erzählen, wie ich ganze Jahrhunderte damit zugebracht habe, herumzusitzen und zu überlegen, welche farbige Frau meinen Fußboden putzen sollte. Unsere Männer schleppten pausenlos welche an. Man legte sich am Abend bruder-, gatten- und vaterlos schlafen und konnte damit rechnen, daß am nächsten Morgen einer der Anwesenden wieder erscheinen würde, im Schlepptau eine ganze Reihe der elendesten Geschöpfe, die man je gesehen hatte. Schwarze, braune, rote. Manchmal sahen sie aus wie Mongolen oder Chinesen. Man wußte nie, aus welcher Ecke der Welt sie kamen. Und man erfuhr es auch nicht. ‹Hab dir ein bißchen Hilfe mitgebracht›, war das äußerste, was man je zu hören bekam, wenn der Heimkehrer sich seines Endes der Kette dort entledigte, wo er die Hunde anzubinden pflegte.

Gewöhnlich versah er noch rasch meinen Hals oder Arm mit irgendeinem Souvenir, einem Glitzerding von wilder Schönheit, das zweifellos Hexenwerk war, aber aus Silber oder, öfter noch, aus Gold. Danach war für ihn der Zeitpunkt gekommen, sich nach seinem Frühstück umzusehen.

Ich wußte, was sich für die Frau des Hauses gehörte. Ich raffte meinen Morgenmantel vorne zusammen und ging die Wilden inspizieren. Ich rümpfte dabei die Nase und deutete angeekelt auf ihre schmutzigen Haare. Sie waren so erschöpft, daß sie mich kaum anzuschauen vermochten.

Mit der Zeit begann das Ding an meinem Hals oder Arm, wenn *er* es nicht ins Pfandhaus trug, zu mir zu sprechen. Vor allem dann, wenn eine von *ihnen* es ansah. Erst nach Jahren begriff ich, daß sie wußten, da an meinem gleichgültigen, mageren oder fetten weißen Arm steckte all das, was sie und ihre Kinder je wieder von der Geschichte, Kunst und Kultur ihres Volkes sehen würden.»

Es folgte eine Pause. «Gold», sagte Miss Lissie nachdenklich, «der weiße Mann betet das Gold an, weil es die Sonne ist, die er nicht mehr hat.»

Es folgte eine weitere Pause, während derer Suwelo sich leicht nach vorn beugte und auf die stumm weiterspulende Kassette starrte. Es dauerte aber nur einen Moment, bis Miss Lissie schwer Atem holte, um dann weiterzusprechen.

«Ich will dir eine Geschichte erzählen», sagte sie. «Es ist auch eine Traumerinnerung, so wie das, was ich dir über mein Leben mit den Vettern erzählt habe. Diese ist aber noch dürftiger und blasser. Schwächer. Und das ist kein Zufall. Ich habe sie mit aller Kraft verdrängt. Trotzdem ist sie immer noch da, denn sie *ist* ich, genau wie die anderen Erinnerungen.»

Sie hielt inne, hustete und sagte: «Das hier ist schon sehr, sehr lange her.»

Suwelo lehnte sich gegen die Rückenpolster des Sofas, legte die Füße auf den Couchtisch und verschränkte die Hände hinter dem Kopf.

Von ihm aus konnte es losgehen, dachte er.

«Wir lebten am Rand eines riesigen Waldes», sagte Miss Lissie, «in Häusern, wie man sie zu jener Zeit hatte, leichten, luftigen kleinen Dingern aus Stroh, die man innerhalb einer Stunde gegen die Sonne errichten konnte und die doch etwas Kunstvolles hatten, wie ein Ameisenhaufen oder ein Spinnennetz. Meine Mutter war die Königin unserer Horde. Wir waren wenige, eine kleine Schar. Nie mehr als ein paar hundert, manchmal weniger. Aber meine Mutter war nicht das, was man sich heute unter einer ‹Königin› vorstellt. Nein, das wäre für sie etwas ganz und gar Unbegreifliches und Schreckliches gewesen. Sie war das, was Königinnen ursprünglich waren: eine weise Frau, eine Heilerin, eine Frau mit großer Erfahrung und seherischen Kräften, eine Frau, die von ihrer Mutter in allen Dingen gründlich unterwiesen worden war. Eine gute Frau, auf die die Sippe stets hörte.

Meine Mutter behielt mich immer in ihrer Nähe. Sie streichelte mich ständig und rieb meine Haut mit Salben ein, die sie aus gesammelten Beeren und Nüssen bereitet hatte. Als kleiner Junge fand ich nie etwas Sonderbares dabei, daß ich so viel mit meiner Mutter zusammen war, und es wurde mir auch nie langweilig. Ganz im Gegenteil. Ihr Seelentier war ein riesiger Löwe, der sich viel in ihrer Nähe aufhielt. Sie gingen überall zusammen hin. Dieser Löwe hatte auch eine Familie. Wir besuchten einander ständig, und die kleinen Löwenjungen freuten sich immer, wenn ich kam.

Für dich mag das seltsam klingen, Suwelo. Das mit den Löwen, meine ich. Aber es ist wahr. Das war vor langer, langer Zeit, als die Tiere noch keine Veranlassung hatten, uns zu fürchten, und erst recht keine, uns fressen zu wollen, weil ihnen dabei – schon bei der Vorstellung – nur übel geworden wäre. Der menschliche Körper galt den Tieren lange, lange Zeit als giftig.

Irgendwo in einem Bibelvers heißt es, daß eine Zeit kommen wird, da auf Erden Friede herrschen und der Löwe bei dem Lamm liegen wird. Ich kann nur sagen, das war schon einmal so, und der Leidtragende war am Ende der Löwe.

In den Zeiten, von denen ich spreche, begegneten die Menschen anderen Tieren so, wie sie heute anderen Menschen begegnen. Man lebte schließlich in enger Nachbarschaft. Man trank vom gleichen Wasser, lebte von der gleichen Nahrung, traf sich manchmal am selben Höhleneingang, wenn man hinausspähte, um zu sehen, ob der Regenguß endlich aufgehört hatte. Ich glaube, meine Mutter und ihr Seelentier kannten sich schon von klein auf, weil das fast bei allen so war. Bei allen Frauen, heißt das. Denn so seltsam es ist, nur die Frauen hatten Seelentiere. In der Horde der Männer gab es nichts dergleichen. Später lernten die Männer dann, indem sie es den Frauen und ihren Seelentieren, Gefährten, Freunden oder wie du sie nennen willst, nachzutun versuchten, den rohen Waldhund zu zähmen und das eine oder andere dieser Tiere dazu zu bringen, daß es mehr oder weniger seßhaft wurde und an ihrer Seite blieb. Wenn ich die Hunde roh nenne, meine ich damit nicht, daß sie so waren, wie wir uns heute wilde Tiere oft vorstellen: ‹rot an Zahn und Kralle›. Nein, sie waren roh, weil ihnen einfach die Feinfühligkeit abging, die viele andere Tierarten besaßen – vor allem die Löwen, aber auch die Elefanten und die Schildkröten, die Geier, die Schimpansen, die kleineren Affen, die Orang-Utans und die Riesenaffen. Sie waren opportunistische kleine Geschöpfe und von Grund auf faul. Es mangelte ihnen in einem bedauerlichen Maß an Würde und Selbstachtung. Und an Kultur.

Es war ein erhabener Anblick, glaub mir, wenn meine Mutter und Husa am Fluß spazierengingen oder darin schwammen. Er war so mächtig und so schön. Ich spreche von seinem Geist, seiner Seele. Es ist tragisch, daß heute niemand mehr weiß, was ein Löwe ist. Die Leute denken, ein Löwe sei eine Kuriosität im Zoo oder ein wildes Etwas, das es darauf anlegt, ihr übelriechendes Fleisch zu kosten, sobald sie in Afrika aus dem Auto steigen.

Aber das ist nichts als Unsinn und traurige Unwissenheit, wie das meiste ‹Wissen›, auf das ‹die Menschheit› so stolz ist. Meine Mutter war Königin auf Grund ihrer Weisheit, ihrer Erfahrung, ihrer Fähigkeit, zu lindern und zu heilen, auf Grund der ihr von Geburt an eigenen Feinfühligkeit und Umsichtigkeit und vor allem auf Grund ihrer Sanftmut, und das gleiche galt für Husa und seine Sippe. Sie waren nicht deshalb die Könige der Schöpfung, weil sie stark waren, sondern weil sie stark und zugleich sanftmütig waren. Sie machten niemals Gebrauch von ihrer gewaltigen Stärke, außer um die kranken oder verletzten Lebewesen auszusondern und zu fressen, was ihre Aufgabe innerhalb der Schöpfung war, so wie es die des Geiers ist zu fressen, was bereits tot ist.

Wir hatten damals schon Feuer. Ich sage das deshalb, weil es eine neue Erfindung war; die Großmutter meiner Mutter hatte noch keines gehabt. Husa und seine Familie kamen oft abends zu Besuch. Sie liebten das Feuer, und wir machten es uns dann alle bequem und bewunderten das Spiel der Glut und die Flammen bis in die Nacht hinein, um dann rasch einzuschlafen. Meine Mutter und ich schliefen dicht neben Husa, und sein heißer Körper wärmte uns in der Morgenkälte.

Ich war also nicht einsam, auch wenn ich manchmal merkte, daß andere Kinder mich sonderbar ansahen. Aber da sie Kinder waren, spielten sie trotzdem oft mit mir. Ich liebte diese Spiele. Sie bestanden häufig darin, etwas Neues zu essen zu finden. Dann streiften wir meilenweit durch die Gegend, auf der Jagd nach allem, was leicht zu erreichen und reif war. Mir schien, daß es um uns herum alles gab, was sich ein Geschöpf nur wünschen konnte, und mehr als genug für zwanzig Menschen- und Tiersippen wie die unsere. Ich wünschte, die Welt von heute könnte die Welt von damals sehen. Sie sähe die ganze große Schöpfungsfamilie einen riesigen Pflaumenbaum hinaufklettern. All die kleinen braunen und schwarzen Menschen – ich hatte mich ja noch nicht als anders wahrgenommen –, die Affen, die Vögel und jene kleinen Dingelchen, die es heute nicht mehr gibt und die leuchtendgrün waren und wie eine Kreuzung zwischen Stinktier und Eichhörnchen aussahen. Sie sähe uns, wie wir uns mit Pflaumen vollstopfen – kleinen, süßen, leuchtendgelben Früchten. Husa ließ uns dabei auf seinem Rücken stehen, damit wir an die hohen inneren Äste herankamen. Wenn wir lange vor uns hin aßen, pflegte er gähnend dazuliegen, und sobald wir satt waren, begann ein Spiel, das vor allem von den Affen ausging und darin bestand, Pflaumen in Husas gähnendes Maul zu werfen. Es war seltsam: so schnell wir die Pflaumen auch in sein Maul warfen, Husa schluckte keine einzige und bekam auch keine in den Hals. Er konnte nämlich seinen Zungenrücken hochziehen wie eine Klappe, und die Pflaumen prallten alle daran ab.

Was geht nicht einmal zu Ende, Suwelo? Nur das Leben selbst, sagt meine Erfahrung. Alles Schöne, was an eine bestimmte Zeit und einen bestimmten Ort gebunden ist, geht zu Ende. So war es auch in meinem Fall. Ich kam in das Alter, in dem von mir erwartet wurde, daß ich mich mit einer Gefährtin zusammentat. In unserer Sippe war das nicht nur die Initiation ins Erwachsenenleben, sondern auch der Beginn der Trennung von der Horde der Frauen – jedenfalls der Trennung vom täglichen Leben in ihrer Gemeinschaft, das ja bis dahin das einzige Leben war, das wir kannten. Wenn der Mann sich mit einer Gefährtin zusammengetan hatte und ihr geholfen hatte, ein Kind zu empfangen, ging er zu den Männern, um dort zu leben. Das war aber nicht weiter schlimm, da das Lager der Männer nie weiter als eine halbe Tagesreise von unserem entfernt war und zwischen beiden Horden ein reger wechselseitiger Besuchsverkehr herrschte. Warum taten sich Männer und Frauen nicht ständig zusammen? Es kam einfach niemand auf die Idee. Wer so etwas vorgeschlagen hätte, wäre nur ausgelacht worden. Es gab keinen Grund, sich ständig zusammenzutun, da jeder Verband sich mit der Lebensordnung, so wie sie war, zufrieden zeigte. Außerdem machten wir alle – Menschen wie andere Tiere – gern Besuche. Um ehrlich zu sein, wir liebten es. Es war unser Fernsehen. Und deshalb war es gut, andere Menschen und andere Tiere zu haben, die man besuchen konnte.

Obwohl mir der Gedanke schrecklich war, meine Mutter zu verlassen, wußte ich doch, daß ich sie weiterhin sehen können würde, so oft ich wollte, und ich wußte auch, daß die Männer der Männerhorde bereit waren, mir Vater zu sein. Denn niemand hatte einen bestimmten Vater. Das war gar nicht möglich, weil die Frauen sich ihre Liebhaber frei wählten. Die Männer fanden daran nichts befremdlich, nicht mehr als die Frauen. Warum sollten sie auch? Die Liebe galt als eins der schönsten Dinge im Leben, für Männer wie für Frauen; da mußte sie natürlich frei sein. Verstehst du jetzt, was ich vorhin über Lieder gesagt habe?» Miss Lissie lachte leise in sich hinein. «Und außerdem: wenn ein junger Mann in die Horde der Männer kam, dann hatten sie endlich – wenn auch spät genug – Gelegenheit, jemanden zu bemuttern. Bevatern *ist* nämlich bemuttern.

Es gab ein Mädchen, das ich gern hatte und das mich auch gern hatte. Es war ein Wunder. Und als der richtige Zeitpunkt da war, der Tag vor Vollmond, da wurden sie und ich zusammen zum Pflaumenpflücken geschickt. Ich erinnere mich ganz genau an den Tag: an die Wärme der Sonne auf unseren nackten Körpern, den feinen Staub, der unsere Füße bedeckte ... Ihr kleines Seelentier, eine Schlange, glitt neben uns her. Die Schlangen waren damals anders als heute, Suwelo. Natürlich, fast alles, was früher einmal frei war, ist heute anders. Ihr Vertrauter, den meine Freundin Ba rief, war etwa so dick wie der Arm eines schlanken Menschen und hatte kleine, rädchenartige, ausfahrbare Füße, auf denen er sich aufrichten und durch die Gegend schwirren konnte, wie manche dieser Wesen, die man in Comics sieht. Er konnte sie aber auch einziehen und sich so bewegen, wie es die Schlangen heute tun. Außerdem hatte er auch noch ausklappbare und wieder einziehbare Flügel, da alle Schlangen, die wir damals kannten, fliegen konnten. Er war ihr ein wunderbares Seelentier, und sie hatte ihn sehr gern und unterhielt sich die ganze Zeit mit ihm. Ich erinnere mich noch genau an die ganz besonders gewundene und schlängelige Spur, die Ba in seiner Vorfreude auf die Pflaumen im Staub zurückließ ... Und später war dann der köstliche Geschmack sonnenwarmer Pflaumen in unseren Mündern, und wir schwatzten alle drei munter drauflos und aßen und waren sehr glücklich.

Aber mein Glück, unser aller Glück, dauerte nicht lange. Ich hielt schließlich meine Freundin in den Armen, und eine ihrer kleinen schwarzen Brustwarzen, so süß wie die süßeste Pflaume und so ähnlich den Brüsten meiner Mutter, war in meinem Mund, und ich war in ihr. Es war all das, was ich mir immer erträumt hatte, und viel mehr, als ich mir erhofft hatte. Aber für sie war es wohl nicht dasselbe. Als ich aufwachte, war sie hellwach. Sie saß einfach nur still da und streichelte Ba, der träge seine volle Leibeslänge um ihre schönen Knie ringelte. Die Sonne stand noch immer über den Baumwipfeln, denn ich erinnere mich, ihr Licht war golden, von strahlender Kraft, aber ich konnte zusehen, wie sie verschwand.

Und als ich dann auf mich heruntersah, merkte ich, daß sie mich, während ich geschlafen hatte, am ganzen Körper mit der Mixtur aus dunklen Beeren und Nußfett eingerieben hatte, die meine Mutter immer nahm und die, wie mir klar wurde, unter dem Pflaumenbaum versteckt gewesen war. Und zum erstenmal konnte ich jemand anderen als meine Mutter fragen, wozu sie gut war. Meine Mutter hatte mir gesagt, sie solle meine Haut kräftigen und vor der Sonne schützen. Also fragte ich meine Freundin. Und *sie* sagte, sie solle bewirken, daß ich mehr wie alle anderen aussähe.

‹Weißt du, du siehst aus, als ob du gar keine Haut hättest›, sagte sie. ‹Aber du hast doch eine.›

Das war ein Schlag für mich, zumal es kam, nachdem wir uns eben zum erstenmal geliebt hatten. Es klang wie der Hinweis auf einen abstoßenden Makel, den ich gerade zu diesem Zeitpunkt, am Vorabend meiner Aufnahme in den Stamm der Männer, besonders schlecht brauchen konnte. Ich dachte sofort: Werden sie mich auch so sehen?

Sie nahm mich sanft bei der Hand, und wir gingen zu einem spiegelklaren Wasserloch ganz in der Nähe. Wir hatten hier oft gebadet. Sie schöpfte eine Handvoll Wasser und schrubbte mir kräftig das Gesicht damit. Wir beugten uns beide über das Wasser, und da war meine Freundin, die nicht viel anders aussah als meine Mutter und ihre Mutter und die Schwestern, Brüder und Tanten im Dorf – alle braun und schwarz mit großen, dunklen Augen. Und da war ich – ein Gespenst. Nur wußten wir nichts von Gespenstern, deshalb konnte ich diesen Vergleich nicht anstellen. Ich sah tatsächlich aus, als hätte ich keine Haut.

Zum erstenmal sah ich, daß ich anders war. Ich erschrak vor mir selbst und schrie auf. Ich drehte mich weinend um und rannte weg. Meine Freundin kam hinter mir hergelaufen. Sie hatte mich nicht verletzen wollen. Sie hatte von meiner Mutter die Aufgabe übernommen, mich einzusalben, und versuchte nur, ehrlich zu sein und mir zu helfen, der Wahrheit ins Auge zu sehen.

Ich hatte nur den einen Gedanken, mich zu verstecken – samt meinem Haar, das wollig war, aber blaßgelb, wie Stroh im Spätsommer, meinen kieselfarbenen Augen und meiner Haut, die gar keine Farbe hatte. Ich rannte zu einer Höhle, die ich kannte, unweit des Pflaumenbaums. Ich warf mich auf den Boden und weinte und weinte.

Sie kam hinter mir hereingestürzt, den Brei aus Beeren und Nußfett in einem Behälter aus Bambusrohr in der Hand. Sie versuchte, mit mir zu reden, mich zu beruhigen, mich mit dem Zeug einzureiben. Ich schlug es ihr aus der Hand, daß es über den Erdboden rollte. Bei dieser Bewegung fiel mein Blick zufällig auf mein Glied, und ich sah, daß sich die Farbe, die es vorher gehabt hatte, durch die Bewegung unserer Körper abgerieben hatte. Der Anblick war mir peinlich. Ich lief hinaus aus der Höhle, riß die erstbesten Blätter ab, die ich sah, und bedeckte mich hastig damit.

Aber dann merkte ich, daß ich meinen ganzen Körper bedekken mußte, nicht nur meinen Penis. Meine Freundin lief immer noch hinter mir her und versuchte, mich zu trösten. Sie weinte genauso heftig wie ich und schlug sich auf die Brüste. Diese Art zu klagen hatten wir von den Riesenaffen gelernt, die uns beibrachten, Traurigkeit in unserer Umgebung zu spüren und sie dem Leidtragenden sichtbar und hörbar widerzuspiegeln. In dem Moment aber widerte mich dieses Verhalten an. Ich nahm einen Stock und verscheuchte sie. Sie war so entsetzt, als sie mich den Stock schwingen sah, daß sie ihr ganzes Mitgefühl schlagartig zu vergessen schien und davonlaufen wollte. Doch als sie sich umdrehte, um loszurennen, sah ich, wie ihr Seelentier, das ihre Furcht bemerkte und auch erkannte, woher sie rührte, seine krallenbewehrten Füßchen und seine Flügel ausfuhr und auf mich zuschoß. In meiner Wut versetzte ich ihm einen Schlag mit meiner Keule. Ich schlug so grimmig zu, daß ich ihm das Genick brach, und es fiel ohne einen Laut auf den Boden. Ich konnte nicht glauben, daß ich das getan hatte. Meine Freundin auch nicht. Sie kam trotz ihrer Angst zurückgerannt, fuhr mit den Armen unter Bas zerschmetterten Körper und hob ihn auf. Das letzte, was ich von ihr sah, war ihr schmaler, nackter, dunkelbrauner Rücken, neben dem Bas Schwanz, der sich schon zu verfärben begann, in schlaffen Windungen herabbaumelte.

Ich stieß nie zur Horde der Männer. Ich kehrte nie zu meiner Mutter zurück. Das einzige vertraute Wesen aus meiner Kindheit, das ich je wiedersah, war Husa. Vielleicht kam er meiner Mutter zuliebe, um nach mir zu sehen. Er fand mich in einer Höhle, wo ich mich verkrochen hatte, weit, weit weg von unserem Lager, mit langen, filzigen gelben Locken, die fast wie seine aussahen, und vor Schmerz halb irrem Blick. Er kam zu mir, legte mir eine warme Pranke auf die Schulter und atmete mir sanft ins Gesicht. Bei dem Geruch wäre ich beinahe ohnmächtig geworden vor Liebe und Heimweh. Dann machte er sich daran, mich mit seiner weichen, warmen Zunge von Kopf bis Fuß abzulecken, so ausgiebig, wie er seine Jungen säuberte. In der Nacht, als ich neben Husa schlief, wurde mir klar, daß er der einzige Vater war, den ich je gekannt hatte und wohl auch je kennen würde. Und ich hatte das Gefühl, daß ich meine Mutter verlassen hatte, um mich schließlich doch den Männern anzuschließen.

Natürlich konnte Husa nicht für immer bleiben. Aber er blieb lange genug. Lange genug, um mit mir ausgedehnte Streifzüge zu unternehmen, genau wie mit meiner Mutter. Lange genug, um mit mir am Feuer zu liegen – das er, wie ich wußte, liebte, und das anzufachen ich mich deshalb zwang. Lange genug, daß wir miteinander Sonnenaufgänge und Sonnenuntergänge erleben und riesige Bäume und lieblich duftende Sträucher bewundern konnten. Denn Husa wußte in diesem Königreich, in dem er lebte, alles zu würdigen, auch noch die kleinste Kleinigkeit. Er lehrte mich, daß es noch eine andere

Art gab, auf der Welt zu sein, ohne seinesgleichen um sich. Er versöhnte mich sogar mit dem Gedanken, daß es ‹meinesgleichen› vielleicht gar nicht gab. Und obwohl ich meine Mutter schrecklich vermißte, war ich mir sicher, daß ich nie mehr zurückgehen würde. Es schmerzte mich zu sehr zu wissen, daß alle in unserer Horde immer schon, vom Tage meiner Geburt an, gemerkt hatten, daß ich anders war als alles, was je gelebt hatte.

Eines Tages brachte mir Husa die Überreste seiner Beute, ein blutiges Fell. Mit einem Stein schlug ich es so zurecht, daß ich es mir umhängen konnte. Ich fand einen Stab, auf den ich mich bei meinen Fußmärschen stützen konnte und der jetzt ‹mein Volk› darstellte.

Husa ging weg.

Und ich machte eine entmutigende Entdeckung. Das Fell, das Husa mir geschenkt hatte und mit dem ich mich so viel besser bedecken konnte als mit Rinde oder Blättern, weil ich es mir so umbinden konnte, daß es hielt, erschreckte alle Tiere, mit denen ich in Berührung kam. Vergebens versuchte ich zu erklären, wie ich dazu gekommen war und wie sehr ich es brauchte. Daß es ein Geschenk war, ein Beuteüberrest von Husa, dem Löwen, der keinem Geschöpf etwas zuleide tat und nur der erlösende Engel für die war, die den Tod herbeisehnten. Aber welches Tier konnte schon dieses neue Etwas begreifen, das ich war? Ein Lebewesen, das eine eigene Haut hatte – denn wenn ich auch enthäutet aussah, konnten sie doch riechen, daß ich es nicht war – und dennoch mit einer Haut herumlief, die einem von ihnen gehört hatte? Sie mieden mich wie die Pest. Und ich war viele Jahre ganz allein, bis ich in meiner Verzweiflung den Wurf einer wilden Hündin raubte und mir so Gesellschaft verschaffte.»

Das band lief weiter und weiter, ohne Miss Lissies Stimme. Suwelo erhob sich vom Sofa und spähte ins rotierende Innere der Kassette. Er wollte sie gerade stoppen, um nachzusehen, ob sie umgedreht werden mußte, als Miss Lissies Stimme wiederkam. Sie klang jetzt irgendwie ausgeruhter, so, als hätte sie eine längere Erholungspause hinter sich.

«Du wirst dich vielleicht fragen», sagte sie, «warum ich diese Erinnerung verdrängt habe. Ich habe übrigens keine Ahnung, was weiter aus mir und aus meinem Hund wurde. Es ist kaum vorstellbar, daß meine Mutter nicht nach mir suchte, mich nicht irgendwann fand. Daß ich den Rest meines Lebens dort in der Höhle zubrachte, ohne Gefährtin. Vielleicht kam meine Freundin ja zu mir, und vielleicht brachte sie auch unser Kind mit, das sicher sehr eigenartig aussah. Denn sie liebte mich ja, daran bestand für mich kein Zweifel, und vielleicht gründeten wir einen eigenen Stamm. Das ist jedenfalls *meine* Phantasie.» Sie lachte. «Und auch die Phantasie, auf der das Alte Testament basiert», sagte sie, «nur daß dort nicht die Rede davon ist, wie vertraut wir mit den anderen Tieren waren, und auch nicht davon, daß alle anderen Angehörigen meiner Sippe braune oder schwarze Haut hatten.

Ich will dir sagen, warum ich diese Erinnerung verdrängt habe. Ich habe es wegen Hal getan. Aber da ist noch etwas anderes, Suwelo. Das ist nämlich nicht das einzige Leben, das mir entglitten ist, oder besser vielleicht, das ich abgestoßen habe. In jedem Leben habe ich mich gezwungen gesehen, das Wissen um andere Daseinsformen, andere Leben, über Bord zu werfen. Die Zeiten heute sind kein bißchen so wie die alten Zeiten, gar nicht. Die Zeit der Schrift ist so anders als die viel, viel längere Zeit, in der es keine gab. Sogar die Augen der Menschen haben sich verändert. Die Zeit, seit wir nicht mehr eins mit der Erde sind, ist so anders als die viel, viel längere Zeit, in der wir ihr verbunden waren wie ein Kind der Mutter, wenn es an ihrer Brust liegt. Kannst du dir das vorstellen, eine Zeit, in der es so was wie Schmutz gar nicht gab? Für andere Leute ist es schwer, sich die Dinge, an die ich mich erinnere, überhaupt vorzustellen. Selbst Hal, der verständnisvollste Weggefährte, den man sich denken kann, jedenfalls bis zu einer gewissen Grenze, konnte mir auf manchen der alten und uralten Pfade, die ich kenne, nicht mehr folgen. Ich habe mein Leben lang immer wieder Erinnerungen hinuntergeschluckt und für mich behalten und nur die von mir gegeben, bei denen eine Chance bestand. Nicht die Chance, daß mir meine Geschichte geglaubt würde – denn wirklich geglaubt hat mir nie jemand; zumindest ist das mein Gefühl, ein bitteres zumeist –, aber die, daß andere es sich wenigstens vorstellen, ausmalen könnten.

Suwelo, ich bin nicht nur schon ein Mann gewesen und obendrein weiß, was ich dann später noch öfters war, sondern ich war auch mindestens einmal selbst ein Löwe. Das ist eine der Traumerinnerungen, die so löchrig und ausgefranst sind, daß sie mir vorkommen wie ein alter, mottenzerfressener Schal. Aber manchmal spüre ich noch die Sonne auf meinem Fell, die Zecken in meiner Mähne, die saftpralle, warme Masse meiner Zunge. Ich rieche die verletzten, sterbenden Bruderwesen, die durch mich den Tod ersehnen. Ich fühle, wie ich losschnelle und mein Bauch sich streckt, wenn ich sie anspringe und mit einem barmherzigen Schlag betäube. Ich schmecke das süße Blut, wenn ich meine Zähne in ihr bebendes Genick schlage und es augenblicklich und schmerzlos breche. All dieses Wissen, diese Erinnerung, sitzt gleich hinter meinem Denken.

Aber am besten erinnere ich mich an eine Zeit, die einiges später gewesen sein muß als das Leben, in dem ich Husa kannte. Es war eine schreckliche, wirre Zeit, obwohl sie als die friedliche Ewigkeit, die wir alle kannten, begonnen hatte. Genau wie Husa war ich mit einer jungen Frau und ihren Kindern befreundet. Wir wuchsen zusammen auf und besuchten oft zusammen unsere Lieblingsplätze im Wald oder schauten, wenn es dunkel war, gemeinsam ins Feuer. Aber mit dieser Art zu leben sollte bald Schluß sein, denn als ich ausgewachsen war und so groß, wie Löwen werden, war es irgendwie dahin gekommen, daß sich die Horde der Männer und die der Frauen zusammengetan hatten. Und beide hatten ihre Freiheit verloren. Die Männer ließen es sich jetzt angelegen sein, für alle zu bestimmen, was zu tun und zu lassen war, und das bedeutete das Ende ihrer freien, ungestörten, beschaulichen Tage im Männerlager. Die Frauen verloren – zum einen, weil sie sich dem Kommando der Männer unterordneten, aber vor allem, weil sie in ihren Gefühlen von dem einen einzigen Mann abhängig wurden, von dem sie neuerdings, wie es das Männergesetz bestimmte, alle ihre Kinder empfangen mußten – ihre Wildheit, die Gabe, sich selbstverständlich auf der Erde zu bewegen, die sie mit den übrigen Tieren teilten.

Nachdem die Horden sich zusammengetan hatten, setzten die Männer durch, daß sie allein die Vertrauten der Frauen wurden. Sie brachten ihre Hunde mit und hetzten sie auf uns. Das war eine schlimme Zeit für die Frauen und auch für uns andere Lebewesen. Wer konnte denn ahnen, daß die Männer den Drang hatten, uns vom Feuer der Frauen zu vertreiben? Aber genau das taten sie. Ich erinnere mich noch genau an den Mann und den Hund, die mich verjagten. Der Mann hatte eine große Keule in der einen Hand und in der anderen einen langen, angespitzten Stock. Und ich weiß noch, wie traurig es mich machte, meine Freundin und ihre Kinder, die bitterlich weinten, verlassen zu müssen. Ich glaube, ich wußte, daß wir eine der ganz großen Umwälzungen des Lebensgefüges auf der Erde miterlebten, und das stimmte mich sehr traurig, aber auch sehr nachdenklich. Ich wußte aber zu der Zeit noch nicht, daß der Mann in seiner Wut und seiner Eifersucht auf uns anfangen würde, uns nachzustellen, uns zu töten und zu essen, unsere Häute, unsere Zähne und unsere Knochen am Leib zu tragen. Nein, auch das zynischste Tier wäre darauf nicht im Traum gekommen. Wir sollten schon bald alles vergessen: die gastliche Aufnahme am Feuer der Frau; ihre Sprache; ihre muntere, freundliche Art; ihren herben Geruch und die schmuddelige

Wärme ihrer Kinder. Unsere ganze Freundschaft sollte vergessen sein, und ihr sollte niemand mehr bleiben, dem armen Ding, außer dem Mann, der nach seinem Essen schreien und ihre Freunde umbringen würde und dessen ‹bestem Freund›, seinem gezähmten Seelentier, seinem Ersatz-Vertrauten, seinem Hund.

Arme Frau!

Aber um ehrlich zu sein, Suwelo, ich ging ohne Bedauern. Weil ich ein Löwe war. Und weil dem Löwen der Friede heilig ist, mehr als alles andere auf der Welt. Ich sah, daß Mann und Frau, nun da sie sich zusammengetan hatten, ewig miteinander hadern würden, und damit wollte ich nichts zu tun haben. Ich wußte, daß sich der Mann, selbst wenn er uns erlaubte, weiter am Feuer der Frau zu liegen, fortan furchtbar aufspielen würde und daß die Frau, weil sie eben eine Frau war, regelmäßig mit Töpfen und Pfannen um sich werfen würde; so würde es ewig gehen. Eine unerträgliche Vorstellung für einen Löwen: laute Geräusche, jähe Verhaltensumschwünge, zorniges Geschrei, Bosheit. Kein Löwe konnte das ertragen. Wir sind nämlich von Natur aus gewaltlos, friedlich und ruhig. Und vor allem stets fair. Ich wußte, das würde in diesem Fall unmöglich sein, denn wir Tiere, mit Ausnahme des rohen Hundes, mochten allesamt die Frau lieber und wären deshalb immer ihr beigesprungen. Wir Löwen fanden, daß man unter allen Umständen Würde bewahren mußte. An der Seite des Mannes, so wie er geworden war, mußte die Frau ihre Würde und Integrität verlieren. Es war eine Tragödie. Aber wir Löwen waren nicht bereit, dieses Schicksal zu teilen.

In den nachfolgenden Zeiten zogen wir Löwen uns immer weiter von den Menschen zurück, auf der Suche nach Frieden. Es gab Stämme, mit denen wir weiter Beziehungen unterhielten, indem wir sie lehrten und sie von uns lernten. Was lernten sie? Sie lernten, daß man, statt gegen seinesgleichen in den Krieg zu ziehen, besser seine Habe packt und sich vom Schauplatz der Auseinandersetzung entfernt. Daß, wo Raum zum

Rückzug ist, ein Leben in Frieden möglich ist. In Südafrika leben noch heute Stämme, zwischen denen es seit tausend Jahren keine Konflikte gegeben hat. Das haben sie von den Löwen gelernt.

Jahrtausendelang kannte und schätzte alle Welt unser Wesen. Wir waren – als interessanter Besuch, duldsame Spielgefährten, hervorragende Zuhörer und nachdenkliche Lehrer – gewissermaßen die guten ‹Onkel› und ‹Tanten› der Menschensippe, die glücklicherweise lange, lange keinen Anlaß fand, uns als separate, andere Wesen zu betrachten. Erst ganz allmählich verblaßten wir – das heißt, das, was die Menschen vorher über uns gewußt hatten – zum Mythos. Die letzten, die noch wirklich um unser Wesen wußten, sind selbst längst ins Reich der Sage eingegangen, aber ehe sie ganz verschwanden, haben sie wenigstens noch die Sphinx errichtet... Und außerdem –» Miss Lissie kicherte – «gibt es da noch diese Geschichten von den frei umherstreifenden Löwen, die Besucher des Palastes von Haile Selassie in Äthiopien immer wieder in Angst und Schrecken versetzten. Niemand aus diesem alten Geschlecht kam je auf die Idee, daß Löwen irgend etwas anderes sein sollten als frei. Rastas, die den Weg bis in den Palasthof fanden, erschraken über die Begegnung mit einem dieser Löwen – ihrem alten Totemtier, das dort genauso frei herumspazierte wie sie selbst – manchmal so sehr, daß ihre Dreadlocks senkrecht in die Höhe standen.

Und schließlich sind da natürlich Geschichten, die sozusagen... vermitteln», fuhr Miss Lissie fort, «ich meine, zwischen den alten und den heutigen. Zum Beispiel ‹Androklus und der Löwe› und ‹Daniel in der Löwengrube›, aber an diesen Geschichten kannst du sehen, daß sich damals schon niemand mehr in die Löwen hineinversetzen konnte. Für den Löwen, dem Androklus den Dorn aus der Tatze zog, wäre es undenkbar gewesen, dem Freund weh zu tun. Das war einfach ganz und gar ausgeschlossen, Punktum, ob er das verdammte Ding nun herauszog oder nicht. Und genauso bei Daniel. Obwohl es den Römern Spaß machte, die Löwen so zu quälen und so gemein zu behandeln, daß sie in ihrer Wut und ihrem Hunger unter dem tosenden Jubel der Menge über die unglücklichen Christen herfielen, würden die Tiere doch, wenn sie nur die kleinste Chance gehabt hätten, sich zu besinnen, niemals etwas auch nur im entferntesten gewaltsam zu Nennendes getan haben. Obwohl man sie fast bis zum Umfallen aushungern hatte lassen, konnte Daniel sicher und ruhig schlafen, den Kopf auf eine Löwenflanke gebettet. Zumal sie der eklige Geruch von Daniels giftigem Fleisch ohnehin gestört hätte.

Weißt du», sagte Miss Lissie, deren Stimme jetzt wieder ermattete, «es gab nur zwei Dinge auf der Welt, die Hal wirklich fürchtete. Die Weißen, vor allem weiße Männer, und Katzen. Die Furcht vor dem weißen Mann war natürlich begründeter als die vor den Katzen, aber für Hal waren beide Ängste ganz und gar real. Man konnte ihn jederzeit in die Flucht jagen, wenn man ihn nur bat, eine Katze zu halten. Und er hat sein ganzes Leben so arrangiert, daß Begegnungen mit weißen Männern allenfalls noch zufällig vorkamen weit außerhalb seines Privatbereichs. Wie hätte ich ihm da alles erzählen können? Hal ist inzwischen wie ein Sohn für mich; ich könnte es nicht ertragen, wenn er mich hassen würde. Denn so eine Angst, wie Hal sie hat, *ist* Haß.

Und deshalb habe ich ihm nie davon erzählt. Was hätte ich denn sagen sollen? *Yo,* Hal, ich war auch schon mal ein weißer Mann, mehr als einer sogar; wahrscheinlich sind sie noch immer da in mir drin. *Yo,* Hal, und einst war ich eben auch eine riesige Katze.»

Miss Lissie kicherte. Begann dann zu lachen und hörte gar nicht wieder auf. Suwelo lachte auch. Ihr Lachen war das letzte, was auf dieser Seite der Kassette zu hören war.

«Aber wenn du jemanden liebst, willst du, daß er alles über dein Innerstes erfährt, oder, in meinem Fall», sagte Miss Lissie, und Suwelo sah sie vor sich, wie sie sich, noch immer lächelnd, die Augen auswischte, «über deine *Innersten.* Aber ich hatte

Angst. Als Henry Laytrum mit den Bildern ankam, auf denen ich fast so weiß war wie ein Gespenst und mein Haar gebleicht aussah und meine Augen wie ausgewaschen, da habe ich sie alle zerrissen und behauptet, der Film sei nicht in Ordnung gewesen. Und als er andere Bilder machte, auf denen ich so katzenhaft aussah, genau wie Dorothys Gefährte im *Zauberer von Oz*, da habe ich auch die zerrissen. Vielleicht gibt es immer einen Teil von uns selbst, den wir verstecken, verleugnen, absichtlich abtöten.

Aber wie lieben wir einen Menschen, wenn er sogar diesen hassenswerten Teil von uns gutheißt! Und weil er diese abgespaltenen Teile meiner Erinnerung guthieß, habe ich deinen Onkel Rafe geliebt. Rafe hatte, im Unterschied zu Hal, vor niemandem Angst. Für ihn waren die Weißen die bemitleidenswertesten Geschöpfe, die es je gegeben hat. Wer über andere Menschen herrscht, sagte er, ist automatisch vom Leben abgeschnitten. Und wenn einer dann noch versucht, über farbige Menschen zu herrschen, die doch, wie jeder sehen kann, das Leben in Person sind! Es verblüffte ihn mehr, als es ihn ärgerte, wenn ihn Weiße, die ansonsten ganz intelligent aussahen und handelten, ‹Boy› nannten oder ‹Nigger›. Er erhoffte sich immer ein bißchen mehr von ihnen, als er je bekam. Das lag daran, daß er in ihnen jederzeit etwas von sich selbst sehen konnte. Wenn sie dagegen ihn ansahen, sahen sie nur... Er hat sich oft gefragt, *was* sie in ihm sahen, *was* sie sich zu sehen gestatteten. Waren sie denn ganz und gar blind für sein Wesen, so wie er blind für das einer Fliege war? Ihm erschien ihr ständiges Bestreben, uns zu ‹zivilisieren›, in Wahrheit als der Drang, uns genauso blind und gefühllos zu machen, wie sie es waren.

Rafe habe ich alles erzählt, und er nahm mich im Sommer mit hinauf in den Norden, nach Kanada, damit ich unter Weißen sein konnte, und er ging mit mir in mehr Zoos, als ich dir aufzählen mag. Das war einfach ein Bestandteil seiner Liebe zu mir, daß er mich an die Orte führte, vor denen ich am meisten Angst hatte. Du kannst dir nicht vorstellen, was für ein Gefühl das war, als ich mich zum erstenmal in einem Restaurant zum Essen setzte, das voller Weißer war, die uns nur anstarrten und miteinander flüsterten, aber nicht, wie sie es im Süden getan hätten, sofort ankamen, um uns rauszuschmeißen oder vielleicht zusammenzuschlagen oder gar zu lynchen.

Ich weiß noch, daß Rafe sich Fleisch bestellt hat. Irgendwas mit Ente, glaube ich. Und als es kam, sah er meinen Gesichtsausdruck. Ich konnte auf keinen Fall mitten unter Weißen Fleisch essen, das stand für mich fest, schon bei dem Gedanken drehte sich mir der Magen um. Wir aßen beide Kartoffelbrei und Salat, und er sagte mit seiner tiefen, zärtlichen, *wohlklingenden* Negerstimme zu mir: ‹Schau hin, Lissie, schau es dir *gut* an.›

Und ich konnte sehen, wie sie sich gegen alles abgeschottet hatten, diese Nachkömmlinge, und wie isoliert sie waren, dort auf ihrem hohen Roß. Sie hatten nichts Wildes mehr an sich, und sie hatten das Lachen verlernt. Und das Tanzen und das Singen auch, wie ich auf unseren vielen Reisen noch merken sollte. Sie drückten sich in den Tanzlokalen und in den Kirchen der Schwarzen herum, um sich dort ‹abzugucken›, was sie in sich selbst weggesperrt hatten. Es war wirklich mitleiderregend. Nebenbei: einer der Menschen, die ich in den sechziger Jahren wirklich bewundert habe, war Janis Joplin. Sie wußte, daß Bessie Smith ihre Mama war, und sie sang sich die Seele aus dem Leib, um die zugeworfene Tür zwischen sich und ihr wieder aufzureißen.

Auf eine Weise gefielen mir die Zoos besser. Obwohl ich sie natürlich von ganzem Herzen haßte. Aber im Zoo machte man sich wenigstens keine Illusionen darüber, wer frei war und wer nicht. Die Löwen mußten in viel zu kleinen Käfigen leben. Und niemandem fiel es je ein, ihnen, wenn sie schon jahrelang vom Leben abgeschnitten waren und nichts zu tun hatten, wenigstens ein Feuer zu machen, was doch das mindeste gewesen wäre. Es brach einem schier das Herz, zusehen zu müssen, wie sie hin- und herwanderten, den sauren, abgestandenen Geruch ihrer Pelze und den Muff ihrer Zellen in der Nase zu haben, den hysterischen Ton in ihrem Brüllen zu hören, dabeizustehen, wenn sie ein völlig gesundes Tier verschlangen, das als reiner ‹Fleischlieferant› aufgezogen und am Fließband maschinell getötet worden war. Es war gräßlich. Ein solches Los hätte sich zum Anbeginn der Zeiten kein Löwe ausmalen können, und wenn seine Phantasie noch so lebhaft und zynisch gewesen wäre. Und heute, in meiner derzeitigen Existenz in der modernen Welt, bin ich dafür dankbar.

Das schlimmste waren ihre Gesichter. Schlaff, abgestumpft, unintelligent, *gedankenlos*. Blöde geworden durch die Langeweile, verroht durch die Erniedrigung der Abhängigkeit. In jeden Zoo – sogar den von Baltimore durften Farbige nach langem Kampf besuchen, aber nur donnerstags, wenn die Dienstmädchen frei hatten – schleppte ich einen großen Spiegel mit. Jeder andere hätte das komisch gefunden, aber Rafe nicht. Er half mir, ihn zu tragen und vor den Käfigen hochzuhalten. Einer der rastlosen Löwen würde schon zum Gitter trotten und sich selbst zu sehen bekommen. Gewöhnlich zum ersten und einzigen Mal. Dann hielt ich den Atem an.

Würde in seinen Augen ein Funke des Erkennens aufglimmen? Vielleicht sogar ein Fünkchen Interesse? Konnte der Löwe dort drinnen im Körper des Löwen sich selbst sehen? Obwohl ich selbst den Körper einer Frau hatte, konnte ich meinen inneren Löwen immer noch sehen. Würden sie ihn auch sehen? Würden sie die alte Würde sehen, die alte Ungeduld mit allem, was nicht ebenbürtig war? Die alte Anmut?

Einige wenige sahen etwas. Aber es machte sie nur traurig. Sie schlichen in eine Ecke des Käfigs zurück und vergruben die Köpfe zwischen den Pfoten. Ich wollte natürlich sofort mit einem Satz durch die Gitterstäbe, um sie zu trösten. Ich wollte die Gitter einreißen.

Nach diesen Ausflügen war ich immer ein jämmerliches Wrack, und Rafe schleppte mich dann nach Hause und brachte mich ins Bett. Er und Hal und Lulu kamen mir gute Nacht sagen, und wenn Rafe sich umdrehte, um wieder zu gehen, ergriff ich seine Hand – seine gute, feste, saubere braune Hand. Dann setzte er sich wortlos aufs Bett und zog sich die Schuhe aus.

Dein Onkel Rafe war ein unvergleichlicher Liebhaber, Suwelo. Und ich habe ihn so vermißt, daß ich mir manchmal sehnlichst gewünscht habe, ihn wiederzusehen, obwohl das unwahrscheinlich ist, weil er kaum Veranlassung hat, wiederzukommen. Er liebte mich ganz. Keines meiner Ichs blieb ihm verborgen, und keines machte ihm angst. Wenn ich manchmal ‹auf dem hohen Roß saß›, wie er es nannte, wenn ich alle herumkommandierte und mich dauernd beklagte, daß niemand außer mir irgend etwas wußte oder richtig machte, dann sagte er grinsend: ‹Heute abend kommt das Weiße in dir aber ordentlich durch!› Und dann merkte ich, wie lächerlich ich mich aufführte, und mußte lachen.

Manchmal kam es vor, daß ich bei einer Party alle anderen Leute langweilig und dumm fand und ging. Einfach zur Tür hinausmarschierte. Rafe kam dann hinter mir her und guckte mich an, wie ich da auf dem Gehweg hin- und herwanderte und mich nur danach sehnte, möglichst weit weg zu sein und Ruhe und Frieden zu haben, während mir der Widerwille gegen die Partygesellschaft ins Gesicht geschrieben stand, und er sagte zu mir: ‹Baby, ein Löwe im Winter ist nichts gegen dich!›

Und natürlich kannte und mochte er auch all meine anderen Ichs; er konnte sie auch beim Namen nennen.

Rafe zu lieben und von Rafe geliebt zu werden war deshalb die Erfahrung meines Lebens, vieler Leben. Und etwas ganz anderes, als von Hal geliebt zu werden. Hal liebte mich, auch als die Leidenschaft zwischen uns auf ihrem Höhepunkt war, wie eine Schwester / Seherin / Kriegerin / Frau / Mutter. Und das war schön. Aber das war nur ein Teil von dem, was ich war. Rafe dagegen wußte, daß ich alle und alles war und liebte mich von ganzem Herzen. Als eine Göttin. Was ich auch war.»

Als ich Suwelo am Hintereingang von Arveydas Haus stehen sah, erkannte ich ihn gar nicht», erzählte Carlotta eines Tages, nachdem die beiden Freundinnen geworden waren, fröhlich der zuhörenden Fanny. «Ich kam gerade aus dem Gästehaus, wo ich wohne, vom Haupthaus noch ein Stück weiter den Weg entlang, auf der anderen Seite der Schlucht. Arveyda und die Kinder wohnen im Haupthaus, und unten drin ist das Studio, so daß ich dauernd bei ihnen drüben aus und ein gehe. Sie dagegen müssen mich immer erst um Erlaubnis fragen, ehe sie meinen Bereich betreten, über die Schlucht, kurz vor meinem Häuschen, führt eine kleine Brücke. Auf dieser Brücke kommt man, noch bevor man den Wasserdurchlaß überquert, durch den während der Regenzeit ein richtiger Sturzbach rauscht, an das erste Tor. Dort hängen mehrere Glocken, die erst geläutet werden müssen. Wenn nach dem Läuten nichts passiert – keine Steine oder Schuhe fliegen –, darf der Besucher, gewöhnlich Arveyda oder eins meiner Kinder, zum nächsten Tor vorstoßen. Hier hängen Klangstäbe. Das Tor ist meistens verschlossen. Wenn nicht, kann der Besucher, nachdem er die Klangstäbe betätigt hat, hindurchgehen und die Eingangstreppe hinauf. An der Tür hängen nochmal Glöckchen und Klangstäbe. Ich öffne nur, wenn ich sie höre, und reagiere nicht auf Rufen, Worte oder Klopfen.

Ich komme also rüber, um im Studio zu arbeiten, weil ich ja jetzt Musikerin bin, Glockenspielerin. Was ist das, eine Glokkenspielerin? werde ich immer gefragt. Jedenfalls steht da so ein komischer Mann am Hintereingang, der so unentschlossen anklopft. Ich bleibe dicht an der Hauswand stehen, dort, wo der Seidelbast so schön blüht und so lieblich duftet, und sehe, daß die lila Klematis dabei ist, die eine Ecke des Carports hochzuranken, oben, über der Felswand. Ich bleibe deshalb stehen, weil mich, wenn mir gerade meine Musik im Kopf herumgeht, niemand stören darf – nicht Arveyda und auch nicht die Kinder und schon gar kein Versicherungsvertreter. Denn so sieht der Mann aus – wie ein Versicherungsvertreter in Berkeley natürlich. Er ist leger gekleidet, in braune Kordhosen und einen hübschen, burgunderroten Pullover. Er trägt einen Ohrring und so eine Kette mit einem Anhänger.

Als ich mich gerade verdrücken will, schaut er in meine Richtung und sieht mich.

Muß das sein, denke ich und zucke insgeheim die Achseln. Die kleine Melodie, die ich die ganze Nacht und den ganzen Morgen in meinem Inneren gehütet habe, verstummt.

‹Hallo›, sage ich und sehe ziemlich unfreundlich drein. ‹Was kann ich für Sie tun?›

Der Mann ist verschreckt. Seine Augen – hübsche, große, offene und freundliche Augen – werden ganz weit.

Bin ich so zum Erschrecken, frage ich mich. Liegt es an meinem Haar, das fast bis auf die Kopfhaut abgeschoren und stoppelig wie das einer KZ-Insassin ist? Oder an meinem engen, schwarzen Jogginganzug und den neongrünen Reeboks? Na und? Wir sind schließlich in Berkeley.

Aber er starrt mich immer noch an, und die Kinnlade hängt ihm herunter.

Da gucke ich ihn mir zum erstenmal richtig an. So, daß ich ihn wirklich *sehe*. Wenn ich arbeite oder an meine Arbeit denke oder einem Stück Arbeit nachtraure, das gerade abgewürgt worden ist, dann gucke ich Leute nicht so an, daß ich sie sehe. Ich gucke sie gerade so flüchtig an, wie es nötig ist, um irgendwas mit ihnen anzustellen, damit sie wieder verschwinden. Aber jetzt gucke ich mir plötzlich diese große, hagere Gestalt mit dem kurzgeschnittenen Haar richtig an. O nein, denke ich. Das kann doch nicht wahr sein!

Es ist aber wahr.

‹Suwelo?› spreche ich ihn vorsichtig an, wie ein Gespenst.

‹Carlotta?› sagt er, wobei er mit der Hand kreisend über seinem eigenen kurzgeschorenen Kopf herumfuchtelt, um anzudeuten, daß meine Locken verschwunden sind.

Dann wissen wir beide nicht mehr weiter. Er sogar noch weniger als ich.

Was soll's, denke ich.

‹Wo wir schon hier sind›, sage ich, ‹laß uns doch reingehen.›

‹Wohnst du hier?› fragt er. Er kann es offensichtlich nicht glauben. ‹Ich war bei deiner alten Adresse, aber dort wußte niemand was. Außer daß du umgezogen bist.›

‹Ja, ich bin umgezogen›, sagte ich. ‹Die Kinder wollten bei ihrem Vater leben.›

Ich drücke die Tür auf. Geruch von frischem Brot schlägt uns entgegen. ‹Bist du's, Baby?› ruft Arveydas vertraute Stimme aus der Küche. ‹Ja, ich bin's›, rufe ich zurück.

Er kommt aus der Küche, um nachzuschauen. Er hat seine Brahms-Schürze an und seine Satchmo-Armstrong-Kochmütze auf. Er ist über und über mehlbepudert und wirkt sehr zufrieden. Er wirft einen kurzen Blick auf Suwelo, ehe er sich hinunterbeugt, um mir einen Kuß zu geben. Er küßt mich immer so, als ob er von etwas ganz Leckerem nascht.

Der Kuß hebt meine Laune, und ich lächle sogar.

‹Arveyda, das ist Suwelo›, sage ich. ‹Und umgekehrt.›

Cedrico, der mir größer vorkommt als zwei Tage vorher, flitzt an uns vorbei, ein Riesenstück frischgebackenes Brot in der Hand und einen Brocken davon im Mund. Wieso er bis heute noch nicht erstickt ist, ist mir ein Rätsel. Angelita ist ihm auf den Fersen. Sie sieht aus wie ein kleines Nüttchen, wie alle kleinen Mädchen in ihrem Alter heutzutage.

‹He, he, Moment mal›, sagt Arveyda, wider Willen von dem verdächtigen Stühlerücken und Klappern, das gleich darauf aus der Küche zu hören ist, fortgelockt.

Ich schaue zu Suwelo hoch, während mir durch den Kopf schießt, was für eine Plage meine ungezogenen Kinder doch sind, und sehe, daß seine Kinnlade noch tiefer heruntergeklappt ist.

‹Ist das ...? Ist das nicht ...?›

‹Ja›, sage ich. ‹Das ist er.›

Ich führe ihn ins Wohnzimmer, wo er sich in einen Sessel

plumpsen läßt. ‹Ich kann es nicht glauben›, sagt er. ‹Du warst also mit *Arveyda* verheiratet.›

‹Ich *bin* immer noch mit *Arveyda* verheiratet›, sage ich, ‹aber das ist nicht mehr die wichtigste Ebene zwischen uns.›

Suwelo schaut mich komisch an. Hatte er nicht früher buschige Augenbrauen? Trug er nicht eine Brille?

‹Wir arbeiten jetzt zusammen.›

Er zieht eine Augenbraue hoch. Eine dünne Augenbraue.

‹Als Musiker.›

‹Oh›, sagt er.

‹Als ich dich an der Tür traf, war ich gerade auf dem Weg runter ins Studio, um zu arbeiten.›

‹Tut mir leid, daß ich dir dazwischengekommen bin›, sagt er.

‹Willst du mal gucken?› frage ich. Denn obwohl mir im Moment etwas dazwischengekommen ist, brauche ich es, wenigstens einen kurzen Blick auf sie zu werfen, meine Gefährten, meine Babies, meine Instrumente. Nur um mich zu vergewissern, daß sie da sind. Mein sind. Und auf mich warten, egal, wie lange es dauert.

‹Was für ein köstlicher Duft›, bemerkt Suwelo schnuppernd, während wir die Treppe runtergehen.

‹Arveyda backt jeden Samstag›, sage ich, ‹jedenfalls jeden Samstag, den wir nicht unterwegs sind. Es entspannt ihn.›

‹*Hmm*›, sagt Suwelo. ‹Wieviel Brot backt er denn?›

‹Kommt ganz drauf an›, sage ich, während wir an dem schönen, großen Bild von James Baldwin vorbeigehen, auf dem er aussieht wie ein in frisches Brot vernarrter Engel und auf alle herunterlächelt, die die Diele betreten. ‹Er steht einfach morgens auf, legt eine Kassette ein, Miles Davis, Roberta Flack, Bob Marley oder Aretha Franklin, und fängt an. Manchmal backt er den ganzen Vormittag und manchmal fast das ganze Wochenende. Er backt immer, bis es reicht.›

‹Aber›, sagt Suwelo, ‹vier Leute können doch nicht soviel Brot essen!›

‹Auf den Straßen von Berkeley leben mehr als vier Leute›, sage ich. ‹Zum *Problem* ist das jedenfalls noch nie geworden.›

Dann sind wir im Studio: dem großen Raum mit dem kleinen gläsernen Raum innendrin, der mir lieber ist als irgendein anderer Raum auf der Welt. Ich liebe die vielen Instrumente, die Scheinwerfer, die Glaskästen. Und am meisten liebe ich meine eigenen Instrumente, zu denen ich Suwelo jetzt führe. Er ist überrascht. Verblüfft. Er schaut nach draußen, inspiziert die Aussicht. Er schaut dahin, wo ich stehe.

‹Lauter Glocken!› ruft er aus. ‹Und so viele Klanghölzer!› Er kann nicht glauben, daß das die Instrumente sind, die ich ihm zeigen wollte. Er schaut rüber, wo das Klavier ist, das Xylophon, die zwölf Gitarren, die an der Wand hängen, das Cello, das Schlagzeug, die Flöten und sogar Tamburins. Wir haben wirklich alles, denke ich stolz, und manchmal spielt Arveyda ja auch Gospelmusik. Aber ich fange gerade an, das Tamburin unter die Glockenspiele zu zählen.

‹Das sind meine Instrumente›, sage ich, während ich eins der Klangspiele anschlage, die zu mehreren Dutzend in einer Reihe hängen. Da sind Klangstäbe aller Größen, Farben und Macharten. Manche sind aus Sandel- oder Balsaholz, andere aus Bambus, wieder andere aus Metall. Sie klingen alle wunderschön, lieblich und rein. Und dann sind da noch meine Glokken, Hunderte von Glocken – Rentiergeschirr-Glöckchen, Kuhglocken, Schulglocken, Glocken aller Art. Aus der ganzen Welt. Ich streiche rasch mit einem Hartholzstab über ein Dutzend Glocken und Klangstäbe, und der ganze Raum vibriert unter den wunderbar klaren und sanften Klängen.

‹Du lächelst›, sagt Suwelo. ‹Du bist glücklich.›

‹Ja›, sage ich. Ich höre nicht auf zu lächeln oder glücklich zu sein, nur weil er es bemerkt hat. Ich streiche mit einem anderen kleinen Stab über einige weitere Glockenspiele, und der Klang macht mich noch glücklicher. *Oh,* denke ich im stillen, *wenn er geht, dann!*

Aber er geht nicht.

Er erzählt mir, daß er gekommen ist, um Abbitte zu leisten. Um mich um Verzeihung zu bitten für die Art und Weise, wie er mich behandelt hat.

Ich kann mich kaum noch erinnern, wie er mich behandelt hat. Er war nur eine Episode in meinem Leben. Aber es stimmt schon, als er mich abserviert hat – und das hat er –, da war ich völlig fertig und so zornig, daß ich zur Mörderin hätte werden können.»

WIE KANN MILES DAVIS nur so toll sein, obwohl er aussieht wie der Teufel persönlich», sagt Arveyda. Er hält eine Plattenhülle hoch, auf der sein Idol (einer der vielen Musiker, die er liebt) finster in die Welt starrt. «Das ist mir wirklich ein Rätsel», sagt er fast unhörbar. «Stell dir vor, wenn er dazu auch noch ein bulliger Typ wäre, und du würdest ihm irgendwo im Dunkeln begegnen, und er würde dich so angukken –» er zuckt schaudernd zusammen – «dann würdest du's doch mit der Angst zu tun kriegen.»

Carlotta lacht. «Weißt du das so genau?»

Arveyda ist für heute fertig mit Backen, und seine schmutzige Schürze und seine Kochmütze liegen zusammengeknüllt auf dem Fußboden bei der Tür.

Er schneidet für alle große Scheiben von dem Vollweizenbrot ab und schiebt Suwelo die Butter und die Marmelade hin.

Suwelos Verwirrung legt sich bereits. Außerdem würde der köstliche Duft des Brotes jedem das Wasser im Mund zusammenlaufen lassen. Er schaut sich in der Küche um. Sie hat Durchgänge zum Eß- und Wohnzimmer und hinaus auf eine Holzveranda. Von seinem Platz aus kann er fast die ganze Bucht sehen, bis hin zur Golden Gate Bridge. Er bewundert die Aussicht, während er den ersten Bissen von dem köstlichen Brot probiert, das genauso gut schmeckt wie es riecht.

«Du bist also … Suwelo. Carlotta hat mir von dir erzählt», sagt Arveyda. Er erinnert sich nicht mehr, was er gehört hat. Irgendwie verbindet er diesen Mann mit Massage – Carlotta hat gelernt, Massagen zu geben, und massiert ihn oft. Er ist auch gerade dabei, diese Kunst zu erlernen, und er genießt es sehr, weil es ihm die Möglichkeit bietet, Carlotta zärtlich zu berühren, ohne daß sie sich gleich gedrängt fühlt, mit ihm zu schlafen. Das hat viel von der Spannung gelöst, die vorher zwischen ihnen herrschte, auch, weil er weiß, daß Musiker oder Musikerinnen, sobald sie arbeiten, eigentlich immer schon Liebe machen.

Suwelo schaut Carlotta über den Tisch hinweg an. Es ist immer noch ein ziemlicher Schock für ihn. Ihr Haar ist so kurz geschoren, daß es sich pieksig anfühlen muß. Und sie ist so dünn; sogar ihre Brüste sind kleiner geworden. Aber sie ist glücklich. Das ist das Allererstaunlichste. Wo ist das ständige Gejammer geblieben, das er in Erinnerung hat? Die Unsicherheit? Das verzweifelte Händeringen? Das Beten? Das Zähneknirschen?

Sie hat ihren Kaugummi herausgenommen – nachdem sie zum Abschied noch ein paar Blasen hat knallen lassen – und ist gerade dabei, sich eine winzige Brotscheibe hauchdünn mit Butter zu bestreichen.

«Wir waren Kollegen», sagt Suwelo, «in der gleichen akademischen Tretmühle. Wo wir gerade davon sprechen», sagt er zu Carlotta, «du unterrichtest doch nicht mehr … oder?»

«Nein», sagt sie kauend, «ich habe es aufgegeben.» Sie verzieht ein bißchen das Gesicht. «Ich wurde immer frustrierter *und immer fetter.*» Sie wirft den Kopf in den Nacken, eine Angewohnheit aus der Zeit, als sie noch die vielen Haare hatte. Suwelo sieht für einen kurzen Moment ihr altes Selbst wieder aufblitzen. Carlotta fährt fort: «Um den Leuten das, was sie an Wissen brauchen, mit den an Colleges geläufigen Methoden beizubringen, ist es zu spät.»

Dergleichen aus Carlottas Mund zu hören überrascht Suwelo so, daß er laut auflacht. Sie hat mittlerweile sogar Sinn für Humor!

«*Cómo?*» fragt Arveyda mit einem fragenden Blick zu Carlotta. Da er nie auf dem College gewesen ist, denkt er, daß es etwas Großartiges sein muß. Daß man erst wirklich etwas weiß, wenn man dort war. Sonst hat man nur Erfahrung, denkt er, aber kein richtiges Wissen. Und das bedeutet, daß sich einem bei jedem Essen mit Leuten dieser Bildungsstufe in einem fort der Magen zusammenkrampft.

«Ach», sagt Carlotta, «wer braucht denn schon noch mehr Leute von der Sorte, wie sie die Colleges produzieren? Das sind doch alles nur Konsumtrottel. Egal, was sie studieren, das einzige, was sie hinterher können, ist einkaufen.»

«Und deine eigenen Lehrveranstaltungen?» fragt Suwelo.

«Ich hab sie gern abgehalten», sagt sie, «das stimmt schon. Ich habe gern Frauenliteratur unterrichtet. Aber ich hatte es satt, sie dort zu unterrichten. Ich wollte sie – wenn überhaupt – auf der Wiese unterrichten, wo alle im Kreis sitzen und ab und zu die Kühe kommen und zugucken. Vielleicht auch mitmachen.»

«Ich lerne zur Zeit tischlern», sagt Suwelo. «Obwohl man sich da fragen muß, wie man zur weltweiten Ausbeutung, Vernichtung und Vergeudung der Wälder steht.»

«Wie meinst du das?»

«Na ja, Holz stammt doch von Bäumen. Bäume sind lebendig. Sie sind nicht nur dazu auf der Welt, zu Hausbooten, Feuerholz und Veranden verarbeitet zu werden.»

«Was hast du denn unterrichtet?» fragt Arveyda.

«Amerikanische Geschichte», sagt Suwelo. Er lacht leise. «Aber ich mußte mich immer bekiffen oder besaufen, um diese Lügen zu verbreiten. Da war einfach kein Sinn drin.»

«Aber du hast dich doch als Unterwanderer betätigt», sagt Carlotta solidarisch. «Genau wie ich. Es ist doch nicht unmöglich, die andere Wirklichkeit zu vermitteln, vor allem, wenn es deine eigene ist.»

«Aber furchtbar anstrengend», sagt Suwelo. «Und ich kochte die ganze Zeit vor Wut. Wenn ich nur an all die Geschichtsbücher denke, die ich gelesen habe und die im Grunde mit vielen schönen Worten sagen, daß man Amerika versteht, sobald man all die Leute kennt, die in ihnen vorkommen. Und dann ist nicht einer darunter, der irgendwas mit der Wirklichkeit zu tun hat, die man selbst kennt.»

«Und die indianischen Studenten blieben immer auf der Strecke», sagt Carlotta nachdenklich. «Meine Studentinnen jedenfalls. Irgendwann bin ich dazu übergegangen, schon in der allerersten Stunde zu sagen: Macht euch mal auf die Suche nach einer Geschichte oder einem Gedicht von Joy Harjo oder Leslie Silko. Wir werden diese Autorinnen besprechen, ehe unser Kurs vorbei ist, das verspreche ich euch.»

Arveyda lacht, voller Bewunderung für Carlotta. Er streckt den Arm aus und hebt ihren Fuß auf seinen Schoß. Dafür muß er seinen Stuhl an ihren heranrücken.

«Ich weiß nicht viel über Literatur oder Geschichte», entschuldigt er sich, und es klingt so sehr wie ein alter Song von Sam Cooke, daß alle drei laut losprusten. «Ich lese und lese, aber das geht so langsam bei mir! Ich werde nie aufholen!»

Er massiert Carlottas Wade. Sie ist so wohlig zufrieden wie eine Katze.

Carlotta lächelt. «Mach dir deswegen keine Gedanken, *chico mio*», sagt sie. «Wir versuchen zu lernen, was du längst weißt.»

Suwelo schaut ihn an, diesen bescheidenen Mann, der so vielen Menschen Vergnügen schenkt. Er ist der einzige von ihnen, der nicht abgenommen hat, sondern zugenommen. Dieser angenehme, nicht besonders große, fast schon *kleine* Mann. Mit den freundlichen Augen und dem ergrauenden, widerspenstigen Haar. Ja, denkt Suwelo, das ist wahr. Vielleicht.

Das traurige ist: als Musiker riskierst du immer, daß sich die Leute von dir abwenden, wenn du weiterkommst. Sie wollen, daß du immer nur die Musik spielst, bei der sie mal was gefühlt haben, irgendwas, was sie durch deine Musik wieder zu fassen kriegen wollen. Aber wenn du als Künstler einigermaßen lebendig bist, dann bist du fast immer heute woanders und jemand anderes als gestern.»

Während er spricht, schmettert Arveyda verblüffend genüßlich einen Klumpen Teig auf die Arbeitsplatte. Mehl stäubt auf und pudert seinen Bart ein. Auf der anderen Seite des Tisches hebt Suwelo seinen Teigklumpen hoch, um ihn dann genauso heftig auf die Platte zu schlagen. Er trägt ein Bugs-Bunny-T-Shirt und ein rotschwarzes FSLN-Tuch um den Kopf. Seine Jeans sind ein bißchen heruntergerutscht und hängen jetzt in Höhe seiner Hüftknochen. Er ist ebenfalls mehlbepudert, und auf seinem Gesicht steht ein Ausdruck ernster Konzentration.

«Entspann dich», sagt Arveyda und legt eine Pause ein, um einen Schluck frischen Traubensaft zu trinken. «Das hier ist zwar ernsthafte Arbeit, das stimmt schon, aber weißt du, auch die ernsthafteste Arbeit kann Spaß machen.»

Suwelo denkt an die Liebe mit Fanny. Wie sie dabei neuerdings an einem bestimmten Punkt immer anfängt zu lachen.

Arveyda wieselt in der eingedreckten Küche hin und her, wirft Eierschalen in den Kompost-Eimer, wischt auf, räumt ein Eckchen der Anrichte neben dem Herd frei, fettet Backformen und ist dabei unaufhörlich am Murmeln, Pfeifen und Reden.

Er legt ein Band auf, auf dem nur Glocken und Bimmelglöckchen zu hören sind, und summt ein bißchen mit, während er fortfährt, seinen Teiglaib zu schlagen. In der Luft liegt ein starker Geruch nach Hefe. Und dann greift Arveyda, aus schierer Lust und Laune, wie es Suwelo scheint, in eine Blechdose, aus der er Rosinen und Walnüsse holt, die er in den Teig einzukneten beginnt.

Suwelo, glücklich, Lehrling zu sein, tut es ihm unverzüglich nach.

«Sie sagen: ‹He, du hast uns verraten! Warum spielst du nicht die Sachen, die wir gewöhnt sind und von dir erwarten? Dieser Mist, den du jetzt spielst, klingt ja wie Elton John! Hast du deine verdammten *Wurzeln* vergessen?›»

Arveyda schlägt seinen Teig und schaut dabei nach nebenan, durchs Wohnzimmerfenster hinaus. Es ist neblig draußen, und die herrliche Aussicht auf die Bucht ist heute schlichtweg nicht existent. Er horcht auf Kindergeräusche, aber die Kinder sind mit Carlotta und Fanny im Kino. Er denkt an Carlotta und Fanny und die Kinder und stellt sich vor, was Carlotta zu Fanny sagt, wenn die Kinder ihnen mal einen Moment Ruhe lassen. «Weißt du», hört er sie im Geist sagen, «als ich mit deinem Mann zusammen war, steckte ich als Frau so in der Krise, daß ich nur noch damit fertig werden konnte, indem ich jemand anders wurde. Ich wurde so eine Art Frauenattrappe.»

Suwelo hält seinen Laib hoch. Arveyda registriert die gut verteilten Rosinen und Nußsplitter und nickt.

«Das mußt du dir mal überlegen», sagt er. «Wenn du Songs schreibst, dann sollst du mit fünfundvierzig die gleichen Sachen machen wie mit neunzehn. Weil –» er lacht – «du nämlich einer ganzen Meute von Leuten, die selbst fünfundvierzig sind, helfen sollst, immer neunzehn zu bleiben. Und gleichzeitig sollst du ihnen helfen, ihre miesen Beziehungen zu Frauen zu rechtfertigen, die immer noch genauso kaputt sind wie damals, als sie deinen ersten Song hörten. Nur daß sie damals noch jung waren und total grün hinter den Ohren und nicht sehen konnten, daß alles, was sie da hatten und machten, von Grund auf kaputt war.»

Suwelo denkt darüber nach. Er denkt daran, wie lange es her ist, daß er und Fanny geheiratet haben. Weil sie im Herzen Hippies waren, hatten sie barfuß geheiratet, im Frühling, unter knospenden Apfelbäumen. Mit richtigen – und total bekifften – Musikern. Aber ihr Lieblingssong, was war das gewesen? Was war gesungen oder gespielt worden? Verdammt, er konnte sich nicht mal mehr daran erinnern. Aber als sie sich hatten scheiden lassen, da waren sie beide begeistert von Yoko Onos und John Lennons *Double Fantasy* gewesen. Die Platte hatten sie andauernd laufen lassen. «*Give me somethin' that's not hard, come on, come on* ...» Fanny hatte Yokos eindringliche, wissende Frauenstimme imitiert und ihn, nachdem sie ihn rücklings aufs Bett, die Uferböschung, den Sand, das Gras der Waldlichtung oder den Fußboden gedrückt hatte, geküßt, bis er keine Luft mehr bekam.

«Manchmal sollst du dann heute Lieder singen», sagt Arveyda, während er vage an die unerträglich einfallslosen Schnulzen von Sinatra denkt und sein erstes Brot und gleich danach das von Suwelo in den Ofen schiebt, «die einfach nicht mehr in die Zeit passen. Weil doch Männer und Frauen, wenn sie nur im mindesten gelebt haben, jetzt ganz woanders sind als mit neunzehn. Gott sei Dank.» Er lacht.

Suwelo sieht ihn fragend an.

«Ich mußte gerade an den Moment denken», sagt Arveyda, immer noch lächelnd, «in dem ich gemerkt habe, daß es sogar an der Zeit war, meine Version der alten Liebesballade aufs Altenteil zu schicken, wo die Frau schmachtend am Fenster sitzt, während der Typ in die Welt hinausstolziert. Eines Abends, nach einem Konzert, kämpfte sich eine junge Frau bis auf die Bühne durch, um ein Autogramm zu ergattern, und wie ich meine Unterschrift auf ihren Arm setze – weil sie, wie üblich, weder eine Platte noch eine Eintrittskarte noch auch nur irgendeinen Papierschnipsel vom Fußboden dabei hatte – gucke ich kurz auf ihren Busen, und dabei fällt mir die Aufschrift auf ihrem T-Shirt ins Auge. Da stand: Eine Frau ohne Mann ist wie ein Fisch ohne Fahrrad.»

ICH WAR TATSÄCHLICH so eine Art Frauenattrappe», sagt Carlotta zu Fanny, während sie einen fast senkrecht abfallenden Hügel in San Francisco hinunterfährt. So steil geht es abwärts, daß Cedrico und Angelita, die die ganze Zeit auf dem

Rücksitz pausenlos geschnattert haben, vor Angst ganz still werden.

«Deshalb fällt es mir so schwer, mich überhaupt an irgendwas zu erinnern, was damals passiert ist. Obwohl ich Suwelo zu lieben glaubte. Ich weiß, daß ich ihn heiraten wollte. Das hätte meine vorige Ehe irgendwie ausgelöscht. Jedenfalls habe ich mich wie ein Flittchen aufgedonnert und meine Titten spazierengeschaukelt. Ich hielt zwar generell alle Männer – vielleicht ausgenommen Leonard Woolf – für Idioten, aber ich wollte, daß sie mich anschauten. ‹Kauf dir 'n Schwein, trag es heim!› habe ich die ganze Zeit leise vor mich hin gesummt, ohne je einen Gedanken darauf zu verschwenden, warum.»

«Du hast in der Tat ziemlich abwesend gewirkt», sagt Fanny, während sie sich für den nächsten Abhang wappnet. Dieser ist so steil, daß er statt Bürgersteigen Treppen hat. Es sind nicht die Hügel selbst, es ist die Art, wie Carlotta fährt. Sie attackiert die Hügel regelrecht. Fanny schaut sie an. Carlotta trägt einen fuchsienfarbenen Jogginganzug und scheint die Herausforderung zu genießen. Sie handhabt den Jeep, als wäre er ein Pony.

«Ich liebe es, in San Francisco herumzufahren», sagt sie. «Der Laguna Street Hill –» den sie gerade hinter sich haben – «ist einfach mordsmäßig aufregend.»

«Damals dachte ich, du bist auf Auto-Pilot», sagt Fanny, froh, daß das im Augenblick nicht so ist. «Manchmal war ich richtig verblüfft, daß du tatsächlich zu mir gefunden hast und nicht einfach ins Nachbarhaus spaziert bist.» Fanny sagt das langsam und voller Dankbarkeit, weil sie endlich die Union Street erreicht haben, die so schön flach ist.

«Ich habe diese Massagen gebraucht», sagt Carlotta. «Es war ganz merkwürdig: ich konnte es nicht ertragen, meinen Körper selbst zu berühren. Ihn wirklich zu fühlen. Ich habe ihn nur noch gewaschen, parfümiert – und wie, mit Tonnen von Jov! – und angezogen. Er war für mich nicht mehr lebendig.

Vielleicht diente das viele Parfüm als eine Art Einbalsamierung.»

Sie lachen beide.

Fanny denkt an die Jahre, in denen sie sich sexuell tot gefühlt hat. Sie denkt daran, wie sie irgendwann begonnen hatte, die Unterdrückung der Frauen durch die Männer zu erkennen und sie auch in ihrem eigenen Leben zu sehen, ohne die Augen davor zu verschließen, und wie sie in der Zeit auf Männer einfach nicht mehr ansprang. Auf Suwelo mit seinem Porno-Fimmel schon gar nicht. Und dann hatten ihr die Frauen in ihrer Selbsterfahrungsgruppe beigebracht, wie sie sich selbst befriedigen konnte. Das war eine Befreiung gewesen. Plötzlich hatte sie ihre Sexualität frei genießen können, zum erstenmal in ihrem Leben. Zur gleichen Zeit hatte sie meditieren gelernt und nach und nach auch die letzten hartnäckigen Überbleibsel der institutionalisierten Religion abgeschüttelt. Bald schon hatte sie meditiert und masturbiert und war im kosmischen Ganzen aufgegangen. Köstlich.

Aber als sie versucht hatte, dieses neue Gefühl der Grenzenlosigkeit mit Suwelo zu teilen, hatte er es ihr beinahe kaputtgemacht. «Denk an mich! Mich! Meinen Körper, meinen Schwanz!» hatte er ihr dauernd ins Ohr geschrien. Zumindest hatte sie es so wahrgenommen, auch wenn er gar nichts sagte. Sie hatte ihm vorgeworfen, er versuche, ihre Orgasmen zu kolonisieren.

Er hatte gelacht und so getan, als verstünde er überhaupt nichts.

Seine eigene Sexualität, hatte Fanny gedacht, war auch kolonisiert, durch die Filme, die er sich ansah, und die Bücher, die er las. Die Magazine, die er an irgendwelchen Straßenecken durchblätterte.

«Du mußt ganz schön sauer auf mich gewesen sein, als du dahintergekommen bist», sagt Carlotta.

Sie sind jetzt in dem Gästehäuschen, das Fanny an ihre Massagepraxis erinnert. Es ist klein, aber vom Gefühl her wirkt es geräumig. Es gibt nur wenig Mobiliar: Kissen und Matten auf dem Fußboden, ein paar runde Holztischchen. Kerzen. Halter für Räucherstäbchen. Frische Blumen in Wandvasen. Jeder Raum ist in einer anderen Farbe gehalten: Blau, Grün, Oliv, Gold. Irgendwie muß man an Pfauen denken.

«Ich habe es erst mitbekommen, als es schon vorbei war», sagt Fanny. «Ich wurde davon in Kenntnis gesetzt, daß mit dir nichts mehr lief, meinetwegen. Ich wußte, daß da andere Frauen gewesen waren, aber ich wußte nie, wer. Von dir hat mir Suwelo deshalb erzählt, weil er Angst hatte, ich könnte es von dir erfahren oder von einer der Frauen in meiner Gruppe. ‹Diese Weiber wissen doch alles!› sagte er immer. *Und das stimmt auch!*» Fanny lacht. «Mir tut jede Frau leid, die diese allgemeine Aufbruchsstimmung nicht miterlebt hat. Als wir plötzlich alle aus unseren Löchern gekrochen kamen, mit dem blinkenden Spekulum in der Tasche und der Doppelaxt um den Hals. Und als plötzlich lauter tolle Motorradlesben durch die Gegend brummten und einen entführten! Ach –» sie lächelt bei der Erinnerung – «armer Suwelo! Was hat ihm das alles für eine Angst eingejagt!»

«Ich war sauer», sagt Carlotta, «daß er mich einfach abserviert hat. Nicht mal verabschiedet hat er sich von mir. Er ließ sich einfach nicht mehr blicken. Auf einmal warst du wieder da, und überall sah man euch nur zusammen. Ich hätte ihn umbringen können und, wie Frida Kahlo gesagt hätte, ‹es dann hinterher genüßlich runterschlingen›.» Sie schweigt einen Moment. «Und die ganze Zeit war er nur ein Phantom in meinem Kopf. Er lenkte mich von meinem Elend ab. Er war einfach nur ein ‹Ding›, mit dem ich mich stützen, sehen lassen oder auf dem Küchenfußboden wälzen konnte.»

«Ach du Kacke», sagt Fanny nur. Sie denkt daran, daß Suwelo glaubt, er habe Carlotta ausgenutzt, und daß sie selbst es auch geglaubt hat. Alle beide haben sie sich geirrt. Es war keine

Sache zwischen Opfer und Unterdrücker, es war eine Sache zwischen zwei Opfern, die jeweils einen einsamen und bedürftigen Körper mit sich herumschleppten, der im wesentlichen aus taubem Fleisch bestand.

«Heute fällt es mir schwer, sauer zu werden», sagt Fanny auf dem Weg zu Arveydas Haus. «Ich weiß nicht, warum.» Sie wartet an der Schlafzimmertür, während Carlotta eine schon halb schlafende Angelita ins Bett bringt. Angelita sieht aus wie eine sehr müde, bernsteinfarbene Miniatur-Madonna, und ihr punkig kurzgeschorenes Haar, das aussieht wie mit schwarzer Schuhcreme gefärbt, sticht kraß von dem pastellrosa Rüschenkissen ab, auf dem ihr schwerer Kopf ruht.

«Vielleicht», fährt sie fort, «habe ich einfach allen Zorn in mir aufgebraucht. Statt dessen werde ich traurig.»

«Klar», sagt Carlotta. «Unterdrückter Zorn führt geradewegs zu Depressionen. Und die führen geradewegs zum Selbstmord.» Sie knipst Angelitas Licht aus und schließt behutsam die Tür.

«Nein», sagt Fanny. «Ich fühle mich nicht deprimiert. Es ist eine andere Art von Traurigkeit. Mehr wie...» Sie denkt; spürt dem Gefühl in Gedanken nach. «Mehr wie Trauer eben. Die Menschen kommen mir so verrückt vor. Als triebe diese Welt, in der wir leben, alle zum Wahnsinn. Außerdem halte ich Zorn, der sich gegen Menschen richtet und nicht gegen Umstände, nicht unbedingt für etwas Positives.» Sie denkt an die weißen Feministinnen, die sie kennt und die so froh sind, daß sie es endlich schaffen, ihren Zorn zu artikulieren. Sie finden, daß weiße Frauen das bisher nie getan haben. Sie meinen, die Fähigkeit, Zorn nach außen zu kehren, sei etwas, das die weißen Frauen sich wieder aneignen müßten. Aber in Fannys Augen ist das eine fromme Selbsttäuschung. Sie weiß, daß weiße Frauen immer schon ihren Zorn artikuliert oder jedenfalls «herausgelassen» haben, wie einige ihrer Freundinnen sich so gern ausdrücken – und zwar meist gegenüber farbigen Menschen, manchmal Männern, vor allem aber Frauen.

Und was hat ihnen das gebracht? Es hat es schwarzen Frauen schwergemacht, mit ihnen zu reden, weil sie nämlich nicht nur aus der Erinnerung wissen, wie gut es weiße Frauen schaffen, ihren Zorn herauszulassen, sondern obendrein befürchten, es jeden Moment wieder vorgeführt zu kriegen.

Das Interessante ist, denkt Fanny, daß die gleichen Frauen die ganze Zeit davon reden, wie sehr sie den Zorn der schwarzen Frauen fürchten und wieviel Schiß sie deshalb davor haben, sich ernsthaft mit ihnen auseinanderzusetzen.

«Vielleicht sind die Probleme einfach zu übermächtig, um einen wütend zu machen», sagt Carlotta. Sie stehen zwischen Eßzimmer und Küche und können, über Arveydas und Suwelos Köpfe hinweg, auf den Fernsehbildschirm schauen. Ein israelischer Soldat prügelt, mit Unterstützung eines fetten Zivilisten, dem man sofort die Herkunft aus Brooklyn anhört, wie ein Wahnsinniger mit einem dicken Stock auf einen entsetzten, blutüberströmten kleinen Araberjungen ein, der aussieht wie Cedrico.

«Hoffnungslos», sagt Arveyda mit einem traurigen Seufzer.

Fanny findet, daß sich mit Arveyda gut reden läßt. Es ist, wie wenn sie mit einer ihrer Freundinnen redet. Arveyda ist immer präsent, greifbar, emotional. Er spürt murmelnd und brummelnd seinen Gedanken nach, benutzt seinen Intellekt aber nie, um sich dahinter zu verstecken. Sie mag die Art, wie er oft sagt: «So sehe ich es ... aber andererseits, wer weiß ...»

Aus irgendeinem Grund rührt sie diese Unsicherheit, dieses vorsichtige Zögern.

Sie hat entdeckt, daß er sich, genau wie sie, in Leute verliebt, die schon lange tot sind, meistens Musiker. Er erzählt ihr, da ihm einer dieser «alten Knaben», wie er sie nennt, dabei hilft, einen neuen Song zu schreiben, der mit der Zeile anfängt: «Sex ist die Sprache, die so vieles ungesagt läßt.» Er liebt diese Zeile, summt sie vor sich hin und führt Fanny am Klavier vor, wie er sich denkt, daß sie klingen soll.

Fanny sitzt neben ihm auf der Klavierbank und teilt seine Begeisterung. Er ist so glücklich über diese eine Zeile als Anfang für einen neuen Song, daß er auf der Bank auf und ab hopst wie ein Kind. Er erklärt ihr, daß er sich bemüht, die Ungeduld («die Mörderin jeglicher Kunst») zu bezwingen, während er darauf wartet, daß ihm der Rest des Songs kommt.

Aber sie sind beide zuversichtlich, daß ihm der Rest des Songs einfallen wird, und dieses selbstverständliche Gefühl, mit anderen Welten in Kontakt zu stehen, verbindet sie wie ein wunderbares Geheimnis.

Fanny erzählt ihm von dem Stück, das sie mit ihrer Schwester Nzingha zusammen schreibt. Er meint sofort, daß er zu diesem Namen eine Melodie schreiben will. «Nzingha», sagt er, «wie *schön*!» Fanny sagt, daß sie auch so heißt. Daraufhin will er alles wissen, über Ola und seine «Ehefrauen» und über das sonderbare Zusammentreffen, daß sie den gleichen Namen trägt wie ihre Schwester. «Das zeigt nur», sagt sie, «daß meine Eltern sich nie fern gewesen sind, weder politisch noch kulturell.»

«Aber allein in dem Wort steckt soviel Kraft», sagt Arveyda, der im Geist schon dabei ist, die melodischen Möglichkeiten zu erkunden.

Arveyda will mehr über das Stück wissen. Fanny zeigt ihm eine Manuskriptseite. Das Stück trägt den Titel: «Die Sache unseres Vaters», und auf der Seite, dic sie ihm zeigt, sieht man Ola, der hier Waruma heißt, auf einer Matte auf dem Fußboden seiner Zelle sitzen und die Ränder einer alten Zeitung vollkritzeln.

Fanny erzählt Arveyda, daß sie und Nzingha ihr Stück, das Teile aus den drei umstrittensten Stücken ihres Vaters enthalten wird, an dessen Todestag uraufführen wollen und daß es nicht mehr lange bis dahin ist.

Arveyda will alles über Afrika wissen. Seine Musik ist dort

sehr bekannt. Er verspricht Fanny, daß er sofort nach Olinka kommen wird, falls man sie und ihre Schwester wegen der Aufführung ihres Stückes verhaften sollte, und daß er, wie es bei Bob Marley heißt, die Mauern ihres Gefängnisses in Trümmer singen wird.

«Wir haben gute Chancen, verhaftet zu werden», sagt Fanny. «Aber wenn Afrika je allen Afrikanern gehören soll, den Frauen genauso wie den Männern …» Sie vollendet den Satz nicht, sieht aber traurig drein.

Arveyda fühlt sich als Amerikaner. Zu sehr als Amerikaner, um Afrika jemals als etwas zu sehen, das es auch für ihn zurückzuerobern gelten könnte. Schließlich stammt ja nur ein Teil von ihm dorther.

Er erzählt Fanny von seiner Mutter, Katherine Degos, und davon, wie wenig er sie gekannt hat. Und wie die Tatsache, daß er sie kaum gekannt hat, dazu geführt hat, daß er blind in die Welt hinausgestolpert ist.

«Katherine Degos war nicht mal ihr richtiger Name!» sagt er, noch immer ungläubig. Da ist immer noch ein Rest von Schmerz, dort, wo die Wunde saß, die ihm ihre Gleichgültigkeit als kleinem Kind zufügte. Ein ungutes Gefühl. Aber es heilt.

«Carlotta und ich sind dort gewesen, in Terre Haute», sagt er, «und mit meiner Tante Frudier zum Grab meiner Mutter gegangen. Auf dem Grabstein steht riesengroß ‹Katherine Degos›. Aber meine Tante rümpft bloß ihre große Nase und erklärt: ‹Ihr richtiger Name war Georgia Smith.› »

«Georgia *Smith*!»

Fanny muß einen Moment lang an ihre Mutter denken, der es zur Zeit nicht gutgeht. Sie ist wieder in Big Mama Celies altem Haus in Georgia. Sie liest, sieht fern, arbeitet ein bißchen im Garten, telefoniert mit Fanny. Fanny glaubt, daß es da einen Mann gibt, der im Haus aus und ein geht, oder auch mehrere.

«‹Ich hab sie nie leiden können›, sagt meine Tante, ‹auch

wenn sie meine kleine Schwester war.› » Arveyda reißt die Augen weit auf, um sein Erstaunen über diese Eröffnung zu demonstrieren. « ‹O nein, ihr ganzes widerliches Getue war mir immer schon ein Greuel.› »

«Wow», sagt Fanny. «Die gute Frau nimmt aber kein Blatt vor den Mund.»

«Hör erst mal weiter», sagt Arveyda. «Carlotta fragt sie: ‹Du konntest Arveydas Mutter nicht leiden, Tante Frudier? Aber warum denn nicht?› Sie fragt es ganz sanft, so wie man mit Kranken redet. ‹Sie war eine Blenderin, sie war eine Schwindlerin›, sagt meine Tante. ‹Es hat ihr nie genügt, sie selbst zu sein.› Als wir wieder bei meiner Tante zu Hause waren, zeigte sie uns ein paar alte Fotos von meiner Mutter. Carlotta schaut sie zuerst an, und ich hatte dabei schon das Gefühl, daß sie ziemlich blaß wurde. Dann holte Tante Frudier ein altes Foto meines Vaters in einem Silberrähmchen hervor. Carlotta wurde noch blasser. Und ganz nachdenklich. Sie legte mir sanft die Hand auf den Arm und gab mir die Bilder. Das von meinem Vater hatte in meiner Jugend lange auf meinem Nachttisch gestanden. Aber ich hatte es vergessen. Jetzt schaute ich mir die Gesichter meiner Eltern an, und was dabei auf meinem Gesicht vor sich ging, mag ich mir lieber gar nicht vorstellen. Meine Mutter und mein Vater sahen nämlich kein bißchen aus wie Tante Frudier – eine dunkelbraune, stämmige Frau mit einem ziemlich finsteren Gesicht –, sondern eher wie Leute aus Carlottas Familie. Wenn sie außer ihrer Mutter noch Familie hätte, meine ich.

‹Unsere Familie›, sagt die alte Tante Frudier, ‹war von der einen Seite her afrikanisch-schottischer Abstammung und von der anderen indianischer. Blackfoot. In deiner Mutter steckte vor allem der Blackfoot-Anteil. Und dein Vater, der hier landete, weil er beim Straßenbau arbeiten wollte, war schwarzmexikanisch, gemischt mit Filipino- und Chinesenblut.› Er war», sagt Arveyda in verwundertem Ton, «mit Abstand der bestaussehende Mann, der mir je begegnet ist. ‹Trotzdem›, sagt

Tante Frudier, ‹war deine Mutter schlicht und einfach eine Georgia Smith, weil das nun mal der Name war, den unsere Eltern ihr gegeben hatten. Aber meinst du, sie hätte ihn haben wollen? Nein. Den verdammten Namen könnt ihr euch an den Hut stecken, hat sie immer gesagt. Und genausowenig wollte sie die schwarzen Männer, die immer um sie rumscharwenzelten. Sie sagte, die langweilten sie dumm und dusselig. Kein bißchen Schick und kein bißchen Pfiff, und Geld auch nicht. Und sie war ja mittlerweile Katherine Degos aus Santa Fe. Neunzehn Jahre alt, Wespentaille und hellbraune Beine unter Kleidern, die kaum etwas verbargen …›

Während sie sprach», sagt Arveyda, «konnte ich direkt den Haß spüren, den Tante Frudier noch immer auf meine Mutter hatte, obwohl das alles schon so lange her war. Mich schauderte richtig bei der Vorstellung, daß meine Mutter als junges Ding dieser geballten Verachtung ausgesetzt gewesen war. Mir war fast schlecht.

Daß ich es überhaupt geschafft hatte, nach Terre Haute zu fahren, verdankte ich sowieso nur Carlottas Unterstützung, und als wir jetzt da standen und den ganzen Neid und die ganze Gehässigkeit über uns ergehen lassen mußten, die Tante Frudier über uns auskippte, den ganzen angestauten Haß von fünfzig Jahren, da war ich froh, daß sie da war und ich mich an ihr festhalten konnte. Obwohl ich doch ein erwachsener Mann bin und selbst Kinder habe, traf mich jedes ihrer gegen meine Mutter gerichteten Worte wie ein Schlag, als ob ich selbst noch ein Kind gewesen wäre. Aber komischerweise fühlte ich mich gleichzeitig, je länger sie vom Leder zog, meiner Mutter immer näher.

Tante Frudier hatte einen Klempner geheiratet, und der Mann war erstaunlicherweise noch am Leben!» Arveyda ließ plötzlich sein schallendes, tief aus dem Bauch kommendes Gelächter erklingen und warf dabei den Kopf in den Nacken, um es ungehindert aus sich herauszulassen.

«Er lebte noch!» brüllt er fast. «Der zähe alte Bursche, Gott erbarm sich seiner armen Seele! Obwohl er Gott weiß wie viele Jahre lang Tante Frudiers Giftpfeilen ausgesetzt war.

Er hielt sich einfach immer möglichst dicht am Fernseher auf», sagt Arveyda, nun wieder ernst. «Er sah, glaube ich, gerade ‹Soul Train›, als Tante Frudier verkündete, das Essen sei fertig. Und sie marschierte einfach vor seiner Nase hin und schaltete aus.»

Diese Geschichte von Tante Frudiers Mann macht Fanny traurig.

Sie erzählt Arveyda von Albert, dem früheren Mann ihrer Großmutter Celie, und seiner Lieblingsbeschäftigung, die, mangels Fernsehen, darin bestanden hatte, ins Leere zu starren. «Vielleicht brauchen es diese alten Männer irgendwann einfach, sich hinzusetzen, stur geradeaus zu gucken und nur noch einen kleinen Ausschnitt vom Leben zu sehen und alles andere auszublenden.»

«Hm, aber hör noch weiter», sagt Arveyda. Sie sind vom Klavierbänkchen aufgestanden, haben das Studio und das Haus verlassen und gehen jetzt langsam den Weg hinauf, von Arveydas Haus hoch zum Inspiration Point. «Ich bin schon ganz verschüchtert und fürchte mich davor, noch mehr hören zu müssen. Aber Carlotta will alles wissen und hakt auch noch nach. ‹Wir haben von dieser Geschichte mit der Kirche gehört, die sie gegründet hat›, sagt sie, als handele es sich um irgendeinen Klatsch, den wir zufällig irgendwo aufgeschnappt hatten. Inzwischen sitzen wir beim Essen, und Tante Frudier will sich gerade ein dickes Stück Schweinebraten in ihren großen Mund schieben. Prompt fällt ihr die Gabel runter, samt Schweinebraten und allem. ‹Hmpf›, schnaubt sie, ‹feine Kirche.› Sie schaut mich mit der gleichen Miene an, mit der sie auch meine Mutter angeschaut haben muß: kalt, hart, verächtlich. ‹Die Kirche, in die wir anderen alle gingen, war ihr nicht gut genug. Sie sagte, nach dem, was sie gehört hatte, müßten wir alle sofort aufhören, in die Kirche zu gehen, und die Zeit lieber dafür nutzen, den Armen Gutes zu tun. Sie lief also nach deiner Geburt ein paar Jahre lang herum und tat Gutes. Aber dann ging dein Daddy in den Nachbarstaat, auf Arbeit, und kam nicht mehr zurück. Und da ging ihr dann die Puste aus. Später hieß es, er sei umgekommen, von einer Brücke gefallen, an der sein Trupp baute. Es gab keine Leiche, gar nichts. Wir erfuhren nur zufällig davon.› »

Beim Gedanken an das tragische Ende seines schönen Vaters sieht Arveyda so verlassen aus, daß Fanny sich, mitten im Grünen, dort auf dem Fußweg – wo manchmal Vergewaltigungen und sogar Morde passieren – zu ihm hinbeugt und ihn küßt. Gemeint ist das als selbstverständliche, tröstende Geste. Aber sie hat viel geküßt in ihrem Leben und kann es gut. Die Seele fliegt ihr aus dem Mund und geradewegs in Arveydas hinein. Er fühlt ihre Wärme auf seiner Zunge wie eine sonnenreife Urzeit-Pflaume und ist auf einmal ganz durcheinander. Aber Fanny hat sich schon wieder von ihm abgewandt und ist weitergegangen.

Arveyda hat sie bald mit langen Schritten wieder eingeholt und fällt in ihren ruhigen Bergauf-Trott ein. Seine Gedanken sind noch bei dem Kuß, aber er sagt ruhig: «Alle liebten meine Mutter, jedenfalls muß es Tante Frudier so vorgekommen sein. Daß meiner Mutter, obwohl sie eine Schwindlerin und Blenderin war und sich weigerte, Georgia Smith zu sein, einen normalen schwarzen Mann zu heiraten oder zur Kirche zu gehen, und», sagt er mit einem leisen Lachen, «obwohl sie mich nach einem Stück indischer Seife nannte, das mein Vater ihr geschenkt hatte: ‹Ayurveyda›, das bedeutet, glaube ich, Gesundheit – daß dieser Person trotzdem irgendwie alles im Leben zufiel. Schönheit, eine gute Figur, ein ganzer Schwarm eifrig bemühter Verehrer ... ein Mann, der phantastisch aussah und völlig anders als alle, die sie kannte – außer vielleicht sie selbst –, und der sie liebte. ‹Der sich für sie zu Tode schuftete›, sagte meine Tante verständnislos und neidisch. Im Leben meiner Mutter gab es ein Kind. *Leidenschaft*. Meine Tante haßte sie», sagt Arveyda, «weil sie sich einließ, auf was immer sie wollte.

Und klarstellte, was sie nicht wollte. Sie wagte etwas. Sie sprang, wie diese Schriftstellerin sagt, die Carlotta immer in ihren Seminaren besprochen hat, nach der Sonne.» Arveyda schweigt einen Moment. Sie sind oben auf dem Hügel angekommen und können nach allen Seiten meilenweit sehen.

«Das ist genau das», sagt er, und in seiner Stimme liegt die ganze Wärme eines dankbaren Herzens, «was ich an meiner Mutter liebe. Und ... an meinem Vater.»

Fanny und Arveyda sitzen oben auf dem Hügel, ein kleines Stückchen unterhalb des Pfades. Sie berühren sich nicht, außer im Geiste. Sie denken an diese beiden Menschen, Arveydas Eltern, in denen sich afrikanisches und europäisches, mexikanisches und indianisches, philippinisches und chinesisches (!) Erbe vereinte. Vorfahren, die Abenteurer waren und wagemutige Naturen, Liebende allesamt.

Arveyda wiegt das Wissen in seinem Herzen, daß seiner Mutter die enge Wirklichkeit, in die sie hineingeboren wurde, nicht genügte. Es ist erstaunlich tröstlich. Und plötzlich geht ihm auf, daß es Fanny ist, der er zu danken hat, für ihr *Evangelium nach Shug,* und Carlotta, weil sie es an ihn weitergegeben hat.

CARLOTTA UND SUWELO bleiben im Jacuzzi sitzen, während Arveyda und Fanny in die Sauna gehen. Nach der Sauna soll Arveyda die Massage seines Lebens bekommen, hat Fanny ihm versprochen.

Arveyda sagt, er finde es eine sehr aufregende Aussicht, von der Meisterin mit eigener Hand berührt zu werden und vielleicht sogar in den Genuß ihrer heilenden Kräfte zu kommen!

Fanny betrachtet seine hohen kleinen Pobacken, die vor ihr herwippen, und kann kaum der Versuchung widerstehen, eine davon mit der hohlen Hand zu umfassen.

Es ist kalt an diesem Abend hier draußen in den Hügeln von

Berkeley, aber das Wasser hat vierzig Grad, die perfekte Temperatur, und Suwelo und Carlotta sitzen auf ihren Sitzstufen im Wasser oder hängen sich vor die Massagedüsen und schauen durch das Laubwerk der Bäume über ihren Köpfen zu den Sternen empor.

Die beiden Paare sind jetzt eng befreundet. Obwohl Fanny und Suwelo eine Stunde weit entfernt auf einer alten Hühnerfarm bei Petaluma wohnen und gerade dabei sind, ein Haus zu bauen, besuchen sie Arveyda und Carlotta oft. Sie sind stets willkommen; das Haus ist groß und gemütlich; es empfängt sie dort immer gute Musik, köstliches Essen, eine gute Atmosphäre. Außerdem ahnen sie, daß sie füreinander eine wichtige Funktion haben. Gemeinsam geben sie einander die Möglichkeit, zu wachsen und sich weiterzuentwickeln. Sie reden nicht darüber, aber sie empfinden es alle so. Zwischen ihnen besteht ein Vertrauen, das man mit Händen greifen kann.

Fanny und Suwelo, die ja selbst keine Kinder haben, genießen das Zusammensein mit Cedrico und Angelita, die Onkel und Tante zu ihnen sagen würden, wenn das in ihren Augen nicht doof wäre. Sie plagen sich gerade heftig mit den Normen ihrer Prä-Teenie-Szene. Fanny unternimmt mit ihnen Wanderungen. Suwelo geht mit ihnen ins Kino oder zum Schwimmen. Beide werden von Zeit zu Zeit bemüht, um bei Geschichts- oder Literatur-Hausaufgaben zu helfen. Heute schlafen die Kinder allerdings bei Freunden.

Suwelo denkt an das Haus, das er und Fanny auf ihrem Stückchen Land bauen. Ihr Vorbild ist das prähistorische Zeremonien-Haus von M'Suktas Volk, den Ababa – eine Bauform, die noch dem alten matriarchalen Denken entstammte, aber den ersten heterosexuellen Haushalt überhaupt beherbergte. Es hat zwei Flügel, jeder in sich komplett mit Schlafzimmer, Bad, Arbeitszimmer und Küche, und in der Mitte den eigentlichen «Körper», den Zeremonien- oder Gemeinschaftstrakt, der einen großen Wohnraum, einen weitläufigen, zum Teil verglasten Dachraum und eine kleine Kochnische für die Zubereitung von Suppe, heißem Kakao oder Tee umfaßt. Einen Kamin gibt es auch, und später sollen dort Sofas und Tische stehen und Bücherregale. Eine Stereoanlage. Vielleicht sogar ein Fernsehapparat?

Fanny und Suwelo lesen oft in den fünf Bänden von Eleanora Burnham, die Fanny von Miss B. geschenkt bekommen hat. In diesen Büchern sind sie auf eine erstaunliche Geschichte gestoßen, die M'Sukta selbst Eleanora Burnhams Großtante erzählt hatte: die Beschreibung einer alten, friedlichen, egalitären Lebensform, die sie sehr angesprochen hat.

Nach vielen Jahrtausenden getrennten Lebens in Männer- und Frauenhorden hatten die Ababa unter Zittern und Zagen begonnen, mit dem Zusammenleben in Haushalten von je einem Paar zu experimentieren. Jeder müsse frei bleiben, hatten sie gemeint. Das sei das Allerwichtigste. Und so hatten sie eine Behausung in der Form eines Vogels entworfen.

Suwelos Gedanken verlieren sich. Er genießt das Gefühl des pulsierenden Wassers an seinen Genitalien. Es ist, als würden Hunderte kleiner Elritzen an ihm knabbern. Er genießt Carlottas Nähe, auch wenn sie wegen der Dampfschwaden nur ein verschwommener Fleck auf ihrer Seite des Beckens ist.

Suwelo lacht leise in sich hinein.

«Was lachst du?» fragt sie ihn.

«Als ich Arveyda zum ersten Mal begegnet bin», sagt Suwelo, «war ich so baff, daß mir richtig die Knie geschlottert haben. Aber das war noch gar nichts gegen Fannys Reaktion, als ich ihr erzählte, wen ich getroffen hatte.»

«Ach ja?» sagt Carlotta. Sie hat niemanden, den es beeindrucken könnte, daß sie mit einem großen Star verheiratet ist. Arveyda selbst ist wie eine jener großen, alten Kulturen, die er immer preist: ohne jedes Bewußtsein seiner eigenen Größe. Nur ganz und gar vom Bewußtsein seiner Lebendigkeit erfüllt.

«Ich war platt, daß er es war, den du geheiratet hattest. Ich wußte ja nur, daß dein Mann Musiker war. Fanny aber war platt, daß er überhaupt noch lebte!»

«Wieso das?» fragt Carlotta, gegen die Schläfrigkeit ankämpfend, die sie gleichzeitig liebt.

«Fanny, mußt du wissen, verliebt sich immer in Geister – mit Vorliebe in solche, die schon hundert Jahre auf dem Buckel haben. Sie liebt Arveydas Musik schon seit ihrer High-School-Zeit, aber er selbst war für sie nie ein Mensch aus Fleisch und Blut. Ich glaube, sie ging einfach automatisch davon aus, daß jemand, der ihr so zu Herzen gehen konnte wie Arveyda mit seiner Musik, einfach ein Geist und schon lange tot sein mußte.» Beim Sprechen kommt Suwelo der Gedanke, daß Fanny sich vielleicht deshalb lieber in Geister als in lebendige Menschen verliebt, weil sie die einzigen sind, denen sie vertrauen kann. Außerdem kann man Geister wahrscheinlich einfach mit Beschlag belegen, weil es ihnen im Gegensatz zu lebendigen Menschen, die das ja oft genug tun, unmöglich ist, einen zurückzuweisen.

«Wo wir gerade davon reden», sagt er, «fällt mir ein, daß wir uns immer zu Arveydas Musik geliebt haben. Das war die einzige Musik, bei der Fanny Liebe machen konnte. Alles andere engte sie ein, sagte sie. Sie ließ ‹Ecstasy Is the Sun› laufen, immer wieder. ‹Dann fühlt sich die Liebe an wie Fliegen›, hat sie immer gesagt.»

Suwelo lacht.

«‹Schön›, habe ich geantwortet, ‹aber sitzen wir beide im gleichen Flugzeug?›» Er erzählt nicht, was Fanny ihm dann manchmal geantwortet hat. «Willst du's wirklich wissen?» fragte sie ihn ernst, um dann zu sagen: «Ehrlich gesagt, nein.»

Carlotta lächelt. Sie denkt: Warum ist die Sprache der Liebe so schwer zu lernen? Warum ist der Körper so oft taubes Fleisch? Warum schwirren die Gedanken so oft gerade in dem Moment anderswohin los, wenn das Wort, auf das man das ganze Leben lang gewartet hat, kurz davor ist, ausgesprochen zu werden? Sie seufzt.

«Wir dachten, meine Mutter sei tot», sagt sie langsam, während sie mit einer Hand im Wasser wedelt. Der Mond ist aufgegangen, und sie kann jetzt Suwelos Gesicht ganz deutlich sehen. Er rasiert sich die Augenbrauen, damit sie schmaler wirken, hat er ihr erzählt. Deshalb hat sich sein Gesicht so verändert. Außerdem trägt er jetzt Kontaktlinsen. «Ich war es leid, so eulenhaft auszusehen», hat er gesagt. «Ich wollte nicht mehr, daß Fanny mir dauernd auf den Kopf patscht und ‹Uhuuu› sagt.» Suwelo weiß nichts über Carlottas Mutter, und aus irgendeinem Grund krampft sich bei ihrer Erwähnung sein Magen zusammen. Er nimmt einen Schluck Wasser aus einem Glas, das neben dem Beckenrand steht. Seine Mutter, Marcia, taucht für einen kurzen Moment in seinem Kopf auf. Es ist, als schaute sie kurz durch eine Tür in seinem Gedächtnis. Er knallt die Tür zu. Nein, er knallt sie nicht zu, das hat er bislang immer getan. Er linst durch die Hände zu ihrem Gesicht hin und schließt die Tür *sachte*.

«Wir dachten», sagt Carlotta, indem sie aus dem Wasser steigt, «sie sei von Konterrevolutionären umgebracht worden, in Guatuzocan, wo sie aufgewachsen ist.» Sie geht zur Dusche und braust sich kurz mit kaltem Wasser ab. Dann flitzt sie ins Haus. Gleich darauf ist sie wieder da, mit einer Plattenhülle in der Hand. Sie hat die Platte drinnen im Zimmer aufgelegt, und kurz darauf erklingen Glocken und Glöckchen, Flötentöne, Vogelstimmen, aber ganz leise und friedlich. Es ist, als wären sie im dichten, grünen Dschungel. Suwelo liegt neben dem Bekken, sein Körper dampft. Carlotta reicht ihm die Plattenhülle.

«Meine Mutter, Zedé», sagt sie.

Auf der Vorderseite der Hülle sieht Suwelo eine Ausschnittsvergrößerung aus einem alten Foto, die eine verängstigt dreinschauende junge Frau mit ihrem Kind zeigt, und darüber den Titel *Escuchan* (Hört zu). Auf der Rückseite sind um das gleiche Bild herum Carlotta, Arveyda und die Kinder zu einem Familienporträt gruppiert. Sie wirken wie ein neues, kleines Volk für sich.

Die sanfte Musik schwebt weiter lachend und weinend in der Luft.

Suwelo hält die Plattenhülle in den Schein einer flackernden Kerze, die neben ihm in einem Ohrschnecken-Gehäuse steckt. Er liest von Zedés Rückkehr in ihr Heimatland, in Begleitung Arveydas. Es ist kurz die Rede von ihrer Arbeit für die nordamerikanische Filmgesellschaft. Von ihrer Suche nach *ihrer* Mutter. Suwelo liest von ihrem Tod: Sie und ihre Mutter gerieten in den Bergen am Rande von Guatuzocan in einen Hinterhalt der Konterrevolutionäre.

«Meine Mutter und Arveyda haben sich geliebt», sagt Carlotta schlicht. «Und durch ihre Liebe habe ich vieles gelernt. Dinge, die meine Mutter mir nicht sagen konnte, weil sie sich dafür aus irgendwelchen Gründen zu sehr schämte.»

«Wir haben so lange und so intensiv um sie getrauert», sagt sie. «Arveyda und ich. Er mußte mir immer wieder erzählen, was sie geredet hatten, jedes Wort. Ich wollte sogar wissen, wie meine Mutter die Sprache der Liebe gesprochen hatte. Er dachte, es würde mich niederschmettern, das alles zu erfahren, aber es war nicht so. Ich fing nur an, Zedé als Frau zu sehen, als Menschen, als lebendiges Wesen. Als etwas Heiliges. Und sie mehr zu lieben als je zuvor.»

Suwelo ist tief berührt. Er fühlt, daß zwischen ihm und Carlotta eine Nähe entsteht, wie er sie noch nie gekannt hat, auch nicht mit Fanny. Sprachlos läßt er sich noch einmal ins warme Wasser gleiten, nur daß es sich diesmal anfühlt wie eine Taufe, und er taucht ganz unter und bleibt ein paar Augenblicke lang mit dem Kopf unter der Oberfläche.

Carlotta steigt ebenfalls wieder in das Becken, und ihr schlanker, flachbrüstiger Körper erscheint Suwelo so verletzlich wie eine Blume. Mit den feuchten, kurzen Haarstacheln als feinen Blütenblättchen.

«Du siehst gar nicht mehr aus wie eine Frau», sagt er spontan, überrascht, sich selbst so etwas sagen zu hören, und ängstlich, nun da es ihm herausgerutscht ist.

Carlotta lacht nur. «Ganz offensichtlich», sagt sie, «sehen Frauen so aus.

Jedenfalls», sagt sie, «hat etwas an dieser ganzen Sache in mir –» sie lacht – «eine Glocke zum Klingen gebracht. Da war diese Geschichte über meine Großmutter, Zedé die Ältere, die die Federumhänge für die Priester herstellte und von der meine Mutter gelernt hat, wunderschöne Sachen aus Federn zu machen. Sie war eine große Künstlerin, und vor ihrer Hütte hatte sie ein kleines Glöckchen hängen. Sie schlug es an und hörte ganz genau hin, und wenn sie fand, daß der Klang mit ihren eigenen inneren Schwingungen übereinstimmte – Arveyda hat mir erzählt, daß Zedé ihm das erzählt hat –, dann pflegte sie einmal kurz zu nicken und sich an ihre schöpferische Arbeit zu machen.» Carlotta lehnt sich an den Beckenrand.

«Und so», sagt sie, «wurde ich Glockenspielerin.»

Suwelo fühlt, wie Marcia schüchtern an die Tür klopft. Poch, Poch. Aber er hat Angst, daß sein Vater hinter ihr steht. Er tut, als höre er nichts.

«Sie war gar nicht tot», sagt Carlotta triumphierend. «Und ihre Mutter auch nicht. Sie konnten den Konterrevolutionären entfliehen und leben jetzt in Mexiko. Meine Mutter hat einen Schamanen geheiratet. Meine Großmutter ist selbst Schamanin geworden.»

«Ein Happy-End!» ruft Suwelo aus und wirft ihr die Arme um den Hals.

Aber meine Mutter *ist* tot», sagt Suwelo zu Carlotta. Es klingt, als würde er es sich endlich eingestehen. Er sieht Marcia zaghaft wieder auf die Tür zugehen. Sie bleibt stehen, die Faust schon zum Anklopfen erhoben, und horcht. Sie ist verblüfft, weil er von ihr spricht! «Komm rein, Ma», sagt er. Aber sie steht wie angewurzelt da, die Faust in der Luft. Und wie er gefürchtet hat, schaut sie hinter sich.

«Sie ist ums Leben gekommen... zusammen mit meinem Vater, in den Trümmern ihres Wagens, wie es hieß. Aber eigentlich», sagt Suwelo, «waren es die Trümmer ihres Lebens. Sie fuhren sehr schnell – mein Vater saß am Steuer. Aus ‹unbekannten Gründen›, wie es hinterher überall hieß, kam der Wagen von der Straße ab und fuhr gegen die Böschung, mit neunzig Sachen. Sie waren beide auf der Stelle tot.»

Suwelo fällt Miss Lissies Stimme auf dem Tonband ein. «Bis hin zu dem, was du gesehen hast, als du an ihren Totenbahren standest», hatte sie gesagt.

Er will es versuchen.

Er hatte den Bus genommen, vom College, das eine Stunde entfernt lag, und jemand aus der Verwandtschaft hatte ihn zum Leichenschauhaus gefahren. Seine beiden Eltern waren im gleichen Raum aufgebahrt gewesen, so wie man sie gebracht hatte. Beide hatten schwärzliche und lila Beulen und Blutergüsse und tiefe Schnittwunden auf der Stirn, von der Windschutzscheibe. Seine Mutter war durch die Scheibe geflogen, der Aufprall seines Vaters war durch das Lenkrad gebremst worden, das ihm den Brustkorb eingedrückt hatte. Sie waren für den Kirchgang gekleidet. Seine Mutter trug ein rot-weiß geblümtes Kleid, das Suwelo immer gern gemocht hatte, weil sie darin so mädchenhaft aussah, und limonengrüne Pumps mit einem T-Riemchen. Sein Vater hatte seinen guten marineblauen Anzug an.

«Meine Eltern hatten ein so elendes Leben», sagt Suwelo, «daß ich nie daran denken mochte.» Er fühlt, wie am unteren Ende seiner Wirbelsäule ein Chakra aufgeht. Etwas wie eine kleine Fahne oder eine verschlafene Schlange beginnt sich zu entrollen. Seine Mutter pocht an die Tür, fester diesmal. Er sieht, daß hinter ihr tatsächlich der alte Mann steht, den er haßt, Louis senior. Suwelo steht auf seiner Seite der Tür und versucht, sich dagegenzustemmen. In seinen Händen ist keine Kraft.

Marcia drückt die Tür mühelos auf und ist drinnen.

«Alle haben mir erklärt, wie meine Eltern gestorben sind», sagt Suwelo. «Unsere ganzen Nachbarn und Freunde und die

Leute vom Leichenschauhaus. Der Streifenpolizist, der zuerst am Ort des Geschehens war, meinte, mein Vater sei betrunken gewesen und zu schnell gefahren. Mir war gleich klar, daß das stimmte. Ich hatte ihn seit meinen Kindertagen schon hunderttausendmal erlebt, wie er betrunken am Steuer saß und raste. Es schien immer, als wollte er vor sich selbst davonfahren. Meine Mutter flehte ihn jedesmal an: ‹Fahr doch langsamer, Louis. Du solltest wirklich langsamer fahren.› Er tat es dann oder auch nicht, je nachdem, welcher Teufel ihn gerade ritt.

Erst als alle weg waren und ich allein mit den beiden Leichen dasaß, begriff ich, was geschehen war. Ich ging zu ihnen hinüber und sah ihnen in die Gesichter. Daddys Gesicht war endlich ganz friedlich. So friedlich, daß es mich richtig tröstete. Aber *ihr* Gesicht. Es war zu einer Art Grimasse erstarrt, einer übersteigerten Version ihrer üblichen Verzweiflungsmiene. Die Zähne waren gebleckt, als läge sie in den Geburtswehen. Daß sich mir ein solches Bild aufdrängte, war ein richtiger Schock für mich. Und dann hob ich das Laken hoch und sah ihre Hände ...»

Suwelo fängt an zu weinen. Er spürt Carlottas Arme um sich. Er spürt, wie ihre Küsse die Tränen von seinen Wangen trocknen. Er weint lange. Aber Marcia ist jetzt drinnen und steht neben ihm, und Louis senior wartet immer noch dort vor der Tür.

«Ihre Nägel waren abgebrochen, alle, durch die Bank, und ihre Fingerspitzen waren blutig», sagt er. «Da begriff ich, was geschehen war und warum sie umgekommen waren. Meine Mutter hatte versucht, aus dem Auto zu flüchten.»

Er bricht völlig zusammen. Er will nicht, daß sein Rotz ins Wasser läuft, und steigt deshalb aus dem Becken, tränenblind, und Carlotta folgt ihm, legt ihm ein großes, weißes Handtuch um und wickelt sich selbst auch in eins.

«Mein Leben lang hatte ich diesen verzweifelten Ausdruck auf dem Gesicht meiner Mutter gesehen. Und nicht begriffen, woher er kam. Weißt du, mein Vater hatte im Zweiten Weltkrieg gekämpft und dabei seinen halben Arm und seinen ganzen Verstand verloren. Er war immer noch ein strammer, überzeugter Soldat. Als ich aufs College wollte, bearbeitete er mich, ich sollte mich freiwillig melden. Als ich dann studierte, der Vietnamkrieg in vollem Gange war und ich einberufen wurde, verweigerte ich den Kriegsdienst. Mir war klar, daß ich lieber im Gefängnis verrotten würde, als mir antun zu lassen, was sie ihm angetan hatten. Er wollte das einfach nicht verstehen. Ich dachte damals, er würde mich deswegen für alle Zeit verfluchen. Ich konnte nicht kapieren, warum er unbedingt wollte, daß sie mich irgendwohin schickten, wo ich verstümmelt oder getötet werden würde. Haßte er mich denn so sehr?» Suwelo wickelt sich fester in sein Handtuch, weil er spürt, wie sein durchglühter Körper an Wärme zu verlieren beginnt.

«Wir sprachen nicht mehr miteinander. Ich haßte meine Mutter, weil sie bei ihm blieb. Aber sie war gefangen. Wie ein Vogel im Käfig. Er war nicht mehr der Mann, den sie geheiratet hatte, sondern ein verkrüppelter, verrückter, hurrapatriotischer Tyrann. Öfter betrunken als nüchtern. Und oft gewalttätig. Mit dem heilen Arm», sagt Suwelo gepreßt, «hat er sie festgehalten, während sie verzweifelt versuchte, aus dem dahinschießenden Wagen zu entkommen.»

Und jetzt kann er Marcias Stimme hören, wie sie sagt: «Laß wenigstens *mich* und *Louis junior* aussteigen, wenn du unbedingt so rasen mußt.» Und er erinnert sich, wie sein Vater vor ihr herüberlangt und dann nach hinten greift, wo Suwelo sitzt; er verriegelt alle Türen und tritt sie beide beschimpfend noch grimmiger aufs Gas.

Wie konnte er diese Todesangst nur verdrängen? Jetzt, wo er sie noch einmal durchlebt, kann Suwelo es kaum fassen. All die vielen Jahre, unzählige Male, hat er da im Auto gesessen, klein – später dann nicht mehr so klein – und verängstigt. Warum sind seine Mutter und er überhaupt immer wieder in den Wagen gestiegen? Das begreift er heute noch nicht. Aber wenigstens begreift er jetzt, da er es zuläßt, daß seine Mutter diesmal entschlossen war auszusteigen.

Sein Vater steht an der Tür. Er ist nicht alt und betrunken, sondern jung und sieht gut aus. Er hat zwei Arme. «Ich hieß auch einmal Suwelo», sagt er feierlich und streckt die Arme aus. Suwelo ist plötzlich müde, um die Tür zu seinem Herzen weiter zu bewachen. Sie geht von allein weit auf, und sein Vater, den Suwelo noch nie richtig wahrgenommen hat und dem er, wie er merkt, sehr ähnlich ist, tritt ein.

FANNY UND ARVEYDA sind nackt. Nach dem heißen Bad und der Dusche haben sie es einfach der Nachtluft überlassen, sie zu trocknen. Fanny hat sich rasch am ganzen Körper mit Mandelöl eingerieben, auch zwischen den Beinen und zwischen den Zehen, und beugt sich jetzt über Arveyda, der bäuchlings auf dem Massage-Futon liegt. Sie haben beschlossen, für diesmal die Sauna auszulassen, eine einladende kleine Kabine gleich neben dem Raum, in dem sie jetzt sind. Der Raum enthält kaum etwas außer der Massage-Matte, einem Bord mit Massageölen, Stapeln von frischen, weißen Handtüchern und einer Kollektion von Zehensandalen mit strohgeflochtenen Sohlen in einer Ecke neben der Saunatür.

Sie legt ihre warmen Hände zuerst auf die Mitte seines Rükkens, die eine zwischen die Schulterblätter, die andere in Taillenhöhe. Sie läßt die Hände dort liegen, während sie um spirituelle Führung bei der Massage bittet, damit sie ihre heilende Kraft auf Arveyda übertragen kann. Sie bittet Arveydas Helfer-Geister ebenso um ihre Anwesenheit wie ihre eigenen. Sie preßt jetzt sanft gegen seinen Rücken und lockert seinen Körper durch abwechselnden Druck beider Hände. Dann setzt sie sich rittlings auf ihn und fängt an, seinen Rücken, seinen Nacken und seine Schultern durchzukneten.

Fanny arbeitet sehr geduldig. Langsam und gründlich. Sie

hört beim Massieren genau auf Arveydas Körper, überall, wo auch nur der geringste Schmerz sitzt, verharren ihre Finger lauschend in der Luft, um dann ans Werk zu gehen. Arveyda staunt. Jeglicher Schmerz in seinem Körper scheint erpicht darauf, sich Fanny zu erkennen zu geben. Sie drückt hier und dort auf Punkte, die unter der Berührung so schmerzen, daß er aufschreit, obwohl sie sich vorher ganz normal angefühlt haben. Und nachdem sie dann die Blockierungen an diesen Punkten – die ihm gar nicht bewußt waren – aufgelöst hat, fühlt er die Energie wieder ungehindert durch seinen Körper strömen. Er hatte schon fast vergessen, wie sich frei fließendes Ki anfühlt.

Es ist sehr warm im Raum, und außer dem Mondlicht, das durch das kleine Fenster auf der anderen Seite fällt, ist da nur noch der flackernde Schein einer Kerze, die auf dem Boden steht.

Arveyda sinkt fast sofort auf eine andere, stärker von den Sinnen bestimmte Bewußtseinsebene, in der beruhigenden Gewißheit, daß er in Fannys Händen, die sich nie von seinem Körper zurückziehen, sicher und gut aufgehoben ist. Die Wärme läßt seine Gedanken nach Mexiko wandern, wohin er und Carlotta und die Kinder jeden Januar fahren, um Zedé zu besuchen. Er hat vor Augen, wie sie im warmen Sand liegen, in dem winzigen Dörfchen Yelapa, wo sie sich immer alle versammeln, ihr ganzer «New-Age-Clan», und wie er, Cedrico und Angelita sich gegenseitig einölen, während die drei Frauen – Carlotta und die beiden Zedés – langsam und einander locker umarmend den halbmondförmigen Strand entlangwandern. Sie reden die ganze Zeit so intensiv miteinander und hören sich gegenseitig so aufmerksam zu, als hingen Welten an ihren Worten. Und alle drei sind sie von vollendeter Schönheit. Zedé die Ältere, die Matriarchin, gebeugt und braun, mit ihrem langen, schlohweißen Haar, das sie mit einem scharlachroten Band zurückgebunden hat; Zedé die Jüngere, fröhlich und voller Vitalität, endlich heiteren Herzens, überströmend vor Zärtlichkeit für Carlotta, die sie immer wieder küßt; und Carlotta, die schönste von allen, mit ihren kurzen Haaren, ihrem Tanga und ihren dünnen Beinen, die sie von Zeit zu Zeit aus schierem Übermut in die Luft kicken läßt, wie die Straßenjungen in einem Chaplin-Film.

Arveyda liegt auf der Massage-Matte, aber eigentlich liegt er am Strand. Er sieht den drei Frauen zu und denkt an das Leid, das jede von ihnen hinter sich hat. Er denkt an den Schmerz, den er selbst erlitten hat und selbst verursacht... Sein auch sonst oft volles Herz scheint überzuborden von den seltsam gemischten Gefühlen, die in ihm sind. In seinem Kopf formieren sich Worte für den Anfang, die Mitte oder das Ende eines neuen Songs: «Ist diese Traurigkeit nicht Teil des Glücks?»

Fanny streicht im Rhythmus eines seiner eigenen Gitarre-und-Flöte-Stücke von einer fünfzehn Jahre alten Platte mit dem Titel *Ecstasy Suite* über seinen Körper. Im Geist hört sie «Ecstasy Is the Sun», und sie stellt sich vor, daß ihre Hände Ozeanwellen sind, die den Meeresboden, die Stranddünen und die winzigen Muscheln formen.

Und sie denkt mit etwas wie ungläubigem Staunen, daß eines ihrer Geistwesen, das sie schon so lange liebt, hier unter ihr liegt, und daß ihre Hand in diesem Moment seinen Nakken berührt. Langsam arbeitet sie sich an Arveydas Körper abwärts, während sie die Schönheit seiner lebendigen, braunen – vom Öl glatten und glänzenden – Haut bestaunt. Sie übt Druck auf verschiedene Punkte seines Gesäßes aus, wobei er sich windet, und nimmt sich dann, über die Hüften und Oberschenkel fortschreitend, die behaarten Beine vor. Bei den Füßen läßt sie sich viel Zeit. Sie fährt mit den Daumen zwischen seine Zehen und bearbeitet das Fußgewölbe und die Ballen mit ihren Fingerknöcheln. Die Mischung aus Schmerz und Lust läßt Arveyda aufstöhnen.

Er hat sich Fanny völlig überlassen, so, als ruhte er in ihren Armen. Er fühlt, daß da etwas in ihr ist, in ihrem Innersten, das ihn ganz von allein mit sich selbst in Kontakt bringt und heilt. Er hat das schon vor ihrem spontanen Kuß auf dem Bergpfad gefühlt. Er stellt sich vor, daß sie sich lieben, während er fühlt, wie ihre Hände die Innenseiten seiner Oberschenkel hinaufgleiten. Er denkt, daß er sich, sollten sie miteinander schlafen, buchstäblich an Leib und Seele aufgerichtet fühlen würde.

Bei dem Gedanken seufzt er heimlich tief auf.

Fanny denkt an ihre lebenslange Angewohnheit, sich in Leute zu verlieben, denen sie nie leibhaftig gegenübertreten mußte. Schaffen die Menschen sich so ihre Götter? fragt sie sich. Sie denkt, daß sie sich stets hinter den Menschen gehalten hat, die sie sich zum Verlieben ausgesucht hat (so etwa hundert bis tausend Jahre hinter ihnen), und immer hat sie sorgsam darauf geachtet, daß sie ihr den Rücken zukehrten.

Was würde sie tun, wenn einer von ihnen sich umdrehte?

Fanny spürt ein leises Zittern im Magen. Sie hat einen Moment lang Angst, als stünde sie kurz davor, sich selbst ins Gesicht sehen zu müssen.

Sie holt tief Luft. Zum Glück scheint dieses Geistwesen eingenickt zu sein. Sie streichelt es sanft, genau in der Nackenmitte. «Zeit zum Umdrehen», flüstert sie.

Aber Arveyda schläft nicht. Er ist weit davon entfernt. Er denkt an Fanny und ihren Kuß. An seine Lust und seinen Schmerz unter ihren Händen, die mühelos die verborgensten Knubbel und Knoten in ihm aufzuspüren scheinen. Und sobald er sich umdreht, wird sie das Ergebnis seines Nachdenkens sehen.

Fanny wartet geduldig, neben der Matte kniend. Wird es sich umdrehen, fragt sie sich, dieses Geistwesen, dessen Rükken sie jetzt vor sich hat? Sie fragt sich das ganz ernsthaft, so, als wäre Arveyda tatsächlich ein Geist, der sich durch den Hartholzfußboden verdünnisieren könnte.

Fanny ist sehr erregt, während sie Arveydas glatten, schutzlosen Rücken betrachtet, den bloßen Nacken, die schönen

Hände und die beweglichen Finger, die ihr, indem sie seine Instrumente berührten, schon so viel Freude geschenkt haben.

Mit einem schicksalsergebenen Seufzer dreht sich der «Geist» jetzt um. Er senkt verlegen den Blick. «Ich fürchte», sagt er gepreßt, «du hast eine kleine Kerze entzündet.»

Fanny sieht, wie seine «Kerze» sich fast schon komisch-erwartungsvoll reckt und nimmt sie bereitwillig in ihre warme Hand.

Als sie sich daraufgesetzt hat und spürt, wie vollkommen sie in ihren Körper paßt, so als hätte sie ihre Nische gefunden, schaut sie Arveyda ins Gesicht. In die Augen, die so menschlich sind. Tränen stehen darin, genau wie in ihren eigenen. Sie und Arveyda beginnen, sich sanft zu bewegen, und drehen sich so, daß sie beide auf der Seite liegen und einander in den Armen halten. Weinend beginnen sie, sich zu küssen.

Fanny ist zumute, als wäre sie unter der Glut einer Kerze, die wärmt, einen aber nicht versengen kann, geschmolzen und tropfte jetzt auf Arveyda herunter.

Arveyda ist zumute, als wäre er der versammelten Schar der Vorfahren entgegengelaufen und sie hätten ihn freudig empfangen.

Beide staunen, wie rasch sie kommen. Es ist wie ein langer Kuß.

Sie hat Angst, ihn zu fragen, was sie ihn fragen muß. Zaghaft sagt sie: «Und hast du auch den Baum gesehen, den mit den gelben Pflaumen und all den kleinen Geschöpfen oben in den Ästen, sogar Fischen? Und hast du das Meer und die Sonne gesehen und gefühlt?»

Aber Arveyda sagt einfach nur: «Ja. Und den Mond über dem Meer und die Fliederbüsche und die Bergketten und die bunten Farben der Täler. Aber das Schönste», sagt er, indem er sie küßt, «war der Pflaumenbaum mit allem und allen darauf, und dein warmer Atem und der Geschmack der süßen gelben Pflaumen in meinem Mund.»

Sie liegen aneinandergeschmiegt und staunen.

«Mein ... *Geist*», sagt Fanny schließlich, das Gesicht an seiner Brust.

«Mein ... *Fleisch*», sagt Arveyda, die Lippen an ihrem Haar.

VOR JAHREN HATTE Suwelo einen immer wiederkehrenden Traum. Sonst erinnerte er sich gewöhnlich nicht an seine Träume, aber dieser ist ihm im Kopf geblieben. Es war ein sehr kurzer Traum. Er saß darin am Bett eines sehr alten Mannes, und obwohl keiner von ihnen beiden etwas sagte, fand zwischen ihnen ein intensiver Austausch statt. Nein, ein Austausch eigentlich nicht, denn auch im Traum hatte Suwelo wenig zu sagen gehabt. Er hatte nur dort gesessen, um der Stimme der Erfahrung zu lauschen, sich selbst und seinem armseligen Leben zuliebe.

Während er die Stufen des alten Mary-McLeod-Bethune-Pflegeheims an einer baumgesäumten Straße am Stadtrand von Baltimore hinaufsteigt, fällt ihm der Traum wieder ein. Er grüßt die alten Leute, die in Schaukelstühlen und um Damebretter auf der Veranda sitzen. Schwarze und Weiße durcheinander, *endlich*, denkt Suwelo. Sie sind so alt, daß die Hautfarbe keine Rolle mehr zu spielen scheint, wenn sie sich ein Plätzchen an einem der Tische, in einem Schaukelstuhl oder einfach nur in der Sonne suchen. Sie scheinen auch alle nicht mehr so gut zu hören. Eine Pflegerin geht zwischen ihnen auf und ab, dirigiert schwache Augen und wackelige Beine hierhin und dorthin und gibt mit munterer, heiserer Stimme fröhliche Anweisungen.

«Noch ein kleines bißchen hier herüber, nur ein kleines bißchen. Sie schaffen es schon, Mr. Pete!»

Der alte Mann steht da wie angewurzelt, offenbar rätselnd, woher die Stimme kommt.

«Brauchen Sie Ihr Laufgestell?» fragt die Pflegerin.

Mr. Pete murmelt irgend etwas.

Suwelo geht durch die Tür hinein.

Auch drinnen fällt ihm gleich die gründliche Integration auf, nicht nur unter den Heiminsassen, sondern auch beim Personal. Am Empfang sitzen drei Frauen, zwei schwarze und eine weiße. Sie unterhalten sich fröhlich über ein Konzert, in dem sie alle am Wochenende gewesen sind und das ihnen offensichtlich gut gefallen hat.

Nebenbei weisen sie ihm den Weg zu einem «Bereich ganz da hinten», am Ende eines der langgestreckten Säle, die von der Empfangshalle in alle Richtungen abgehen. Ein schwacher Kohlgeruch liegt in der Luft.

Als er bei Mr. Hals und Miss Roses «Bereich» angekommen ist, weiß Suwelo gleich Bescheid, noch ehe er die Bewohner gesehen hat. Im Unterschied zu den kahlen Wänden des übrigen Heims hängt die Wand hinter den Betten voller Bilder. Er bemerkt aber auch sofort ein an der Decke befestigtes Fernsehgerät, das dräuend über Mr. Hals Bett schwebt.

Mr. Hal und Miss Rose erwarten Suwelo. Sie sehen ihn nicht, wie er am Rand ihrer Wohnkoje steht und sie betrachtet. Sie warten auf seinen Besuch mit so gespannten Gesichtern, wie sie Kinder im Wartezimmer eines Arztes haben. Zu beiden Seiten des langen Saals befinden sich noch mehr solcher Abteile mit Betten darin. Alte Menschen liegen in ihren Betten oder sitzen auf Stühlen daneben. Manche reden miteinander, andere starren ins Leere und wieder andere sehen einfach nur fern.

Die beiden blitzen vor Sauberkeit, und ihr kleiner Bereich mit den beiden Betten, den beiden Nachttischen und den beiden Stühlen ist picobello aufgeräumt. Das Kopfende von Mr. Hals Bett ist hochgestellt, so daß er dagegengelehnt sitzen kann, und Miss Rose wartet auf einem Stuhl neben ihm. Sie häkelt. Suwelo hat Miss Rose nur ein paarmal gesehen, wenn sie an die Tür von Onkel Rafes Haus kam, um ihm etwas zu essen zu bringen. Damals war sie viel mit Miss Lissie zusammen.

Sie ist alt und sieht aus wie ein schrumpliger Kloß oder ein ganz verhutzelter Apfel, mit kleinen, eingesunkenen Augen und dünnem weißem Haar. Sie hat Suwelo jetzt endlich bemerkt und erhebt sich mit einem leisen, freudigen Ausruf langsam von ihrem Stuhl. Wie seltsam, denkt Suwelo jetzt, daß er schon so oft ihr Essen gegessen hat und doch so wenig über sie weiß!

Er betritt lächelnd ihren Bereich und geht auf sie zu. Er hat eine Topfpflanze mitgebracht, die Miss Rose mit zusammengekniffenen, kurzsichtigen Augen bewundert und auf dem Nachttisch plaziert. Suwelo umarmt Miss Rose und fühlt dabei das substanzlose Fleisch, die weichen Knochen, die Wölbung ihrer Wirbelsäule, die sie so klein und krumm macht. Gemessen daran bringt sie aber immer noch eine erstaunlich kräftige Umarmung zustande. Er fühlt sich fast erdrückt.

Jetzt wendet er sich dem Bett zu, in dem Mr. Hal liegt, mit lächelndem Gesicht und, wie Suwelo denkt, der gesegneten Gelassenheit der Blinden. Suwelo setzt sich auf die Bettkante und beugt sich behutsam zu ihm hinüber. Mit einer ganz langsamen und vorsichtigen Bewegung schließt er Mr. Hal in die Arme.

«Wir mußten heiraten!» sagt Miss Rose, während sie Suwelo Tee einschenkt. «In unserem Alter!»

«Aber wieso denn?» fragt Suwelo.

«Es war die einzige Möglichkeit, wie wir zusammen hier wohnen konnten.»

«Sie wollen nicht, daß Leute hier in Sünde leben», sagt Mr. Hal sarkastisch.

«Hal mußte zuerst ins Heim», sagt Miss Rose, die sich einen Stuhl neben den von Suwelo gerückt hat, so daß sie jetzt beide dem Bett zugewandt sitzen. «Zu all dem anderen, was nicht so recht funktionierte, wollten seine Augen einfach nicht mehr.»

«So ist es», sagt Mr. Hal. «Nach Lissies Tod hab ich aufgehört zu malen. Es ging einfach nicht mehr. Und bald war es dann, als ob ein Vorhang runtergegangen wäre.»

«Daraufhin habe ich mich um ihn gekümmert», sagt Miss Rose, während Suwelo von seinem Tee trinkt. «Ihm immer mal was Gutes für zwischendurch hergebracht. Wir haben hier gesessen und einander Gesellschaft geleistet. Geredet, übers Wetter, über die weißen Leute und ihren Drang, alles zu zerstören, und über die schwarzen Leute und ihre Einfältigkeit. Und über Lissie, die ganze Zeit. Wir vermissen sie ja so.»

«Sie waren so lange befreundet, die beiden. Wie lange, Rosie? Sechzig Jahre?»

«Nein, ganz so lange nicht», sagt Miss Rose. «Aber lange genug. Ich wußte, sie hätte gewollt, daß ich mich um dich kümmere.»

«Na hör mal», sagt Mr. Hal, noch immer mit einer guten Portion seines alten Charmes, «du willst Suwelo doch wohl nich weismachen, daß das alles ist?»

Miss Rose errötet. Ganz offensichtlich wollte sie das. Suwelo stellt seine leere Tasse ab und kratzt sich am Kinn. *Hmmm,* denkt er. Miss Rose entschuldigt sich und geht eine Freundin ein Stück saalaufwärts besuchen. Sie hat begriffen, daß Suwelo und Mr. Hal miteinander reden wollen.

«Vielen Dank noch mal für die Kassetten, die Miss Lissie für mich hinterlassen hat», sagt Suwelo. «Und für die Dias von den Bildern, die sie vor ihrem Tod gemalt hat.»

«Ach, das war ja alles so rätselhaft», sagt Mr. Hal, «diese letzten Sachen, die sie gemalt hat. Ich konnte mir keinen Reim drauf machen. Dieser große Baum mit den ganzen Schwarzen drauf und all dem komischen Getier und den Schlangen und allem ... und sogar so einem weißen Bürschchen. Und dann all die Löwen ...»

Mr. Hal muß erst einmal wieder zu Atem kommen.

«Mr. Hal», sagt Suwelo sanft, «auf diesen Bildern hat Miss Lissie sich selbst gemalt.»

«Klar hat sie das», sagt Mr. Hal und muß dabei fast lachen. «Du vergißt wohl, wie viele Verwandlungen ich bei ihr miterlebt habe. Aber auf diesen letzten Bildern hab ich nich das klitzekleinste Zeichen von ihr entdecken können.» Er schweigt einen Moment. «Nich mal ein Stengelchen Eisenkraut oder 'nen Kornhalm aus unserem Garten...» Er klingt fast verbittert. Als hätte er das Gefühl, daß Miss Lissie sich in ihren letzten Bildern ohne ihn davongemacht hat. Ihn schon allein gelassen hat in ihrem kleinen, windenumrankten Häuschen, noch ehe sie starb. Etwas, was sie noch nie zuvor getan hatte. Mr. Hal ist sehr böse auf sie.

«Nichts hab ich darin wiedergefunden», sagt er tonlos.

In diesem Augenblick erkennt Suwelo einen der Gründe, weshalb er auf der Welt ist, eine der Aufgaben im Dienste der Schöpfung, die er in diesem Leben zu erfüllen hat. Und zugleich wird ihm klar, daß es einer höheren Autorität bedarf als seiner eigenen, um Mr. Hal irgend etwas nahezubringen, was mit Miss Lissie zu tun hat. Mr. Hals Herz ist verletzt und sein Verstand deshalb vernagelt.

Aus seiner Jackentasche zieht Suwelo den kleinen Kassettenrecorder, den er jetzt immer überall mit hin nimmt, wo die Wahrscheinlichkeit besteht, daß er alte Menschen trifft. Das Band mit Miss Lissies Stimme ist schon eingelegt. Er braucht Mr. Hal nur den Kopfhörer aufzusetzen und anzustellen.

Zuerst ist Mr. Hal mißtrauisch, und die Kabel scheinen ihm lästig zu sein. Suwelo reguliert und rückt zurecht, so lange, bis alles stimmt. Mr. Hal wird auch ruhiger, als er Miss Lissies Stimme hört.

Sie sitzen beide da, der Mann in den mittleren Jahren und der Greis, und der Junge schaut den Alten nur zwischendurch an, während das Band läuft. Suwelo nimmt intensiv die Sonne wahr, die jetzt durch das Fenster über dem Bett hereinscheint. Er sieht, daß das Licht wie ein Himmelssegen auf die kleine grüne Pflanze fällt, die er mitgebracht hat. Er steht auf, geht durch den Saal und holt eine Tasse mit Wasser, um sie zu gießen. Er bleibt stehen und schaut zu, wie das Wasser von der Erde aufgesogen wird. «Sag ‹aaah›», flüstert er der kleinen Pflanze zu. Und im Geist hört er, wie sie es sagt.

Eine halbe Stunde später, nachdem er die Kassette für Mr. Hal umgedreht hat, hört Suwelo das *Schlapp, Schlapp* alter, nicht mehr recht gehorchender Füße zwischen der Doppelreihe der Betten näher kommen. Ein paar Minuten später reckt der alte Mr. Pete, den Suwelo schon auf der Veranda gesehen hat, seinen behaarten, roten Hals in Mr. Hals Koje. «Wo's 'n Hal?» fragt er mit trompetender, panikerfüllter Stimme. Er schaut genau in Hals Richtung, aber da Mr. Hal völlig versunken ist und zudem beim Zuhören die Augen geschlossen hat, kann der alte Mann ihn nicht sehen. Jedenfalls wirkt es auf Suwelo so, und es amüsiert ihn.

Miss Rose taucht aus dem Nichts auf und bugsiert Mr. Pete weiter. Suwelo steht auf und schleicht auf Zehenspitzen durch den Mittelgang hinter den beiden her. Mr. Pete ist einer jener großen, blauäugigen, hageren alten Männer, die aussehen, als hätten sie ein langes und erfolgreiches Verbrecherleben hinter sich. Er stützt sich schwer auf Miss Roses Schulter, und sie redet munter auf ihn ein. «Hal ist gerade beschäftigt», sagt sie.

«Was sagst du?» sagt der alte Pete.

«Er hat Gesellschaft!» schreit sie ihm ins Ohr.

«Was hat er?» sagt er. «'ne Erkältung?»

«Nein», brüllt sie, *«Gesellschaft.»*

«Was hat er?»

Miss Rose sagt: «Geh mal zu Pete, hat er gesagt, und spendier ihm 'ne Cola. Da – » sie drückt ihm ein Coke aus dem Automaten vor ihnen in die Hand – «schön kühl.»

Suwelo lacht und lacht. Er denkt, sieh mal einer an, das Leben ist nicht totzukriegen, nicht mal im Pflegeheim!

Als er, nach einem Erkundungsgang durch den Rest des Heims und weiteren Einblicken in das am Leben gebliebene Leben in seinen Mauern, an Mr. Hals Bett zurückkehrt, findet er den alten Mann in Tränen aufgelöst.

«Oh», stöhnt er, als Suwelo sich wieder neben ihm aufs Bett gesetzt hat. «Sie hat Rafe so viel mehr geliebt als mich!»

Suwelo nimmt eine seiner alten, glatten Hände. Er verspürt den Wunsch, sie zu küssen. Was soll's, denkt er. Was bringt die ganze Männlichkeit, wenn man nicht mal jemanden küssen darf, wenn einem danach zumute ist. Er hebt Mr. Hals Hand an seine Lippen und küßt sie, als wäre es die Dreckpatsche eines Kindes.

«Sie hat Sie sehr geliebt», sagt er. «Zu Ihnen will sie doch wieder zurückkommen.»

«Ach, ich brauch mir nichts vorzumachen», sagt Mr. Hal. «Es ist ja meine eigene Schuld, daß Lissie mich nich mehr lieben konnte. Bei Rafe konnte sie alles sein, was sie war. Ich hab ihr das nicht geben können.»

«Aber woher sollten Sie denn wissen, was sie alles war?» sagt Suwelo tröstend. «Sie hat es Ihnen doch nie gesagt, oder?»

«Man muß nich immer jedes bißchen sagen», meint er. «Von jemandem zu verlangen, daß er einem jedes bißchen sagt, ist doch unmenschlich.»

«Aber», sagt Suwelo, indem er Mr. Hals Hand drückt, «zum Schluß hat sie doch versucht, es Ihnen zu sagen.»

«Ja», sagt Mr. Hal, «das hat sie.» Er fängt wieder an zu weinen. «Und weißt du, was ich getan hab?» fragt er. «Ich hab mich über ihre Bilder lustig gemacht. Ich hab drüber gelacht. Ich hab den kleinen weißen Kerl da oben im Baum angeguckt und gesagt: ‹Den da hast du wohl anzumalen vergessen.› Und Lissie hat mich nur angeguckt und gesagt: ‹Nein. Er ist so.› Aber sie hat dabei ganz traurig ausgesehen. Und denkst du, ich hab sie gefragt, was sie hat? Nein.»

Mr. Hal hat sich ein Kleenex aus einer Schachtel auf dem Nachttisch geangelt und sich die Nase geschneuzt.

«Und mit den Löwen war es noch schlimmer. Ich hab ihr gesagt, daß ich schon beim Gedanken an solche Riesenkatzen 'ne Gänsehaut kriege.»

Er verharrt einen Augenblick in verwundertem Schweigen.

«Aber als ich das sagte, hat sie bloß gelacht. Du weißt ja, wie Lissie manchmal lachen konnte. Man kam sich vor wie der größte Trottel, aber weil sie so fröhlich dreinsah, wußte man überhaupt nich, warum. Und wenn ich denke...» Mr. Hal schnürt es die Kehle zu. «Und jetzt bin ich hier, in diesem Heim, und seit ich hier bin, hab ich soviel lernen müssen. Da fällt mir ein», sagt er, indem er sich aufsetzt und den Kopf reckt, als lausche er auf etwas, «mein bester Freund hier ist ein alter Knabe namens Pete. Er müßte eigentlich jeden Moment angeschlurft kommen. Wir essen manchmal zusammen.»

Suwelo teilt ihm mit, daß Pete schon wieder weg ist.

«Er war sein Leben lang ein Nichtsnutz, weißt du», sagt Mr. Hal. «Was er alles auf dem Gewissen hat, wissen nur Gott und sein Sündenregister. Aber jetzt ist er hier und ganz verschreckt. Und taub und alt.»

«Und komisch», sagt Suwelo.

«Mich interessiert nur das Herz im Menschen», sagt Mr. Hal. «Und außerdem kann ich ihn ja nich sehen.»

«Oh», sagt Suwelo, «er ist so weiß, daß man es gar nicht übersehen kann.»

«Vor Katzen hab ich allerdings immer noch Angst», seufzt Mr. Hal. «Aber ich bin bereit, daran zu arbeiten.»

Suwelo schaut sich die Bilder an der Wand an. Mr. Hal sagt, er kann so viele davon haben, wie er möchte. Auf dem Boden stapelt sich ein weiteres Dutzend. Unter diesen Bildern findet Hal die beiden letzten, die Miss Lissie gemalt hat. Auf dem einen ist der – wie Suwelo ihn inzwischen nennt – Baum des Lebens mit der ganzen Schöpfung in seinem Geäst und auch dem «weißen Bürschchen», und das andere ist das letzte einer Serie von fünf Löwenbildern.

Er sitzt auf der Kante von Mr. Hals Bett und betrachtet die beiden Bilder. Sie sind üppig, klar, traumartig und schön und erinnern ihn an Rousseau.

«Lissie hab ich immer erkannt», sagt Mr. Hal mit starrsinnigem Eifer in der Stimme, während er die Hände nach einem der Bilder ausstreckt, die Suwelo gerade vor sich hält.

Nachdenklich gibt Suwelo ihm ein Bild. War es Freud, der gesagt hat, daß wir nicht sehen können, was wir nicht sehen wollen? Er beobachtet, wie Mr. Hal in dem krampfhaften Bemühen, das Bild in seinen Händen zu erkennen, seine Augen anspannt, als wären es Muskeln. Es ist das Bild vom Lebensbaum. Nach kurzer Zeit schiebt Mr. Hal das Bild mit einem enttäuschten und resignierten Knurren von sich.

Suwelo dagegen schöpft gerade Hoffnung. Er drückt Mr. Hal das andere Bild in die Hände, das mit dem großen Mähnenlöwen. Er merkt gar nicht, daß er es ihm verkehrt herum gegeben hat.

«Hmmm ...» sagt Mr. Hal nach ein paar Minuten. «Was ist denn das für ein rötlicher Fleck da oben in der Ecke?»

Mr. Hal bewegt das Bild vor seinen Augen hin und her und versucht, den rötlichen Fleck genau in das Licht zu manövrieren, das durch das Fenster über seinem Kopf hereinfällt.

Suwelo sitzt ganz still, wie es sich gehört, wenn man einem Wunder beiwohnt.

Aber offenbar ist der rötliche Fleck alles, was Mr. Hal sehen kann. Und auch dieses Bild wirft er mit unwirschem Gesichtsausdruck aufs Bett.

Suwelo nimmt das Bild, das er so gern hat, dreht es richtig herum und schaut geradewegs in Miss Lissies Wage-alles-zu-sein-Löwen-Augen. Er und sie wissen, daß Mr. Hal sie eines Tages ganz wird sehen können, drum müssen Suwelo und sie einfach warten, und solange können sie sich – wenn Suwelo dieses Bild mit nach Hause nimmt – die Zeit damit vertreiben, über den «rötlichen Fleck» zu meditieren, der den Beginn der Rückkehr von Mr. Hals Sehvermögen markiert. Denn da, an Lissies linker Hinterpfote, fast verdeckt von dem üppigen, lohfarbenen Schweif, steckt ein frecher, schicker, leuchtendroter hochhackiger Schuh.

DANK

Für ihre aufmunternde Unterstützung bei der Arbeit an diesem Buch und für ihre eigenständigen Kommentare danke ich meiner Tochter Rebecca Walker und unserem Freund Robert Allen. An John Ferrone geht mein Dank für die taktvolle und kompetente Bearbeitung meines Textes. Gloria Steinem möchte ich dafür danken, daß sie diese Seiten als eine der ersten – neben Rebecca und Robert – probegelesen hat. Für ihre einfühlsame Kritik an meinem Manuskript danke ich Kim Chernin und Renate Stendhal, und bei meiner Agentin Wendy Weil bedanke ich mich, weil sie mir mit ihrem selbstbewußten Auftreten und ihrer unerschütterlichen Gelassenheit bei der Verfolgung unserer gemeinsamen Interessen ein leuchtendes Vorbild gewesen ist. Dank auch an Esther Hernandez, die mein Spanisch überprüft hat.

Ich danke dem Universum dafür, daß ich am Dasein teilhaben darf. Es ist schön, immer schon dabeigewesen zu sein.